국제분쟁과 평화활동

국제분쟁과 평화활동

초판 1쇄 발행 2019년 10월 1일

저   자 | 박동순 · 구형회
펴낸이 | 윤관백
펴낸곳 | 도서출판 선인

등 록 | 제5−77호(1998.11.4)
주 소 | 서울시 마포구 마포대로 4다길 4 곳마루 B/D 1층
전 화 | 02)718−6252 / 6257 팩스 | 02)718−6253
E-mail | sunin72@chol.com
Homepage | www.suninbook.com

정가 25,000원
ISBN 979-11-6068-295-3 93300

인류의 숙명인가 번영의 기회인가

국제분쟁과 평화활동

박동순·구형회 공저

도서출판 선인

책을 내면서

70억 인구가 더불어 살아가는 21세기 오늘의 세계는 평화와 안전과 행복을 위협하는 요소들이 도처에 존재한다. 지금 이 시각에도 어디에선가 유혈 충돌이 벌어져 사람이 죽고 다친다. 한 해 동안에 1천 명 이상의 사망자를 낳은 무력 분쟁이 해마다 15건 쯤 벌어지고 있다. 이처럼 무력 분쟁은 언제나 약한 자와 소수자, 못가진 자들의 한숨과 눈물, 희생과 고통으로, 인류의 현재와 미래를 어둡게 한다.

지금까지 많은 철학자와 역사학자, 그리고 국제정치학자들이 전쟁의 원인에 관한 이론과 처방을 내놓으면서 전쟁을 예방하고 억제하려는 노력을 경주해 왔다. 그럼에도 불구하고 지금까지 전쟁이 끊이지 않고 있는 엄연한 현실은 이러한 노력들이 별다른 성과를 거두지 못하고 있음을 역설적으로 보여준다.

인류는 전쟁을 통해 새로운 시대를 맞이해왔으며, 두 차례의 세계대전(世界大戰, World War)을 경험했다. 제2차 세계대전이 끝난 후 세계는 자본주의와 공산주의가 대립하는 차가운 대결, 이른바 냉전(冷戰, Cold War)을 거쳤다. 그 체제는 1990년대에 '냉전 후 시대(the post Cold War era) 또는 탈냉전 시대'를 맞게 되었다. 이후 세계 도처에서는 그동안 억눌러 왔던 여러 가지의 분쟁들이 폭발적으로 분출되었다.

이른바 사상에 의한 분쟁, 이익에 의한 분쟁, 그리고 국제 테러를 비롯한 새로운 형태의 분쟁들이 다발적으로 표출되었다. 이 분쟁들은 이제 어느 한 나라, 어느 한 민족, 어느 한 지역의 문제가 아니다. 세계가 모두 관련이 되는 분쟁의 주체와 객체, 관련자가 될 수 있는 '인류 공동의 문제'가 되었다. 분쟁이 계속되는 한 인류의 안전과 평화와 행복은 일부 소수자의 것에 불과할 것이다.

이 책은 국제체제에서 발생하는 분쟁에 대해 어떻게 해결하고 관리할 것인가에 대한 전반적인 이론과 사례, 그리고 해법들을 제시하였다. 책의 구조에 있어, 먼저 '산'을 보기 위해 국제체제와 국제정치에 대한 이론과 변화의 흐름을 제시했다. 다음으로 '숲'의 단계에서는 전쟁과 분쟁의 관계와 분쟁의 원인 및 유형, 분쟁해결의 기제 등에 대해 기술했다. 이어서 '나무'에 해당하는 각 분쟁의 사례와 해결을 위한 노력 등에 대해서는 흥미 있고 다양한 내용과 최신의 데이터를 포함시켰다.

각 장별 구성내용을 다음과 같다. 제1장에서는 국제정치를 이해하기 위해 국제관계의 기본원칙과 주요 이론들을 제시하였다. 제2장에서는 국제정치에서 발생하는 갈등에 대한 논의와, 전쟁과 분쟁에 대해 비교적 자세하게 그 정의와 원인, 그리고 형태에 대해 제시했다. 제3장에서는 갈등과 분쟁의 해결을 위한 기제로써 일반적·국제적으로 다양하게 활용되는 교섭, 중개, 사실조사, 조정, 중재, 국제법원 등에 대해 그 절차와 효용, 그리고 한계점에 대해 논의하였다. 제4장에서는 분쟁관리에 대한 국제적인 노력으로, 급변하는 국제질서와 지구적 국제기구인 유엔의 평화유지활동, 그리고 국제법(전쟁법) 등의 대해 기술했다. 마지막 제5장에서는 동북아와 한반도로 초점을 맞추었다. 먼저 주변 4대 강국들의 동북아 및 한반도 전략들을 조망해 보았고, 그 범위를 다시 한반도로 좁혀 한국과 북한의 특수적 관계, 6.25 전쟁과 정전체제 등과 주변국과의 독도와 이어도 분쟁, 영해 및 배타적경제수역(EEZ), 영공과 방공식별구역(KADIZ) 등 향후 정세변화에 따라 민감하게 작용하게 될 쟁점들의 최신 사례와 현안에 대해 수록하였다.

이 책이 갖는 지금까지의 국제분쟁 관련 서적들과 차별성은 다음과 같다. 첫째, 국제관계에 의한 국제정치의 이론과 논리를 다루어서 국제 상황과 질서에 대해 충분히 이해하도록 했다. 둘째, 전쟁과 분쟁에 대해 상호 간의 관계성과 복합성을 중심으로 그 정의와 원인 및 유형을 매우 상세하게 정리하였다. 특히 제2차 세계대전 및 탈냉전 이후 폭발적으로 증가하고 있는 분쟁에 대해 매우 다양한 시각으로 접근했다. 셋째로는, 인간사회에서 발생할 수밖에 없는 갈등 해결을 위해 교섭을 비롯한 6가지의 기제에 대해 그 절차, 그리고 한계에 대해 제시하였다. 이를 통해 다양한 유형의 분쟁에 가장 적합하고 합리적인 해결 방법으로서의 접근을 하는데 유용한 활용이 될 것이다. 넷째로는, 국제법과 전쟁법, 자위권 및 국제사법재판소 등의 역할을 제시하였으며, 범세계적 국제기구인 UN을 통한 집단안보를 실천하는 평화활동의 근거와 작동 절차 등에 대해 소개한 것이다. 마지막으로 한국을 중심으로 한 국제평화활동에 대한 소개를 한 것은 이 책의 큰 특징이다. 한국은 UN의 탄생과 함께 인연을 맺었고, 한국전쟁을 통해 가장 밀접하게 되었다. 1991년 UN의 회원국이 된 이후 국제사회의 일원으로 활발하게 평화활동에 동참하고 있으며, 그 경과와 성과 그리고 향후 전망을 제시했다.

지금 이 시간에도 지구촌의 어디선가 분쟁으로 고통을 받고 있는 인류가 있다. 이러한 분쟁을 해결하고 관리하기 위해서는 국제정치의 현실을 이해하고, 분쟁의 원인과 형태 및 해결을 위한 효율적인 접근과 지혜가 요구된다. 이 책을 통해 한반도는 물론, 우리를 둘러싸고 있는 동북아와 지구촌의 평화를 가로막는 국제정치의 냉혹한 본질과 분쟁의 해소를 위해 다시 한 번 생각해 보는 계기가 되길 바란다.

마지막으로 이 책을 집필한 동기는 〈국제분쟁론〉을 강의하면서 마땅한 참고 교재를 선택하여 추천하는데 많은 어려움을 겪었다. 이 책의 출간으로 '국제분쟁과 평화활동'을 연구하는 학생들에게는 체계적이고 이해하기 쉬운 교재로, 일반인들에게는 국제분쟁과 이를 해결하기 위한 노력을 이해할 수 있는 교양서로, 그리고 군인과 국방에 종사하는 사람들에게는 국가안보와 평화활동 업무에 대한 유용한 지침서로 활용되었으면 하는 바람이다.

이 책이 나오기까지 필자의 연구를 지원하고 배려를 아끼지 않으시고 격려해 주신 많은 분들께 감사드린다. 특히 언제나 큰 힘이 되어준 동고동락한 동료들에게 감사의 마음을 전하며, 모든 분들의 건강과 승리를 기원한다.

2019년 10월 1일

공 저 자

목 차

4장_ 분쟁관리의 국제적인 노력

5장_ 동북아와 한반도를 둘러싼 분쟁관리

표 목록

그림 목록

1장

국제정치의 환경과 이론

제1절 국제관계와 세계화

1. 국제관계의 기본 원칙

국제관계는 좁게 정의하면 각 국 정부 간의 관계이다. 정부 간의 관계는 국제기구, 다국적 기업, 개인 등과 같은 다른 행위자들과 밀접하게 연결되어 있다. 뿐만 아니라 정치, 경제, 문화 등을 포함하는 다른 사회적 구조나 과정과 연계되어 있고, 지리 및 역사의 영향과도 연결되어 있다. 이렇게 연계된 여러 가지 요인들이 함께 작용하여 오늘날 가장 중요한 경향인 '세계화(Globalization)'[1])에 동력을 제공하고 있다.

국제관계라는 분야는 현실 세계의 복잡다단함을 반영하고 있는데, 학자들은 이를 설명하기 위해 다양한 이론과 개념, 그리고 전문적인 용어들을 사용한다. 국제관계는 다음과 같은 핵심적인 문제를 중심으로 전개된다. 그것은 '둘 이상의 국가로 구성된 국가 집단이 어떻게 각기 자국의 이익을 희생해 가면서 집합적인 이익을 달성해 나갈 수 있을까?'하는 것이다. 예를 들어, 세계의 모든 나라들이 '지구 온난화 문제'에 동참하지 않으면 모든 국가는 각각의 작은 이익을 얻게 되지만, 이 문제는 모든 국가들이 함께 행동할 때만 효과를 창출할 수 있게 된다. 그렇지만 국가들이 자국의 경제를 운용하기 위해 화석연료를 사용하는 것은 각국의 '개별적 이익'에 해당된다.

유사한 예로, 군사동맹에 가입한 나라들은 동맹의 강력한 힘에 의해 '국가안보'라는 이익을 얻을 수 있다. 하지만 개별 회원국의 입장에서 보면 병력이든, 비용이든 기여하는 몫을 최소화하는 것이 각 국가의 '개별적 이익'이 될 수 있다. 개별국가의 입장에서 보면,

---

1) 교통과 통신 수단의 발달로 인해 경제, 사회, 문화 등 각 부분에서 국경이라는 장벽이 없어지고, 사람과 물자, 기술과 문화 등이 자유롭게 교류되면서, 국제 경쟁력과 함께 국제협력이 강화되는 시대적 변화를 의미하며, 삶의 범위가 국가가 아닌 지구촌으로 확장되어 국경 없는 사회가 된다는 것을 뜻한다.

어떤 영토를 군사적으로 점령하거나, 무역협정을 위반하거나, 평화유지군의 파병하거나, 예방접종의 확대와 같은 국제적 노력에 기여하기를 거부함으로써 단기적인 이익을 증대시킬 수는 있을 것이다. 그러나 만일 모든 국가들이 그런 식으로 행동한다면 국제 안보 및 무역에 관한 협력을 통해 발생하는 '공동의 이익'은 사라지고 혼돈과 사악함으로 가득한 국제환경이 조성되어 결국은 모든 국가들이 더 큰 손해를 보는 상황을 초래하게 될 것이다.

일반적으로 한 집단의 공통이익과 그 구성원 각자의 상충하는 개별이익 간의 관계에 관해 지칭하는 용어는 다음과 같이 다양하다. 집단행동(collective action), 무임승차(free riding), 비용분담(burden sharing), 공유지의 비극(tragedy of the commons), 죄수의 고민(prisoner's dilemma) 등이 있는 데 이것을 통틀어서 '**집합재 문제(the collective goods problem)**'라고 할 수 있다. 이것은 참가자 각자의 기여 여부와 관계없이 모든 참가자에게 이득이 되는 것을 어떻게 만드는가의 문제이다.

일반적으로 집합재는 대규모 집단보다는 소규모 집단에서 더 쉽게 공급된다. 소집단의 경우에는 한 참가자의 속임수(무임승차)가 숨겨지기 어렵고, 집합재 총량에 더 큰 타격을 줄 수 있고, 또한 그에 대한 처벌도 더 쉽게 이루어질 수 있기 때문이다. 이와 같은 소집단의 장점이 국제안보 분야에서 강대국 체계의 중요성을 설명하고 경제 분야에서 '**20개 선진국집단(Group of Twenty, G20)**'의 중요성을 설명하기에 적합하다고 볼 수 있다. 집합재 문제는 모든 집단과 사회에서 발생하지만, 국제관계에서 특히 더 심각한 문제이다. 왜냐하면 모든 참가국이 각기 주권을 보유하고 있는 상태에서 각국에게 집합재 공급에 필요한 조치를 강제할 수 있는 세계정부 같은 중앙 권위체가 존재하지 않기 때문이다.

이와는 대조적으로 개별국가 안에서 이루어지는 국내정치의 경우에는 개인들이 세금을 납부하거나, 자동차에 미세먼지 저감 장치를 부착하는 것처럼 개인이 자기 이익에는 반하지만 집합재 공급에는 유리한 기여를 하도록 정부가 개인에게 강제할 수 있다. 만일 개인들이 이에 응하지 않으면 정부는 그에 대한 개인을 처벌할 수 있는 구조이다. 이런 해결책이 결코 완벽하지는 않지만 대개 공동체사회가 운영되는 데는 필요충분한 정도의 효력을 발휘할 수 있다.

중앙의 권위체가 부재한 상태에서 각 개체들에게 집합재 공급에 협력하게 만드는 기본원칙으로 **우세(dominance)**, **상호주의(reciprocity)**, **정체성(identity)**을 들 수 있다. 이 세

가지 원칙은 사회과학의 전 분야에 걸쳐 적용되는 데, 정치학은 물론이고 동물사회학, 아동발달학, 사회심리학, 인류학, 경제학 등과 같은 분과 학문에도 통용된다.

2. 우세(dominance)

우세의 원칙은 실질적인 상위의 권위체는 존재하지 않지만, 그 내부에서 상층부가 하층부를 통제하는 일종의 힘의 계층구조를 구축함으로써, 집합재 문제를 해결한다. 집단 구성원들은 희소 자원을 차지하기 위해 지속적으로 싸우는 대신에 '지위 계층구조' 내의 자리를 놓고 가끔 다투는 것은 허용된다. 누가 더 많은 자원을 차지하는가에 대한 사회적 갈등은 자동적으로 상층 행위자들에게 유리한 쪽으로 해결되는 것이 일반적이다.

우세한 지위를 차지하려는 다툼이 있기 때문에 통상 집단의 규칙은 구성원들에게 아주 큰 손해가 되지 않게 만들어진다. 복종과 지배의 상징적 행동들이 기존의 지위 계층구조를 보강해 주기도 한다. 지위 계층구조의 정상에 위치하려면 힘에만 의존해서는 안 된다. 물론 힘도 도움이 되겠지만, 힘 보다는 집단 내 유력한 구성원들과의 동맹관계를 형성하거나 유지하는 능력이 뛰어난 개체가 될 가능성이 더 높다. 우세는 매우 복잡한 권력의 관계이기는 하나, 노골적인 힘의 문제에만 국한되지 않는다는 것을 알 수 있다.

국제관계에서 우세 원칙은 소수의 국가가 모든 국가에 적용되는 규칙을 좌지우지하며 강대국 체계의 기초로 활용 되고 있다. 이른바 **패권국가**(dominate nation), 혹은 초강대국이 우세 국가로서 강대국들의 위에 군림한다. 국제연합(UN)에서 세계 5대 강대국들이 행사하는 거부권(the veto of the big power)은 UN의 안전보장이사회에서 이를 공식적으로 보장하고 있다. 5대 상임이사국들의 거부권 원칙에 따른 집합재 문제 해결의 장점은 전체 구성원들에게 집합재에 기여할 것을 강제한다는 점이다.

그러나 그런 식으로 얻어지는 안정은 지위계층의 하부에 있는 구성원들에 대한 지속적인 압박으로 반감을 형성할 수 있다. 뿐만 아니라, 계층구조 내에서 위치를 놓고 벌어지는 갈등이 집단의 안정성과 번영을 해치는 경우로도 발전할 수 있다. 특히 정상의 위치에 대한 도전이 다툼으로 비화될 경우에는 더욱 문제는 심각해 질 수 있다. 역사적으로 보면, 국제관계에서 강대국 체계와 초강대국의 패권적 지위가 수십 년간의 평화와 안정을 가져올 수 있지만, 그것이 무너지면 강대국 간의 값비싼 전쟁을 초래한 경우도 있었다는 것을 알 수 있다.

3. 상호주의(reciprocity)

상호주의란, 국가 간에 등가(等價)인 것을 교환하거나, 동일한 행동을 취하는 주의로 외교의 기본적인 원리이다. 예를 들면 대사를 교환하거나, 외교관을 서로 국외 추방하는 것 등이다. 경제관계에서도 서로 등가의 이익을 교환하거나, 동일한 대우를 교환하는 것을 말하며, 이것을 호혜주의(互惠主義)라고도 한다.

상호주의는 집단에 기여하는 행동을 보상하고, 집단을 희생시키면서 자기 이익을 추구하는 행동을 처벌함으로써 집합재 문제를 해결해 준다. 상호주의는 중앙 권위체의 존재 없이도 "강제"될 수 있기에 개인들을 집합재에 기여하도록 만드는 강력한 기재가 될 수 있다. 상호주의는 '상대방이 내 등을 긁어 주면, 나도 상대방의 등을 긁어 주겠다는 식'으로 긍정적인 면이 있다.

반면에, **'눈에는 눈, 이에는 이**(An eye for an eye and a tooth for a tooth)'처럼 부정적인 측면으로 작용할 수도 있다. 예를 들면, 1974년 미국의 무역법 301조에서는 상대국에게 불공정 무역 관행이 있을 때, 그것을 제거하지 않으면 보복을 한다는 것이다.[2] 이러한 보복으로서의 상호주의는 한편으로 '죄수의 고민' 상황이 반복하여 나타나는 상황에서는 최종적으로 쌍방 모두 원하는 결과로 이끈다는 것과 동시에 다른 한편으로는 특정의 상대에 대해 보복이 이루어지기 때문에 약육강식의 분쟁을 일으키거나 무차별원리에 위반할 가능성이 있다.

집합재 문제를 해결하는 상호주의의 단점으로는, 양측이 각기 상대측의 행동을 부정적인 행동이라고 판단하여 처벌에 나서면 쉽게 관계의 악화가 나선형의 하강곡선을 타게 된다. 대다수의 사람들은 자신의 선의는 과대평가하고 적이나 경쟁자의 행동 가치는

---

2) 이것은 미국이 외국 정부의 불공정무역관행에 대해 조사하고 대응조치를 취할 수 있는 제도로써 '1974년 무역법(Trade Act of 1974)'에 포함되어 있다. 이후 1988년에 '종합무역경쟁법'으로 개정되었고, 특정한 무역 관행에 대해 신속하게 대응할 수 있는 '슈퍼 301조'제도와 지재권 보호를 위해 동 301조 제도를 원용할 수 있는 '스페셜 301조'도 도입되었다.

과소평가할 수 있기 때문에 갈등이 '**티격태격(tit-for-tat)식**'으로 확대일로로 발전할 수 있다. 예를 들면, 양측이 각기 상대측의 군비 증강에 대응하는 조치를 취할 때 군비경쟁을 더욱 가속화할 수 있다. 그러나 상호주의는 양측이 각기 상대측의 행동을 전쟁 위험에서 한발 물러나는 행동으로 여겨 이에 대응하는 조치를 취할 때, 군비통제협정이나 단계적인 갈등해결 조치를 가능하게 할 수 있다.

국제관계에서 상호주의는 국제규범의 습관과 기대치, 그리고 국제기구를 형성하는 기초적 원리가 되고 있다. 대표적인 사례로, 세계무역기구(the World Trade Organization, WTO)같은 세계적으로 중요한 협정의 대다수가 상호주의를 협력의 기초로 명시적으로 인정하고 있다. 이 원칙은 한 국가가 상대국의 상품에 대하여 국내시장을 개방하면, 그 상대국도 이에 상응하는 개방조치를 취해야 하는 것이다.

4. 정체성(identity)

정체성은 공동체 구성원으로서 참가자들이 갖는 마음의 자세를 말한다. 정체성은 자기 이익에만 의존하지 않는데 비해, 우세와 상호주의는 자신이 취할 수 있는 것을 취함으로써 개인이 자기 이익을 달성한다는 발상에 근거를 두고 있다. 정체성은 어떤 집단의 구성원들이 자신의 이익을 희생하면서까지 집단의 목적을 위해 노력을 하게 되는 요인이라고 할 수 있다. 이 원칙은 좁게는 가족이나 친족의 집단에서 그 연원을 찾을 수 있지만, 이를 확대하여 자신이 구성원의 일원이라는 생각으로 인해 일반적으로 적용될 수 있는 개념이 될 수 있다.

집단 구성원들은 자신에게 최상의 개인적 이익이 되지 않더라도 집합체 전체의 이익을 추구하기 위해 이 방식으로 집합재 문제 해결에 기꺼이 동참하게 된다. 전 지구적으로 수백, 수천만 명이 인류공동체의 일원이라는 정체성을 공유하기 때문에 쓰나미, 지진, 태풍 등 대형 재해를 구호하기 위한 국제 구호기금 조성 등에 적극 동참하게 된다. 국제관계에서 정체성 공동체는 개발원조, 세계 보건 향상, UN 평화유지활동 등에 누가 기여해야 할 것인가의 문제를 포함해 복잡한 집합재 문제를 극복하는 데 중요한 역할을 하고 있다.

예를 들어, 스칸디나비아국가들이 비교적 많은 개발 원조를 부담한다거나, 캐나다가 국제평화유지활동(PKO)에 적극 참여하는 것은 자기이익의 개념보다는 이 국가들이 스스로 규정한 '국제 공동체 일원으로서의 정체성'에서 발로한 것이라고 볼 수 있다. NGO와 테러단체 같은 비국가 행위자도 정체성의 정치를 크게 활용하고 있다. 특히 최근에는 다국적 기업, 페미니즘(feminism)단체, 교회, 이슬람 성전 단체(jihadists) 등과 같은 비국가 행위자의 역할이 커지면서 국제관계에서 정체성 원칙이 더욱 중요해지고 있다.

<표 1-1 : 집합재 문제 해결을 위한 핵심 원칙>

원 칙	장 점	단 점
우 세	질서, 안정, 예측가능성	억압, 반감
상호주의	상호 협력, 동기 유발	나선형 하강, 복잡한 계산
정체성	집단을 위한 희생	외부집단의 악마화, 이익의 재정의

국제관계에서 **'핵 확산의 문제'**를 우세와 상호주의, 그리고 정체성에 대입해 보기로 하자. 이 문제에서의 집합재(the collective goods) 공통이익은 모든 국가가 평화와 안전이 보장된 세상을 만드는 것이다. 이 집합재는 세계의 많은 국가들이 자국의 안보를 위해 보다 많은 핵무기를 만든다면 얻기 어려운 공공재이다.

먼저 **우세의 원칙**으로, 국가 안에서는 어떤 개인이나 단체가 위험한 무기를 개발하여 가지고 있다면, 국민 모두의 안전을 위해 정부가 나서서 이를 제재할 수 있다. 그러나 국가들로 이루어진 국제사회에서는 이 역할을 할 수 있는 중앙 권위체가 존재하지 않는다. 2006년 북한은 최초의 핵 실험을 했고, 국제사회의 우려와 UN의 수차례의 결의안을 통한 제재에도 아랑곳하지 않고 핵실험을 계속하였고, 2017년 6차 핵실험을 통해 핵 보유를 선언하게 되었다.[3]

그 과정에서 미국을 비롯한 주요 이해 국가들은 '6자 회담'이라는 협의기구체를 만들어 이를 해결하는 대신 경제적인 혜택을 주고자 노력했다. 이러한 것들이 원만하지 않을 때는 미국은 북한에 대해 선제적 타격까지도 고려했는데, 이것은 우세의 원칙에 따른 접

---

3) 북한은 1985년 '핵 확산 금지조약'에 가입했다가 2003년에 탈퇴하였다. 이어서 북한은 2005년 2월 10일 핵무기 보유를 선언하였고, 2006년 10월, 제1차 핵실험을 시작으로 2017년 9월, 제6차에 이르기까지 핵실험을 실시하여 사실상의 핵보유국가가 되었음을 선언했다.

근 방법이었다. 이처럼 우세의 원칙은 약소국의 불만을 불러올 수도 있으며, 기존의 핵을 보유한 강대국은 인정을 하고, 새롭게 핵을 보유하려는 약소국가는 안 된다는 이중의 잣대에 대하여 이의를 제기할 수도 있다.

상호주의 원칙은 핵 확산의 방지를 위해 새로운 방식의 해결을 제시한다. 약소국들이 비핵 상태로 남는 대신에 기존의 핵 강대국들이 핵무기를 제거하는 의무를 진다는 내용이 담긴 핵 확산 금지조약(Nonproliferation Treaty, NPT) 관련조항을 말하는 것이다. 그러나 이는 지금까지 약소국들이 새로운 핵무기 제조를 자제하거나 포기 했음에도 강대국들은 기 보유한 핵무기를 제거해야 한다는 의무를 이행한 바가 없다는 것이다.

과거 냉전시대에는 초강대국들의 핵무기 증강을 관리하기 위해 자주 상호주의 원칙이 사용되었고, 지금은 상호 무기 감축을 관리하기 위한 각종 군비통제협정들의 기초 역시 상호주의에서 출발한다. 2006년 제네바 합의에서 미국은 북한이 핵무기 개발을 포기하는 대가로 중유를 지원하기로 하였고, 2003년 리비아가 핵무기 계획을 포기했을 때 국제사회는 경제제재를 해제하는 등의 보상조치를 제공하기도 하였다.

정체성의 원칙은 일부의 국가들은 핵무기 제조 능력을 갖추었음에도 불구하고 세계의 평화와 안전을 위해 많은 국가들이 핵무기를 갖지 않을 것을 선언하고 이를 고수하고 있다는 점이다. 핵 확산 금지조약(NPT)은 1968년에 만들어져서 1970년부터 실효된 조약으로 이미 핵무기를 보유한 미국, 소련, 영국, 중국, 프랑스를 제외한 다른 나라는 핵무기를 보유하지 못하도록 금지하고 있다. 그 이후 스웨덴은 전쟁에 참여하기 않기로 결정했고, 독일은 미국이 제공하는 핵우산의 보호를 받을 수 있는 동맹에 가담하였고, 남아프리카공화국은 핵무기의 개발을 스스로 포기했다.

1945년 두 발의 핵폭탄의 참상을 겪은 일본은 핵무기 제조 기술과 플루토늄을 충분히 보유하고 있지만, 핵무기의 제조와 보유를 원하지 않는 국가로서 자기의 정체성을 유지하고 있다. 그러나 이 조약이 불평등하다는 입장에서 인도, 파키스탄, 이스라엘 등의 국가들은 핵무기를 개발하여 사실상 핵무기 보유국가가 되기도 하였다.

제2절 국제관계와 국제정치

1. 국제관계의 행위자

국제(international)란 '나라(nation)와 나라(nation)의 사이(inter)'라는 의미이다. 국제정치학은 경제학과 역사학, 사회학, 지정학 등 다른 분과의 학문들과도 긴밀하게 연결되어 있다. 국가 간의 정치적 관계는 외교, 전쟁, 무역, 동맹, 문화교류, 국제기구 가입 등과 같은 매우 포괄적이고 다양한 활동을 통해 연계하게 된다. 한마디로 국제정치는, 각 국가의 행위자들과 각국의 정부에 대한 문제와 그들 간의 상호작용을 다루는 분야이다.

국제정치학(International Politics)은 정치학의 일부로서 국제사회에서 일어나는 정치현상을 연구하는 학문이다. 국제정치(학)과 유사한 개념의 용어로는 국제관계(international relations), 세계정치(world politics)도 있다. 이 밖에도 국제정치를 일컫는 용어로 국제정세, 대외정세, 국제연구, 지구촌 정치, 초국가 관계 등이 있다.

국제정치학은 둘 혹은 그 이상의 국가들이 자국의 외교정책 목표를 달성하기 위해 주로 정치·군사 분야에서 상호작용하는 정치 현상을 대상으로 한다. 다시 말하면 국가들 사이나 국가와 다른 단체인 유엔, 국제기구, 다국적 기업 등 사이에서 일어나는 정치를 의미한다. 좁은 의미의 국제정치학을 강조하는 학자는 한스 요하임 모겐소(Hans Joachim Morgenthau, 1904~1980)이며, 넓은 의미의 국제관계학을 주장하는 대표적인 학자는 프리드먼(Wolfgang Gaston Friedman)이다.

국제사회는 점점 상호 의존되고 통합되는 추세에 있다. 문명과 과학기술이 발달하면서 국가 간의 정치형태 및 관계가 중시되는 국제정치나 국제관계를 초과하여 초국가적인 조직인 다국적 기업, 테러 집단, 인권관련 비정부기구, 환경문제 등 범세계적인 관계 속에 '**세계정치**(world politics)'의 개념이 등장하여 점차 확대되고 있다. 최근에는 이와 유사한 용어로 '**지구촌 정치**(global politics)'라는 용어까지 등장하였다.

국제정치에서는 어느 한 분야에 특별한 활동이나 정책결정자들의 주의를 집중시키게 되는 부분이 있는데, 이것을 **문제영역**(issue area)이라고 한다. 예를 들면, 무역에서의 관세협정이나, 인접국가와의 환경오염 문제, 동맹에서의 분담금 문제, 접경국가와의 영토분쟁, 역사적인 인연으로 인한 과거사 문제 등이 대표적인 문제영역이라고 볼 수 있다. 국제관계에서는 문제영역의 내부에서든 외부에서든 한 국가의 정책결정자들은 협력적 방식이나 갈등적 방식으로 그 문제를 접근할 수 있다. 그래서 국제정치 학자들은 국제관계를 '갈등과 협력의 관계'라는 차원에서 바라보게 된다.

전통적으로 국제관계는 전쟁과 평화의 문제에 초점을 맞추었는데, 이 문제는 **국제안보**라는 하위의 분야를 구성하게 된다. 즉, 군대와 외교관을 배치하고, 동맹이나 조약을 맺으며, 군사력을 개발하고 배치하는 등의 활동이 이 분야의 핵심적인 지위를 유지하고 있다. 냉전 이후에는 지역갈등이나 종족 간의 폭력이 더 빈번하게 주목을 받고 있어 국제안보 개념의 확대를 추구하고 있다.

국제관계에서 두 번째의 하위분야는 **국제정치경제**라고 할 수 있다. 국가 간의 무역이나 금융 관계에 관한 것들로서 국가들이 국제적으로 금융 및 거래의 흐름을 규제하는 기구를 만들고 이를 유지하기 위하여 정치적으로 어떻게 협력해 왔는가에 초점을 맞추게 된다. 나아가서 경제적 종속, 부채 문제, 대외 원조, 기술 이전 등과 같은 선진국과 개발도상국 간의 관계와 국제 환경에 관한 문제, 지구적 장거리 통신에 관한 문제 등으로도 계속 확대되고 있는 추세이다.

국제관계에서 가장 중요한 행위자는 세계 각국의 정부이다. 국제무대에서는 크고 작은 수많은 행위자들이 각국 정부의 결정과 긴밀하게 얽혀있는 상태에서 활동한다. 이 행위자들 중에는 개인으로서의 지도자와 다수로서의 시민, 외교관련 부서, 다국적 기업, 테러단체들도 포함될 수 있다. 그러나 국제관계에서 가장 중요한 행위자는 바로 각 국가이다.

2. 국가 행위자

국가(state)란 정부에 의해 통제되고, 그 테두리 안에서 주민들이 거주하는 영토적 실체를 말한다. 각 국의 정부는 그 영토 안에서 법을 제정하여 집행하고, 세금을 징수하는 등의 권한인 주권을 갖으며, 국민들의 안전과 번영, 그리고 행복을 보장하고자 한다. 국가 주권은 내부적으로는 국민들로부터 대리권을 정부가 부여 받으며, 외부적으로는 외교관계에 의해 상호 간에 인정하고 존중함으로써 형성되고 행사된다.

국가 안에 거주하는 대중이 정치생활이나 사회생활에 참여할 수 있는 제도를 만들 때, 그 대중은 시민사회를 구성한다. 대중의 일부나 전체가 어떤 집단으로서의 정체성을 가질 때, 대중을 스스로를 민족이라고 받아들인다. 또한 정부가 대중의 통제를 받아 대중으로부터 권한을 위임받은 제도를 민주주의 정치제도라고 한다. 각국에는 전 국토를 통치하는 정부가 자리 잡은 수도(capital)가 있으며, 국가의 이름으로 행동하는 개인이 있는데, 이를 우리는 '국가 지도자'라고 부른다.

국가 지도자는 '수상'처럼 정부 수반일 수도 있고, '대통령'이나 '왕'처럼 국가 원수일 수도 있다. 어떤 국가에서는 정부 수반과 국가 원수가 동일인이 될 수도 있다. 어떻든 국내정치에서 가장 힘 있는 정치적 인물이 국가 지도자이며, 민주적으로 선출되었건 독재자이건 관계없이 이들이 국제관계에서 가장 중요한 개인 행위자들이 된다.

국제체계란 국가들 간의 관계를 통합적으로 지칭하는 말로서, 이 체계는 상호작용의 규칙과 유형에 따라 구조화된다. 그 규칙에는 국제조약처럼 명시적인 것이 있는 반면, 국제 관습처럼 묵시적인 것도 작용하게 된다. 그 규칙의 세부 내용에는 누구를 이 시스템의 구성원으로 포함할 것인가, 조직 구성원의 권리와 의무는 무엇인가, 이들 사이에는 어떤 종류의 행동과 반응이 이루어지는가에 대한 규칙들이 포함된다.

현대 국제체계는 불과 500년의 역사에 불과하다. 그 이전에는 아테네와 스파르타처럼 도시국가의 형태였거나, 이어서 로마제국 등의 제국의 형태, 그리고 봉건 영지 등과 같은 매우 혼합되고 중첩되는 원시적이고 초보적인 정치단위가 존재했다. 그러나 지난 200년 동안, 그러니까 1800년대부터 민족이 저마다 국가를 가져야 한다는 사상이 전 세계적으로 확산되었다.

민족이란, 언어와 문화를 포함한 민족적 정체성에 대하여 공감을 가진 사람들의 집단이라고 정의할 수 있으며, 이렇게 형성된 국가를 '**민족국가**(national state)'4)라고 지칭한

---

4) 민족국가란, 혈연적 근친의식에 바탕을 두고, 공동의 사회 경제생활을 영위하며 동일한 언어를 사용하고 동일한 문화와 전통적 심리를 바탕으로 형성된 인간 공동체로 국민국가라고도 한다.

다. 현재 전 세계적으로 존재하는 대부분의 영토와 인구, 경제의 규모 면에서 큰 국가들은 대부분 민족국가들이다. 그러나 제2차 세계대전 이후 아시아와 아프리카 지역에서 탈 식민지화의 과정을 통해 독립한 국가들은 대부분 민족국가라고 인정하기에는 문제가 있다. 이들은 국제정치적인 상호작용에 의해 민족의 경계선과 영토의 경계선이 자신들의 의지와는 무관하거나, 거의 반영되지 않은 상태에서 하나의 국가로 탄생된 경우가 많았기 때문이다.

이러한 요인은 오늘날 갈등과 분쟁의 주요원인으로 작용하고 있다. 사람들은 자신이 그 민족과 국가의 일원이라고 여기고 일체감을 갖도록 정부가 대변을 해주고 있다고 생각하지 않을 때, 그들만의 새로운 국가를 만들고, 자신의 영토와 내부적인 문제를 스스로 결정하는 주권을 획득하기 위해 투쟁에 나서게 되었다. 이처럼 국가 내부에서 벌어지는 민족주의 운동은 그러한 역사적인 과정에서 잉태된 현상에서 불거져 나오는 것이다.

이처럼 구 식민지가 독립하고, 더 최근의 일로 냉전체제가 해체되면서 소련, 유고슬라비아, 체코슬로바키아 등 다민족 국가들이 소국으로 분리되면서 국가의 수는 급격히 증가하였다.

2018년 기준으로 유엔 회원국은 195개국이 되었다. 세계의 국가 수는 국제적으로 승인되지 않은 소말릴란드 공화국(Republic of Somaliland)5)을 비롯하여 11개국을 포함하면 206개국으로 집계하기도 한다.6) 국가들의 규모는 인구와 영토, 국내총생산(Gross Domestic Product, GDP)의 크기에 따라서 수치화 할 수 있다. 각국의 인구규모는 천차만별하다. 10억이 넘는 중국과 인도가 있는가 하면, 32,000명에 불과한 산마리노 같은 국가도 있다.

연간 경제총량의 규모면에서도 미국은 15조 달러인데 비해, 3,600만 달러의 투발루 같은 국가도 있다. 이처럼 영토와 인구와 경제 등의 면에서 엄청난 규모를 가지고 국제체제에 지대한 영향력을 행사하는 국가들을 **강대국**이라고 부른다. 이들 중에서 가장 힘 있

---

5) 소말리아 북부의 옛 영국령 소말릴란드 지역을 영토로 하는 나라로 1991년 5월에 독립을 선포했으나 국제사회로부터 승인받지 못한 미승인 국가로 면적은 13.7만㎢, 인구는 약 420만이다.

6) 공식적으로 국가로 승인을 받지는 않았지만 종종 국가로 불리는 정치적 실체들이 있다. 대만의 경우에 실제로는 독립적으로 활동을 하고 있지만 중국은 자국령이라고 주장하고 있으며, UN의 회원국도 아니다. 공식적인 식민지와 속국도 아직은 남아있지만 앞으로 그 지위가 어떻게 바뀔지 모르는 나라들이 있다. 예를 들면, 푸에르토리코(미국), 버뮤다(영국), 마르티니크(프랑스), 프랑스령 가이아나, 네덜란드령 앤틸리스, 포클랜드(영국), 괌(미국) 등이 있다. 로마 안에 있는 바티칸의 지위는 팔레스타인의 경우처럼 애매하다. 이처럼 국가가 될 수도 있는 실체들은 자기 거주 지역에 대한 완전한 통제권을 가지고 있는지 모르지만 국제적으로 국가로서 승인 받지는 못하고 있다.

는 국가로써 전 지구적인 영향력을 가진 국가를 **초강대국**(superpower)[7]이라고 부른다.

3. 비국가 행위자

각국의 정부는 다양한 비국가 행위자들로부터 영향을 받고 있다. 비국가 행위자의 유형에는 정부 간 기구(IGO), 비정부 기구(NGO), 다국적 기업(MNC), 기타 등이 있다. 이와 같은 행위자 중에서 국경선을 넘나들며 활동하는 행위자들을 '**초국가적 행위자**'라고 부른다.

국제관계에서 국가는 각국 정부로 구성되는 '**정부 간 기구**(intergovernmental organization, IGO)'를 통해서 각종 활동을 한다. 이것은 매우 다양한 기능을 수행하며, 규모 역시 매우 다양하다. UN처럼 범세계적인 기구로부터, 특정한 목적을 가진 석유수출국기구(OPEC), 세계무역기구(WTO) 등과, 북대서양조약기구(NATO)와 같은 군사동맹, 아프리카연합(AU) 같은 지역 정치기구 등이 모두 정부 간 기구라고 볼 수 있다.

또 다른 형태의 초국가 행위자로 **비정부 기구**(nongovernmental organization, NGO)가 있다. NGO는 민간 기구지만 규모와 자원 면에서 매우 큰 경우도 있다. UN과 같은 국제 회의장에서 NGO가 비록 국가와 동등한 대우를 받는 것은 아니지만, 국가와 같은 합법적 행위자로 지위를 인정받는 사례가 증가하고 있다. NGO에는 정치적 목적, 경제적 목적, 기술적 목적, 인도적 목적을 가지고 활동하는 경우가 많다. IGO와 NGO를 묶어서 **국제기구**(international organization, IO)라고도 하며, 다수의 기구가 활동하고 있는 중이다.

여러 국가에서 활동을 하는 **다국적 기업**(Multinational Corporation, MNC)은 전 세계를 대상으로 사업을 하는 대기업으로서 이 기업의 이익은 어느 한 국가의 이익과 부합하지 않는다. 통제하는 자원의 규모와 국제 활동의 효율성 등의 면에서 다국적 기업은 소규모의 국가 재정을 능가하는 경우가 많다. 다국적 기업은 유통체제의 보호, 안정된 시장, 우호적인 정치 환경 등을 국가에 의존하여 활동하고 있다.

이 외에도 다양한 비국가 행위자들이 국가, 국제기구, 다국적 기업 등과 상호작용을

---

7) 초강대국은 전 세계적인 영향력을 미치는 것은 물론, 세계규모에서 자국의 이익을 보호하고 관철할 수 있는 능력을 가진 국가로 1944년 소련, 미국, 대영제국을 지칭하는 용어로 처음 사용했다. 제2차 세계대전 이후 영국이 빠졌고, 탈냉전 이후 소련이 빠져서 현재는 미국만이 유일한 초강대국으로 여기고 있으며, 미국을 극 초강대국(hyper-power)이라고 부르기도 한다.

하면서 활동하고 있다. 그린피스(Greenpeace)[8]가 세계 곳곳을 다니면서 환경보호 활동을 하고 있으며, 국제 테러조직인 알카에다(Al-Qaeda)[9]도 세계 어느 곳이든지 테러리스트를 보내고 세계 언론을 통해 자기들의 주장을 전파하고 있다.

<표 1-2 : 비국가 행위자의 유형>

유 형	행위의 주체	사 례
정부 간 기구(IGO)	각국 정부	UN, NATO, 아랍연맹 등
비정부 기구(NGO)	개인 혹은 집단	국제적십자사, 국제라이온스연맹
다국적 기업(MNC)	여러 국가에서 사업	도요타, 삼성, 월마트
기 타	개인, 도시, 유권자	쿠르드 족, 알카에다

4. 국제관계의 분석 수준

국제관계에 대한 분석의 수준은 **개인 수준, 국내 수준, 국가 간 수준, 지구 수준** 등 4개로 구분할 수 있다.

먼저, **개인 수준 분석**은 개별 인간의 인식과 선택, 행동을 분석하는 것이다. 위대한 지도자들은 역사의 경로에 영향을 끼친다. 지도자뿐만 아니라 시민, 사상가, 군인, 유권자 개개인도 크고 작게나마 영향을 미치게 된다.

다음으로, **국내 수준 분석**은 국제무대에서 국가가 취하는 행동에 영향을 주는 국내 개인들의 집합체를 분석하는 것이다. 여기에는 이익집단과 정치단체, 정부 부서 등이 있는데, 이 집단들은 서로 다른 사회와 국가에서 각기 다른 방식으로 활동하게 된다. 최근 들어 국가 내부에서 분출되고 있는 종족 분쟁과 민족주의 문제, 난민과 기아 등의 인도적인 문제를 둘러싼 정치가 국제관계에서 더욱 중요한 이슈가 되고 있다.

셋째, **국가 간 수준 분석**은 국제체제가 결과에 영향을 미치는 것을 분석하는 것이다.

---

8) 1971년에 설립된 국제 환경보호단체로 핵실험의 반대와 자연보호 운동 등을 통하여 지구의 환경을 보존하고 평화를 증진시키기 위한 활동을 펼치고 있다. 40여 개국에 지부를 두고 본부는 네덜란드 암스테르담에 있다. 한국은 2011년 6월 사무국을 개소한 41번째 국가가 되었다.

9) 사우디아라비아 출신의 오사마 빈 라덴(Osama bin Laden)이 조직한 국제 테러단체로 1991년 걸프전을 기해 반미세력으로 전환되었으며, 2001년 9.11 테러의 배후를 조종한 것으로 알려지고 있다.

이것은 국가 간의 상호작용에 초점을 맞추며, 국가의 내부 구성이나, 국가 지도자 개인에 대해서는 관심의 대상에서 제외시킨다. 대신 이 수준에서는 국제체제 내에서의 각국의 상대적 힘의 크기와 국가 상호 간의 작용에 주목하며, 가장 중요한 수준의 분석이 된다.

<표 1-3 : 국제관계의 분석 수준과 영향 요소>

분석 수준	영향 요소
개인 수준	위대한 지도자, 미친 지도자, 인지 및 결정의 심리, 암살, 역사의 우연성, 시민참여 (투표, 반란, 참전 등), 학습
국내 수준	민족주의, 종족 분쟁, 정부형태, 민주주의, 독재, 국내 제휴관계, 정당과 선거, 여론, 경제영역 및 업계, 군산 복합체, 외교정책 부서, 젠더(gender)
국제 수준	힘, 전쟁, 외교, 조약, 힘의 균형, 정상회의, 동맹, 무역협정, IGO, 상호주의, 흥정,
지구 수준	종교적 근본주의, 남북격차, 정보혁명, 테러리즘, 세계 환경, 범세계적 환경 및 사업 공동체, 규범, 제국주의, 기술변화

추가적으로 최근의 과학기술의 발달과 세계화의 촉진에 따라 지구 수준 분석을 추가할 수 있다. 이것은 지구 온난화를 비롯한 환경문제나 에볼라 같은 신종 전염병의 출현 등 국가 간 상호작용을 초월하는 지구적 경향과 힘이라는 차원에서 국제관계를 분석하는 수준이다. 인간 기술의 진화와 어떤 신념의 범세계적인 확산, 인간과 자연환경과의 관계 변화 등은 범세계적인 과학과 기술 및 사업공동체를 통한 초국가적인 노력을 필요로 하고 있다.

참고적으로, 세계화의 정의는 "현 시기 사회적 삶의 모든 측면에서 상호 연결이 확대, 심화, 가속화 되는 것"을 말한다. 이러한 요인으로는 확대된 국제무역, 장거리 통신, 금융 조정, 다국적 기업, 과학기술의 협력, 새로운 형태의 문화교류, 이민과 난민의 유입, 부국과 빈국의 문제 등 다양한 과제들을 포괄하고 있다.

제3절 국제체제의 변화와 발전

1. 두 차례의 세계대전(1900-1945)

제1차 세계대전(1914~1918)과 제2차 세계대전(1939~1945)은 20세기 전체의 성격을 규정하는 분수령이 되었다. 아직도 양차 대전은 우리가 살고 있는 이 세계의 핵심적 준거점이 되고 있으며, 양차 대전은 거의 모든 세계의 국가들이 국제 체제의 미래를 걸고 벌인 전면전에 참전한 전 세계의 전쟁이었다. 많은 사람들은 제1차 세계대전이 비극적인 전쟁의 불합리성을 상징하는 것으로 본다.

당시 강대국들은 1세기 정도 비교적 평화로운 시기를 마감하고 정당한 이유도 없이 전쟁으로 나갔다. 심지어 대중들 사이에는 전쟁을 통하여 유럽이 한 단계 더 발전하고 활력을 다시 얻는다는 생각도 하고 있었다. 일부 젊은이들 중에는 전쟁터에 영광스럽게 참가함으로써 남자다움을 과시할 수 있다는 생각도 가졌으며, 이런 생각은 엄청난 고통과 전쟁의 무모함으로 산산조각이 나고 말았다.

1914년, 사라예보에서 세르비아의 한 민족주의자가 오스트리아의 페르디난트 대공을 암살하자, 이것이 도화선이 되어 경쟁적으로 동원하게 됨에 따라 전 유럽이 전면전을 벌이게 되었다. 예상과는 달리 전쟁은 결정적인 결과를 낳지도 않았으며 결코 영광스럽지도 않았다. 전쟁은 고정된 전선에 따라 구축된 진지에서 벌이는 지루한 진지전의 수렁에 빠졌다.

예를 들면, 영국군은 1917년 벨기에의 파스샹달 전투에서 3개월 동안 11마일에 달하는 전선에 1야드 당 5톤의 포탄을 퍼부었으며, 지상 공격 실패로 40만의 병력을 잃었다. 전쟁의 참혹함은 독일의 화학무기 사용으로 더 악화되었다. 영국과 독일 양측이 모두 항복을 얻기 위해 상대방 국민들을 기아의 몰아넣으려 했기 때문에 전쟁은 더욱 처참했다.

러시아는 전쟁이 진행 중인 1917년, 볼셰비키 혁명이 일어나 전쟁에서 물러나고 소련이 건국되었다. 같은 해에 미국이 참전하여 대독일 전선에 가담함으로써 전세가 급속도로 바뀌었다.

전쟁의 결과, 독일은 결국 1919년 베르사유 조약으로 일부 영토를 포기하고 배상금을 지불하고, 장차 군비 규모를 제한한 것으로 전쟁을 일으킨 책임을 인정했다. 베르사유 조약의 이 같은 가혹한 조항들이 독일 사람들의 반감을 불러 1930년대 히틀러의 집권에 도움이 되었다. 제1차 세계대전이 끝난 후 미국의 윌슨 대통령은 국제 연맹 창설을 주도했다. 그러나 미국의 상원이 국제 연맹 가입을 비준 하지 않았으며, 이에 따라 국제 연맹은 유명무실하게 되어 제 기능을 발휘할 수 없었다.

제1차 세계대전 이후 제2차 세계대전까지 기간에 미국은 고립주의 노선을 채택하였다. 영국의 국력은 쇠퇴하였으며, 러시아는 혁명으로 인하여 힘을 발휘 하지 못하게 되었다. 이런 상황이 세계 정치체제의 힘의 공백을 만들어냈다. 1930년대 독일과 일본이 이 국제적인 힘의 공백에 뛰어들어 공격적인 팽창주의를 채택했다.

이것이 결국은 제2차 세계대전으로 이어졌다. 일본은 1895년 중국을 대상으로 청일전쟁을 실시하였고, 1905년에는 러일전쟁에서 러시아를 격파 한 다음, 대만과 한국을 이미 점령하고 있었다. 또 일본은 제1차 세계대전 중에 아시아에 있는 독일 식민지의 일부를 획득했고, 1931년에는 만주를 점령하여 괴뢰 정부를 세웠다. 1937년에는 본격적으로 중국을 침략하여 잔혹한 점령지 정책에 나섰다.

한편 1930년대 유럽에서는 히틀러 치하의 나치 독일이 재무장하였고, 스페인 내전에 개입하여 파시스트의 승리를 도왔으며 인접국들의 영토 일부를 탈취하였다. 이 인접국의 영토를 탈취하는 명분은 게르만족이 거주하는 땅은 독일 본토와 통합되어야 한다는 민족주의에서 출발하였다. 히틀러는 이탈리아와 스페인 파시스트 정권의 침략행위에 대하여 국제사회와 국제 연맹이 나약한 반응을 보이자 이에 고무되어 더 대담하게 행동하였다. 독일의 야망을 유화시키기 위한 정책으로써 1938년 영국과 프랑스는 체코슬로바키아 영토 일부를 독일이 점령할 수 있도록 허용하는 내용의 뮌헨 협정에 동의했다.

결국 이러한 유화정책은 히틀러의 정복 전쟁을 부추기는 결과만을 낳은 것으로 보였다. 1939년에 독일이 폴란드를 침공하자 영국과 프랑스가 대독일전에 참전하였다. 히틀러는 최대의 숙적인 소련의 스탈린과 불가침 조약을 맺고 프랑스 전선에 전군을 투입하여 재빠르게 프랑스 대부분 지역을 점령하였다. 그리고 나서 히틀러는 스탈린을 배신하여 1941년에 소련을 침공했다. 이 공격이 결국은 장기전이 되었고 몇 해 뒤에 철수하게 되었으나, 소련은 독일 주력군의 공격을 받아 엄청난 인명 손실을 당했다.

제2차 세계대전 기간 중 사망자 수가 6,000만 명 정도인데 이 중 대다수는 소련 사람들이었다. 1942년 미국이 독일을 대상으로 제2차 세계대전에 참전하였다. 미국 경제가 연합군을 위하여 결정적으로 중요한 무기와 보급품을 생산했다. 미국은 영국과 함께 드레스덴 등 독일 도시들에 대한 전략적 폭격에 결정적인 역할을 했다. 1945년 2월에 있었던 드레스덴 폭격으로 인간은 10만 명이 죽었다. 1944년 6월 6일 영국 해협을 건너 영·미군은 서부 전선에서 독일을 압박하고, 소련군은 동부 전선에서 독일을 압박하였다.

독일은 결국 항복하여 연합군에게 점령되었다. 나치 독일과 동맹국들은 전성기에 영국과 러시아 일부를 제외한 전 유럽을 점령하게 되었다. 유럽에서 전쟁이 진행 중인 동안 일본은 동남아시아 지역에서 미국과 동맹국 들을 대상으로 싸웠다. 미국이 일본에 팽창주의에 대한 제재 조치로 대일 석유 금수 조치를 취했고, 일본은 1941년 하와이 진주만을 기습 공격하여 미 해군의 대부분을 격파하고 원하던 인도네시아 등의 영토를 획득하였다. 그러나 이후 몇 년간 미국은 새로이 방대한 군사력을 건설하고 태평양의 여러 섬들을 탈환해 나갔다. 일본 도시들에 대한 미국의 전략적 공격은 1945년 8월, 히로시마와 나가사키 두 도시에 인류 최초로 핵무기를 사용하면서 일본의 신속한 항복을 촉발시켰다.

양차 대전의 교훈은 1938년 뮌헨 협정의 실패로부터 전쟁 준비태세를 갖춘 강경한 외교정책만이 침략을 억제하고 전쟁을 예방할 수 있다고 결론 내렸다. 그러나 1914년 유럽을 전쟁의 재앙으로 몰고 간 것은 그러한 강경책 때문이었다는 것은 역사적인 아이러니가 아닐 수 없다.

2. 냉전 시대(1945-1990)

제2차 세계대전 이후 미국과 소련이 초강대국이 되었다. 두 국가는 이념적 사명과 피후견국의 연결망, 치명적 핵무기 등을 고루 갖췄다. 유럽은 한편으로 미국과 NATO 동맹국들의 대규모 군사력, 다른 한편으로 소련과 바르샤바 조약 기구 동맹국들의 대규모 군사력이 포진함으로써 분할되었다. 독일은 영토가 분할되어 국토의 3/4과 수도인 베를린의 3/4을 미국, 영국, 프랑스가 점령했다. 서베를린을 둘러싼 나머지 부분은 소련에 의해 점령되었다.

1961년 동독이 동서 베를린을 가르는 베를린 장벽을 세웠는데 영국의 윈스턴 처칠(Winston Churchill, 1874~1965)이 **'철의 장막'**으로 이름을 붙여서 분단을 상징하는 것이 되었다. 냉전 기간 내내 동서 간의 적대감 있었지만 비교적 안정적인 관계의 틀이 만들어졌고, 분쟁이 강대국 간 전면전으로 발전한 적은 한 번도 없었다. 1945년 얄타에서 열린 미국, 소련, 영국의 회담에서 서방측은 소련군의 동유럽 주둔을 기정사실로 인정하고 그 지역을 소련의 영향권으로 인정하였다.

주요 국가들은 모두 국제연합(United Nations, UN)에 가입하고 있고, UN은 곡절이 없지는 않았지만 냉전 기간 내 전 세계 거의 모든 국가를 회원국으로 유지하면서 기본 구조와 규칙을 고수할 수 있었다. 미국이 NATO 창설과 함께 마셜 플랜((Marshall Plan)[10]을 유럽의 경제부문에 재정 원조를 제공한 것은 이런 소련에 대한 공포에 대처하는 조치에 해당했다. 전 세계 군비의 절반이 유럽의 대치 상태 투입되었고 초강대국 간의 핵무기 경쟁에도 막대한 비용이 투입되었으며, 미국과 소련은 각각 수만 개의 핵무기를 제조했다.

미국은 1940년대 말부터 봉쇄 정책을 채택하여 세계적으로 군사, 정치, 이념, 경제 등 여러 차원에서 소련의 영향력을 막고자 했다. 전 세계에 군사 기지와 동맹 네트워크를 형성하였으며 대외 원조 및 기술 이전부터 군사적 개입과 외교적 교섭에 이르기까지 미국의 외교정책은 소련을 봉쇄하는 것이 주목적이 되었다.

1949년 중국 공산주의 혁명으로 중국이 국제사회에 등장하였다. 1960년대 들어 중국은 소련의 대미 평화공존 정책에 반대하였고, 이내 중·소 분쟁을 겪으면서 자주성을 크게 강조하였다. 1970년대 들어 중국 지도자들은 소련의 힘에 위협을 느끼고 미국과의 관계를 개선하였으며, 1971년 닉슨 미국 대통령의 중국 방문이라는 사건을 연출하여, 1979년 미·중 관계가 정상화로 이어졌다.

---

10) 제2차 세계대전 후인 1947년부터 1951년까지 미국이 서유럽 16개국을 대상으로 실시한 대외원조계획으로 정식 명칭은 '유럽부흥계획(European Recovery Program, ERP)'이었지만 당시 미 국무장관인 마셜(G. C. Marshall)이 공식 제안하였기에 '마셜 플랜'이라고 한다.

1950년에는 한국전쟁이 발발하여 북한 공산군이 미국의 동맹국인 한국의 거의 전 지역을 점령하였다. UN을 통해 미국과 동맹국들은 반격에 나서서 거의 북한 전 지역을 점령하였다. 이에 북한과 국경을 인접한 중국이 대규모 의용군을 파병하여 북한을 도왔으며, 전쟁은 국경선 근처에서 장기전으로 진행되다가 1953년 정전협정이 체결되었다. 이 전쟁으로 인하여 공산주의에 대한 미국의 태도는 더욱 강경해졌으며 이후 동서 관계, 특히 1950년대 미·중 관계에 부정적인 영향을 미쳤다.

소련은 1956년 헝가리에서 발생한 대중 봉기를 진압하기 위해 군대를 보냈으며, 1957년에는 미사일 계획의 일부로 인공위성 스푸트니크를 우주궤도에 올림으로써 전 세계를 경악케 했다. 미·소 적대 관계는 1962년 쿠바 미사일의 갈등으로 최고조에 달했다. 당시 소련은 쿠바에 중거리 핵미사일을 배치하였고, 미국 지도자들은 쿠바에 배치된 미사일이 위협적이고 도발적인 것으로 간주하였다. 따라서 소련이 미사일을 쿠바에 실전배치하기 전에 군사 공격을 하자고 주장하기도 했다. 그러나 케네디 대통령은 미사일 철거를 압박하기 위해 군사적 공격 대신 해상봉쇄를 선택하였다. 결국 소련이 굴복하여 미사일을 철거하였고, 미국은 쿠바를 침공하지 않겠다고 약속하였다.

두 초강대국은 종종 남반구 국가들의 대한 영향력 경쟁을 벌이기도 했다. 어떤 국가에서 내전이 발생했을 때 어느 한 쪽의 무기와 군사 고문을 제공해주는 식의 대리전을 치르기도 하였다. 예를 들면, 1970년대 미국은 에티오피아 정부를 지원하고, 소련은 그 경쟁국인 소말리아를 지원했었는데, 에티오피아에서 혁명이 일어나 새로운 정부가 소련의 지원을 받으려 하자, 미국은 소말리아를 지원하는 쪽으로 방향을 바꾸기도 하였다.

모든 지역 분쟁을 동서 관계의 렌즈로 보는 것이 냉전 시기의 미국의 한 가지 정책의 결함이라고 볼 수 있다. 공산주의에 지나치게 신경을 쓴 나머지 미국은 많은 국가들의 친 서방 정권을 지원하였다. 1960년대 베트남전쟁은 미국 시민들을 분열시켰고 결과적으로 공산주의자들의 점령을 막지도 못했다. 1975년 베트남에 함락은 중동 지역에서의 좌절과 겹쳐서 미국의 약세를 보여주는 신호인 것처럼 인식되었다.

이처럼 미국이 약세가 명백한 시기에 소련은 아프가니스탄을 침공했다.[11] 미국이 베트남에서 그랬듯이 소련도 상대편 초강대국의 지원을 받는 아프간의 반군을 진압하지

---

11) 1979년 12월 소련군은 8만 5천 명의 군대로 아프가니스탄의 친소 정권을 보호하기 위해 군사개입을 시도했다. 미국은 소련의 팽창정책에 반발하여 1980년의 모스크바 올림픽을 거부했고, 아프간의 무장단체를 지원하였다. 결국 소련은 많은 희생을 치루고 1989년 2월 철군했다.

못했고 소련은 10년 가까이 전쟁을 치렀지만 결국 승리하지 못한 채 철군을 하게 되었고 이 전쟁은 소련을 크게 약화시켰다.

1989년 베를린 장벽의 철거는 냉전시대 유럽의 분할이 끝났음을 상징적으로 보여주는 사건이었다. 공식적으로 1990년에 독일의 통일되었으며, 1985년 소련의 지도자 고르바초프는 자신의 페레스트로이카(경제개혁) 정책과 글라스노스트(정치개방) 정책에 의거하여 소련 사회를 재편하는 데 집중하기 시작했고 외부 세력의 상실을 용인하게 되었다. 중국은 공산주의적이고 권위주의적인 형태를 유지하였지만, 경제를 자유화 하였으며 군사적인 분쟁을 회피에 나갔다. 냉전 시대와는 달리 이제 중국은 미국 및 러시아 양국 모두와 가까운 유대관계를 맺고 있으며, 세계 자유무역 체계에 참여하고 있다.

3. 탈냉전 시대(1990-21세기 초)

1990년에 냉전종식으로 중동 지역의 힘의 진공이 생긴 것으로 믿었을 이라크가 인접국인 쿠웨이트를 점령하여 중동석유에 대한 통제권을 장악하려 하였다. 서방 강대국들은 이러한 침략적 행동이 나쁜 선례로 남아서는 안 된다는 생각과 세계 경제를 위한 에너지 공급에 대한 직접적인 위협이라는 생각해서 이 사건에 대해 적지 않은 충격을 받았고 행동으로 응징에 나섰다.

미국은 이라크에 반격을 가하기 위하여 주요 국가들과 연합 세력을 만들었으며 미국이 주도한 연합 세력은 유엔을 거쳐 이라크에 대한 단계적 제재 조치를 취했다. 이라크가 유엔이 통보한 날짜까지 쿠웨이트에서 철군하지 않자, 미국과 동맹국들은 걸프전을 통에 이라크군을 격파하고 쿠웨이트를 회복했다.[12]

그러나 연합군은 이라크를 점령하거나 정부를 붕괴시키지 않았다. 이 전쟁에서 영국과 프랑스는 군대를 파견하고, 일본과 독일은 상당한 비용을 부담했다.

소련의 붕괴가 완료된 것은 1991년 8월로, 걸프전이 끝난 지 몇 달이 지나서였다. 소

---

12) 1990년 8월 2일, 이라크가 쿠웨이트를 기습 침공하여 점령하자, 미국 등 34개 다국적군이 이라크를 상대로 실시한 전쟁으로 1991년 2월 28일 다국적군의 승리로 종결되었다. 이 전쟁은 UN 결의에 따른 집단안보를 위한 조치로서 첨단 병기들의 시험무대가 되었고, 한국은 5억 달러의 지원금과 200명의 군 의료진, 군 수송기 5대를 파견하여 다국적군의 일원이 되었다.

련을 구성하는 열다섯째 공화국이 주권 국가임을 선언하면서 약해진 중앙 정부로부터 권력을 이탈하기 시작했다. 이 과정은 민족자결 문제부터 재산 재분배 문제에 이르기까지 매우 복잡한 문제를 야기했다. 사회주의의 맹주 국가가 해체되었다.

1991년 걸프전 이후, 유고슬라비아가 해체되어 몇 개 공화국이 독립을 선언하였다. 크로아티아와 보스니아에 소수민족으로 살던 세르비아계 사람들이 영토를 협상하여 대 세르비아를 만들었다. 국제사회는 크로아티아와 보스니아의 독립을 승인하고 유엔 회원국으로 받아들이면서 그 영토 보전과 주민 보호를 위한 수십 개 항목의 유엔 안보리 결의안을 통과시켰다. 그러나 걸프전 때와는 달리 강대국들은 보스니아에 대한 비용을 지불하려는 의지를 보이지 않았다. 그 대신 강대국들은 평화유지군이나 중재자 같은 중립적 역할을 수행하면서 분쟁을 억제하려고 노력하였다.

1999년 세르비아 군이 보스니아 동부 지방에 유엔이 설정 안 안전지대를 침범하여 여자들을 추방하고 남자 수천 명을 학살했다. NATO군의 2주간 공습이 있었고 지상에서 크로아티아군에게 손실을 입은 세르비아 군은 마침내 교섭에 임했다. 휴전 조약은 공식적으로는 보스니아 영토 보전을 조정했지만 영토 절반 정도에서 세르비아 군이 자율적으로 활동할 수 있는 권리를 인정하였다. 또한 휴전 유지를 위해 6만 명의 중무장한 군대를 배치한다는 내용도 포함하고 있었다. 한편 세르비아의 독재자 밀로셰비치는 전쟁 범죄 혐의로 구 유고슬라비아 문제를 다루는 유엔 특별 재판소에 기소되었으며, 2001년 법정으로 인도되어 장기간의 재판이 끝날 무렵인 2006년에 사망했다.

1990년 이후 그 밖의 서방의 군사적 개입 결정은 별 효과가 없었다. 소말리아의 경우 미국이 주도한 연합군이 파벌 간 전투를 중단시키기 위에 수만의 병력을 파견하였고 굶주리는 주민들을 위한 구호물자를 제공했다. 그러나 연합군이 전투 상황에 휘말려들어 사상자가 발생하자 미군은 갑자기 군대를 철수시켰다. 1994년 르완다에서 몇 주 만에 민간인 50만 명 이상의 대량 학살당하였지만, 국제사회는 이 사건을 사실상 무시하였다. 소말리아와 보스니아에서의 실패로 강대국들은 이 사건에 대해서 자국의 사활적 이익이 걸려 있지 않은 사건으로 여겼기 때문이었다.

2001년 들어 지구 온난화 문제와 국제 형사재판소 문제 등 여러 가지 이슈를 놓고 미국과 중국, 유럽과의 관계에 새로운 틈새가 생겼다. 이런 현상은 세계 문제에서 미국이 차지하고 있는 우월한 지위가 흔들리는 조짐으로 해석되기도 했다. 중국과 러시아는

2001년도에 우호 조약을 체결하였고 유럽 국가들은 미국을 두 개의 중요한 유엔 위원회에서 배제시키기 위한 표결에 협력했다.

이런 모습은 2001년 9월 11일 미국이 테러 공격을 받자 곧바로 수그러들었다. 이 테러 공격으로 뉴욕의 세계무역센터가 완전히 파괴되고 워싱턴의 국방부 건물 일부가 파괴되어 미국 시민과 약 60여 개국의 시민 수천여 명이 사망하였다. 이 사건은 미국에 대한 국제적 무력 사용의 지지를 이끌어내는 역할을 했다. 수많은 국가들이 미국을 지지하는 대열에 동참하였고, 부시 대통령은 '테러와의 전쟁'을 선포하였는데 이 전쟁은 이후 수년 동안 몇 개 대륙에 걸쳐 수행되었으며, 재래식 수단과 비 재래식 수단을 모두 사용했다.

2001년 말에 미국과 영국군은 아프가니스탄의 일부 동맹 세력과 함께 알카에다 조직에게 기지를 제공한 탈레반 정부를 축출하였다. 그러나 2003년 초 미국과 영국이 이라크의 사담 후세인을 무력으로 축출하기 위해 연합군을 결성하고 했을 때 또다시 강대국 관계의 분열상이 드러났다. 프랑스와 독일이 이 전쟁에 적극 반대하였고 그 후 몇 년간 NATO 동맹의 결속을 해쳤다. UN 안보리의 전쟁 승인을 얻지 못한 채 미국이 주도하는 연합군이 이라크를 침공함에 따라 유엔의 역할도 크게 약화시켰다.

그러나 침공 자체는 신속하고 결정적이었다. 첨단 기술로 무장한 25만 명의 미군은 3주 만에 이라크를 제압했다. 아프가니스탄에서는 파키스탄에 거점을 둔 탈레반이 반란 활동을 펼침에 따라 전투 상황이 2007년부터 악화되었다. 미국이 아프가니스탄의 개입에 대한 한 가지 목표는 2011년에 미군의 특수부대가 파키스탄에서 오사마 빈라덴(Osama bin Laden)을 사살함으로써 달성되었다. 미국이 무인기를 이용하여 파키스탄이나 기타 지역에 있는 전투 요원을 공격한 것은 알카에다를 약화시켰지만 결국은 골치 아픈 법적 정치적 문제를 일으켰다.

한편 북한과 이란의 핵무기 프로그램이 세계의 경종을 울리게 되었다. 북한은 2006년, 2009년, 2013년, 그리고 2017년에 6차 핵실험까지 실시하였다. 북한은 2012년에는 유엔 안보리 금지 조치인 결의안을 위반하여 신형 장거리 미사일 실험에 성공하였다. 이란은 2004년부터 핵무기 제조 및 사용에 대한 합의를 다시 깨는 일을 되풀이했다.

2011년부터 2012년은 '아랍의 봄'13)이라 불리는 대중 운동이 튀니지와 이집트의 비폭력

---

13) 2010년 말 튀니지에서 시작되어 아랍 중동국가 및 북아프리카로 확산된 반정부 시위의 통칭으로, 집권 세력의 부패와 빈부 격차, 청년실업으로 인한 젊은이들의 분노 등이 원인이 되어 아랍 전역으로 확산되었다.

시위로 시작되었다. 이집트에서는 오랫동안 금지 대상이었던 무슬림형제단의 지도자가 대통령으로 선출되었다. 리비아와 시리아에서는 시위대에 대한 폭력 진압이 폭력적 대중 봉기를 야기했다. 결국 리비아에서는 유혈사태 끝에 독재자가 축출되었는데 여기에는 NATO의 공중 지원도 있었다. 시리아에서는 분열된 국제사회가 효과적으로 대처하지 못한 가운데 내전이 장기화되고 고통이 가중되고 있다. 예멘에서도 나름의 혁명이 있었다.

탈냉전 시대는 세계의 도처에서 (특히 르완다, 시리아, 뉴욕에서까지) 야만적인 전쟁 이 터졌기 때문에 분쟁이 잦은 시기처럼 보일 수 있다. 그러나 역설적이게도 지금까지 탈냉전 시대는 냉전시대보다 더 평화롭다고 할 수 있다. 아프리카와 동남아시아를 있는 상설 분쟁지역에서도 전투가 줄어들고 있다. 그러나 이스라엘과 팔레스타인 분쟁은 1990년대 평화 전망이 밝은 듯이 보였지만, 2000년의 협상이 실패함으로써 더욱 악화되 었다. 2009년부터 2012년까지 이스라엘과 하마스 간의 폭력적 충돌도 계속되었다.

최근 환경이나 기후 문제, 질병 같은 문제에 대한 초국가적 우려도 더욱 커지고 있다. 2005년 미국 뉴올리언스를 강타한 허리케인 카트리나의 재난이나, 극지방의 빙하가 녹 는 속도가 빨라지고 있는 것이 잘 보여주듯이 지구온난화는 이미 심각한 위험이 되었다. 2008년과 2009년에는 바이러스성 조류독감이 전 세계 퍼져 검역과 새로운 백신을 통한 바이러스 통제가 시급한 과제로 떠올랐다. 2010년 멕시코 만과 중국에서 일어난 석유대 량 유출 사고는 오염과 환경 문제에 대한 국제적 관심을 고조시켰다 특히 천연자원을 놓고 전 세계적인 경쟁이 벌어지고 있기 때문에 이 문제는 매우 심각한 문제이다.

21세기 들어 중국이 세계 정치에서 더욱 중심 국가로 떠오르고 있다. 그 규모와 급속 한 경제성장으로 중국은 떠오르는 강국이 되고 있다. 중국은 민주 국가가 아닌 유일한 강대국이다. 인권 문제에 대한 중국의 좋지 않은 기록은 서방 정부와 NGO들로부터 자 주 공격을 받아왔다. 그러나 중국은 유엔 안보리에서 거부권을 가지고 있으며, 신뢰할 만한 수준의 핵무기를 보유하고 있다. 중국은 몇몇 지역 수준의 분쟁지대와 접하고 있으 며 미사일과 핵무기의 전 세계 확산에 영향을 주고 있다. 또한 중국은 자원이 풍부한 남 중국해에서 영토 분쟁을 벌이고 있으며, 동중국해의 몇 개 섬을 놓고 일본과 영토 분쟁 을 벌이고 있다. 중국은 남반구 국가 중 유일한 강대국이다. 그리고 그 인구 규모와 낮 은 단계에서 출발한 급속한 산업화를 감안한다면 중국은 지구온난화 같은 지구적 환경 문제에 장차 어떤 추세를 보일지에 큰 영향을 주는 변수이다.

일부 학자들은 이런 상황을 일 세기 전의 독일의 부상에 견주고 있다. 역사적으로 볼 때 극심한 관계의 변동이 국제 체제의 불안정성을 가져오게 된다. 앞으로 국제정치가 중국의 국력 신장과 역사적 중요성에 걸 맞는 지위와 명예를 중국에게 부여할 수 있을 것인지, 그리고 중국이 그 대가로 국제법과 국제규범을 준수할지는 더 두고 봐야 할 문제이다.

제4절 국제정치의 주요 이론

1. 이상주의(Idealism) 이론

이상주의(理想主義)란, 인간은 그 이성의 양심을 바르게 쓰면 반드시 올바른 행동을 취할 수 있다고 하는 인간의 진보 가능성에 기인한 신뢰에서 출발한다. 정치 이상주의는 정치나 외교의 목적을 정의, 도덕, 선 등의 만민 공통의 가치를 내걸며 이를 이뤄가는 것으로 해석한다. 그 과정에서 윤리, 법 등의 규범적인 것이 중요시된다.

국제사회를 만인에게 은혜를 평등하게 부여하려는 '보편적인 선(good)'에 의해 지배되고 또 그들이 추구해야 할 것이라고 규정하고 있다. 국제정치의 이상주의자들은 이러한 진보가능성에 대한 장애물인 전쟁의 원인을 시대착오적의 사악한 지도자에 의한 국가적 에고이즘(egoism, 利己主義)에 있다고 본다. 따라서 인간의 이성과 양심에 호소함으로써 국가를 있어야 할 방향으로 향하게 할 수 있다고 생각한다. 이러한 사상 속에서 관계국에 대한 신뢰는 중요한 가치로 등장했으며, 정치현실주의에 대해서는 갈등과 경쟁을 가열화 시킨다고 비판했다. 즉 이상주의자들은 국제적 협동 속에서 모두의 이익이 될 만한 방향으로 함께 나가야 한다는 것을 주장했으며, 이러한 생각들은 현대적 의미의 국제기구를 만드는 데 기여했다. 그리고 전쟁의 근절과 평화 실현의 전면적 해결을 기존 국제질서의 개혁과 세계 연방, 그 밖의 초국가적인 국제기구의 설립에서 찾는다.

1913년 미국 제28대 대통령으로 취임한 윌슨(Woodrow Wilson, 1856~1924)은 영국 급진파의 영향을 받아 민주주의 정체에 대한 신뢰를 지주로 하는 진보적인 세계질서를 구상하였다. 그 특징은 민주주의라는 도덕적 가치의 보편성을 전제로 국내 제도의 민주주의적 개혁 및 국제기구의 설립이라는 2가지 측면에서 세계의 평화적 질서를 지향했다. 윌슨이 제1차 세계대전 중인 1918년 1월에 발표하여 후에 파리 강화회의의 기초가 되었던

"평화를 위한 14개 조약"에는 비밀외교의 폐지, 해양의 자유, 경제장벽의 배제, 군비축소, 유럽 국민의 민족자결, 식민지 문제의 공정한 해결, 국제평화기구의 설립 등이 포함되었다. 이 원칙에 따라 설립된 **'국제연맹(League of Nations)'**은 세계 항구적 평화를 목적으로 한 사상 최초의 대규모 국제기구가 되었다.

그러나 1930년대에 국제적 갈등이 심해지면서 현실주의 주장이 등장하게 되었으며, 제2차 세계대전의 발발로 국제연맹은 파국으로 치달아 소멸하였다. 이후 **'국제연합(United Nations, UN)'**이 출현하여 이러한 이념을 계승하고 있으며, 힘의 견제와 공존을 위한 국제기구도 이러한 맥락에서 이해할 수 있다.

윌슨의 이상주의는 국제연맹의 실패와 제2차 세계대전의 발발로 신뢰를 잃게 되었지만, 최근 '민주주의에 의한 평화론'의 부활로 부분적인 재평가를 받고 있다. 윌슨의 전통은 21세기 테러와의 전쟁을 맞은 부시의 외교정책, 즉 네오콘(Neocons)[14]의 외교정책에도 영향을 주었다.

2. 현실주의(Realism) 이론

현실주의(現實主義)는 제2차 세계대전 이후 국제정치사상의 지배적인 담론이다. 현실주의자에게 국제정치의 주요문제는 전쟁과 무력의 사용이며, 그 주요 행위자는 국가이다. 현실주의자들은 '국제정치는 기본적으로 국가들의 무정부체제'라는 가정에서 출발하며, 국제정치의 처음과 끝은 다른 국가들과 상호작용하는 개별국가이며, **'무정부주의(anarchism)'**라고 주장한다. 이들은 '국제정치에서 힘 센 나라는 있지만 더 높은 나라는 없다'고 말한다.

일반적으로 현실주의는 이상(理想)이나 관념(觀念)보다는 현실을 중시하는 사고나 행동방식을 말한다. 현실주의는 이상주의의 실패를 딛고 널리 힘을 얻게 되었다. 제1차 세계대전의 충격은 전쟁이 정치의 연장 등이 아니라 사회의 질병이라는 인식이 강해졌다. 앞으로의 세계는 구습과 결별하고 모두가 안전하고 평화롭게 사는 새로운 세계의 모습

---

14) 네오콘(Neo-conservatives)이란 미국의 공화당을 중심으로 한 신보수주의자들을 가리키는 용어이다. 이들은 '힘이 곧 정의'라고 믿고 군사력을 바탕으로 미국이 세계의 패권국으로 부상하는 것을 목표로 한다.

을 구상해야 한다는 차원에서 **'국제정치학'**이라는 개념을 탄생시켰다. 이상주의라고 불렸던 국제정치학은 국제법이나 국제기구, 제도의 충실과 강화를 중시하여 국제연맹을 탄생시켰다. 그러나 이들의 실패는 1930년대에 현실주의라고 불리는 국제정치학의 대두를 촉구하여 제2차 세계대전의 발발과 그 이후의 냉전이라는 체제는 현실주의를 국제정치학의 중핵으로 자리 잡게 하였다.

현실주의 이론은 세계정치의 실제와 국제관계의 학문적 연구에 중요한 영향을 끼친다. 권력을 추구하는 인간의 행태와 공포, 명예, 그리고 그들의 이익에 기반 하여 행동하게 되는 국가들은 현실주의의 보편성을 나타내게 된다. 인간의 집단은 그들 자신의 공동체를 생존시키고 영속화하기 위해 권력을 추구하며 그들 자신을 방어하는 것에 몰두하게 된다. 제2차 세계대전 이후 국제연맹이나 세계정치를 평화롭게 하려던 노력들이 실패하면서 현실주의를 주장하는 학자들이 국제관계 분야에 등장하게 되었다. 이들은 이상주의, 혹은 유토피아주의를 비판적하면서, 전쟁이라는 질병을 고치기 위한 이상주의자들의 모색은 권력의 역할에 대한 경시, 민족국가들이 공통적인 이익을 공유할 수 있을 정도의 과대평가, 분쟁을 평화적으로 해결하기 위한 이성적인 방책의 발견이 가능하다는 견해에 대해 비판적인 시각을 가졌다.

1939년 제2차 세계대전의 발발은 국제정치를 연구하는 이상주의자들의 접근법에 대한 부적절함을 확인해 주는 사건이었다. 그리고 제2차 세계대전 이후의 세계정세구도는 소련의 팽창적인 행태와 핵무기의 사용을 수반할 수 있는 새로운 전쟁의 위험이라는 문제를 제기하였다. 이에 미국은 추상적이고 보편적인 이익보다는 자신의 핵심적 이익에 기초해서 행동할 수밖에 없었다는 주장을 펼쳤다. 외교정책의 담당자들은 이념보다는 국가 이익에 초점을 맞추고 힘을 통해서 평화를 추구하고, 강대국들이 상반되는 가치와 믿음을 갖고 있다고 하더라도 그들 사이의 공존의 가능성이 상존한다는 것을 주목하였다.

(1) 현실주의의 주요 학자들

현실주의의 발전은 **투키디데스**(Thukydides, 기원전 460~406), **니콜로 마키아벨리**(Niccolo Machiavelli, 1469~1527), **토머스 홉스**(Thomas Hobbes, 1588~1679), **장 자크 루소**(Jean Jacques Rousseau, 1712~1778) 등의 오랜 사상적 전통에서 공통적으로 묘사되어 왔다. 위의 이론

가들이 저술을 집필하고 활동했던 시기와 정치적 환경이 서로 다름에도 불구하고, 현실주의는 국제정치가 권력을 향한 끊임없는 투쟁이라는 공통된 인식에 근거를 두고 있다.

국제정치의 환경은 정치적 행위자들이 자신들의 안보를 염려하는 것 외에 다른 선택을 갖지 못하는 전쟁 상태에 가깝다고 주장한다. 상존하는 전쟁의 가능성은 정치적 행위자들로 하여금 그들의 생존을 보장하기 위해 살상무기의 사용을 포함한 적절한 조치를 필요로 하게 된다. 고전현실주의는 국가지도자들이 국제정치의 영역에서 행동해야 하는 방식에 관해 통찰력을 제공해주며, 이는 흔히 국가이성의 원칙에 연관된다.

프리드리히 마이네케(Friedrich Meinecke)는 "국가이성은 국제적 행위의 기본적인 원칙이자 국가행위의 첫 번째 법칙이다. 국가이성은 정치가들이 국가의 안위와 능력을 보존하기 위해 무엇을 어떻게 해야 할지를 말해준다."고 했다. 국제정치의 주요 행위자인 국가는 권력을 추구해야 하고, 정치가는 적대적이고 위협적인 환경에서 국가의 생명을 영속시키기 위해 취해야 하는 가장 적절한 단계들은 합리적으로 계산할 의무가 있다는 것이다. 국가의 생존에 관한 현실주의의 시각은 국가의 생존은 결코 보장될 수 없으며, 무력 사용은 정치의 정당한 수단이기 때문에 국가가 상주하는 환경이 위험한 장소이며, 국가가 주요한 행위자라는 것이 핵심이라고 볼 수 있다.

현실주의자들은 보편적인 도덕률이 존재한다는 생각에 회의적이며, 국가지도자들에게 어떠한 명확하지 않은 윤리적인 행위 개념을 고수하기 위해 자신들의 이익을 희생하지 말라고 경고한다. 또한 현실주의자들은 나아가 국가지도자들이 생존의 필요성 때문에 전통적인 도덕성에 거리를 둘 필요가 생긴다고 주장한다. 국가지도자들은 정치적인 필요성과 신중성에 따르는 다른 종류의 도덕성을 배워야 한다는 것이다. 이것을 '**이중적인 도덕기준**(dual moral standard)'이라고 하는데, 하나는 국가 내부의 개별 시민들을 위한 도덕기준이고, 다른 하나는 다른 국가와 대외적 관계에서의 새로운 기준을 말한다. 현실주의를 주장하는 학자들은 국제정치의 전쟁 상태와 그에 상응하는 국가 행태가 '인간의 본성'에서 발견되는 특성에서 기인한다고 보는 반면, 다른 시각의 사람들은 국제정치가 수행되는 독특한 환경 때문이라고 주장하기도 한다. 또 다른 주장을 하는 사람들은 인간의 본성과 국제정치의 환경 또는 구조를 결합하여 '전쟁상태'를 설명하기도 한다.

<표 1-4 : 대표적인 현실주의 사상가들의 주장>

주요 사상가	핵심 주장	주요 저작
Thukydides (BC, 460~406)	국제정치는 인간의 본성에 기초를 두고 있는 권력을 향한 끊임없는 투쟁에 의해 움직인다.	『펠로폰네소스 전쟁사』
Niccolo Machiavelli (1469~1527)	국가지도자의 궁극적인 기술은 세계정치에서의 변화하는 권력구도를 받아들이고 그에 적응하는 것이다.	『군주론』
Thomas Hobbes (1588~1679)	자연 상태에서의 삶은 세계정치의 조건과 유사하며, 공포와 폭력적 죽음에 대한 우려로 가득하다.	『리바이더언』
Jean Jacques Rousseau (1712~1778)	공포, 질시, 의심, 불안을 야기하는 요인은 인간 본성이 아니라 무정부적인 체제이다.	『전쟁 상태』

투키디데스(Thukydides, BC, 460~406)는 고대 그리스의 두 강대국인 아테네와 스파르타 사이의 분쟁인 펠로폰네소스전쟁에 참여하기도 했고 이를 기술한 역사가이다. 권력의 추구와 자신이 이익을 따르는 동기는 인간 본성의 근본적 요인으로 자리 잡고 있으며, 스스로를 위하는 이기적 행위자로서 국가의 행태는 인간 특성이 반영된 것으로 이해된다. 국제정치가 왜 권력정치일 수밖에 없는지를 설명하는 것으로 인간의 본성과 공포심, 명예, 그리고 자기 이익의 동기라고 보았다. 투키디데스는 인간 본성에 대한 깊은 통찰을 제공하였고, 국가 행태에 대한 국제환경의 영향에 대해서도 인지하고 있었다.

그에 의하면, 펠로폰네소스전쟁의 원인은 아테네의 세력증대와 그것이 가져온 스파르타의 공포심이라고 했는데, 이는 권력의 분포가 국가 행태에 끼치는 영향의 예에 해당한다. 투키디데스는 스파르타의 국가이익은 생존이며, 따라서 아테네에 의해 정복당하지 않기 위해 전쟁을 할 필요성을 느끼게 되었다고 주장한다. 아테네도 마찬가지로 자신이 획득한 제국을 유지하기 위해 권력을 추구할 충동을 느끼게 되었고, 아테네의 지도자 페리클레스는 인간 동기의 가장 근본적인 토대인 야심, 공포, 자기이익에 따라 행동하게 되었다는 것이다.

마키아벨리(Niccolo Machiavelli, 1469~1527)는 『군주론』에서, 정치에서 성공하려면 인간의 본성에 대한 기원보다는 그것의 실재에 기반해서 행동해야만 한다고 주장하였다. 그는 인간을 "은혜를 모르며 변덕스러운 위선자이자 위험의 회피자, 이익에 탐욕스러운

자"로 묘사했으며, 인간의 본성에 대해 냉소적이고 비관적인 시각을 나타냈다.

이와 같은 인간의 본성에 기초하여 '현실주의 공리'를 제공하였다. 그는 '군주는 사랑보다는 공포의 대상이어야 하며, 사자인 동시에 여우처럼 행동해야하고, 때로는 어떻게 선하지 않을 것인가를 배울 필요가 있다.'고 주장했다. 그에 따르면, 모든 수단을 동원한 국가 생존의 요구와 같은 정치의 필요성은 모두 다 인간의 본성에서 기인한다는 주장이다.

홉스(Thomas Hobbes, 1588~1679)는 마키아벨리와 마찬가지로 인간의 본성에 대해 비관적인 시각을 보였다. 인간의 본성에 대해 홉스는 '모든 인간이 죽어서야 멈추게 되는 지칠 줄 모르는 권력에 대한 열망을 갖고 있다.'고 주장했다. 인간은 자연 상태에서 근본적으로 평등하다고 가정하였는데, 이는 가장 약한 자가 가장 강한 자를 죽일 수도 있다는 것을 의미하며, 더 많은 권력을 축적하려는 경쟁을 심화시키게 된다.

홉스는 안보를 제공할 수 있는 상위의 권위가 부재한 자연 상태는 '만인의 만인에 대한 전쟁 상태'에 가깝다고 주장한다. 홉스는 자연 상태에서 폭력적인 죽음에 대한 공포는 인간의 삶이 외롭고, 남루하고, 위험하고, 야만적이며, 짧다고 결론 내린다. 그의 저서『리바이더언』에서 "만인이 만인에 대한 전쟁 상태인 때가 존재한 적은 없지만, 모든 시기에 왕과 주권체의 권력자들은 그들의 독립성으로 인해서 항상 질시하는 상태에 있었고, 전쟁 상태에 해당하는 투사들의 상태와 형세에 놓여 있었다."고 썼다.

루소(Jean Jacques Rousseau, 1712~1778)는 홉스가 자연 상태를 묘사한 방식에 다소 비판적이었지만, 그 역시 인간들이 자연 상태를 떠나서 사회계약을 만들어 낼 필요성을 인식하였다. 루소는 주권을 형성하는 계약이 시민들의 일반의지를 반영해야만 한다는 점에 깊이 유념하였고, 이것이 권위의 행사가 정당성을 갖는 유일한 방법이라고 주장했다. 하지만 새로 형성되는 계약이 그 구성원들의 일반의지를 반영한다고 해도 국가가 다른 국가들에 반해 각각 특정한 의지를 표출한다는 점을 부각하였다.

즉 하나의 사회계약은 한 부분의 문제를 해결하지만, 국제관계에서 다른 부분의 문제를 만들어내기도 한다. 독립적인 주권국가들 사이의 문제를 해결하는 데 도움을 주는 '상위의 권위체'는 존재하지 않는다. 루소는 국제적 분쟁은 인간의 본성보다는 무정부상태와 중앙적 권위의 부재에서 기인한다는 신 현실주의적인 시각이다.

(2) 현실주의의 유형

<표 1-5 : 현실주의 이론의 유형>

유형 구분	주요 사상가 / 저서	핵심내용
고전적 현실주의	모겐소/ 『국가 간의 정치(1948)』	정치는 인간 본성에 의해 지배된다. 국제정치의 기제는 권력에 따라 정의된 이익이라는 것이다.
구조적 현실주의 (신현실주의)	월츠 / 『국제정치 이론(1979)』	무정부상태는 국가 안보를 극대화하기 위해 자조의 논리를 창출한다. 가장 안정적인 권력배분 상태는 양극 체제이다.
	미어셰이머 / 『강대국 국제정치의 비극(2001)』	무정부적인 자조 체제는 국가가 자국의 상대적 권력 지위를 극대화 하게 만든다.
공격적 현실주의	자카리아 / 『부에서 권력으로(1998)』	세계정치를 체제로 설명하는 구조현실주의는 불완전하다. 이는 권력의 인식이나 지도력의 수행 방식 등으로 보완될 필요가 있다.

현실주의를 세 가지로 시기적으로 구분한다.

첫 번째로, 20세기까지의 고전현실주의는 아테네와 스파르타 사이의 『**펠로폰네소스전쟁사**』를 쓴 투키디데스의 저작으로부터 시작하여 서양 정치사상의 고전들에 담긴 여러 사상들과 혼합되었다.

두 번째, 현대현실주의(1939~1979)는 두 차례의 세계대전 사이의 학자들과, 제2차 세계대전을 전후로 해서 학계에 새롭게 등장한 학자들 사이에 있었던 주장들을 망라한다.

세 번째는 1979년 이후 현재까지 계속되는 구조현실주의 또는 신현실주의라고 하는 것은 케네츠 월츠(Kenneth Waltz)의 『**국제정치이론(Theory of International Politics)**』이 출간되면서 시작되었다고 본다.

1) 고전적 현실주의

모겐소(Hans Joachim Morgenthau)는 '국제정치는 다른 모든 정치와 마찬가지로 권력을 위한 투쟁이며, 무엇이 국제정치의 궁극적인 목적이건 간에 권력은 항상 직접적인 목표' 하고 주장하였다. 또한 모겐소는 '인간은 선천적으로 다른 사람들을 압도하는 권력을 추구하고, 지속적으로 자신의 권력을 증대시키는 것을 모색하게끔 되어 있다'고 주장한다.

그는 모든 개인과 마찬가지로 모든 국가의 목표도 자신의 권력을 극대화하는 것이라고 보았다. 모겐소는 국가들 사이의 권력 경쟁의 세 가지 유형으로, 권력의 유지(현상 유지), 권력의 증대(제국주의), 권력의 과시(위신)을 제시하였는데, 이는 모두 인간의 권력에 대한 욕망에 바탕을 두고 있다.

현실주의의 핵심 개념은 권력의 견지에서 정의되는 이익의 개념이다. 이 핵심이익을 넘어서 국가들은 많은 다른 이익들을 갖고 있지만, 어떤 이익의 추구도 국가가 보유한 권력과 병행하는 것이어야 한다는 것이다. 모겐소는 국가이익은 단지 권력의 매개를 통해 실현될 수 있는 도덕적 요인을 갖고 있다고 인식하였다. 그는 나아가 국내정치와 비교해 볼 때 국가 간의 권력투쟁에 대한 견제장치가 없다고 보았다. 이것이 세력 균형(balance of power)을 유지해야 하는 이유였다.

현실주의자들은 세력 균형이 자유를 유지하는 데 필수적이라고 생각했다. 세력 균형은 한 국가의 생존이 패권국가나 강대국들의 연합에 의해 위협을 받게 되면 그 국가는 다른 국가들의 세력과 연합하여 공식적인 동맹을 형성하고 상대편의 세력을 견제함으로써 자신의 독립을 유지해야 한다는 것이다. 세력 균형은 어떤 국가들의 연합이 다른 모든 국가를 압도하지 않게끔 권력의 형평을 유지하도록 하는 기제이다.

2) 구조적 현실주의(신현실주의)

월츠(Kenneth Waltz)는 국제정치가 권력을 위한 투쟁이라는 점에 동의했지만, 모겐소와 같이 국제정치를 인간 본성이나 국가들 간의 상호작용을 통해 설명하려는 데는 비판적이었다. 월츠를 비롯한 신현실주의자들은 안보 경쟁, 국가 간 분쟁, 국제협력을 달성하는 데 있어서의 어려움은 국제체제의 구조, 즉 주권국가들에 대한 상위의 권위의 부재에 있다고 보았다. 이들은 국제체제의 구조를 조직 원리, 단위들의 분화, 능력 분포라는 세 가지 요소로 정의했다.

월츠는 서로 다른 두 가지의 조직 원리로서 무정부상태는 국제정치의 분권화 된 현실에 대응되는 개념과 국내 정치질서의 기초가 되는 위계성을 거론하였다. 그는 세 번째 요소인 단위들 사이의 능력의 분포야 말로 핵심적인 국제적 결과를 이해하는 데 근본적이고 중요한 요소라고 주장했다. 국제체제의 권력 분포는 전쟁과 평화, 동맹 정치, 세력 균형 같은 국제적 결과물들을 이해하는 독립변수가 된다. 구조 현실주의자들은 국가들을 순위에 따라 정렬시키는 일을 통해 어떤 특정한 시점에 존재하는 강대국들의 수를 구별할 수 있게 된다. 즉, 강대국들의 수가 전체적인 국제체제의 구조를 결정하게 되는 것이다.

예를 들면 제2차 세계대전이 종식된 1945년부터 1989년까지의 냉전기 동안에는 양극의 국제체제를 만들었던 미국과 소련이라는 두 개의 강대국이 있었고, 냉전이 종식된 이후에는 미국이라는 단극의 국제체제가 존재하게 되었다. 월츠는 국가들이 권력을 극대화하기 보다는 안보를 극대화해야 한다고 말했는데, 권력의 극대화는 이를 맞추려는 국가들의 연합을 유발하기 때문에 차선책이 될 수 있다고 주장한다.

3) 공격적 현실주의(신고전 현실주의)

존 미어세이머(John Mearsheimer)가 무정부 체제 안에서 움직이는 권력의 역동성을 '공격 현실주의'라고 명명했다. 이것은 국가들이 그들의 생존을 보장하기 위한 최선의 방책은 체제 내에서 가장 강력한 국가가 되는 것으로 이해하고 권력을 극대화 하려고 한다는 것이다. 무정부상태에서는 자조가 행동의 기본 원리라는 데 동의하지만, 다른 국가들의 의도에 대해서 상당한 불확실성이 존재한다고 주장한다.

모든 국가들은 지속적으로 다른 국가들을 희생시켜서 권력을 얻을 기회를 추구한다고 결론짓는다. 가장 이상적인 것은 국제체제의 지구적인 패권이 되는 것인데, 현실적으로 체제는 국가들이 패권국이 되는 것을 허용하지 않아왔고, 이는 간헐적으로 국가 간 전쟁을 초래하는 공격을 수행하기도 했다. 냉전이 종식된 후 일부의 학자들은 국제정치를 설명하는데 개인 수준과 국내 수준의 많은 추가적 요소들을 규합하였다.

권력의 상대적인 배분이 국가들의 행태에 중요한 영향을 미친다고 인식된다면, 국가 지도자들의 인식, 국가와 사회의 관계, 국가 정체성 같은 요소들 또한 적지 않은 영향을 미치게 될 것으로 보았다. 이러한 주요 매개변수 가운데 하나는 지도자 그 자체라고 할 수 있다. 그들이 권력 분포를 어떻게 인식하는지의 문제로서, 국가지도자가 권력배분에서 어떠한 이해를 도출하는지의 문제가 중요하다고 본다.

독일은 1930년대에는 수정주의 국가였고, 제2차 세계대전이 끝난 뒤부터는 현상유지 국가였다는 사실이 국제체제에서의 역할을 이해하는 데 근본적인 중요성을 지닌다. 국가들은 그들의 이익과 능력 면에서 각각 다르다. 서로 다른 유형의 국가들은 다양한 민족적 힘의 요소들을 국력으로 전환시키는 데 서로 다른 능력을 지닌다.

이처럼 다양한 현실주의의 존재를 고려하면 국제관계에 대한 탐구의 전통으로서 현실주의의 일관성에 의문을 갖게 된다. 따라서 현실주의를 하나의 일관된 이론이라고 말하기에는 합의가 불충분하다고 할 수 있다. 서로 다른 유형의 현실주의를 분류하는 것은 각기 타당한 이유가 존재한다. 예를 들면, 구조현실주의는 둘로 나눌 수 있는데, 하나는 신 현실주의로서 '국가는 안보를 극대화하는 존재라고 주장'하는 사람들과, 또 하나인 공격현실주의는 '국가는 권력을 극대화하는 존재라고 주장'하는 부류로 구분할 수 있다.

(3) 현실주의의 핵심요인

현실주의로 규정하는 세 가지의 핵심 요인은 **국가주의**(statism), **생존**(suvival), **자조**(self-help)이다. 현실주의는 정치적 분석의 근본적 단위로서 집단을 상정한다. 투키디데스와 마키아벨리가 상정한 정치적 분석의 기본 단위는 폴리스(polis) 혹은 도시국가였다. 하지만 베스트팔렌 평화조약(Peace of Westphalia, 1648)이래 현실주의자들은 주권국가를 국제정치의 핵심적인 행위자로 간주하였다.

1) 국가주의(statism)

국가주의(statism)란 국가를 시민들의 집단적 의지의 정당한 대표자로 보는 견해다. 정당성은 국가가 자신의 국내적 경계 내에서 권위를 행사하도록 보장하는 기제이다. 현실주의자들은 국가 경계의 밖에서는 '무정부상태(anarchy)'가 존재한다고 주장한다. 무정부상태란, 국제정치가 개별적인 주권국가를 넘어서는 중심적 권위가 존재하지 않는 무대에서 이루어진다는 것을 의미한다. 따라서 현실주의자들은 국제적인 영역이 중심적 권위의 부재로 구별된다는 것을 강조하기 위해 '무정부상태'라는 개념을 사용하는 것이다.

국가는 현실주의의 주된 행위자이며, 주권은 현실주의의 특징적 속성이다. 주권국가라는 의미는 '주어진 영토 내에서의 정당한 물리적 폭력의 독점'이라는 막스 베버(Max Weber)의 정의에 동의한다. 주권(sovereignty)이란 '국가가 영토적 공간 내에서 법을 만들고 집행하는 데 있어 최고의 권위를 갖는다는 것'을 뜻한다. 주권은 국가와 개인의 사이에 성문화되지 않은 사회계약에 토대를 두는 것이다.

국내적으로는 개인의 안전보장의 대가로 자유를 교환하게 되고, 일단 안전보장이 확립되면 시민사회(civil society)가 성립될 수 있다. 한편, 국제적으로는 독립된 주권국가들 사이의 관계에서는 안전보장의 부재, 위험(danger), 위협(threaten)이 도사리고 있다. 이것은 주권의 존재가 국제적인 영역에서는 결여되어 있다고 볼 수 있다.

국가들이 무정부상태에서 다른 국가들과 권력과 안보를 놓고 경쟁을 한다고 현실주의자들은 주장한다. 경쟁의 속성은 한 행위자의 이익은 다른 행위자의 손해로 연결되는 이른바 '제로섬 게임(zero-sum game)의 관계'로 이해하게 된다. 이 같은 논리는 다른 주권국가의 국내문제에 대한 불간섭의 원칙과는 별도로 보편적인 원칙에 대한 합의를 어렵게 한다. 미국이 아프가니스탄과 이라크를 공격한 것은 힘 있는 국가들은 자국의 안보 및 국제질서를 이유로 불간섭의 원칙을 뒤집어 버릴 수도 있다는 단면을 보여준다.

현실주의자들은 국가의 목표는 우선 국내적으로 권력을 조직화하는 것이며, 이어서 국제적으로 권력을 축적하는 것이라고 본다. 여기서 권력이란 관계적인 측면인 진공상태에서는 행사되지 않고 다른 개체와의 관계 속에서 행사된다는 것으로 해석할 수 있다. 또 하나는 상대적인 측면에서 권력은 자기 능력뿐만 아니라 다른 국가 행위자가 소유하고 있는 능력에 대해서도 행사된다는 것으로 이해할 수 있다.

단순하게 해석하면 권력은 '다른 행위자들에게 자신들이 그렇지 않았다면 하지 않았을 무엇인가를 하게 하는 능력'이라고 볼 수 있다. 하지만, 다른 국가의 권력을 정확하게 평가하는 것은 매우 복잡하며 어려운 일이라고 할 수 있다. 이러한 측면에서 현실주의가 권력을 정의하고 측정하는 측면에서 많은 비판들이 제기되었다. 이것은 현실주의의 핵심인 권력개념이 이론화가 덜 되었고 일관성을 결여한 모습이라는 측면에서 많은 질문들에 대해 명쾌한 답을 제시하지 못하고 있다.

<표 1-6 : 현실주의에 대한 물음들>

- 국가들은 왜 권력을 위해 투쟁하는가?
- 권력의 축적은 왜 항상 직접적인 목표인가?
- 권력은 그 자체가 목적이 아니라 목적을 위한 수단임이 확실한가?
- 국가는 얼마나 많은 권력을 원하는가?
- 단순한 권력의 보유와 다른 사람들의 행태를 변화시킬 수 있는 능력 사이의 차이는 없는가?

월츠(Kenneth Waltz)는 현실주의의 질문에 대해 '권력(authority)'에서 '능력(capability)'으로 초점을 이동시켜서 "인구와 영토, 보존 자원, 경제적 능력, 군사력, 정치적 안정과 적합성의 크기" 같은 영역에서의 역량에 따라 능력의 서열이 정해질 수 있음을 제시하기도 했다. 여기서 문제는 1967년의 '6일 전쟁'[15]의 경우처럼 자원의 우위가 반드시 군사적 승리로 이어지지는 않는다는 역사적 사실이다.

현실주의가 권력을 다루는 데 또 한 가지의 약점은 국가의 권력에만 배타적으로 집중한다는 것이다. 현실주의자들에게 '국가는 실제로 인정되는 유일한 행위자'인데, 최근에 등장하여 그 영향력을 확대하고 있는 초국가 기업(transnational corporation), 국제기구(international organizations), 테러 네트워크(terror networks) 등 비국가 행위자들에 대해 적절한 설명을 하지 못하고 있다는 점이다.

2) 생존(survival)

현실주의자들은 국가 지도자의 첫 번째 주안은 국가의 **생존**(survival)을 확실하게 보장하는 것이라고 생각한다. 모든 국가들이 자국의 생존을 영속시키고자 노력하게 된다. 이러한 노력들은 역사적으로 어떤 국가들의 행동에 의해 다른 국가들의 소멸을 가져오기도 한다는 점에 주목하지 않을 수 없다. 무정부 체제하에서 국가 간 권력의 차이로 인해 어떤 국가의 생존은 보장되지 않을 수도 있기 때문이다. 즉, 좀 더 많은 힘을 소유하고 있는 국가가 힘이 약한 국가보다 생존할 가능성이 큰 것이 국제정치의 현실이다.

권력(power)은 현실주의자들의 핵심어휘이다. 일반적으로 권력은 '무력의 위협이나 사용으로 인하여 얻고 싶은 것을 얻는 능력'을 가리킨다. 모든 국가는 얼마만큼의 권력을 보유하고 있는지 와는 무관하게 국가의 중추적인 이익은 국가의 생존이라고 할 수 있다. 모든 국가들은 권력의 추구와 마찬가지로 국가이익의 증진은 필수적이다.

현실주의자들의 주장은 세계정치에서 가장 중요한 목표로 생존을 들고 있다. 국가의 궁극적인 관심은 안보를 위하는 것이고, 생존은 모든 목표를 위한 전제 조건이라고 할 수 있다. 그러나 최근의 이견들로, 월츠는 '국가는 안보를 자국의 주된 이익으로 간주하

---

15) 1967년 이스라엘과 아랍 동맹국(이집트, 요르단, 시리아 등)의 6일 전쟁은 자원 면에서는 월등히 우세했지만, 약한 쪽으로 판명되었던 이스라엘이 아랍동맹을 선제공격으로 분쇄하고 많은 영토를 차지하게 되었다. 이것은 능력으로서의 권력에 대한 정의는 국가들이 그들의 목적을 달성하기 위하여 경제적인 능력을 사용하는 것에 한계를 드러내는 사례이다.

기 때문에 단지 자국의 생존을 확보할 수 있는 필수적인 정도의 권력을 추구'한다고 주장하는데, 이 주장은 본질적으로 국가들은 방어적인 행위자이며, 만약 권력이 자국의 안보를 위험하게 한다면 더 많은 권력을 추구하지는 않을 것이라는 전제를 깔고 있다.

한편, 미어세이머를 비롯한 공격 현실주의자들은 모든 국가의 궁극적인 목표가 국제체제에서 패권적인 위치를 차지하는 것이라고 주장하는데, 국가들은 항상 더 많은 권력을 갈망하며, 만약 기회가 온다면 그들에게 유리하도록 기존의 권력 분포를 변경하려고 한다는 것이다. 현상 변경국들과 패권을 열망하는 국가들이 국제체제에서 항상 위험을 감수하려하기 때문에 경쟁은 언제나 첨예하다고 주장한다. 또한 국가들은 때때로 패권국에 균형정책을 펴는 게 아니라, 패권국에 영합하기도 하다는 주장이다.

마키아벨리(Niccolo' Machiavelli, 1469~1527)는 군주론에서 지도자들에게 자신들의 권력 장악을 지속할 수 있게 해 주는 공리들의 집합을 성문화하려는 명백한 의도를 갖고 저술되었다. 국제정치의 영역은 국내정치에 적용되는 것과는 다른 도덕적이고 정치적인 규칙을 필요로 한다는 관념에서 도출된다. 모든 비용을 감수하고라도 국가를 보존해야 하는 과업은 국가 지도자들에게 무거운 짐을 지우고 있다. **헨리 키신저**(Henry Alfred Kissinger)는 "한 국가의 생존은 첫 번째이자 궁극적인 책임이며, 그것은 타협대상이 되거나 위험에 처해질 수 없다는 것이다."라고 말했다.

3) 자조(self-help)

자조(self-help)는 무정부 체제 안에서의 행위 원칙이다. 각 국가 행위자들의 번영과 생존을 다른 국가나 국제기구나 국제제도에 위임하는 행위를 신중하게 생각해야 한다. 생존을 추구하기 위해 국내정치와는 달리 국제정치에서는 군사동맹을 맺는다거나, 자신의 생존을 보장하기 위해 예방전쟁(preventive war)을 수행한다거나 하는 대안을 추구하게 된다.

국제체제에서는 국가 간에 상위의 권위가 존재하지 않는다. 다른 국가에 대한 국가의 무력 사용을 방지할 수 없기 때문에 전쟁이 발생할 가능성은 상존해 있다. 그러므로 안보란 단지 자조로만 실현될 수 있다. 이러한 무정부적인 국제체제의 구조 하에서 자조란 당연히 국가들의 행위에 대한 원칙이 된다. 결국 국가는 안전보장을 위하여 스스로에게 의존해야 한다. 그러나 자국의 안보를 보장하는 과정에서 그 국가는 자동적으로 다른 국가의 안보적 불안을 증대시키게 된다. 이러한 불안요인의 확산을 지칭하는 용어가 바로

'**안보 딜레마**(security dilemma)[16]'이다. 안보 딜레마란, "한 국가의 군사적 준비가 다른 국가의 심리에 대한 불확실성을 만들어 낼 때" 나타난다고 휠러(N. J. Wheeler)와 부스(K. Booth)가 말했다. 국가들은 다른 국가들을 신뢰하기가 매우 어려우며, 상대방의 의도를 의심스럽게 받아들인다. 따라서 한 국가의 군사적 준비는 인접 국가들 때문에 계속적으로 상승될 가능성이 많게 된다. 결과적으로 국가들이 자국의 안보를 증진시키기 위한 조치를 취하기 전보다도 더 안전하지 못하다고 느끼는 역설의 상황이 조성되는 것이다.

월츠는 세력 균형(balance of power)[17]이 특정 국가의 의도와는 상관없이 도출된다고 주장하였다. 자국의 존재를 영속화하려는 국가들로 이루어진 무정부체제에서는 위협적인 국가에 대해 균형을 이루려는 목적으로 동맹이 형성되게 된다. 자유로운 경제시장에서 수요자와 공급자의 상호작용에 의해 균형이 형성되는 것처럼, 국제사회에서도 국가들 사이의 상호작용을 통해 자연 발생적으로 균형이 형성된다. 자유주의적 현실주의자들은 세력 균형을 유지하기 위해 국가 지도자들이나 외교관들이 수행하는 중요한 역할로써 '세력 균형을 구성하는 것'이라고 주장하기도 했다.

현실적으로 국제사회의 세력 균형은 전쟁이나 평화적 전환에 의해 와해되고, 새로운 세력 균형이 끊임없이 등장하게 된다. 이처럼 세력 균형의 끊임없는 붕괴가 의미하는 것은 국가는 안보 딜레마의 가장 나쁜 결과를 완화시킬 수는 있지만, 결코 그 결과에서 벗어날 수는 없다는 한계 때문이다. 최종적으로 국제체제에서 이러한 상황이 초래되는 것은 신뢰의 부재 때문이다. 역사적으로 현실주의자들은 국가들 사이의 신뢰부재를 '**사슴 사냥**'에 비유해 설명해 왔다.

문제는 협력을 통해 모두가 이득을 얻을 것인가 하는 게 아니라, 누가 다른 국가보다 더 많은 이득을 얻는지가 더 중요하다는 것이다. 현실주의자들은 자조의 체제에서는 협력이 힘들다고 보는 이유는 상대이득의 문제를 고려하기 때문이다.

21세기는 현실주의적인 세계가 될 것으로 예측하고 있다. 유럽연합은 공동선에 따라

---

16) 한 국가가 자국의 안보를 위해 군사력을 증강시키면, 의도치 않게 그 주변 국가들이 위협을 느끼고 인근 국가 역시 군사력을 증강하여 군비경쟁이 도래하게 된다. 그러나 이것을 우려한 한 국가가 군비증강을 하지 않을 경우, 국제적 무정부상태에 의해 자국이 안보불안에 노출되는 딜레마적 상황에 놓이게 된다.
17) 다수의 주권국가가 병존하고 있는 국제체제에서 특정의 국가가 우월적인 지위를 점유하는 것을 저지하고, 각 국 또는 국가군들 간에 세력의 균형관계를 유지하는 것을 말한다. 세력 균형을 창출하는 방법으로 자국의 세력을 증강하고 이를 통해 대립국과의 균형을 유지하는 방법도 있고, 몇몇의 국가들이 동맹을 체결하는 경우, 몇몇의 국가들이 군축을 통해서 새로운 세력 균형을 유지하는 방법 등이 있다.

통합되는 동시에 영국의 브렉시트(Brexit)처럼 다양한 국익에 따라 지속적으로 분리되고 있으며, 중동에서는 외부 세력들이 그들의 중대한 이익을 지키려고 대리전을 촉진하고 있으며, 중국은 미국에 대항하는 경제적 전략적 경쟁자로 부상하고 있다.

<표 1-7 : 사슴 사냥의 딜레마>

서로 대화하고 이해할 수 있는 능력을 가진 다섯 사람이 모두 배고픔으로 고통을 겪게 되어 함께 사냥을 나서게 된다. 각자의 배고픔은 사슴 한 마리를 잡아 다섯 등분으로 나누어 그 중에서 하나로 채워질 수 있으므로 사슴을 사냥하는 데 힘을 합치기로 한다. 그러나 개인적으로 배고픔을 해결하는 것은 토끼 한 마리로도 가능한 상태이다. 이때 어느 한사람 앞으로 토끼 한 마리가 다가오자 개인적인 배고픔을 채우기 위해 그는 토끼 잡는 것에 치중하여 토끼를 잡기는 했지만, 그 와중에 사슴을 놓치게 되어 다른 네 명의 배고픔을 해결하지 못하는 결과를 가져오게 된다.

국제정치학에서 많이 인용되고 있는 게임을 소개하면 다음과 같다.

치킨게임(Game of Chicken)은 흔히 '겁쟁이 게임'이라고도 한다.[18] 양측이 맞붙는 상황에서 먼저 물러서거나 회피하는 쪽이 지는 사람이 되는 게임을 뜻한다. 서로가 서로를 향해 돌진하고 있다고 할 때, 사회적 차원에서 가장 최선은 두 사람 모두 회피하는 것이지만, 상대방이 회피하고 나는 계속 돌진한다면, 두 사람이 모두 회피했을 때 보다 더 큰 이익을 얻게 된다. 그러나 만일 내가 돌진했을 때 상대방도 돌진한다면 둘 다 충돌로 인해 큰 피해를 보게 된다. 이 논리는 국제사회에서 상대방과의 이익을 두고 벌이는 협상에서 활용된다.

죄수의 고민(Prisoner's Dilemma)는 공범으로 의심되는 두 명의 용의자를 따로따로 수사실로 불러 자백을 할 기회를 준다. 이때 둘 다 자백하지 않으면 각각 1년의 징역을, 둘 다 서로 죄를 자백하면 5년의 징역, 둘 중 한명이 자백하고 다른 한 명이 자백하지 않으면 자백한 쪽은 석방하고 자백하지 않은 쪽은 10년의 징역에 처하게 된다. 이 상황에서 용의자는 자백을 하는 쪽이 이득인지, 버티는 쪽이 이득인지 고민하게 된다. 이것은 결국 둘 다 자신의 최선의 이득을 보기 위한 행동으로 인해 모두가 큰 손해를 보게 된다는 것으로 국제사회의 무역 분쟁이나 군비축소 합의를 위해 종종 사용되는 용어이기도 하다.

---

18) 1950년대 미국 젊은이들이 두 명의 운전자가 서로 정면충돌하는 코스를 질주하여 먼저 회피하는 쪽이 지는 게임으로 이때 먼저 회피한 사람을 치킨(겁쟁이)이라고 부른 데서 유래되었다.

3. 자유주의(Liberalism) 이론

자유주의(自由主義)는 개인의 자유를 존중하고 봉건적 공동체의 구속과 국가의 간섭을 배제하는 사상 및 운동을 말한다. 자유주의의 이론적 전통은 18세기 프랑스의 몽테스키외(Baron de Montesquieu), 독일의 칸트(Immanuel Kant), 그리고 19세기 영국의 벤담(Jeremy Bentham)의 철학에서 근원을 찾을 수 있다. 자유주의자들은 지구적 사회가 다수의 국가들과 함께 존재하는 것이 가능하고 그들을 위한 상황을 구성하는 것으로 본다.

국제체제에서 무역은 국경을 넘어서 이루어지고, 사람들은 다양한 분야에서 서로 교류하며, UN과 같은 국제기구는 국제정치에서 순수하게 '무정부상태(Anarchy)[19]'라는 현실주의의 관점으로는 설명할 수 없는 한계에 봉착하게 되었다. 현실주의 시각이 그려내는 홉스의 주장은 경제적 상호의존의 증대와 초국가적인 지구적사회의 발전을 간과하고 있다는 것이다.

자유주의는 현실주의의 대안으로 등장하였는데, 20세기 국제관계학에서 이상주의 또는 자유주의는 제1차 세계대전 이후 많은 여론에 영향을 미치게 되었다. 국제체제에서 자유주의는 제2차 세계대전 말 UN의 탄생과 자유주의 정서가 잠시 부활했지만, 곧이어 냉전(cold war)이라는 권력정치가 대두하면서 정체가 되었다. 냉전이 종식된 1990년대에 국가지도자들이 '신세계 질서'를 주창하고 자유주의 본연의 우위성에 대한 이론적 정당성을 주장하여 다시 자유주의가 부활하였으나, 9.11 테러 이후 미국과 그 동맹국들은 그들이 위협이라고 믿는 국가 및 네트워크들에게 대항하여 상당한 소모전쟁을 치루면서 다시 자유주의는 퇴보하고 현실주의적 극단으로 치닫게 되었다.

스탠리 호프만(Stanley Hoffmann)은 "자유주의의 본질은 자제, 온건, 타협, 평화인데, 국제정치의 본질은 정확히 그 반대이며, 기껏해야 불안한 평화이거나 전쟁상태"라고 주장했다. 이러한 주장은 공동의 권력이 없는 곳에는 법, 정의란 있을 수 없다는 것과 같은 뜻이다. 그러나 자유주의자들은 권력정치 그 자체가 관념의 산물이며, 관념은 변화될 수 있다고 본다. 따라서 세계가 비록 지금까지는 자유주의에 우호적이지는 않았지만, 그 가능성이 아주 없다고 보지는 않는다.

---

19) 무정부상태란, 국내정치에서 정부가 없는 탓에 국가의 사회질서가 유지되지 않는 상태를 말하며, 주로 혁명이나 내전, 전쟁 등에 의해 기존 체제의 정부가 붕괴되고 새로운 체제의 정부가 수립되지 않은 경우에 많이 발생한다. 국제정치에서는 국제사회 자체를 무정부체제라고 본다.

여기에서 자유주의의 전통을 정의하면 다음의 네 가지로 요약 제시할 수 있다. 첫째, 모든 시민은 법적으로 평등하며 교육과 자유, 언론, 종교적 관용과 같은 사안들에 대해 기본권을 보유하고 있다. 둘째, 국가의 입법부는 국민으로 부터 부여된 권위만을 보유하게 되며, 국민 기본권의 남용은 허용되지 않는다. 셋째, 개인적 자유의 핵심적 차원은 재산권인데, 여기에는 생산력도 포함된다. 넷째, 자유주의의 가장 효과적인 경제 교환 체제는 대부분 시장에 의해 추동되는 형태이지 관료적 규제와 통제에 복속하는 형태가 아니라는 것이다.

이러한 경향들을 종합해 보면, 자유주의적 가치들인 개인주의, 관용, 자유, 입헌주의 같은 요소들은 개인 자유의 희생을 전제로 하고 공동체의 안정성에 기초한 보수주의와는 명백한 대조를 이루게 된다. 자유주의는 정치·경제 이론에 관한 국제이론으로서, 국제 차원의 자유주의 사상은 정치 행위자로부터 국제정치 행위를 유추하여 적용하는 것으로 해석할 수 있다. 개인과 마찬가지로 국가도 각기 상이한 특성을 지니는데, 어떤 국가는 호전적이고 전쟁지향적인 반면, 어떤 국가는 관용적이고 평화적이다. 이처럼 국가의 정체성(identity)은 대외적으로 행동의 방향성을 결정하게 된다.

자유주의자들은 역사적으로 전쟁의 발발원인은 국제체제의 무정부상태 때문이라고 보지 않는다. 그들은 전쟁의 원인이 **제국주의(imperialism)**에 있다고 보고 있으며, 다른 이유로 세력 균형의 실패 또는 비민주적 레짐(regimes)의 문제에서 기인한다고 본다. 월츠(Kenneth Waltz)는 그의 저서『인간, 국가 그리고 전쟁(1959)』에서 개인과 국가, 국제체제의 수준에서 작동하는 갈등의 원인을 검토했는데, 이처럼 자유주의에 대한 사상가들의 분석수준에 대해 대입하여 설명하면 다음과 같다.

<표 1-8 : 자유주의자들이 주장하는 갈등과 평화 요인>

자유주의 이미지	대표적 주창자	갈등 원인	평화 요인
인간 본성	리처드 콥든 (R. Cobbden) (19세기 중반)	자연적 질서를 어지럽히는 국내외적인 정부 개입	개인 자유, 자유무역, 번영, 상호의존
국가	우드로 윌슨 (W. Wilson) (20세기 초반)	국제정치의 비민주적 본질, 특히 대외정책과 세력 균형	민족자결, 여론에 반응하는 개방 정부, 집단안보
국제체제 구조	홉슨 (J. A. Hobson) (20세기 초반)	세력 균형 체제	결정을 중재하고 강제하는 권력을 지닌 세계정부

자유주의는 국가 내의 정부 문제는 물론, 국가들과 세계시민 간의 바람직한 거버넌스 문제 등 모두에 관련된 이론이다. 자유주의자들은 질서, 자유, 정의, 관용의 가치를 국제관계에 투사하려고 한다. 국제관계에 대한 자유주의자들의 사고의 절정은 '전쟁이 국가 사이의 분쟁을 해결하는 데 불필요하며, 시대에 뒤떨어진 방법'이라고 생각을 극단적으로 가지고 있다.

칸트(Immanuel Kant)와 벤담(Jeremy Bentham)은 계몽주의를 선도한 대표적인 자유주의 학자였다. 칸트는 '영구 평화론'의 구체화된 체제로 '평화 연방'을 주장했고, 18세기말에는 벤담이 이를 옹호했고, 19세기에 들어 콥든(R. Cobbden)은 '자유무역이 평화로운 세계를 창출'한다고 주장하였다. 윌슨(W. Wilson)은 '평화는 국제 무정부상태를 규제하는 국제기구의 창출을 통해서만 보장될 수 있다'고 보았다.

안보는 양자 간의 밀실 협상이나 세력 균형에 대한 맹신에만 맡겨질 수 없으며, 국내사회에서 평화를 유지하기 위해 권력이 필요하듯이 국제사회는 분쟁에 대처하는 거버넌스의 체계와 비폭력적인 결의안이 실패할 경우 동원될 수 있는 국제적 군사력을 가져야 한다고 보았다. **국제연맹(League of Nations)**이 바로 그 결사체였다. 국제연맹이 평화를 보장하기 위해서는 침략을 억지할 군사력을 보유하여야하고, 필요시에는 그 권력을 행사해야 한다. 이것이 바로 국제연맹의 핵심인 집단안보(collective security)[20]의 구상이었다. 또한 국제연맹의 헌장에는 국제관계에 대한 자유주의적 이상주의자들의 기본적 특성인 '모든 국가의 자결(self-determination)'을 강조하고 있다.

그러나 국제연맹은 실패하였다. 자신이 주도하여 만든 체제에 참여하지 않은 미국과 1931년의 만주 위기, 1935년의 에티오피아 위기, 1936년 3월의 베르사유 조약에 따라 비무장지대였던 라인란트를 재점령하기 위한 독일의 결정에 의해 말잔치로 끝나고 말았다. 1945년에 **국제연합(United Nations)**이 창설되어 강제적 행동을 실현하기 위한 강대국들에게 거부권을 주어 냉전기간 동안에는 실질적인 기능을 발휘하지 못하다가 1990년 냉전이 종식되면서 비로소 집단안보체제는 제대로 작동하게 되었다.

---

20) 집단안보는 체제안의 각국이 한 국가의 안보가 모든 당사국의 관심사임을 수용하고 침략에 대한 집단적 대응에 참여하는 데 동의하는 상황을 의미한다. 이는 안보의 동맹체제와는 구별되는 데, 동맹체제는 많은 국가들이 특정한 외부 위협에 대한 대응으로 참여하는 형태이다.

통합이론의 창시자인 미트라니(David Mitrany, 1888~1975)[21]는 공동의 문제를 풀기 위해서는 초국가협력이 필요하다고 주장했다. 국민의 복지향상 등 각국이 니즈(needs)를 공유하는 개별 활동분야를 대상으로 국제협력을 추진하고 그 축적에 의해 영속적으로 평화의 기반을 확립하고자 한 것이다. 그는 한 영역의 협력이 정부들에게 다른 영역에 걸쳐서 협력의 범위를 확장하게 할 것이라는 가능성을 뜻하는 분지효과(分枝效果)를 강조했다.

현재의 자유주의는 '**패권적 자유주의**'라고 볼 수 있다. 9.11 테러에 대한 보복조치에서 그랬듯이 미국의 부시 대통령이 알카에다와 탈레반, 그리고 이라크와 아프가니스탄에 대해 자유주의적인 언어를 사용했다. 2003년에 이라크와의 전쟁을 '자유의 전쟁'이라고 명명한 것을 예로 들 수 있다.

4. 구성주의(constructivism) 이론

구성주의(構成主義)는 1990년대에 등장하였다. 구성주의는 어떻게 세계가 행위를 통해 형성되고, 또 재형성되는지를 탐구한다. 1980년대의 국제관계 이론은 신현실주의[22]와 신자유주의[23]적 제도주의에 의해 지배되었다. 구성주의는 어떻게 세계정치의 구조가 세계정치 행위자들을 제약할 뿐만 아니라, 이들의 정체성, 이익, 행위를 구성하는지와, 어떻게 이러한 행위자들이 의식적·무의식적으로 이러한 구조들을 재생산하는지를 연구대상으로 삼는다. 또한 어떻게 인간의 행동이 세계적 정세의 안정과 변화 모두의 원인이 되는지를 탐구한다.

---

21) 루마니아 출신의 정치 경제학자로 영국에서 주로 활동했다. 1943년 출간된 「A Working Peace System」에서 관념적인 평화론을 배척하고 현실주의의 입장에서 평화적이고 안정적인 전후 질서의 구축을 위해 실천적 처방을 제시하여 기능주의 창시자로 위치하게 되었다. UN의 전문기관 설립은 이러한 기능적 평화 전략을 반영한 것이라고 할 수 있다.

22) 신현실주의는 국가가 세계에서 주요한 행위자라고 가정했다. 국가는 초국가적 권위의 부재로 인해 무정부상태라는 조건에서 존재한다. 국가는 안보와 권력, 그리고 생존에 사로잡혀 있으며, 국가는 세계문제의 윤리나 규범에 대해 무관심해도 된다. 세력 균형과 국제적 위계질서가 중요한 명제라고 생각했다.

23) 신자유주의는 국가가 안보를 넘어서는 이익을 강화하기 위해 광범위하게 협력할 수 있다는 점을 보여준다. 협력의 주요한 장애가 국가들 사이의 신뢰의 부재이기 때문에 국가들은 감시와 부정행위를 알리는 것을 포함하는 다양한 기능을 수행할 수 있는 국제기구를 건설한다.

구성주의는 권력에 대한 대안적 사고방식과 세계질서의 부상과 쇠퇴를 설명하기 위한 규범의 역할, 그리고 지구정치의 국제화 속에서 초국가 활동과 비국가 행위자들의 중요성 등을 포함하는 통찰력을 이끌어 냈다. 따라서 구성주의는 지구적 변화에 큰 관심을 갖고 있으며, 세계정치의 구성과 재구성에 대해서도 깊은 관심을 갖는다.

구성주의자들은 규범과 관념, 정체성, 규칙과 같은 주요 요소들을 중시한다. 구성주의자들은 규범과 관념이 없는 세계의 개념은 무의미하다고 보았으며, 이 요소들이 포함되는 것은 국가 및 비국가 행위자들의 행태와 그들이 세계와 그들 자신을 자신의 방식으로 바라보는 이유를 이해하는 데 중요하다고 주장한다.

구성주의는 냉전이 종식됨에 따라 초국가주의나 인권 같은 주제의 중요성을 부각시켰다. 국제관계에서 국가들은 권력과 부와 같은 지속적인 이익을 가지려고 노력하지만, 지리, 기술, 권력의 배분 같은 물질적인 한계로 인해 자신들의 이익을 증진하고자 하는 능력이 제한받을 것이라고 가정한다. 이러한 가운데 이념, 지식, 규범, 규칙 같은 사회세력들이 국가들의 정체성과 이익, 그리고 세계정치의 조직에 영향을 준다고 생각한다.

구성주의는 국제규범의 중요성을 강조하는데, 구조를 강조하는 편과, 행위자를 강조하는 편, 그리고 안정성을 강조하는 편, 마지막으로 변환을 강조하는 편으로 구분할 수 있다. 구성주의는 관념과 인간 의식의 중심성에 관심을 둔 국제정치학의 접근법으로서 전체적이고 관념적인 구조관을 강조한다. 구조가 행위자들의 정체성과 이해관계를 어떻게 구성하는가, 그들의 상호작용이 그 구조에 의해 어떻게 조직되고 제한되는가, 그리고 상호작용이 구조를 어떻게 재생산 또는 변용시키는가를 규명하는 것이다.

구성주의자들은 국제정치의 실체에 대한 개념과 문화를 중요시한다. 그들은 이해관계의 근본적인 주관성과, 그것이 변화하는 정체성에 대해 갖는 연관성을 강조한다. 구성주의자들은 정체성, 규범, 문화, 국가적 이해관계, 그리고 국제적인 거버넌스에 관해 초점을 맞춰왔다. 그리고 이러한 규범은 시간이 흐르면서 끊임없이 변화한다. '무정부상태(Anarchy)'는 국제적으로 합법적인 권위가 없는 상태를 말하지만, 한 국가가 그 자신과 다른 국가들에 대해 가지고 있는 인식과 규범에 따라 여러 가지의 스펙트럼을 가질 수 있다.

웬트(Alexander Wendt)에 의하면 '무정부상태는 국가들이 만드는 것'이라고 했다. 예를 들면 미국인들의 입장에서 영국의 핵폭탄 500개 보다, 북한의 핵폭탄 1개를 더 우려하는 이유도 바로 그 때문이다. 지난 세기에 두 차례나 일어났던 프랑스와 독일 사이의 전쟁이 오늘날에는 더 이상 일어나지 않을 것으로 생각되는 것도 모두 개인 또는 국가 지도자들의 인식과 규범이 시간이 지남에 따라 변화하였기 때문이라고 볼 수 있다.

구성주의자들은 지도자나 국민들, 그리고 각 문화권이 자신들의 선호를 변화시키고 정체성을 형성하며, 새로운 행동을 배워나가는 과정을 조사하기 위해 다양한 분야와 학문들을 접목시킨다. 예를 들어, 노예제도의 경우에는 한 때는 대다수의 국가들이 이를 용인했었으나, 어느 시점 이후에는 그것을 반대하는 쪽으로 돌아서게 되었다. 이처럼 구성주의자들은 **'왜 이러한 변화가 일어났는가, 사상들은 어떠한 역할을 했는가?'** 등에 주목한다.

구성주의는 이론적인 체계라기보다는 일종의 접근방법이 대한 문제이다. 구성주의는 현실주의와 자유주의라는 두 가지 전통적인 이론을 특징짓는 과학적 법칙을 거부하고, 불확실한 일반화를 모색하는 설명의 한 형태라고 보면 된다. 오늘날 세계에서 가장 중요한 논쟁의 일부는 주권, 인도적 개입, 인권과 집단 학살과 같은 용어들과 이와 관련된 사건들을 중심으로 전개되고 있다.

현대 국제정치의 관심사는 정체성과 이익의 변화가 당면한 목표를 추구하는 도구적 합리성을 넘어 어떻게 국가정책과 국제문제에 중대한 변화를 가져올 수 있을 것인가에 대해 묻는 것이다. 그런 면에서 구성주의는 현실주의와 자유주의에 상치(相馳)된다고 하기 보다는 앞의 두 이론을 보완하는 역할을 하는 것이다.

국제정치를 이론화하는 데 기본적인 요소들은 **'행위자'**, **'목표'**, **'수단'**이라고 할 수 있다.

첫째, 전통적인 현실주의의 입장에서 유일한 중요 행위자는 '국가'였고, 그 중에서도 강대국만이 중요한 행위자였다. 그러나 최근 들어 이것이 변화를 하고 있다. 지난 반 세기동안 국가의 수는 많이 증가했다. 1945년에는 약 50개의 국가가 존재했었는데, 21세기 초에는 무려 4배로 증가했다.

국가의 숫자보다도 더 중요한 것은 **'비국가 행위자**(non-states actors)**'**의 부상이다. 거대 다국적기업들은 국경에 제한을 받지 않고 때로는 그 어떤 나라의 국민보다도 더 큰 규모의 경제적 자원을 장악한다. 2007년을 기준으로 쉘(Shell), IBM, 월마트의 매출은 헝가리, 에콰도르, 세네갈의 GDP 보다 많았다. 이와 같은 다국적기업들은 군사력과 같은 형태의 무력을 갖지 못하지만, 그들의 기업 목표는 국가의 목표에 밀접하게 연관되어 있다. 현대의 국제정치에서 국가는 여전히 중요한 행위자이지만, 그렇다고 국가만의 독무대는 아닌 시대가 된 것이다.

둘째, '목표'의 측면에서 보면, 전통적으로 무정부체제에서 국가의 가장 중요한 목표는 군사적 안보였다. 그러나 현대에서도 당연히 군사적 안보는 중요하지만, 여기에 추가하여 경제적인 부, 에이즈의 확산, 지구 온난화와 환경오염, 신종 전염병과 같은 경제적·사회적 문제와 생태계의 변화에도 더 많은 관심을 경주하고 있다. 이처럼 국가가 추구하는 목표는 군사안보 뿐만이 아니라, 다양한 스펙트럼으로 확대되고 있다. 1990년 8월, 이라크가 쿠웨이트를 침공했을 때, 쿠웨이트는 경제적인 힘이 군사적 안보를 대체하지는 못했지만, 국가들이 다양한 목표를 추구함에 따라 국제정치의 의제는 훨씬 복잡해졌다.

셋째, '수단'적인 측면에서 보면 현대에는 인도주의와 인권문제가 더욱 중요해졌으며, 이는 국가의 안보도 중요하지만 개인의 안보에 대한 중요성이 부각되고 있음을 나타낸다. 목표가 바뀜에 따라 '수단'도 변하고 있다. 현실주의적 견해로는 군사적 힘만이 국제정치의 유일한 수단이었다. 영국의 테일러(A. J. P. Tayler)는 1914년 이전의 세계에 대해 '강대국을 전쟁에서 승리할 수 있는 국가'라고 정의하기도 했다.

지금도 국가들은 군사적 능력을 여전히 중요시하지만, 지난 한 세기 동안 무력의 역할에는 많은 변화가 있었다. 특히 강대국들은 무력으로 그들의 목표를 달성하는 것이 예전보다 훨씬 더 많은 비용과 노력이 든다는 것을 깨닫게 되었다. 군사력의 궁극적인 수단인 핵무기의 사용이 불가능해졌기 때문이다. 전 세계가 보유하고 있는 핵무기의 수는 5만개가 넘지만, 1945년 이후 한 번도 사용되지 않았다. 핵무기가 초래하는 재앙은 합리적인 사고를 하는 지도자들로 하여금 그것의 사용을 상호 억제시키고 있기 때문이다.

미국은 베트남전쟁에서, 소련은 아프가니스탄 침공에서 강한 민족의식을 가진 점령지의 국민들을 다스리기에 어렵다는 것을 경험하였다. 또한 시간이 흐르면서 반 군국주의적인 윤리의식이 강해졌으며, 이것은 국가 내부적인 제약과 관련된다. 국내외적으로 무력의 사용을 완전히 저지하지는 못하지만, 정치적으로 위험한 선택을 위해 지도자가 치러야 하는 비용을 값비싼 것으로 변화시키고 있다.

특히 무력사용의 규모가 크거나 기간이 길 때는 더욱 그러하다. 뿐만 아니라, 무력의 사용이 부당하거나 불법적으로 비춰진다면 지도자들의 운신은 더욱 좁아질 것이며, 무력은 대부분의 국가들에게 갈수록 값비싸고 까다로운 수단이 되고 있다. 그리고 어떤 이슈들에 대한 해결은 군사적인 힘만으로는 불가능하다는 의식이 대두되었다. 무력은 국제정치에서 결정적 수단으로 남아있기는 하지만, 경제적 상호의존과 교류, 국제기구, 초국가적 행위자의 활용이 때로는 무력의 사용보다도 더 큰 역할을 하고 있다는 것이다.

그럼에도 국제체제에서 안보라는 기본적인 게임은 여전히 중요한 명제다. 세력 균형이 대체로 16세기의 스페인, 루이 14세 치하의 프랑스, 19세기의 영국, 20세기의 미국 등 주요국 혹은 패권국에 의해 결정되었다. 결국 가장 강력한 국가는 도전을 받게 되어 있으며, 그 도전이 거대한 패권전쟁, 또는 세계대전으로 발전하는 것이다.

세계대전이 끝난 이후에는 새로운 조약은 새로운 질서의 틀을 창출했는데, 1713년의 위트레흐트조약(Treaty of Utrecht)[24], 1815년의 빈 회의(Congess of Wien)[25], 1945년의 유엔체제가 대표적이다. 오늘날 대부분의 전쟁은 내전, 혹은 인종 간의 전쟁이다. 1989년 냉전이 종식된 이후부터 21세기가 시작될 때까지 세계 78곳에서 116개의 무력분쟁이 일어났는데, 그 중에서 7개는 국가 간의 전쟁이었고, 20개는 외국이 개입한 내전이었다.

참고적으로 **구조주의(structuralism)**는 국제관계를 보는 혁명적인 시각을 대표한다. 이는 마르크스주의(Marxism) 세계관에 기초하여 국제사회를 '지배-피지배'의 구조에서 파악한다. 종속이론은 구조주의의 대표적인 이론으로, 서구 중심적인 발전론을 비판하고 제3세계의 저발전은 '중심-주변'이라는 전 세계적 '잉여-수탈' 구조에서 비롯되었으므로 그 관계를 단절해야 한다고 주장했다. 이런 구조 하에서 대부분의 전쟁은 그 이면에 있는 착취적 경제관계의 산물이며, 경제관계의 변화가 전쟁해결의 관건이 된다는 주장이다.

---

24) 1713~1715년 네덜란드 위트레흐트에서 에스파냐계승전쟁을 종결시키기 위해 프랑스, 에스파냐, 영국, 네덜란드, 프로이센, 사부아와 개별적으로 체결한 4개의 조약을 말한다.
25) 1814.9~1815.6월에 프랑스 혁명과 나폴레옹전쟁에 대한 사후 수습을 위해 빈에서 개최한 유럽 여러 나라의 국제회의로서 오스트리아, 영국, 러시아, 프로이센, 프랑스와의 5개국 위원회에 의해 운영되었다.

<표 1-9 : 구조주의(structuralism) : 마르크스주의와 종속이론>

마르크스주의(Marxism) : 마르크스(Karl Marx)와 엥겔스(Friedrich Engels)가 창안한 것으로 자본주의 국가들의 국내 경제구조에 초점을 맞추고 있다. 경제계급, 생산 및 소유관계에 대한 집중은 때때로 경제적 환원주의 또는 유물사관으로 불렸다. 그들은 경제적 동기와 자본주의적 세계화에 분석의 시각을 국한시켰고, 민족주의, 국가의 힘, 지정학 등을 과소평가 했다. 외교의 중요성이나 세력 균형에 충분한 주의를 기울이지 않고 국제정치를 잘못 이해하고 그릇된 예측을 하였다. 1991년 구소련의 붕괴로 인해 마르크스이론은 설득력을 잃었다.

종속이론(Dependency theory) : 1960-1970년대에 주창된 이론으로, 세계시장의 '중심(center)'에 있는 부유한 국가가 세계를 지배하면서 '주변부(periphery)'에 있는 빈곤한 국가들의 발전을 막을 것이라고 예측했다. 제1세계 국가들과 제3세계 국가들 사이에 지구적인 경제적·정치적 분할(또한 남북 분할로도 불렸는데)은 역사적 제국주의와 자본주의적 세계화의 결과였다. 종속이론은 경제적 불평등의 몇 가지 구조적 원인을 설명하는 데는 도움이 되었지만, 1980-1990년대 동아시아의 주변국인 한국, 싱가포르, 말레이시아가 중심국가인 미국과 유럽보다 고속 성장하는 것을 설명하지 못하면서 설득력이 없어졌다.

2장

전쟁과 분쟁

제1절 국제정치와 갈등

1. 국제정치와 세계정치

국제정치(International politics)는 주권을 가진 국가들 상호 간에 국가 및 비국가의 행위체가 만들어 낸 가치의 배분을 둘러싼 '정치적 국제관계(Political International relations)'에 대한 현상이다. 따라서 국제정치는 이를 전 세계적으로 다루고자 하는 거시적인 시각과, 개별적인 주체인 국가 등의 행위를 연구하는 미시적인 시각으로 구분할 수 있다. 국제정치학의 역사는 약 100년 밖에 되지 않은 신생학문이다.

세계는 항상 개별국가체제로 나뉘었던 것은 아니며, 지난 몇 세기에 걸쳐 세 가지의 기본적인 형태로 존재했다.[1] 첫째의 경우는 '세계제국 체제(world imperial system)'로서, 하나의 국가가 그와 접촉한 대부분의 주변을 정복한 다음 그 대상이 되는 국가들을 통제했던 것이다. 이는 고대 및 중세의 로마제국이 대표적인 예라고 할 수 있다. 둘째의 국제정치의 형태는 로마제국이 멸망한 이후 형성된 '봉건 체제(feudalism system)'로서, 이 체제하에서 개인의 충성과 정치적 의무가 영토적인 경계로만 정해지지 않았던 시대이다. 세 번째 국제정치의 기본 형태는 '무정부국가 체제(anarchic state system)'로서 봉건 체제보다는 응집력이 강하지만 상위의 정부가 존재하지 않는 국가들로 구성된 체제이다. 그 사례로는 고대 그리스나 15세기 마키아벨리 시대의 이탈리아 도시국가가 해당된다.

1648년에 성립된 베스트팔렌(Westfalen)평화체제[2]는 주권영토국가를 국가체제의 가장 지배적인 형태로 변화시킨 이정표가 되었다. 오늘날 우리가 국제정치를 논의할 때 대체

---

1) Joseph S. Nye, Jr. 저, 양준희 · 이종삼 역, 『국제분쟁의 이해, 이론과 역사』, 한울아카데미(2009), pp. 25~27.
2) 1648년 10월 24일 베스트팔렌(Westfalen)의 오스나브뤼크에서 독일 30년 전쟁을 마무리하기 위해 체결된 조약이다. 가톨릭 제국으로서의 신성로마제국을 사실상 붕괴시키고, 주권국가들의 공동체인 근대 유럽의 정치구조가 형성되는 계기가 되었다.

로 이 '**영토국가 체제**'를 의미한다. 국제정치에서는 보편적인 주권이 존재하지 않으며 국가들 위에 군림하는 지배자도 없기 때문에 '**자구(自救) 체제(self-help system)**'의 정치라고 정의할 수 있다.

토마스 홉스(Thomas Hobbes, 1588~1679)는 그러한 무정부상태를 '자연 상태(state of nature)'라고 불렀다. 이는 질서를 강요할 수 있는 상위의 지배자가 없기 때문에 벌어지는 '**만인의 만인에 대한 전쟁상태**'를 의미할 수도 있는 것이다. 국제정치는 국내정치와는 달리 법적·정치적·사회적으로 차이를 보이게 된다. 국내법이 대체적으로 잘 지켜지는 이유는 범법자들을 국가 권력기구인 경찰과 사법부가 강력하게 처벌할 수 있기 때문이다. 반면에 국제법은 각 국가들이 대등한 법적체제들을 전제로 존재하기 때문에 그것을 강제할 수 있는 보편적인 시스템도 없으며, 집행을 주도할 국제경찰도 존재하지 않는다. 국내정치체제에서는 정부가 무력을 정당하게 사용할 수 있는 독점권을 가지지만, 국제정치에서는 무력을 사용하는 데 어떤 국가도 독점권을 가질 수가 없다.

국제정치는 기본적으로 **자구(self-help)**의 영역이므로, 어떤 국가가 다른 국가보다 무력이 강할 경우에는 언제나 무력에 호소할 위험은 존재하기 마련이다. 국내정치와 국제정치는 공동체 의식면에서도 근본적인 차이를 보인다. 국내정치는 보편적인 충성, 정의, 정당한 권위에 대한 가치관을 갖게 되지만, 국제정치에서는 지구적 공동체라는 의식이 미약하며 법과 윤리마저도 국가 정의와 이익을 앞세우는 관계로 인해 구속력을 행사하지 못한다.

최근에는 **세계정치(World politics)**라는 보다 광범위한 의미의 용어가 사용되고 있다.[3] 이는 국가 간의 관계나 국가 간의 정치에 국한하지 않고 그것들을 포함한 '세계의 정치'라는 의미가 내포된 것으로 볼 수 있다. **조지 모델스키(George Modelski)**는 1972년에 출간된『세계정치의 원리(Principles of World politics)』에서 "세계정치라는 용어는 한편으로 국민 국가 간의 관계라는 협소함을 타파하고, 다른 한편으로는 가치의 권위적 배분이라는 국내정치만을 상정한 정치관을 타파하기 위해 사용한 것"이라고 말했다. 그 후에 모델스키는 1500년 이후의 세계 시스템을 살펴보면 약 100년을 주기로 '**세계전쟁 - 세계대**

---

3) 세계정치에 대한 주요 저술로 코헤인(Robert O. Keohane)과 나이(Joseph samuel Nye, Jr.)의『권력과 상호의존』(1977)의 부제는 '이행기에 있는 세계정치'였으며, 불(Hedley Norman Bull)의 저서인『The Anarchical Society』(1977)의 부제도 '세계정치에 있어서 질서의 연구'였다.

국 - 비정통화 - 분산화'라는 4가지 국면을 반복하는 정치 사이클이 존재한다고 주장했다. 세계대국의 역할은 각각의 세계에 있어서 세계사회의 질서와 정의(공공재)를 제공하는 것이었다. 실제로 16세기에는 포르투갈, 17세기에는 네덜란드, 18세기에는 영국, 20세기에는 미국을 세계제국이라고 볼 수 있다.

21세기의 중국 부상과 같은 분산화 국면에는 세계질서를 둘러싸고 세계제국과 경쟁하는 존재로서의 도전국가가 등장한다고 본다. 세계정치란 일반적으로 말하면 국가 간의 관계에 그치지 않고 정치현상을 분석하는 경우에 더 적합한 용어라고 해석할 수 있다.

국제정치학은 전통적으로 역사와 국제적 조약과 제도, 관습법을 포함한 국제법을 주요한 연구 분야로 하였다. 또한 사회과학의 한 분야인 정치학으로서 국가나 정부의 의도를 이해하는 것이 주를 이루고, 연구 진행방법도 사례 등을 제시하면서 이해를 구한다는 '인상 기술적'인 것이 주를 이루었다. 그러나 1950년대 후반에 '행동과학의 혁명'이 일어나게 되었는데, 이러한 추세는 국제정치현상에서 법칙성을 찾아 이를 이끌어내기 위한 가설을 검증하거나 국가를 합리적인 행위자로 보는 '게임이론적인 모델'이 구축되었다. 이후 1970년대부터 게임이론이 크게 발전하였으며, 새롭게 도입된 게임이론은 국가 간의 협력 가능성, 전쟁의 발발 조건, 국내분쟁의 분석 등에 활발하게 적용되었다.

2. 국제정치의 역동성

집단 간의 분쟁은 인류 역사와 함께 시작되었고 지금도 계속되고 있으며, 앞으로도 끊이지 않을 것이다. 집단 간에 촉발된 분쟁은 당사자에 의하여 끝나기도 하지만 통상 이에 그치지 않고 대개는 인접지역으로 확산(spill over)되는 경향이 있다. 이 확산효과로 인하여 분쟁의 인접지역은 어떤 형태로든지 분쟁의 영향을 받을 수밖에 없다. 따라서 집단 간의 분쟁에는 다수의 행위자들이 분쟁이 확산되는 것을 차단하는 동시에 그것의 종식을 위해 분쟁에 직·간접적으로 개입할 수밖에 없다.

일반적으로 분쟁(conflict)이란 '정치집단들이 서로 상충되는 목표를 자신에게 유리하게 달성하기 위하여 상대방의 제도나 체제를 변경할 목적으로 경쟁하고 다투는 행위'라고 할 수 있다. 따라서 분쟁은 다음과 같은 3가지 요소로 구분할 수 있는데, 첫째는 당사자들이 상호 양립할 수 없는 목표를 가졌다고 인식하는 분쟁 **상황(狀況, Condition)**이며, 둘째는 일방의 당사자가 상대방으로 하여금 그의 목표를 포기하거나 수정하게 만드는 의도를 실행하는 분쟁 **행위(行爲, Action)**, 그리고 셋째는 분쟁 상황에서 상호작용하고 서로 영향을 주고받는 사람들의 심리적 상태나 조건인 분쟁 **태도(態度, Attitude)**[4]이다. 분쟁은 이러한 세 가지 요소들 사이에서 일어나는 상호작용의 현재진행형이라고 보고 있다.

미첼(C. W. Mitchell)에 따르면 분쟁의 단계적 확대와 축소, 그리고 분쟁의 확산은 상황, 행위, 태도의 상호작용에 의해 야기되는 기본적인 분쟁의 역동적 진행으로 파악하고 있다. 또한 분쟁은 생명체처럼 **탄생 - 성장 - 소멸의 순환단계**를 지닌다고 보고 있다. 피셔(R. J. Fisher)와 키슬리(L. Keashly)는 분쟁의 확대단계에 대하여 논의(discussion) - 대립(polarization) - 분리(segregation) - 파괴(destruction)의 단계로 구분하였고, 크리스버거(L. Kriesberg)는 잠재(latent) - 분출(emergence) - 경쟁(escalation) - 전환(tumaround) - 평정(de-escalation) - 타결(settlement) - 종료(outcome) - 분쟁 이후(postconflict) 단계로 분류하기도 하였다.

제2차 세계대전 이후부터 냉전체제의 종식을 거치면서 발생한 세계적인 분쟁에 대하여 분석해보면 다음과 같이 요약할 수 있다. 분쟁발생의 원인은 민족문제, 식민지 유산, 정쟁(政爭), 영토문제 순으로 발생하고 있으며, 발생 지역별로는 아프리카, 아시아, 유럽, 중동, 미주 순으로 많이 발생하고 있다. 또한 냉전기의 세계분쟁은 통일, 영토 등 물리적 힘에 의해 국가 간에 야기되었던 **전통적인 '국제분쟁'**이 주류였으나, 탈 냉전기 이후에는 당사국 내부의 구조적 문제가 표출된 **'내분형 분쟁'**으로 종족, 식민 유산 및 전후 처리, 정쟁, 분리주의 등이 주요 원인이 되었다. 그리고 분쟁지역 자체가 무력을 포함한 힘에 의해 통제되고 무질서와 혼란, 물리적 충돌이 상존하기 때문에 당사자들은 물론이고 개입세력에 의한 평화적인 협상이나 중재로 지역을 안정화시키고 분쟁의 해결을 통한 직접, 간접의 목적을 달성하기 위해서 군대의 파견은 필연적인 물리적 수단으로 활용되고 있다.

국가를 하나의 독립적인 주권을 가진 기구로 취급하는 규범은 18세기의 볼프(Wolff)나 바텔(Emerich De Vattle) 같은 사상가들의 저술에서 시작되었고, UN 헌장 상에도 국가 간

---

4) C. R. Mitchell, *The Structure of International Conflict* (London : Macmillan, 1981), p. 29.

의 주권평등과 국내문제에 제3자 불간섭의 원칙이 명시5)되어 있다. 그럼에도 불구하고 국제사회의 역사는 다양한 **쟁역**(爭域, issue area)에서 다양한 방법과 다양한 행위자들에 의해 개입이 이루어져 왔다. 개입의 형태는 물리적 월경 이외에도 보복적인 경제제재, 외교관계의 단절, 외국 정부에 대한 혼란 야기, 대테러 지원, 민주화 지원, 내전 종식을 위한 원조, 인권 보호, 인도주의적 차원의 구호활동 등 다양하게 이루어지고 있다. 개입의 주체 역시 특정한 국가들뿐만 아니라 다양한 유형의 국제기구와 비정부기구(NGO)에 이른다.

 그러면 분쟁에 대한 개입(介入)은 어느 경우에 정당화될 수 있는가? 정당한 국제 개입이란 "국제 공동체의 이름하에 수행되는 월경(越境)과 주권에 대한 침해"로 정의6)할 수 있다. 일반적으로 개입은 합법성의 문제를 야기 시킨다. 합법성이란 "강제를 집행하기 위한 힘과는 구별되는 것으로 복종해야 할 지배자나 규범의 권한, 권위를 가지고 있는 것"을 말한다고 볼 수 있다. 분쟁에 대한 합법적인 개입이란 UN과 같은 국제기구에 의해 공평하게 시행되는 개입, 즉 정당한 개입을 의미한다.

 특히 **람스보탐**(O. Ramsbotham)과 **우드하우스**(T. Woodhouse)는 '탈냉전 후 내전, 대량 학살 및 국가붕괴로 인하여 수많은 시민들에게 고통을 안겨주고 있는 현실을 주권존중이라는 제약 때문에 소극적으로 지켜만 보지 말고, 인권문제와 인도주의적인 문제에 이르기까지 UN이 광범위하고 적극적으로 개입'할 것을 주장하였다. 분쟁에 대한 강대국들의 명시적 또는 묵시적 개입은 분쟁수행을 통하여 자신의 진영에 유리한 분쟁의 결과를 유도하기 위한 불공정한 개입이었다고 한다면, UN과 같은 국제기구의 개입은 분쟁을 종결짓기 위한 분쟁관리상의 개입이라고 할 수 있다. 따라서 정당한 개입이란, 분쟁을 합리적이고 공정하게 관리한다는 의미는 '국제공동체가 주체가 되어 분쟁에 개입함으로써 이를 종결시키고자 하는 일련의 행위'라고 할 수 있다.

 국제정치의 환경은 근본적으로 무정부상태이다. 내전으로 파괴된 시대였던 17세기 영국의 정치·철학자 토마스 홉스(Thomas Hobbes, 1588~1679)는 인류를 부단한 전쟁상태에 있는 것으로 생각하여 불안과 힘과 생존을 강조했다. 한편 홉스보다 반세기 이후 사정이 나아진 영국에서 로크(John Locke, 1632~1704)는 다른 주장을 하였다. 로크는 자연

---

5) 유엔헌장 제2조 제1항, 제2조 제7항.

6) Gene M. Lyons and Michael Mastanduno, *Beyond Westphalia?: State Sovereignty and International Intervention* (Baltimore and London : The Johns Hopkins University Press, 1995), p. 12.

상태에서 공동의 주권자가 없는 것은 사실이지만, 사람들이 관계를 발전시키고 친교를 나눈다는 점에서 무정부상태가 홉스의 생각만큼 위험하지만은 않다고 주장했다.

이 두 가지 견해는 국제정치의 두 줄기의 커다란 철학적 시각으로 발전하게 되었다. 토마스 홉스의 비관주의적인 견해는 '**현실주의**(realism : 이상이나 관념보다 현실을 중시하는 사고 또는 행동양식)'로 발전했고, 존 로크의 보다 낙관적인 견해는 '**자유주의**(liberalism : 개인의 자유와 자유로운 인격 표현을 중시하는 사상 및 운동)'로 정착하였다.

3. 전쟁과 분쟁의 관계성

전쟁(war)이란, '나의 의지를 실현하려고 적에게 굴복을 강요하는 폭력행위'를 말한다. 현실적으로 전쟁은 적의 행동에 대응하는 나의 행동이며, 정치의 다른 수단으로서 사용되어진다. 또한 전쟁의 특성은 증오와 적대감, 그리고 본능적이고 원초적인 폭력성을 가진다. 그리고 전쟁의 목표는 적의 전투력을 파괴하거나 영토를 점령하거나 적의 의지를 말살하는 것이다.

BC. 3천 년부터 1950년까지 인류는 14,500여 회의 전쟁을 겪었으며, 전쟁이 없었던 기간은 불과 292년이었다고 한다. 그리고 제2차 세계대전이 종결된 1945년부터 21세기인 현재까지 전쟁이 없었던 기간은 불과 3주뿐이었다고 한다. 그래서 인류의 역사는 92%의 전쟁과 8%의 평화로 점철되었다. 최근의 한 통계에 의하면, 84시간에 한번씩 IS 관련 테러가 발생하고 있다고 한다.

세계는 분쟁으로 들끓고 있다. 2008년에는 63회의 충돌로 5만 6천여 명이 희생되었고, 2014년에는 42건의 무력 충돌로 18만여 명이 목숨을 잃었다. 인류는 제1차 세계대전으로 1,500만 명의 희생자를, 그리고 제2차 세계대전으로 5천만 명을 희생시켰다. 가까이로는 1950년대 한국전쟁에서 150만 명이, 1960년~1970년대의 베트남전쟁에서 120만 명이 희생되었다. 1900년부터 1995년까지의 전쟁 희생자는 모두 1억 970만여 명이며, 그 중에는 비전투원인 민간인의 희생자가 6,200만 명에 이른다. 그 이유는 총력전으로 전투원과 비전투원을 구분하지 않고 무차별공격하기 때문이었다.

또한 제1차 세계대전 중에는 100만 명의 아르메니아인이 오스만 제국에 의해 **인종청**

소(ethnic cleansing)[7]를 당했으며, 제2차 세계대전 중에는 독일의 나치 정권에 의해 유태인 600만 명과 500여만 명의 집시, 동성애자, 정치적 반대자를 학살하기도 했다. 1950년대 한반도에서는 이념으로 대립한 동족상잔의 비극이 발생했으며, 1970년대에는 캄보디아에서 '킬링필드'라는 대량학살이, 1990년대에는 르완다, 예멘 등지에서 동족 간의 분쟁으로 학살이 자행되었다.

전쟁은 정치적 이념과 이해관계를 달리하는 무장 집단끼리의 적대적 행위이다. 그러나 20세기의 내전과 분쟁들은 전쟁을 주권 국가끼리의 무력 충돌로만 보기는 어렵다는 견해가 지배적이다.

그러면 무엇이 전쟁이고, 무엇이 분쟁인가? 그 개념은 명확하지 않다는 게 일반적인 정설이다. 퀸시 라이트(Quincy Wright, 1890~1970)[8]는 참전 병력의 규모에 초점을 두고 양쪽의 전쟁 당사국의 동원된 군사력이 10만 명 이상일 경우를 전쟁이라고 보았다. 루이스 리처드슨(Lewis Richardson)은 발생한 전사자의 수에 기준을 두어 무력 충돌에서 316명 이상 사망한 경우를 전쟁이라고 보았다.

이처럼 보는 시각에 따라 모두 달리할 수 있지만, 미국 미시간 대학교의 '전쟁관련 요인 프로젝트' 결과, 전쟁이란 1년 동안에 1천 명 이상의 희생을 낸 적대적 행위를 전쟁이라고 보았다. 이 연구결과에 의하면 1945년부터 1980년까지 18차례의 국가 간 전쟁이 있었으며, 이 중에서 12차례는 정부군과 반정부군 간의 전쟁이 발생했다고 했다. 위의 기준으로 본다면, 1990년부터 2001년까지는 20개 내외의 전쟁이 발칸반도와 아프리카, 아프간, 이라크 등지에서 발생했다.

전쟁과 분쟁의 구분은 모호하다. 어떤 면에서 전쟁은 분쟁의 일부일 수도 있고, 분쟁이 전쟁의 일부일 수도 있기 때문이다. 특히 제2차 세계대전이 종료된 1945년 이후에는 이 같은 현상이 명확해졌고, 냉전체제가 해체된 1990년대 이후에는 더욱 이 같은 현상이 명료해졌다고 볼 수 있다. 제2차 세계대전 이후, 그리고 1990년 탈 냉전기 이후의 세계는 전쟁보다는 '분쟁의 시대'가 되었다. 그동안 잠재해 있던 **종족 분쟁, 영토 분쟁, 독립 분**

---

7) 민족청소, 혹은 인종청소는 이방인 또는 적대적인 민족을 배제, 말살함으로써 그 민족이나 인종이 뿌리 내리지 못하도록 하는 정책을 말한다. 통상 강제이주와 대량학살의 형태로 이루어진다.

8) 미국 국제법학자로 국제관계론을 복수 전문분야의 종합적 사회과학으로 체계화한 창시자이면서, 평화 연구의 선구자이다. '어떻게 하면 전쟁을 관리, 통제하여 이 지구상에서 소멸시킬 수 있는가'에 관심을 가지고 연구한 시카고학파에 속하며 '전쟁은 자연적이지만 평화는 인위적이다.'라는 명언을 남겼다.

쟁, **종교 분쟁, 자원 분쟁** 등등의 각기 다른 유형의 분쟁들이 때로는 하나의 이유에 의해, 경우에 따라서는 복합적인 원인에 의해 다양한 양상으로 전개되었다. 이로 인해 수많은 사람들이 희생되고 국가가 독립하거나 소멸되기도 하였으며, 영토나 자원이 조정되기도 하였다.

2011년 하이델베르크 분쟁연구소의 발표에 의하면, 분쟁 363건 중에서 약 74%인 267건이 국내 분쟁이며, 고강도 분쟁으로 분류된 148건은 절반 이상이 대규모의 폭력이 동원되었다고 한다. 분쟁의 원인은 독재정권 대 민주주의의 투쟁, 세속정부 대 신권정치 추구, 경제체제의 변화, 이념적 종교적 차이 등의 체제와 이념이 주를 이루고 있다. 또한 국가 권력이나 자원 등과 함께 단일의 요소보다는, 2~3개의 복합적인 요인으로 분쟁이 발생했다고 분석하였다.

<표 2-1 : 전쟁과 분쟁의 복합적 개념들>

구 분	내 용
내전 (內戰, Civil war)	국내의 대립된 세력이 서로 싸우는 무력에 의한 투쟁이며, 형태적으로 외전(外戰)에 대응되는 것이다. 고도의 정치성을 지닌 무력 투쟁이며, 피지배계급의 무장반란(봉기)에서 정치권력 탈취에 이르는 지배계급에 대하여 행하여지는 것, 그 권력을 장악한 후 구 지배계급의 반혁명적 군사행동을 억압하기 위한 것의 2단계로 구분할 수 있다. 따라서 내전은 정치권력 획득을 둘러싸고 한 국가 내의 한 세력이 타 세력에 대하여 행사하는 무력 투쟁을 말한다.
반란 (反亂, Rebellion)	반란은 국가의 정치적 기본제도, 조직을 불법적으로 파괴, 변혁할 목적으로 대규모의 폭동을 일으키는 상태를 말한다. 통상 국가를 대표해서 정치권력을 장악하고 이 권력에 의해서 정치를 하는 자국정부에 대하여 국민의 특정세력이 공공연하게 반역하는 것이며, 그 대표적인 것이 정권탈취를 목적으로 하는 혁명과 쿠데타이다. 내전과 내란은 동의어로 사용되는 경우가 많아 순수하게 구별할 수는 없으나, 일반적으로 말하는 폭동의 범위 내의 것을 내란이라고 하고, 이것이 무력 투쟁으로 발전한 전투상태를 내전이라고 구별하기도 한다.
폭동 (暴動, Riot)	폭동이란 다수인이 집합하여 폭행, 협박 등의 폭력적 불법행위를 행사하는 것으로써, 내란, 소요에서의 집단적 폭력 행사를 말한다. 폭동에는 반란목적의 내란과 단순히 군중이 다른 대상에 대하여 집단적인 폭력이나 협박행위를 하는 경우의 소요가 있다. 즉, 폭동은 내란 및 소요의 수단인 동시에 그 현상을 지칭한 것으로서 단적으로 말하면 다수인에 의한 폭력행사이다.

소요 (騷擾, Disturbance)	다수인이 집합하여 폭행, 협박 등의 폭력을 행사하여 그 영향이 한 지방의 평온을 해칠 정도가 되는 상태를 말한다. 소요는 일반적으로 폭동과 동의어처럼 생각되어 다중이 집합하여 시위행위, 폭동 등 일반적으로 법령, 질서를 파괴하는 것과 같은 폭행으로 무장봉기 등 전투적인 것까지를 포함하는 광의의 개념이지만, 통상적으로는 주로 법적 개념으로 사용 된다. 소요는 정치목적을 명확히 하고 정치단체에 의해서 조직적으로 행하여질 때에는 내란 내지 혁명으로 전환하는 경우가 있다. 이와 같이 소요는 혁명으로의 한 조건이 될 수 있으나 반드시 전제가 되는 것은 아니다.

따라서 전쟁과 분쟁의 관계성은 명확한 구분을 짓기가 모호하며, 유사한 개념들이 복합적으로 작용하는 것으로 유보하는 것이 현명하다고 본다.

제2절 전쟁이란 무엇인가

1. 전쟁의 개념과 특징

전쟁이라는 일반적 용어에는 세상에서 벌어지는 수많은 활동들이 포함되어 있다. 인류 역사를 전반적으로 보았을 때 전쟁은 평화보다도 훨씬 더 일반적인 현상이었으며, 인간의 삶 한 부분처럼 늘 가까이에 있었다. 인류 문명이 발전하고 사회가 구조화 및 분화되고, 기술 과학이 발달하면서 전쟁은 점점 더 조직화되었으며, 치열해졌으며 그 규모가 커지면서 대량의 파괴와 살상으로 점철되었다.

전쟁은 사회적 존재인 인류가 생존경쟁을 바탕으로 더 나은 삶을 살아가기 위한 수단으로 삼아 왔기에 이처럼 인류 역사에서 불가분의 존재로 상존해 왔다. 하지만 전쟁은 잔혹한 파괴와 살상으로 특징 지워지는 폭력의 극한이었기에 인류는 이를 피하거나 없애는 방법 또한 끊임없이 고민해 왔다. 그러나 전쟁은 과학과 기술의 발달과 함께 고도화 되어 이제는 인류의 존망까지도 위협할 수 있는 무서운 존재로서 우리의 주변을 유령처럼 맴돌고 있다. 이처럼 전쟁은 우리의 삶 속에 깊숙이 연관되어 있다.

전쟁의 어원에 대해 살펴보자. 영어 단어인 war의 어원은 werra라는 프랑크-게르만 언어로부터 온 것인데, 그 뜻은 "혼란, 불협화, 다툼"이다. 그리스어로 전쟁은 polemos인데, 그 뜻은 "공격적인 논쟁"이며, 여기에는 '폭력, 갈등' 등의 의미가 내포되어 있다. 한편 전쟁의 라틴어는 bellum인데, 그 뜻은 '서로 싸우고 있는 양쪽 편'으로서 여기서 파생된 belligerrent가 영어로 '교전 당사자'라는 의미를 가지고 있다.

웹스터(Webster) 사전은 전쟁을 "국가들 사이에 벌어지는 명시적이고 선언된 적대적 무장 투쟁 상태, 또는 그러한 투쟁의 기간"이라고 정의한다. 여기서 주목할 것으로 전쟁은 공개적인 선전포고를 통해 시작되고, 국가들 사이에서 벌어지는 것으로 정의하고 있다. 역사적으로 보면 명시적인 선전포고 없이 시작된 전쟁이 수없이 많을 뿐만 아니라, 국가들 사이에서만 전쟁이 성립된다면 게릴라전이나 테러전쟁, 특정 국가 내에서의 내전을 어떻게 규정할 것인가 하는 문제에 대해 의문을 가지지 않을 수 없다.

한편 **옥스퍼드(Oxford) 사전**에서는 전쟁을 "살아있는 실체들 사이에 벌어지는 모든 적극적 적대 혹은 투쟁", "적대적인 힘 또는 원칙들 사이의 갈등"이라고 정의한다. 이 정의는 너무 포괄적이고 광범위한데, 예를 들어 무역경쟁, 판매경쟁, 종교 교리 간의 비폭력적 대립, 개인 대 개인 또는 소규모 이해집단 간의 갈등 등 인간사회의 모든 대립관계나 그 상태가 전쟁으로 볼 수 있을까 하는 의문이 든다. 한편 전쟁을 실질적 무력 충동이 벌어지는 상태(state)로 볼 것인지, 형식적·법적 조건(condition)의 틀로 볼 것인가 하는 점에 따라 해석의 차이가 생길 수 있다.

전쟁에 관해 동서양의 시각은 다음과 같다. 동양의 대표적 병법서인『孫子兵法』제1편은 이렇게 시작한다. "兵者 國之大事 死生之地 存亡之道 不可 不察也"라고 하였다. 그 뜻은 '전쟁은 국가에 있어서 매우 중요한 일이다. 그것은 국민들이 죽고 사는 일이며, 나라가 생존하느냐 멸망하느냐의 문제이다. 그러므로 반드시 깊고 깊이 살피고 따져보아야 할 일'이라고 했다. 서양의 클라우제비츠(Carl von Clausewitz)는 전쟁을 "우리의 의지를 상대방에게 강요하여 관철시키는 행위" 즉, 우리에게 보다 유리한 평화를 창출하기 위하여 폭력을 행사하는 행위로 정의했다. 그래서 '전쟁은 정치의 도구이자 다른 수단에 의한 정치의 연속'이라고 보았다. 여기에서 정치라고 하는 것은 단순한 정치의 범위가 아니라, 포괄적인 의미로 정치, 사회, 경제, 외교 등 모든 국가이익이 연관된 여러 분야에 대해 자신의 이익을 상대방에게 관철시키기 위한 방편으로 폭력을 동원하는 행위를 뜻한다.

위에서와 같이 전쟁에 대한 어원에서부터 사전적인 정의, 그리고 동서양의 대표적인 전쟁에 대한 주장들을 정리해보면 다음과 같다.

첫째, 전쟁의 주체는 대부분이 국가 또는 사회집단이다. 내전의 경우에는 일방은 합법적인 정부이고, 다른 일방은 그 정부를 타도하고 자기들이 합법적인 정부가 되려는 목적으로 투쟁하는 집단일 수 있다. 이 집단의 경우에는 공인된 집단은 아니지만 일정한 정치·사회적인 힘을 가지고 정부를 상대로 하여 상당한 규모의 투쟁을 수행한다는 점에서 전쟁의 주체가 될 수 있다고 본다.

둘째, 전쟁의 목적은 매우 다양하다. 상대방 영토의 전부 또는 일부에 대한 점령, 배상금, 우월적 지위의 확보, 식량과 노동력·자원·무역권 등의 경제적 요소, 지배적 영향력, 천연자원, 종교적 자유, 이데올로기의 강요, 지도자의 신념이나 개인적인 욕망, 명예와 영광 등을 이유로 전쟁을 할 수 있다. 전쟁의 주체들은 '과거 또는 현재보다 더 나은 상태'를 조성하기 위해 기꺼이 투쟁이라는 수단을 사용하게 된다.

셋째, 전쟁의 수단은 폭력을 사용한다. 전쟁에 사용되는 폭력은 조직화된 비교적 대규모의 폭력이다. 몇몇의 개인이나, 소규모의 무장 세력이 개개인 또는 산발적으로 벌이는 투쟁은 전쟁이라고 할 수 없을 것이다. 전쟁은 상당한 규모와 조직력을 갖춘 집단적 무장력을 활용한 투쟁을 의미한다.

넷째, 전쟁의 성격은 '일정한 정치적 목적을 추구하기 위한 사회적 상호작용 행위'라고 할 수 있다. 또한 전쟁은 하나의 상태(state)이자 현상(phenomena)이다. 그러나 이 상호작용 행위 또는 현상은 인간사회의 아주 실질적이고, 정치, 경제, 외교, 군사 등 모든 분야가 총 망라되어 지극히 의도적(intentional)이고 조직화된 형태로 벌어지는 '종합적 사회현상'이라고 할 수 있다. 따라서 전쟁은 "어떠한 정치적 목적을 달성하기 위해 국가 또는 사회집단에 의해 수행되는 의도적이고, 집단적이며 광범위하게 벌어지는 조직화된 무력 투쟁이며, 인간사회의 가장 종합적인 사회현상의 하나"라고 정의할 수 있다.

클라우제비츠(Carl von Clausewitz)는 전쟁은 지극히 냉혹한 생사존망의 장이라고 보았다. 그는 전쟁을 한마디로 "우리의 적대자로 하여금 우리의 뜻대로 따르도록 강요하기 위한 폭력적 행위"라고 단언했다. 결국 전쟁의 가장 핵심적인 본질은 폭력(violence)이며, 전쟁은 살아 움직이는 폭력 대 폭력의 충돌이다. 전쟁의 가장 원초적 최소단위는 사투(私鬪, duel)라고 보았다.[9] 두 사람의 투사가 규칙 없이 맞대결을 벌였을 때, 모든 수단과 온갖 방법을 가리지 않고 상대방을 제압하지 못한다면, 상대방에게 내가 제압당하게 되므로 두 사람은 자신이 지닌 모든 힘과 기술(폭력)을 남김없이 쏟아 부을 것이다.

전쟁을 연구하는 이유는 무엇인가? 전쟁을 연구하는 사람들은 호전적인 기질을 가진 사람들인가? 우리가 질병을 두려워하고 혐오한다고 해서 의사나 병리학자들이 진료나

---

9) Clausewitz, *On War*, p. 75.

연구행위를 하는 것을 문제시할 수 있을까? 그들이 질병을 사랑하고 널리 퍼트리기 위해서 연구하고 진료하는 것이 아니고, 인류를 위협하는 질병을 효과적으로 치료하고 사전에 예방하기 위해서 질병을 연구한다. 마찬가지로 군인이나 학자, 정책결정자들도 역시 전쟁을 예방하기 위해서, 그리고 만일 전쟁이 일어났을 경우에 전쟁을 보다 효율적으로 수행(최소의 희생으로 승리)하고 마감함으로써 보다 나은 평화를 구축하기 위해 전쟁을 연구하고 대비하는 것이다. 질병의 예방과 치료를 위해서는 질병의 정체와 원인을 규명하는 것이 가장 첫 번째 해야 하는 일이며, 마찬가지로 전쟁이 무엇인지, 왜 전쟁이 일어나는지를 올바르게 이해하는 것이 중요하다.

그렇다면 인류사회에서 전쟁은 과연 없어질 것인가? 이것은 인류의 바람이지만 안타깝게도 그럴 것 같지는 않다. 베제티우스(Vegetius)는 말했다. "평화를 원하거든 전쟁을 준비하라.(If you want peace, prepare for war)"

전쟁을 정의하면, 상호 대립되는 2개 이상의 국가 또는 이에 준하는 집단이 정치적 목적을 달성하기 위하여 자신의 의지를 상대방에게 강요하는 조직적인 폭력행위로서, 대규모의 지속적인 전투작전을 말한다. 전쟁은 통상 상대방에 대한 선전포고로부터 시작하여 강화조약으로 종결된다. 인류의 역사는 약육강식과 생존경쟁의 형태로 반복되면서, 전쟁과 함께 시작하여 전쟁으로 이어지고 또 전쟁을 치루면서 발전되어 왔다.

전쟁의 개념을 규정하는 일이 매우 다양한 요소들이 복합적으로 관련되어 어려운 문제이다. 전쟁에 대해서는 정치가의 견해나 군인의 견해가 다를 수 있고, 학자들과 일반인의 견해도 다를 수 있다. 학자가 생각하는 전쟁과 군인이나 국가의 지도자가 생각하는 전쟁의 개념이 같을 수 없을 것이며, 학자들 간에도 전쟁에 대한 견해가 다를 수 있어 개념에 대한 공통적 이해가 쉽지 않다. 하지만 일반적으로는 전쟁을 무력 투쟁·무력 충돌 및 군사적 분쟁으로 정의하고 있다. 다시 말하면 군대나 무력이 조직적으로 동원되어 상호 충돌하는 현상을 전쟁으로 인식하고 있다. 그러나 전쟁의 주체가 국가와 국가 간의 전쟁인지, 또는 계급을 포함한 여러 집단이나 세력 간 인가에 대해서는 다양한 시각을 보이고 있다. 우선 전쟁은 국가 간의 무력 투쟁 또는 군사적 분쟁으로 보는 시각이 있는가 하면, 국가와 국가뿐만 아니라 국가 내에서의 집단이나 파벌 간의 무력 투쟁도 전쟁으로 인식하고 있기도 하다.

전쟁의 개념에는 몇 가지의 특징이 있는데 다음과 같다.

첫째, 전쟁수단에는 무력행사가 수반된다는 것이다. 경제전쟁, 심리전쟁, 또는 냉전 등과 같이 전쟁이라고 불리는 것이 많으나 여기에는 무력행사가 수반되지 않기 때문에 전쟁과는 구별된다.

둘째, 전쟁은 국가 제 역량의 동시적 투쟁이다. 즉 전쟁은 오로지 무력만으로 그 승패가 좌우되는 것이 아니라 경제, 정신 등 제요소에 의하여 크게 영향을 받는다. 따라서 전쟁수단에는 반드시 무력행사가 수반되나 전쟁 그 자체는 무력행사를 포함한 국가 제 역량의 동시적 투쟁이라 할 수 있다.

셋째, 현실적으로는 전쟁에 있어서 무력이 행사되지 않는 경우가 있다. 전쟁에 있어서 무력행사가 끊임없이 계속되는 것이 아니라, 경우에 따라서는 무력행사가 중지 되는가 하면, 때에 따라서는 무력이 전혀 행사되지 않더라도 전쟁이 발생되는 경우가 있다. 이런 의미에서 전쟁이란 무력행사 그 자체를 말하는 것이 아니라 국제법적으로는 선전포고로부터 강화에 이르기까지의 일련의 상태 개념으로 간주되고 있다.

넷째, 전쟁은 국가 간의 투쟁만을 뜻하는 것이 아니라 이에 준하는 집단 간의 투쟁도 포함된다. 고대에 있어서의 전쟁은 부족 또는 부락 간의 투쟁이었던 것이 보통이었지만, 오늘날에는 내란 등의 경우 반란을 일으킨 정치단체 등이 교전단체로서 여러 나라로부터 승인되면 국제법상 정식으로 전쟁의 주체가 되기도 한다.

전쟁을 규정하는 기준으로 전쟁을 수행하는 수단에서도 차이를 발견할 수 있는데, 일반적으로 군대나 무장력이 동원되는 군사적 충돌만을 전쟁으로 규정하는 시각이 있다. 한편, 미 야전교범 100-1에서는 전쟁에 대해 '좁은 의미로는 적대 군사력 간에 발생하는 충돌이며, 넓은 의미로는 자국의 목적을 달성하기 위해서나, 또는 일개 내지 다수의 적국이 주장하거나 의도하는 바를 저지하기 위해서 정치·경제·심리·기술 및 외교수단을 선택적으로 혼합 사용하는 것까지를 포함한다.'라고 설명하고 있다.

즉 전쟁이란 형식상으로는 적대적인 정치집단 간의 극단적 충돌이라 할 수 있으며, 목적 달성을 위한 수단 측면에서 전쟁은 군사전(무력전) 뿐만 아니라 정치전, 경제전, 심리전, 기술전, 외교전 등도 그 범주에 속한다고 볼 수 있다.

2. 전쟁의 형태와 분류

수많은 형태의 활동들이 분쟁, 또는 전쟁이라는 일반적인 용어에 포함되어 있다. 지금 현재, 세계에서는 몇 개의 전쟁이 진행 중인지 헤아리는 것은 쉽지 않다. 그러나 폭력, 파업, 폭동과 같은 낮은 수준의 폭력과 비교적 조직적이지 않은 분쟁, 대규모의 조직적인 폭력의 수준인 전쟁을 구분하는 데는 어렴풋이 그 기준이 존재한다고 볼 수 있다. 분쟁과 전쟁은 매우 다양한 상황에서 매우 다양한 이유로, 그리고 매우 다양한 형태로 전개되고 있고 그 역할도 다양하다.

패권전쟁(hegemonic war)이란, 전체의 세계질서에 대한 통제권, 즉 세계적 패권국가의 역할을 포함한 전체 국제체계의 규칙을 놓고 벌이는 전쟁이다. 이런 종류의 전쟁을 세계대전, 지구전쟁, 총력전, 체계전쟁이라 부르기도 한다. 최근에 일어난 패권전쟁은 제2차 세계대전이다. 핵무기를 비롯한 현대 무기의 파괴력으로 인해 이와 같은 전쟁이 다시 일어난다면 인류의 문명은 파괴될 것이다.

전면전(total war)이란, 한 국가가 다른 국가를 점령하기 위해 벌이는 전쟁이다. 이 전쟁의 목표는 상대국가의 수도를 점령하여 상대 정부로부터 항복을 강요하고 승자가 선택하는 새로운 정부로 교체하는 것이다. 전면전의 기원은 대규모 파괴를 동반한 나폴레옹전쟁이라고 할 수 있다. 이 전쟁에서 프랑스는 대대적인 동원으로 징병을 실시했고, 국가경제 전체를 전쟁수행에 활용했다. 전면전의 수행은 산업화와 더불어 발전하였고, 전체 경제와 사회를 전쟁수행이라는 하나의 틀로 통합시키고 조직화했다. 전체사회가 총동원되는 전면전은 제2차 세계대전의 사례에서 찾아볼 수 있다.

제한전(limited war)은 적국의 항복과 영토의 점령보다는 낮은 수준의 제한적인 목적 달성을 위해 벌이는 전쟁이다. 예를 들면, 1991년 미국이 주도한 이라크전쟁은 이라크가 불법 침략한 쿠웨이트의 영토를 수복하였지만, 이라크의 사담 후세인 정부를 무너뜨리기 위해 바그다드까지 진격하지는 않았다. 대부분의 국제분쟁은 이처럼 제한전쟁의 형태를 띠게 된다. 즉 원하는 영토를 점령한 다음에는 그 선에서 멈추고 이미 얻은 바를 지키려고 한다. 2008년 러시아가 조지아와 다투었던 지방에서 조지아 군을 축출하기 위해 벌였던 공습이나 신속한 지상침투에 의한 기습한 사례나, 2007년 이스라엘 공군이 시리아의 핵무기 제조가 의심되는 시설을 폭격한 사례 등에 대해서도 제한전쟁이라고 할 수 있다.

내전(civil war)은 한 국가 내부의 분파들 간 전쟁으로, 국토의 전체 혹은 일부를 관할하는 새로운 정부를 세우려는 쪽과, 그것을 막으려는 쪽이 벌이는 전쟁이다. 내전의 목적은 정부 전체의 제도 변경이나, 정부 내 사람들의 교체, 국가의 일부를 분리하여 독립시키려는 것 등 매우 다양하다. 1860년대에 미국의 남북전쟁은 내부적인 통일을 위한 내전이라고 할 수 있으며, 1980년대 엘살바도르 내전은 분리 독립이 아닌 전 국토에 대한 통제권을 다툰 내전이었다. 내전은 국가 간의 전쟁만큼이나 잔혹한 경우가 많다. 동료 시민들과 싸우는 사람들은 외국군과 싸울 때만큼이나 증오심을 가지고 잔혹하게 전쟁을 수행한다. 1980년대 엘살바도르 내전에서 5만 명 이상의 희생자가 발생했는데, 다수의 대량학살과 암살단 희생자가 포함된 숫자인데, 이 내전의 경우 종족 간의 다툼도 아니었다. 그러나 오늘날의 많은 내전들이 종족이나 씨족 간의 분쟁이 그 원인이다.

게릴라전(guerilla war)이란, 전선이 없는 전쟁을 가리키는 데, 내전이 게릴라전의 형태로 진행되는 경우가 많다. 이 전쟁에서 비정규군이 민간인들 사이에 숨거나 그들의 보호를 받으며 활동하기도 한다. 이 전쟁의 목적은 적군과 직접 대적하는 것이 아니라, 적군을 괴롭히고 처벌함으로써 조금씩 적군의 작전을 제한하고 적군의 통제 지역을 효과적으로 해방하는 것이다. 이러한 수법은 내전에서 반군들은 자주 사용하는 사례이다. 1960년대 미국이 베트남전에서 베트콩 게릴라와 벌였던 대반란전은 게릴라전의 전형이었다. 일정한 전선이 없는 게릴라전에서는 양측 모두가 통제할 수 없는 지역이 생긴다. 이때 양측은 같은 지역에 동시에 군사력을 투입할 수 있다. 이런 식의 게릴라전은 민간인들에게 극심한 고통을 주게 되며, 어느 쪽의 군대도 확실하게 통제하지 못하는 지역은 약탈, 개인적인 복수, 성폭행, 기타 불법행위들이 만연할 수도 있다. 또한 게릴라와 싸우는 정규군이 게릴라와 민간인을 구별할 수 없어서 양측을 모두 처벌하는 경우가 많아 그 고통이 배가되기도 한다. 분쟁지역에서의 전투양상은 점점 더 비정규전, 게릴라전 양상으로 바뀌고 있으며 대규모의 군대가 공개적이고 전통적인 방식으로 충돌하는 전투는 그 빈도가 현격하게 감소하고 있는 추세이다.

위에서와 같이 정의된 전쟁을 분류하는 방법 또한 매우 다양하다. 여기에서는 전쟁의 분류기준을 전쟁활동 주체, 전쟁 지역, 전쟁 수단의 제한, 전쟁 수단 및 방법면의 특성에 따라 다음과 같이 정리하고자 한다.

<표 2-2 : 활동 주체에 의한 전쟁 분류>

구분	의미	지역	주체	목표
정규전 (Regular War / Conventional War)	둘 이상 국가의 훈련된 군대를 이용하여 적의 군대를 목표로 하여 재래식 무기와 전술을 사용하여 전장에서 싸우는 형태의 전쟁	교전 당사국 영토	정규군10)	적 군대의 파괴 / 약화
비정규전 (Unconventional War)	국가 하부의 행위자가 사용하는 무력으로 분란전, 테러리즘과 같은 형태의 전쟁을 포함	적지종심 지역	국가/비국 가단체, 정 규군, 비정 규군11)	적 후방교란, 첩 보수집, 적 정부 점령세력 전복 등

<표 2-3 : 전쟁 지역에 의한 분류>

구분	의미	지역	주체	목표
전면전쟁 (General War)	국경 전역이나 국토의 전 지역에서 수행되는 전쟁	무제한	정규군	적 군대의 파괴 / 약화
국지전쟁 (Local War)	전쟁 당사국들의 일정한 국경지역이나 한정된 지역에서 수행되는 전쟁	제한적	정규군, 비정규군	상대방의 제한된 군사목표

<표 2-4 : 수단의 제한에 따른 전쟁 분류>

구분	의미	지역	주체	목표
절대전쟁 (Absolute War)	적을 완전히 격멸하기 위해 무제한적인 폭력을 사용하는 전쟁	무제한	전 국민	적 군대와 국민의 완전한 파괴 / 섬멸
총력전쟁 (Total War)	모든 수단과 자원을 동원하며 무기의 제한이나 파괴, 살상의 대상이 무제한적인 전쟁	무제한	전 국민	
제한전쟁 (Limited War)	전쟁의 목표가 제한되어 무기의 사용과 자원, 지역에 제한을 두고 수행하는 전쟁	제한적 (상황)	정규군	제한된 군사목표

---

10) 정규군이란, 국가가 정식으로 임명한 지휘자 밑에서 일정한 조직을 갖고 제복을 착용한 상비군을 의미한다.
11) 비정규군이란, 정규군이 아닌 자로 전시에 임시로 군에 종사하는 비 상비군을 말한다. 비정규군에는 평소에 수시로 훈련을 받고 전시에 정부로부터 소집되어 조직되는 민병(民兵)과, 전시에 본인들의 지원과 이에 대한 국가의 인가로 조직되는 의용군(義勇軍)으로 구분된다. 군 민병(軍 民兵)은 미 점령 지역의 주민으로 민병이나 의용병으로 요건을 구비할 시간적인 여유가 없어 자발적으로 무기를 들고 적군에 대항하는 조직화되지 못한 주민집단이다.

<표 2-5 : 수단 및 방법의 특징에 의한 전쟁 분류>

구분	의미	지역	주체	목표
4세대전쟁 (The 4th generation Warfare)	국가 및 비국가단체가 네트워크화된 군사 / 비군사적 수단으로 상대 국민과 정책결정자의 심리를 공격하여 정치적 의지를 굴복시킴으로서 정치적 목적을 달성하기 위한 장기적인 유무형의 폭력행위	무제한	비국가집단	적국의 국민의지
복합전쟁 (Compound Warfare)	단일 지휘체계 하에서 정규전과 비정규전을 혼합하여 수행하는 전쟁	무제한	정규군+비정규군	
하이브리드전쟁 (Hybrid Warfare)	동일한 전투공간에서 정규전, 비정규전, 테러, 범죄 등 분쟁의 모든 영역이 동시에 발생하는 전쟁	전장	정규군+비정규군+민간인	
게릴라전쟁 (Guerrilla[12] Warfare)	유격작전부대가 적 지역 또는 적이 점령한 지역 내에서 적의 전투력과 사기저하를 위해 수행하는 군사적 또는 준군사적인 전투작전	적지종심지역	정규군+비정규군	
핵전쟁 (Nuclear War)	핵무기를 사용하는 전쟁	전지역	정규군	적 부대 / 국민
혁명전쟁 (Revolutionary War)	내란(Civil War)을 포함하여 혁명으로 일어난 전쟁	국내	정규군+비정규군	적 저항의지 분쇄
사이버전쟁 (Cyber Warfare)	컴퓨터 네트워크 등을 사용하여 적의 정보체계 등을 공격하거나 적의 공격을 거부하는 활동	전자기파영역	정규군+비정규군+민간인	정보우세 달성 및 적 무기체계 무력화 / 파괴

서양에서는 특정한 위협을 구체화하여 이에 대응하기 위해 전쟁의 특징적인 요소들을 찾아 전쟁을 분류하였다. 그러나 전쟁양상은 시대에 따라 다양하게 변화해왔고, 앞으로도 과학기술의 발달과 사회체제 변화와 함께 발전할 것이다.

거듭 말하지만 전쟁과 분쟁의 구분은 사실상 매우 혼합적이어서 모호한 면이 있다.

분쟁(conflict)이란, 국제법상 또는 국내법상의 주체 간에 발생하는 무력 투쟁이나 충돌로서, 다툼에 대한 일반적인 표현이다. 위의 도표들에서 보는 바와 같이 분쟁은 활동 주

---

12) 게릴라는 비정규군으로 구성되어 적이 점령한 지역에서 활동하는 소부대의 구성원이며, 통상 제복을 착용하지 않고 정규군과는 별도로 혹은 그와 협력하여 자국이나 상대국의 공인된 정부 또는 군사당국에 대항하여 군사적 · 정치적 · 경제적 작전을 수행한다.

체면의 비정규전, 전쟁지역면의 국지전, 전쟁 수단 및 방법면의 4세대전쟁, 복합전쟁, 게릴라전, 혁명전쟁 등이 분쟁의 영역에 가깝다고 할 수 있다.

3. 전쟁의 원인

로마 철학자 루키우스 세네카(Lucius Annaeus Seneca)는 "사람들은 전쟁의 결과를 묻지, 전쟁의 원인은 묻지 않는다."고 했다. 그러나 일반사람들과는 달리 정치학자들은 왜 사람들(또는 국가들)이 전쟁을 일으키는가를 알고 싶어 한다. 일반적으로 국제관계에서 분쟁(conflict)이란 용어는 무력 분쟁을 가리킨다. 그냥 분쟁이라고 하면 인류의 사회에 그런 다툼은 항상 존재하는 것이라고 생각할 수 있다. 분쟁이 발생하면 해결을 위한 노력으로 흥정이 벌어지게 된다. 이 흥정에서 각국들은 유리하게 과정을 진행하여 더 유리한 결과를 얻기 위해 노력하게 된다. 흥정의 결과는 정당하든 부당하든 분쟁을 해결하는 것이다. 이러한 분쟁이 폭력으로 비화하기도 한다. 분쟁이 어느 시점에서 어떻게, 그리고 어떤 이유로 폭력으로 비화하는가는 매우 중요한 문제이다. 이러한 전쟁의 원인은 다양한 수준에서 찾아볼 수 있다.

가. 개인 수준

개인 수준의 분석에서는 **합리성 개념**이 전쟁에 관한 이론의 중심축을 이룬다. 현실주의 이론에 따르면 국제분쟁에서 전쟁이나 다른 폭력적 제어수단의 사용은 정상적인 것이고 또 국가지도자들의 합리적 결정을 반영한 것이다. 즉, 하워드 미첼(Howard Michael)에 의하면 "전쟁은 양측 지도자들이 평화보다 전쟁을 치름으로써 더 많은 것을 얻어 낼 수 있다는 계산에 기초한 의식적이고 이성적인 결정에 의해 시작된다."고 보았다. 다른 한편에서는 국가 지도자 개인의 정책결정과정에서 합리성으로부터의 이탈현상이 발생하기 때문에 분쟁이 전쟁으로 비화한다고 주장하기도 했다. 또 다른 한편에서는 전체 국민들의 의식구조와 교육내용이 분쟁을 폭력으로 몰고 갈 것인지를 결정한다고 주장하기도 했다. 이 견해에 따르면 대중의 민족주의나 종족 간 증오심, 혹은 인간 본성에 내재하는 폭력성 등이 지도자에게 분쟁해결을 폭력적으로 하도록 압박할 수 있다는 것이다.

실제의 상황에서 보면, 어떤 전쟁은 국가 지도자들의 합리적 계산에 따른 것이지만, 또 어떤 전쟁의 경우에는 실수이거나 도저히 합리적인 판단에 의한 것이라고 보기 어려운 경우도 발생한다. 일반적으로 지도자들은 더 유리한 결과를 얻기 위해 군사력을 사용하여 분쟁을 해결하고자 하는 개인적인 성향을 가지고 있다는 것만은 사실이다.

나. 국내 수준

국내 수준의 분석에서는 분쟁의 **폭력적 해결** 성향을 낳는 국가적·사회적 특징이 무엇인가의 문제에 주목한다. 과거 냉전시기의 마르크스주의자들은 대부분 공격적이고 탐욕적인 자본주의 국가들이 국제분쟁에서 폭력을 사용하는 성향을 보인다고 주장하기도 했다. 그러나 서방의 지도자들은 공산주의 국가들의 팽창주의적·이념적·전체주의적 성격이 더 폭력적인 성향을 가져온다고 주장했다. 그러나 실제로는 양 진영의 국가 모두가 국제분쟁에서 자주 폭력을 사용했음을 부인할 수 없다. 이러한 측면에서 보면 부유한 공업국이나 빈곤한 농업국이나 모두 때때로 전쟁을 일으키기도 하며, 호전성은 문화, 사회적 유형, 그리고 시기를 초월한 인류 보편적인 현상이라고 할 수 있다.

어떤 종류의 사회와 국가가 전쟁 성향을 띠는지를 일반화하기는 매우 어렵다. 동일한 사회에서도 시기에 따라 크게 달라질 수 있기 때문이다.

다. 국가 간 수준

국가 간 수준은 전쟁을 국제관계의 주요 행위자들 사이의 **힘의 관계**라는 견지에서 설명한다. '**힘의 전이이론**'에서는 힘이 비교적 균등하게 분포되어 있고, 떠오르는 강국이 쇠퇴하는 패권국가의 지위를 위협하는 시기에 분쟁이 대규모 전쟁으로 비화한다고 주장한다. 한편, '**억지이론**'은 힘을 증강하고 그 사용 위협을 가함으로써 전쟁을 방지할 수 있다고 보지만, '**군비경쟁 이론**'은 그러한 행동 때문에 전쟁이 방지되는 것이 아니라 오히려 촉발되기도 한다고 주장한다.

국가는 여전히 국제무대에서 주요 행위자이기는 하지만, 행위자로서의 독점적 지위는 희석되고 있다. 지정학적인 분석을 국가를 중심으로 이루어져 왔고, 지정학은 영토를 통제하는 문제로서, 지정학의 주요한 주제는 국가였다. 그것을 영토를 지배하고 통제하는 주체가 바로 국가였기 때문이다. 전쟁은 새로운 영토를 점령하고 통제하기 위한 것이었으며, 국제관계는 정치적 단위 간의 관계이고, 본질적으로는 평화와 전쟁 중 양자택일을 요구하는 관계였다고 볼 수 있다. 그러나 세계화, 유동성, 네트워크의 발전, 국경의 소멸 등은 국가가 지금까지 누렸던 절대 권력에 의문을 제기하게 만든다. 그러나 국제무대에서 독점적 지위를 누릴 수 없더라도 국가가 여전히 중심적인 역할을 하고 있다.

라. 지구 수준

국제체제에서는 대규모의 전쟁이 주기적으로 발생한다고 주장하는 이론이 있다. 그 중의 하나는 대규모 전쟁을 약 50년 정도의 세계경제 장주기(Kondratieff 주기)와 연결시키는 주장도 있으며, 또 다른 측면에서는 대규모 전쟁을 100년 주기의 세계질서 형성-몰락과 연결시키기도 한다.

이와는 달리 전쟁 경향의 장기 선형 변동에 관한 이론도 있는데, 이 이론에서는 전 세계적인 기술 및 국제규범의 발달로 인하여 분쟁의 결과로서 전쟁의 발발 가능성이 줄어든다고 본다. 일부 학자들은 오늘날 복잡다단하게 연결된 상호의존적인 세계에서 전쟁과 군사력 같은 것은 그다지 효과적인 영향력 행사 수단이 되지 못하기 때문에 이미 낡은 수단이 되었다고 주장한다. 핵무기의 경우처럼 군사기술이 고도로 발달하여 대부분의 분쟁에서 그것의 사용이 거의 불가능해졌다고 생각하여 전쟁의 가능성이 줄어들고 있다고 보기도 한다.

세계화는 유동성, 네트워크, 교류가 확대되면서 영토와 영토의 범위를 한정하는 경계선이 사라지는 것을 의미하는 것처럼 알려졌다. 세계가 글로벌화 된다는 것은 세계가 영토라는 속성을 벗어나는 것으로, 국경은 금융거래와 상품의 교역, 사람들의 왕래, 생각의 자유로운 이동을 제한하거나 막을 수가 없게 된다. 정보와 커뮤니케이션 분야의 신기술이 국경의 의미를 어느 정도 약화시켰지만 국경은 결코 없어지지 않았고, 오히려 더 길어지고 견고해 지고 있다고 볼 수도 있다. 세계화로 거리가 단축되며, 시간과 공간의 개념에 변화가 일어났지만, 영토와 국경선 그리고 영토를 통치하려는 경쟁과 갈등의 개념이 불필요하게 된 것은 아니다.

<표 2-6 : 앨빈 토플러 제3의 물결론에 의한 전쟁 분류>

구 분	특징적인 내용	시 대	전쟁 방식
제1물결 전쟁	인간의 완력에 의존하여 접근전을 하도록 고안된 무기인 창, 칼, 도끼, 장창, 공성(攻城)무기 등으로 무장하였음. 제한적으로 투석기, 쇠뇌, 노포, 대포 등이 사용되기도 했으며, 각 군대는 대형을 이루어 북소리 등의 신호에 맞추어 이동 및 공격을 실시하거나, 성곽 등의 요새를 구축, 방어하는 방식의 전투 수행방법.	원시~중세	백병전, 근접전 (나폴레옹전쟁 이전)
제2물결 전쟁	산업혁명 이후 대량생산체제에 의한 공업 생산능력을 기반으로 한 전쟁 방식. 기관총, 전차, 대포, 비행기, 폭탄, 군함 등 각종 기계무기에 의존하여 전쟁 수행. 전투 방식은 진지를 방어하는 적을 상대로 대량의 야포사격 및 항공폭격을 동반한 보병의 공격 모습과 상호 기동하는 기갑 부대 간의 전투 또한 평야지대에서 자주 일어남. 어느 편이 보다 대량의 무기를 생산할 수 있고, 이를 결정적 지점으로 운송하는 대량 물류 능력에 따라 승리가 좌우됨.	근대시대	대량파괴, 살육전 (제 1, 2차 세계 대전)
제3물결 전쟁	정보화된 무기체계 및 인원이 재래식 전투력의 효용성을 수십 배 이상 높일 수 있게 되어 전쟁의 핵심적인 역할이 이러한 정보를 다루는 곳으로 이동하게 되어 누가 먼저 탐지하고, 대량의 정보를 정확히 판단하여 대안을 결정하고, 빠른 시간 안에 세밀하게 조정된 행동을 할 수 있는가가 승리를 좌우하게 됨.	정보화시대	하이테크전쟁 (걸프전쟁, 이라크전쟁 등)

제3절 분쟁이란 무엇인가

1. 분쟁의 개념과 이해

 분쟁(conflict)이란, '충돌의 당사자가 각각의 주장을 법과 규범 등의 정당성 근거에 기초하여 그 가치판단을 논리적으로 다투는 행위'를 말한다고 『21세기 정치학대사전』에 명시하고 있다. 분쟁은 어떤 정당성 근거 하에 일방이 타방에게 요구(claim)하고, 타방이 그것을 거부함으로써 양자 간에 명확한 주장의 대립이 발생하였을 때에 생겨난다. 상대방에 대해 아무것도 요구하지 않고, 그것에 대한 거부도 하지 않았음에도 불구하고 공격을 한 경우엔 **충돌**은 있을지라도 분쟁은 존재하지 않는다.

 충돌(collision)이라는 것은 둘 이상의 당사자 간에 발생한 이해, 역할, 가치관, 법 등에 대한 충돌이나 모순, 불가양립성, 대립 등을 말한다. 사회학, 정치학, 경제학, 국제관계론 등의 사회과학의 분야에서 언급된 분쟁의 경우에는 충돌을 의미하는 경우가 많다. 또한 충돌은 그 과정에서 반드시 분쟁이 되는 것은 아니지만, 분쟁의 경우는 반드시 그 배후에 충돌이 있다는 의미에서 분쟁은 충돌의 한 국면이라고 해석할 수 있다.

 국제법을 포함하여 법학이 충돌의 과정을 분쟁의 국면에서 보는 것은 분쟁과 법이 특별한 관계에 있기 때문이다. 법을 비롯한 규범은 분쟁의 표현 수단으로서 가장 효과적인 정당성의 근거가 된다. 법은 원래 현실의 충돌이 무력분쟁으로 발전하는 것을 방지하고, 분쟁으로 이행시켜 거기에 가치판단을 가하여 분쟁을 해결하고 배후에 어떤 충돌을 수습하기 위한 수단으로서 준비되기 때문이다.

 분쟁(Conflicts)에 대한 개념은 국제법상 또는 국내법상의 주체 간에 발생하는 무력 투쟁이나 충돌로서 다툼에 대한 일반적이고 광범위한 표현으로서, 다음과 같이 세 가지로 정의한다. 첫째, 분쟁은 주체 면에서 적어도 일방은 하나의 '국가 또는 정부'로 구성되는 2개 이상의 행위자들이 일으키는 것이다. 둘째, 분쟁의 쟁점과 목표는 각각의 존립 또는 번영 등과 직결된 중대한 이익의 확보를 위해 일어나게 된다. 셋째, 분쟁의 방법과 수단 면에서 조직적 무력을 기반으로 비평화적 · 비외교적 방법과 수단을 사용하거나 위협하여 상호 간에 대립하거나 또는 충돌하는 사태라고 할 수 있다. 즉 '분쟁은 조직적 무력수단에 기반한 대립 또는 충돌 상태'라고 정의할 수 있다.

일반적으로 '분쟁(Conflicts)'이라고 분류되기 위해서는 다음의 도표에서와 같은 5가지 조건을 충족해야 한다.

<표 2-7 : 분쟁의 5대 요건>

① 분쟁 주체(당사자)의 존재 면에서, 적어도 일방은 한 나라의 정부(또는 국가)이면서, 그 상대자로서의 대립의지를 갖는 조직화된 세력(국가, 정부, 조직, 단체)이나 동일한 이해(利害)를 갖는 집단이 있어야 한다.
② 중요 쟁점(직접 원인)의 존재 면에서, 적어도 일방에게 그 존립이나 발전과 관련하여 중요한 상충적 이익 중 쟁점(분쟁의 기본 動因)이 있어야 한다.
③ 대립 행위의 본격화 면에서, 비평화적 · 비외교적 방법을 본격적으로 동원하여 이를 공개적으로 표출해야 한다. 여기서 대립 행위에는 무력행사 외에 폭동, 파괴 등 비무력적 폭력의 사용 등이 포함된다.
④ 대립 수단(무력)의 존재 면에서, 극단적인 비평화 · 비외교적 방법, 즉 조직적으로 무력을 동원할 수단과 능력이 있어야 한다. 이때 대립 수단이 미약한 세력의 경우에는 제 3세력의 무력을 이용할 수도 있다.
⑤ 지속성 면에서, 위의 4가지 조건들은 일시적이거나 단발성이 아닌, 상당 기간 동안 유지되는 지속성을 가져야 한다.

이상과 같이 분쟁의 5대 요건을 모두 충족시킨 경우는 상호 간에 '대립이 개시'된 '**협의의 분쟁**'으로 간주한다. 마찬가지로 5대 요건 중 하나라도 충족되지 못한 경우는 협의의 분쟁으로 성립되지 못한다. 예를 들어, 분쟁의 주체와 쟁점이 존재하더라도 평화적 · 외교적 방법에 의존하는 경우는 '대립'으로 비화하지 않으므로, 협의의 분쟁으로 성립되지 않는다. 그러나 이들 요건 중에서 '주체'의 형성과 '쟁점'의 부각, '지속성' 등의 조건을 포함하여 3가지 이상의 요건을 충족하면 일단 '분쟁'으로서의 '잠재성'을 갖게 되어, '**잠재적 분쟁**'으로 분류할 수 있다.

가. 분쟁의 구분

국제법상 분쟁은 여러 가지 관점에서 분류함으로써 그 특징이 명확해 진다. 기본적으로 분쟁은 주체에 따라 **국제분쟁**(international dispute)**과 비국제분쟁**(non-international dispute)으로 구분할 수 있다. 국제분쟁은 국가 또는 국가를 대표하는 정부 간의 분쟁이다. 전통적인 국제법 하에서는 국제기관은 국제분쟁만을 분쟁해결의 대상으로 한정할 수 있다. 그러나 국가 간의 상호의존이 밀접하게 진행되어 국제관계의 주체가 국제기구는 물론, 국가의 하위집단인 개인, 사기업, 민족, 부족 등으로까지 확대되어 있는 오늘날에는 적어도 일방의 당사자가 국가 이외의 주체인 분쟁이 발생하게 됨에 따라 비국제분쟁으로서 개념화된다. 예를 들면 개인과 국가 간의 분쟁에서도 그 관계가 국제법에 규율되어 있는 것은 국제법과 국제기관의 포괄 대상이 된다. 국제 인도법과 국제 인권법의 발전과 함께 이와 같은 비국제분쟁의 범위가 확대되고 있다. 그리고 국가의 하위집단 간의 무력분쟁이 **저강도 분쟁**(low intensity conflict)로서 국제관계에 영향을 미치고 있는 상황에서는 국제법과 국제소송이 어떠한 절차로 이것에 대처할 수 있는가 하는 과제도 포함하고 있다.

다음으로 분쟁 당사자의 주장의 정당성근거가 어디에 있는가에 따라 **법률적 분쟁과 비법률적 분쟁(정치적 분쟁)**으로 분류할 수 있다. 이것은 분쟁이 재판 가능한지 어떠한지에 대한 분류이기도 하다. 분쟁과 그 해결과정이 국제법에 기초한 것은 법률적 분쟁이라고 할 수 있을 것이고, 국제법이 아니라 형평과 선, 정의와 평화, 기타의 가치관, 이데올로기, 경제법칙 등에 기초한 것은 정치적 분쟁이다.

다른 하나의 중요한 지표는 분쟁의 발생·계속·수습이라는 일련의 과정이 양 당사국에 의해서만 이루어지는지, 아니면 제3국이나 국제기관이 해결을 위해 개입하여 3자의 관계로 이루어지는지에 따른 분류이다.

분쟁의 존재와 분쟁 성질의 결정은 분권적 국제법 질서 하에서는 당사국의 주장에 의존하게 되고, 거기에 당사국의 의사에 대한 합치가 있는지가 문제시된다. 그러나 국제사회가 조직화되어 제2차 세계대전 이후와 같이 UN 안전보장이사회와 국제사법재판소가 분쟁해결을 하게 되면 분쟁의 존재와 분쟁의 성질에 대한 결정은 이들 국제기관에 의해 이루어진다.

나. 국제분쟁이란

국제분쟁(international dispute)은 국제간에 정치, 경제, 문화 등의 의견이 충돌하여 일어나는 분쟁으로 국제 시스템에 영향을 주는 분쟁을 말한다. 국제분쟁은 다극, 양극, 단극으로 국제시스템이 변용함에 따라 그 형태나 내실도 또한 변화한다. 냉전 이전의 다극시대 국제분쟁은 주로 국가 간 분쟁으로 과거 나폴레옹 전쟁, 그리고 제1차, 제2차 세계대전 등이 전형적인 사례이다. 이러한 국가 간 분쟁은 결국 국제연맹이나 국제연합과 같은 국제기구의 창설, 전쟁법을 위법화한 국제법의 정비, 그리고 핵무기를 정점으로 하는 근대무기의 발달 등에 의해 점차 억제되었다.

그리고 실제로 제2차 세계대전 이후 국가 간 분쟁은 아랍·이스라엘, 인도·파키스탄, 중동·인도, 중국·소련, 이란·이라크 분쟁 등 분쟁의 수나 규모, 그리고 지역이 비교적 한정적으로 발생하였다. 반면에 냉전시대에 국제분쟁으로서 주목을 받았던 것은 미국과 소련의 양극체계의 국제시스템에 의한 내전이나 지역 분쟁 등을 들 수 있다. 예를 들면, 베트남전쟁, 아프가니스탄 사태는 모두 미·소 양극체제에 의해 발생한 것이라고 할 수 있으며, 양국이 적극적으로 개입하여 국제분쟁으로 발전한 사례이다. 그 외에도 앙골라, 모잠비크, 니카라과, 북아일랜드, 팔레스타인 등 세계 각지의 내전이나 지역분쟁에 미·소나 그 대리국가가 직접 또는 간접적으로 개입하여 국제분쟁화 하였다.

그러나 미·소 냉전의 종언과 함께 미국에 의한 단극시스템의 출현으로 국제시스템에 의한 영향이 감소하자 다시 원래의 내전이나 지역분쟁으로 되돌아가고 있다. 예를 들면, 아프가니스탄 분쟁이나, 앙골라 분쟁을 여전히 계속되고 있지만 이미 국제시스템에 의한 것은 아니라고 볼 수 있다. 다른 한편으로는 국제사회 분쟁이라고 할 수 있는 새로운 분쟁이 국제분쟁으로 등장하고 있다. 냉전 이후의 현대시대에는 비국가 주체를 포함한 국제사회가 출현하여 국가뿐만 아니라, 부족, 민족 집단, 종교단체, 범죄조직 등도 분쟁의 주체가 되고 있다. 그 결과 테러리즘과 같은 분쟁과 환경오염. 자원의 고갈에 따른 분쟁, 이민과 난민 문제 등이 새로운 국제분쟁으로서 주목을 받고 있다.

다. 국제분쟁의 평화적 처리

국제분쟁을 평화적으로 처리하고 해결하는 것이 중요한 과제이다. 분쟁은 과거의 경우 대부분 전쟁 및 군사적 행위에 의한 강제적 해결에 의존했다. 그러나 19세기 말부터 국제분쟁의 평화적 처리는 가장 중요한 과제가 되었다. **국제분쟁의 평화적처리 의정서** (Protocol for Pacific Settlement of International Disputes)[13]를 비롯한 헤이그 평화회의에서 체결된 헤이그 제 조약 및 국제연맹 규약이 국제분쟁의 평화적 해결의 원칙을 서술함과 동시에 그 수단에 대해서 정비하고 특히 상설적 재판제도의 확립에 공헌하였다. 무력의 행사를 일반적으로 금지하도록 한 UN 헌장에서는 국제분쟁을 평화적 수단에 의해 해결할 것을 요구(UN 헌장 2조 3항, 6항, 33조)[14]하고 있으며, 국제분쟁의 평화적 해결의무는 국제법의 기본원칙의 하나가 되었다.

평화적 해결수단은 크게 나누어 ① **외교 협상**, ② **주선과 중개**, ③ **국제심사와 조정**, ④ **국제법원에 의한 재판**으로 정리된다. 특히 국제법원에 의한 국제재판은 구속력이 있으나 그 결과가 실현되기까지는 국제관계의 속성상 미지수가 되는 경우가 많다. 그러나 이러한 노력들이 분쟁의 원인을 근본적으로 해결하지는 못한다고 하더라도, 분쟁이 더 이상 확산되거나 악화되지 않도록 봉합하는 것만으로도 국제평화와 안전을 위해 충분한 의미가 있다고 본다.

---

13) 1924년 10월 2일 국제연맹총회(제네바)에서 채택되었지만 영국의 반대로 성립되지 못하였다. 일명 제네바의정서(Geneva Protocol)라고도 하며, 전문 및 21개조로 구성되었다. 국제평화기구의 3요소인 국제분쟁의 평화적 해결, 안전보장, 군축에 대해 규정하고 있다. 평화적 해결에 관해서는 일체의 분쟁에 대해서는 국제재판의무를 상정하는 등 상세하게 규정하고, 안전보장에 관해서는 침략전쟁을 금지하고 침략국의 정의와 추정규정을 두고, 침략의 방지와 제재에 관해서도 규정하였다. 이 의정서는 가장 철저한 국제평화기구의 제도화를 도모하고 국제연맹 규약을 보완하여 장래의 발전 방향을 제시한 것으로 평가되었다.
14) UN 헌장 제2조 제3항 (모든 회원국은 그들의 국제분쟁을 국제평화와 안전 그리고 정의를 위태롭게 하지 아니하는 방식으로 평화적 수단에 의하여 해결한다.), 제6항(기구는 국제연합의 회원국이 아닌 국가가, 국제평화와 안전을 유지하는데 필요한 한, 이러한 원칙에 따라 행동하도록 확보한다.), 제33조 (① 어떠한 분쟁도 그의 계속이 국제평화와 안전의 유지를 위태롭게 할 우려가 있는 것일 경우, 그 분쟁의 당사자는 우선 교섭, 심사, 중개, 조정, 중재재판, 사법적 해결, 지역적 기관 또는 지역적 약정의 이용 또는 당사자가 선택하는 다른 평화적 수단에 의한 해결을 구한다. ② 안전보장이사회는 필요하다고 인정하는 경우 당사자에 대하여 그 분쟁을 그러한 수단에 의하여 해결하도록 요청한다.)

2. 분쟁의 유형과 원인

가. 분쟁의 유형

분쟁의 유형은 분쟁 주체인 당사자들이 동일국가 내의 세력 간 또는 국가 및 정부 간 분쟁 여부에 따라 구분한다.

첫째, **내분형 분쟁**은, 일국을 대표하는 정부와 그 국가 내 반정부 세력 간의 분쟁으로서, 기본적으로 분쟁의 강도나 단계에 관계없이 '일국가내'의 집단 간 분쟁을 의미한다.

둘째, **국제형 분쟁**은, 두 개 이상의 공인된 국가 또는 정부 간의 분쟁을 말하는데, 경우에 따라서는 이 두 가지의 성격이 혼재하는 분쟁도 있다. 예를 들어 '미국-아프가니스탄 전쟁'은 2개국 간의 국제분쟁인 동시에 국가와 비국가조직(NGO) 간의 국제분쟁이기도 하다.

셋째, **혼합형 분쟁**은 분쟁에 1개 이상의 제3국 정부 또는 세력의 '무력개입(총 3개 이상 세력의 군사력이 직접 참여)'이 있는 경우를 지칭한다. 단, 제3국의 정부 또는 집단이 군사력을 직접 동원하여 참여하지는 않고, 배후에서 물자, 기술, 정보 등 분쟁 소요의 일부를 지원하는 경우에는 내분형 분쟁으로 분류한다. 그러나 직접적인 군사개입이 이루어지지 않더라도, 분쟁 소요의 많은 부분을 지원함으로써 일반적으로 '개입'이라고 알려진 경우, 즉 그 지원이 없을 경우 분쟁 자체의 지속이 어려운 경우는 혼합형 분쟁으로 간주한다.

분쟁에는 분쟁의 당사자가 있는데, 해당 분쟁에 직접적으로 연루된 국가, 국제기구, 조직 및 단체 등을 분쟁 당사자로 본다. 개입세력은 분쟁의 직접 당사자는 아니지만, 분쟁 당사자의 일방을 직·간접적으로 '지원'하거나 군사력을 직접 파견하여 '개입'시키는 비중립적인 제3자(국가, 국제기구)를 의미한다. 이는 직접적인 무력 지원뿐만 아니라 군사기지나 저항 근거지의 제공, 재정적 지원, 외교적 지원까지를 포함하는 광의의 개념이다. 단, 인도적 지원의 이유나 평화유지와 같이 원칙적으로 중립된 입장에서 행해지는, '분쟁해결' 목적의 개입 주체는 개입세력으로 보지 않는다.

나. 분쟁의 원인

분쟁의 원인이 되는 것은, "당사자 중 적어도 일방이 문제를 제기하고 이를 공개적이고 지속적으로 표출함으로써 분쟁의 쟁점으로서 부각시키고, 공인되는 요인"이다. 다시 말해 분쟁이 '잠재 단계'에 진입하도록 하는 동인으로 볼 수 있으며, 분쟁의 5대요건 중 '분쟁의 주체 형성'과 밀접한 관련이 있다. 분쟁의 원인에 대해서는 다양한 요소들과 복합적인 상황 속에서 일어나게 되므로 정형적으로 제시하기는 어렵지만 일반적으로 다음과 같은 11개 범주로 분류하기도 한다.

<표 2-8 : 분쟁의 원인>

① 영토, 국경, 자원
② 종교
③ 정치이념, 이데올로기
④ 민족, 종족, 부족
⑤ 분리(자치, 독립), 해방
⑥ 통일, 통합
⑦ 개입(적대적 국가 및 정부의 등장 억지를 위한 인접국의 개입에 의한 분쟁)
⑧ 정쟁(정권 장악, 반독재, 민주화 등 국내 정치세력 간의 권력투쟁)
⑨ 패권 추구(영향력 확대, 군비 경쟁, 지역 안정 등)
⑩ 탈냉전(1989년 이후 동유럽 및 소련의 사회주의체제 붕괴와 직·간접적으로 관련된 분쟁)
⑪ 식민유산, 전후처리(식민지 상태로부터 해방이나 제1, 2차 세계대전의 승패에 따른 후속처리가 원인이 된 경우)

이상과 같이 11개를 제시하였으나, 대부분의 분쟁은 복합적인 이유로 발생하므로 하나의 분쟁은 2~3개 이상의 원인을 갖게 된다는 것에 유의할 필요가 있다.

3. 분쟁의 단계와 분류

가. 분쟁의 단계

〈분쟁의 원인 발생과 소멸〉

분쟁의 원인 발생은 분쟁의 5대 요건 가운데 '분쟁 쟁점(쟁점 동인) 발생', '분쟁 주체의 형성', '분쟁 지속성' 등의 3개 조건 모두가 처음으로 충족되어 분쟁이 '잠재 단계'에 진입하는 것을 의미한다. 즉, 해당 분쟁이 '광의의 분쟁' 영역에 진입하는 시점이 된다. 반면에, 분쟁 원인의 소멸은 분쟁의 쟁점과 분쟁 주체형성의 조건 중 적어도 1개가 지속적으로 충족되지 않아 광의의 분쟁으로서 그 수명을 마치는 것을 의미한다. 따라서 원인이 소멸된 분쟁은 과거의 '역사적 사건'으로 간주된다.

〈대립의 개시와 종료〉

분쟁대립의 개시는, 분쟁의 5개 요건이 모두 충족되어 대립이 본격화되는 것이며, '협의의 분쟁 단계'로 진입하는 것을 의미한다. 따라서 분쟁 원인 발생 후 무력 수단을 기반으로 한 폭동, 소규모 테러와 같은 본격적인 대립행위의 발생 등이 대립의 주요 지표로 설정된다. 분쟁의 쟁점이 공인되고 분쟁의 주체가 형성되더라도 평화적·외교적 수단에 의존한다면 대립행위가 본격화되지 않는 것이므로 대립 개시로는 볼 수 없다. 또한 대립행위가 본격화되어도 무력 수단(무장)이 없으면, '협의의 분쟁' 즉, 무력 대립은 개시될 수 없는 것으로 간주한다. 단, 본격적인 대립행위가 없더라도 대립 의지가 충분히 성숙되어 실제 행동으로 이어질 가능성이 높으면 '분쟁 대립행위'의 본격화로 해석 가능하다.

분쟁 대립의 종료는, 대립이 개시된 분쟁이 분쟁의 5대 요건 중 하나라도 충족되지 않게 되는 것을 의미한다. 분쟁 당사자가 간에 평화협정이 체결되는 등의 계기로 비평화적 수단에 의한 동원 의지가 포기되면 '분쟁 대립'은 성립하지 않게 된다. 이와 같이 대립이 종료된 분쟁은 '협의의 분쟁'이 아닌, '광의의 분쟁'으로 분류된다. 또한 분쟁의 원인은 소멸되지 않았지만, 이를 분쟁 쟁점으로 제기하고 대립을 통한 해결을 모색하는 분쟁의 주체(정부, 조직, 단체)가 소멸되거나 기능 정지 상태에 들어가게 된 경우도 역시 분쟁 대립이 종료된 것으로 간주한다.

〈분쟁의 순환과정〉

분쟁 원인의 발생부터 대립 개시 및 원인의 소멸과 대립 종료, 즉 분쟁의 발생과 소멸 과정을 종합해 보면 다음과 같다. 비조직적 성격의 분쟁 주체(동일 이해집단) 형성 → 분쟁 쟁점(목표)의 부각 및 확인 → 비 무력적(평화적·외교적) 방법 동원 및 좌절 → 분쟁 대립 의지의 축적 → 분쟁 주체의 조직화 → 무력 수단의 구비 → 분쟁 대립의 실천 (무장 충돌) 순서로 진행되는 것으로 상정할 수 있다.

단, 경우에 따라서는 이러한 분쟁의 과정은 일부 생략되거나 동시적으로 진행될 수 있다.

<표 2-9 : 분쟁의 단계와 개념>

〈분쟁단계〉						
잠재단계	대립단계	위기단계	국지전 단계	전면전 단계	휴전대립단계	해결단계
원인발생	대립개시	위기/충돌개시	국지전개시	전면전개시	후기대립개시 =충돌종료	대립종료	원인소멸
				〈분쟁사이클〉		
해방/ 후원국철수/ 자원발굴	대립단체 결정(내분형) 대립정책/ 태도공식화	소규모 무장충돌 개시 게릴라/ 테러전 개시	중/대규모 국지적 무장 충돌 (조직적 무력 부분동원)	전전선 대규모 무장충돌 (조직적 무력 전면동원)	휴전전선/ 협정체결 국지/전면전후 일방후퇴/분산	평화협정체결 → 대립단체 해체/기능 상실, 대립정책/ 태도포기	총선 및 상호수용, 제도권 포용 통합/분리 → 원인/쟁점 완전타결
				〈계기/지표 예〉		
			광의분쟁			
			협의분쟁			
			무력충돌분쟁			
			〈분쟁개념〉			

나. 분쟁의 분류

무력 충돌의 강도란, 분쟁 발생 이후 무력 충돌의 수준을 의미하며, 분쟁의 심각성은 충돌 강도에 따라 달라지므로 이를 세분화하고 개념화할 필요가 있다. 일반적으로 무력 충돌의 강도를 A부터 D까지 4단계로 분류하는데, 근거로는 분쟁에 동원된 병력 및 무기 체계의 규모와 인명 피해 수준 등을 종합적으로 고려하여 판단한다. 그러나 판단 자료가 부족할 경우에는 기타 정황 자료를 기초로 하여 연구자가 판단하게 되는데, 각 단계별 수준은 다음과 같이 정리할 수 있다.

<표 2-10 : 무력 충돌의 강도에 따른 분류>

단 계	수 준
A급 (전면전)	전개된 전투가 전 지역 및 전 전선에 걸친 전면전으로서, 보유한 무력이 총동원된 분쟁. 즉 반군세력을 기준으로 연 인원 2천 명(연대급 이상 부대)이 동원되고, 통상 항공기, 중장거리 미사일, 1000t급 이상의 함정, 전차 등의 무기가 동원된 분쟁이거나, 전투와 직접적으로 관련된 인명 피해의 양측 합계가 연간 1만 명 이상의 사망자를 발생시킨 분쟁의 강도
B급 (국지전)	전개된 전투가 일부 지역 및 일부 전선에 걸친 국지전으로서, 부분적이고 제한적인 무력이 동원된 분쟁. 즉 대대(500명)-연대(2,000명)급 부대와 야포 및 로켓포, 중단거리 미사일, 일부 기동화력(장갑차, 소형함정)등의 무기가 사용되거나, 인명 피해의 수준이 1천 명 이상의 사망자를 발생시킨 분쟁의 강도
C급 (게릴라전)	전개된 전투가 명확한 전선을 형성하지 않은 상태(장악 지역의 가변성)에서 수행되는 게릴라전 수준으로서, 조직적인 소규모 무력이 동원된 분쟁. 즉 중대(100명)-대대(500명)급 부대가 동원되고, 중/소형 박격포, 기관총 등 휴대용 무기체계와 대형 폭약 등이 주로 동원되거나, 100명 이상의 사망자가 발생하는 수준의 피해규모를 지닌 분쟁에 해당하는 강도
D급 (폭동 · 테러)	'조직적인'무력 사용이 결여된 분쟁. 즉 중대(100명)급 이하의 무장요원이 동원되고 개인화기 및 테러용 폭약 등이 주로 사용되거나, 100명 미만의 사망자를 발생시킨 분쟁의 강도

* 단, 여기서 '폭동 · 테러'나 '게릴라전' 등과 같은 용어는 무력 사용의 '형태'가 아니라 '강도(등급)'을 구분하기 위한 것이라는 점에 유의할 필요가 있다. 예를 들어, '게릴라전' 수준의 분쟁은 반드시 무력 충돌이 비정규전 형태로 전개된 것이 아니라, 정규전 형태로 수행되었더라도 그 수준이 '게릴라전'의 강도를 갖는다는 의미이다.

4. 분쟁해결의 주체와 방법

분쟁의 해결의 주체는 중립적인 관점에서 분쟁 당사자를 지원하거나, 분쟁 과정에 개입하는 제3의 세력들과 분쟁의 당사자를 포함하여 문제 해결을 위해 노력하는 세력 등을 포괄한다. '개입세력'의 행위는 중립적 해결을 목적으로 한 것이 아니라는 점에서 해결 주체 세력과는 성격이 다르다.

다만, 분쟁의 성격이 명백하지 않는 경우 외부세력이 어느 일방을 지원하기 위해 개입했는지, 아니면 분쟁 자체를 중립적 입장에서 해결하기 위해 개입했는지가 분명하지 않을 수 있다. 이러한 경우의 외부 세력은 '분쟁 개입'과 '분쟁 해결' 모두에 관련된 것으로 본다.

분쟁해결의 방법은 분쟁이 발생한 이래 동원되고 사용된 여러 단계에서의 다양한 방법을 의미하며, 분쟁해결의 유형은 다음의 8가지로 대별할 수 있으며 필요시에 추가할 수 있다.

<표 2-11 : 분쟁해결 방법의 유형>

① **협상** : 당사자 간의 직접 협상
② **제소 및 호소** : 분쟁 당사자 일방의 대 국제사업기구 제소, 국제 여론에의 호소 등
③ **중재 및 조정** : 제3자에 의한 분쟁의 평화적 해결을 위한 국제사법재판을 통한 사법적 해결 등
　　　　　　　　 압력 및 제재 : 분쟁 당사자가 일방에 대해 외교적·경제적 제재를 가하거나 무력
④ **시위 등으로 압력을 행사** : 일반적으로 중재·조정 단계가 실패할 경우 혹은 중재·조정의 효과
　　　　　　　　　　　　　　를 강화하기 위해 동시에 적용됨
⑤ **구호 및 원조** : 분쟁과정에서 발생한 난민의 구호나 분쟁해결 촉진을 위한 원조와 지원
⑥ **평화유지** : 비무장지대를 설정하여 당사자를 지리적·물리적으로 격리하거나, 양측의 군비 축
　　　　　　　 소와 무장해제, 나아가 평화정착을 위한 선거와 인권 감시, 각종 제재의 이행여부에
　　　　　　　 대한 감시 활동 등
⑦ **평화강제** : 무력을 동원한 전투 활동으로 당사자의 일방을 제압하는 방법, 통상적으로 다국적군
　　　　　　　 의 형태로 수행됨
⑧ **전쟁**(승리)

제4절 분쟁의 원인과 형태

국제분쟁의 형태는 일반적으로 종족 분쟁, 종교 분쟁, 이념 분쟁, 영토 분쟁, 정부장악을 위한 분쟁, 경제 분쟁 등 6개로 구분한다. 이 6개의 형태는 상호 배타적이지 않고 상당히 중첩되어 있으며, 앞의 3개는 사상의 충돌인 반면에 뒤의 3개는 이익의 충돌이라고 묶을 수 있다.

예를 들면, 이스라엘과 팔레스타인 사이의 갈등이 지속되는 것은 영토와 국경문제 이외에 더 근본적인 원인이 있다. 흔히 표면적으로 드러나는 이유나 언론에 소개되는 명목상의 이유와는 달리, 양국 간의 갈등은 종교적인 갈등이 아니며, 양측의 지도자들은 상대방을 개종시키는 것을 목표로 하지 않는다. 이 분쟁의 핵심은 과거 팔레스타인 민족들이 점유했던 이곳에서 어떤 지역을 공유하고, 어떤 지역을 분할하여 소유할 것인가를 결정하는 것이 문제의 핵심이라고 할 수 있다.

또 다른 예로, 1991년 소련이 붕괴하면서 러시아에게 민족적 감정이 남아있던 우크라이나는 독립했다. 우크라이나는 러시아와 유럽의 영향을 동시에 받아왔는데, 동부는 친러시아 성향이 강한 반면, 서부는 유럽 쪽으로 기울어 있었다. 이로 인하여 우크라이나에 사는 러시아인들과 러시아에 사는 우크라이나인들이 갈등을 겪고 있으며, 종교적인 갈등도 겪고 있다. 또한 니키타 후르쇼프(Nikita Khrushchyov)가 1955년에 우크라이나에 넘겨준 크림반도에 대한 영토 분쟁도 포함되어 있었으며, 소련의 붕괴로 인해 새로운 국경선과 화폐가 생기면서 무역과 금융관련 분쟁도 있었다.

1. 사상의 충돌

분쟁의 여러 형태들은 각각 발생하기 보다는 여러 가지의 문제들이 복합적으로 동시에 발생하는 경우가 많다. 우선 종족 간의 증오, 종교적인 파벌과 지향의 차이, 이념(Ideology)의 다름 등과 같은 무형의 요인들이 작용하는 가장 어려운 형태의 사상에 의한 분쟁을 살펴보고자 한다. 이와 같이 국제분쟁의 정체성 관련 요인들은 민족 정체성과 국제적 공인을 받는 민족국가로서의 지위, 그리고 과거에 이 양자를 결합해 준 민족주의(Nationalism)[15)]에 의해 역사적으로 형성된 것이다.

(1) 민족주의

민족주의(nationalism)란, 자기 민족의 이익을 다른 어느 국가의 이익보다 우선시 하고 여기에 헌신하는 것을 뜻한다. 민족이란, 통상 '언어와 문화를 포함한 정체성을 공유하는 인구의 집단'을 말한다. 그러나 민족성은 정확하게 정의하기 어려운 개념이다. 민족주의는 매우 비합리주의적이고 다의적인 개념이기 때문에 두 가지의 조건을 전제로 성립된다. 첫째, 세계는 하나라고 하는 이상과 이것을 바탕으로 세워진 세계제국이 무너지고 새로운 민족적인 종교와 문화를 창조하여야 한다는 것이다. 둘째는 이렇게 형성된 국가들을 국민들이 '우리들의 국가'로서 받아들여 사랑하고 긍지를 느껴야 한다.

역사적으로 보면 방대한 영토로 정치적 통제권이 확장된 경우에는 **국가가 민족을 창조한 것**이라고 볼 수 있으며, 사람들이 자국 내부문제에 대한 주권을 획득하여 하나의 민족이 존재한다는 인식을 갖게 된 경우에는 **민족이 국가를 창조한 것**이라고 볼 수 있다. 1,500년 무렵에 프랑스와 오스트리아 같은 국가들이 전 민족을 하나의 국가 안으로 들여오기 시작했는데, 이 새로운 민족국가들은 매우 크고 강력하여 인접한 소국들을 압도하게 되었다. 세월이 지나면서 이 민족국가들은 작은 영토 단위들을 다수 정복하고 합병하였다. 마침내 민족주의라는 이념이 강력한 힘이 되어 오스트리아-헝가리는 제1차 세계대전으로 해체되었으며, 소련과 유고슬라비아 같은 거대한 다민족국가는 냉전의 종

---

15) 민족에 기반을 둔 국가의 형성을 지상목표로 하며, 이것을 창건, 유지, 확대하려고 하는 민족의 정신상태나 정책 원리 또는 그 활동을 말한다.

말과 함께 해체되었다.

　민족자결(self-determination of peoples)은 하나의 민족이라는 정체성을 가진 사람들은 하나의 국가를 만들고, 또 내부의 문제에 대해 주권을 행사할 권리를 갖는다는 의미이다. 그러나 이 원칙은 타국의 내정에 불간섭한다는 주권의 원칙과 영토보전의 원칙 등과 종종 충돌을 벌이기도 하는데, 위의 두 원칙보다는 하위의 개념으로 인식되고 있다. 민족자결의 원칙이 한 민족에게 공통의 정체성을 가진 사람들을 통일시킬 목적으로 기존의 국경선을 변경할 권리를 주지는 않는다. 민족 간의 경계선이 국가 간의 경계선과 일치하지 않을 경우 분쟁은 필연적으로 발생한다. 이러한 분쟁의 사례는 북아일랜드, 퀘백, 이스라엘-팔레스타인, 스리랑카, 티베트, 수단 등등 세계의 도처에서 발생하고 있다.

　민족자결의 원칙을 정립하게 된 사례로는 1,600년 경 네덜란드 민족은 스페인령에서 벗어나 스스로 자치공화국을 세웠고, 세계무역에서 창출된 부를 활용하여 직업적 상비군을 창설하였다. 미국도 1776년 영국으로부터 독립을 선언하였고, 19세기 초에는 라틴 아메리카의 국가들이 독립하였고, 19세기 말에는 독일과 이탈리아가 여러 정치단위들을 통합하여 하나의 민족국가로 등장하였다.

　제1차 세계대전은 유럽 중심의 제국주의 국가들이 힘의 팽창과정에서 제국주의 집단 체제 간의 충돌로 일어났다. 이들 제국주의는 강대국에게는 '힘의 논리'에 의해 약소국을 점령하는 것이 일반화되었고, 강대국들은 그 점령지를 서로 묵인해 주는 상황으로 발전하였다. 한편, 강대국들 간의 충돌에 대비하여 강대국들의 이해가 근접한 국가들 간에 집단체제(협상국, 동맹국)를 형성하여 상대세력을 위협 또는 견제하기도 하였다. 이러한 불안한 상황이 결국은 집단 간의 전쟁인 세계대전으로 폭발한 것이다.

　제1차 세계대전이 발발하자 각 국가들은 자기 나라를 위해 싸웠고, 민족주의가 사회주의보다 강한 힘이라는 것을 증명했다. 제1차 세계대전은 독일 중심의 동맹국 측의 패배로 종전이 되었고, 승전국이 된 미국, 영국, 프랑스는 새로운 국제질서를 회복하는 데 나섰다. 미국의 제28대 대통령 우드로 윌슨(Woodrow Wilson, 1856~1924)은 민족자결주의를 대표적으로 하는 '14개 조'를 발표하였다.

　여기에서 윌슨은 "피지배 민족에게 자유롭고 공평하고 동등하게 자신들의 정치적 미래를 결정할 수 있는 자결권을 인정해야 한다."고 주장했다. 그리하여 전후 유럽에서 국경과 영토의 조정에 많이 적용되었다. 그 결과 러시아의 영토였던 발트해 연안 지역과 패전국인 오스트리아-헝가리 제국과 오스만 투르크 제국의 영토 상당부분이 여러 신생 국가로 나뉘어졌다. 이에 따라 식민지상태의 약소민족들이 독립을 쟁취하기 위해 기본 권과 정당성을 주장하였고, 독립운동을 전개하기도 하였다.

제2차 세계대전 당시 프랑스와 영국, 소련 사람들을 불러 모으고, 그들이 목숨을 바치 면서 독일의 침략을 격퇴하게 만든 것은 공산주의가 아니라 민족주의와 애국심에서 찾 아볼 수 있다. 민족자결주의는 제2차 세계대전 이후에도 식민지 민족의 독립에 영향을 주었고, UN 헌장을 비롯하여 오늘날 모든 민족이 스스로 정치적 선택을 결정짓는 국제 법상 하나의 원칙이 되었다. 그러나 민족자결주의 정신은 하나의 원칙일 뿐, 강대국의 정치적 군사적 힘 앞에서는 그 기능을 제대로 발휘하지 못하는 사례가 많다.

지난 반세기 동안 수십 개의 민족이 독립을 하여 새로운 국가로서의 지위를 얻었다. 유대인들은 20세기 전반 동안 이스라엘 국가건설을 위해 줄기차게 노력했으며, 팔레스 타인사람들은 20세기 후반에 팔레스타인 국가건설을 열망했다. 소련과 유고슬라비아 같 은 다민족 국가는 해체되었고, 우크라이나, 슬로베니아, 동티모르 같은 종족, 혹은 영토 단위들은 아직 독립국가의 지위를 얻지는 못했지만, 이미 내부의 문제를 스스로 처리해 나가고 있다.

(2) 종족 분쟁 : 종족중심주의

종족집단(ethnic group)이란, 조상, 언어, 문화, 혹은 종교적 유대를 가진 개인들이 집 단 구성원으로서 갖는 일체감을 가진 사람들의 큰 집단을 가리킨다. 종족집단들 간의 분 쟁은 영토나 정부에 대한 통제권과 같은 물질적인 측면보다는, 한 집단의 구성원들이 타 집단에 대해 갖는 혐오감이나 증오감에서 비롯된다. 그런 의미에서 종족 분쟁은 무형의 원인에서 기인하는 것이다. 종종 종족집단이 민족주의적 감정의 기초가 되기도 한다. 그 러나 모든 종족집단이 스스로를 하나의 민족으로 여기지는 않는다.

예를 들어 미국에는 많은 종족들이 미국인이라는 공통의 민족적 정체성을 갖고 함께 살고 있다. 그러나 수백만의 인구가 단 하나의 종족집단을 구성하면서 그들 조상의 땅에 서 다수의 인구 분포를 점하면서 사는 지역의 경우에는 스스로를 하나의 민족으로 여기게 된다. 이러한 경우 사람들은 공식적인 국제적 지위와 국경선을 갖는 그들 자신의 국가를 갖고자 열망하게 된다.

영토에 대한 통제권은 국가의 지위를 갖고자하는 종족집단들의 열망과 밀접하게 연결되는데, 현존하는 국경선 중에는 특정 종족의 거주지역과 완전히 일치하는 경우는 없다고 볼 수 있다. 즉 종족집단의 일부 구성원들이 국경의 밖에 거주하는 한편, 다른 종족집단들이 국경 안에 함께 거주하는 경우 등을 흔히 볼 수 있다. 이러한 상황으로 인해 위험한 문제들이 발생하게 된다.

특히 한 종족집단의 일부 구성원들이 국가를 통제하고 있고, 다른 일부가 경쟁관계에 있는 다른 종족집단에 의해 통제되는 인접국가에서 소수 집단으로 거주하고 있는 경우에 위험한 상황이 전개될 수 있다. 이 경우에는 인접국가에서 소수집단이 살고 있는 사람들은 차별을 당하게 되고, 이들의 모국은 이들을 구출하거나 보복조치를 취할 수 있을 것이다. 경우에 따라서 모국을 갖지 못하는 종족집단들도 있다.

<표 2-12 : 쿠르드(Kurd) 족16)의 종족 분쟁 사례>

쿠르드족의 경우에는 공통의 문화와 언어를 가지고 있으면서 자신들의 국가를 세우고자 열망하고 있지만, 터키, 이라크, 이란, 시리아 등의 국가에 흩어져 살고 있다. 이 4개 국가들은 모두 쿠르드 국가 건설을 위하여 자국의 영토 일부를 양보하는 것을 강하게 반대하고 있다. 이런 상황에서 1990년대에 쿠르드족 게릴라 부대가 이라크 및 터키 군과 교전하기도 하였고, 터키 측에서는 1990년대 말에 수차례 대규모 군대를 파견하여 이라크 북부지역의 쿠르드 게릴라 기지를 공격하기도 했다. 1990년대 쿠르드는 미국의 보호아래 이라크 북부지방에서 자치권을 누렸으며, 사담후세인이 제거된 이후에는 자치지역에 준하는 지위를 유지하고 있다. 2010년 이라크 선거에서 쿠르드족은 지위가 더욱 공고해 졌으며, 2011~2013년 시리아 내전에서 쿠르드족은 정부군과 반군 사이에서 정치적 양다리를 걸치면서 쿠르드 거주 지역에서 상당한 자치권을 얻기도 하였다.

때로는 종족 분쟁이 무력에 의한 국경선 변경의 압력을 만들기도 한다. 한 종족집단의 일부 구성원들이 그 경쟁 종족집단이 통제하는 영토에서 소수 종족으로 살고 있을 때, 이 소수 종족은 추방을 당하거나 집단학살을 당할 수도 있다. 다수 종족은 소수 종족

16) 아리아 계통의 종족으로서 터키, 이라크, 이란에 걸친 쿠르디스탄 지역을 주요 거주지로 하는 종족이다. 대부분이 이슬람교의 수니파에 속하며 민족의식이 강하며 쿠르만주 또는 키루다시하고 불리는 이란어계의 한 방언을 언어로 사용한다.

을 추방함으로써 더 통일되고 더 연속적이며, 더 큰 영토에서 사는 민족국가로 발전할 수 있기 때문이다.

1990년 유고슬라비아 해체 직후 세르비아계 사람들이 **인종청소(ethnic cleansing)**[17]를 통하여 그것을 달성하고자 하였던 사례가 있었으며, 2010년에 키르기스스탄 내 다수 키르기스 족과 소수 우즈벡 족 간의 종족 분쟁으로 수십만 명의 난민이 발생하여 큰 우려를 자아내게 하였다.

한편, 외부 국가가 인접 국가에서 소수집단으로 살고 있는 '자국민들'의 운명에 대해 관심을 갖기도 한다. 알바니아는 세르비아의 코소보 지방에서 현지 다수집단으로 살고 있는 동족에 대한 관심을 가지고 있다. 그러나 코소보 지방이 세르비아로부터 독립하는 쪽으로 진행됨에 따라 이번에는 세르비아가 코소보에서 소수집단으로 살고 있는 자기 동족에 대해여 걱정을 하게 되었다. 이와 유사한 문제가 아르메니아와 아제르바이잔 간에도, 인도와 파키스탄 간에도 분쟁을 심화시켰다. 장차 종족 분쟁이 영토 분쟁과 결합되면 전쟁의 위협이 더욱 증가될 것이다.

가. 종족 분쟁의 원인

왜 종족집단은 서로를 미워할까? 그것은 역사적으로 특정의 영토나 천연자원을 둘러싼 갈등, 혹은 한 집단의 다른 집단에 대한 경제적 착취나 정치적 지배 등 오래 축적된 갈등이 그 원인이 될 수 있다. 그러한 갈등은 구체적인 불만 때문이 아니라 상대방과 장기적인 갈등을 겪으면서 상대방에 의한 피해와 폭력적 경험을 가지고 있는 사람들의 마음속에 자리 잡은 사회심리학적 요인 때문이라고 할 수 있다. 종족집단은 일종의 확장된 친족집단이다. 친족이란 같은 조상을 가진 친척들로 이루어진 집단을 말한다. 집단의 구성원들은 친척으로서의 집단 정체성을 가지고 있어서 구성원들을 가족처럼 여기게 된다. 예를 들어 미국의 흑인들은 서로 형제라고 부르며, 세계도처에 흩어져 살고 있는 유태인들은 타 지역의 유태인을 가족처럼 여긴다.

---

17) 민족청소, 또는 인종청소라고 하는데, 이방인 또는 적대적인 민족을 배제·말살함으로써 그 민족이나 인종이 뿌리내리지 못하도록 하는 정책을 통틀어 말한다. 1990년대 유고슬라비아 전쟁 때 구유고 연방 방송과 언론에서 자주 사용하던 용어로, 강제 이민과 인구이동, 강제 이주와 대량 학살 등이 여기에 해당한다.

나. 종족중심주의(tribalism)

종족중심주의란, 자기 집단을 우대하고 외부집단을 배척하는 경향을 말한다. 일부 학자들은 종족중심주의가 가까운 친척들을 보호하려는 생물학적인 성향에 그 뿌리를 둔다고 주장하기도 한다. 종족중심주의는 내부집단에 대한 편견이라고도 볼 수 있는데, 사회심리학적 견지에서 이해하는 것이 더 문제를 정확히 인식할 수 있다. 자기가 소속된 종족집단을 결속시키고, 타 집단과 구분시켜주는 것은 기본적으로 정체성(identity)의 원칙과 관련된다. 인종차별(racism)은 인류 역사상 어느 시대, 어느 나라에나 있었고, 지금도 그 형태나 강도는 차이가 있을지라도 여전히 존재하고 있다.

그러나 과거에는 이러한 문제의식조차도 없었지만 지금은 많은 사람들이 이를 의식하게 되었다. 이들에게 가장 문제가 되는 것은 자신들 안에 '**인종차별주의**'가 있는지 조차 모르는 것이며, 이들은 자신들의 문제를 보려고도 하지 않는 것이다. **인종차별주의, 종족중심주의, 편협성**, 그리고 모든 형태의 차별을 이겨내는 것은 우리 모두를 자유롭게 한다. 희생자뿐만 아니라, 가해자 모두를 자유롭게 한다.

우리를 갈라놓는 것은 '다름'이다. 서로 다르다는 것을 인식하고, 이를 받아들이고, 축복하지 못하는 것은 인간들의 편협함과 이기심 때문이다. 인종 간에 서로 다름을 인식해야 한다. 왜냐하면 그들은 수많은 시간을 다른 환경에서 적응하면서 문명을 발전시켜왔기 때문에 조금의 다름은 당연한 것이어야 한다. 그러나 그 다름으로 인해 일방이 다른 대상을 차별해서도 안 되고, 또 차별을 받지 않아야 인류가 행복하게 어울려 살아갈 수 있는 것이다.

상호주의 원칙이 부정적인 측면을 가지고 있듯이 정체성 원칙도 일부 부정적인 측면을 가진다. EU의 형성처럼 집단 정체성을 만드는 힘은 내부집단의 편견(prejudice)을 만드는 힘의 원천이 되기도 한다. 내부집단 편견을 포함한 집단 정체성을 가능하게 해주는 유사성 혹은 기준 같은 것은 존재하지 않으며, 그것은 매우 사소한 차이만 있어도 형성될 수 있다. 내부집단 편견은 역사적으로 보았을 때, 다른 집단 구성원들의 외모가 다르거나, 언어가 다르거나, 혹은 종교적 의식의 방법이 다를 때, 혹은 이 세 가지가 모두 다를 때 훨씬 더 강하게 나타난다.

역사적으로 보면, 너무나도 쉽게 외부집단은 **비인간화**(Dehumanization)[18]가 되고, 모

---

18) 비인간화는 다른 사람 또는 다른 집단의 인간다움을 부정하는 것이다. 이런 일은 차별적 언어와 대상화

든 인간으로서의 권리를 박탈당하기도 했다. 제2차 세계대전 당시 미국의 선전포스터에
서는 일본 사람들을 원숭이로 묘사하기도 했다. 이처럼 특히 전쟁 상황의 경우에는 상대
방에 대해 극단적인 비인간화가 자행된다. 과거의 인종 학살 사례를 보면 국가 간 전쟁
에서 적용되는 '**민간인에 대한 집단학살의 금지**' 같은 조항들이 종족 간의 분쟁에서는
쉽게 지켜지지 않는다.

외부집단으로부터 위협이 있을 때 이로 인하여 내부집단의 결속이 강화되고 그 결과,
종족 간의 분리가 자가발전(自家發電) 식으로 강화될 수 있다. 그러나 종족중심주의는
한 집단의 구성원들로 하여금 자기 집단은 통일되어 있지 않고, 외부집단은 굳게 단합되
어 있는 것으로 믿게끔 조작할 수 있다. 대게 이러한 현상은 한 집단이 스스로 허약하다
고 느끼기 때문이다.

예를 들면, 아랍-이스라엘 분쟁에서 이스라엘 사람들은 자신들은 수십 개의 정당과 다
양한 이민자집단들에 의해 분열되어 우왕좌왕하고 있다고 보는 반면, 아랍인들은 굳게
단결하고 있는 하나의 진영이라고 확대하여 해석하는 경향이 짙다. 반대로 팔레스타인
사람들은 자신들을 여러 분파로 분열되어 있고 또 아랍 국가들 간의 분열로 약화되어
있다고 보지만, 이스라엘 사람들은 하나로 굳게 뭉쳐있다고 인식하고 있다.

종족집단은 친족관계 스펙트럼 위에 있는 한 지점이다. 종족집단은 핵가족에서 시작
하여 대가족-촌락-지역-민족을 거쳐 전체 인류에 이르는 긴 연속선 위에 있는 어느 한 지
점에 해당할 뿐이며, 내부집단 정체성의 최소 기준 같은 것은 존재하지 않는다.

예를 들면, 소말리아는 종족 분쟁을 겪지 않을 것이라고 생각했는데, 그 이유는 모두
가 같은 종족으로서 동일한 언어를 사용하며 같은 종교를 믿었기 때문이었다. 그러나
1991~1992년 기간에 대가족으로 이루어진 씨족 집단들 간에 끔찍한 내전이 일어나 대규
모 아사자가 발생하여 외국 군대의 개입을 초래했고, 20여 년간 거의 무정부상태에서 폭
력이 끊이지 않는 결과를 가져왔다.[19]

를 통해 상징적으로 감금, 노예제도, 신체 상해, 조직적 모욕 등을 통해 물리적으로 일어난다. 비인간화
는 고의적 또는 비고의적으로, 개인 사이와 집단 사이에 일어난다. 비인간화는 내부집단과 외부집단이
서로 배타적으로 정의될 때, 내부집단의 힘을 다양한 방법으로 강화할 수 있다. 예를 들면 외부집단
구성원들에게 해충, 동물, 반역자, 야만인, 테러리스트 등의 꼬리를 붙이면, 그들을 인간 이하의 존재로
쉽게 대상화 할 수 있게 된다.

19) 소말리아 내전은 1991년부터 권력 쟁탈을 목적으로 소말리아 무장 군벌(아이디드파, 마디 모하메드파,

사람들이 어느 수준의 집단에 대해 가장 강한 정체성을 가지게 되는지는 다양하게 해석될 수 있다. 소말리아에서는 **씨족**(clan), 세르비아에서는 **종족**(tribe), 미국과 같은 국가에서는 여러 종족으로 구성된 **민족**(nation)이 그 대상이 될 것이다.[20] 이에 비해 국가는 국기(國旗), 국가(國歌), 충성서약, 애국적 연설 등을 통하여 국가에 대한 국민들의 정체성을 강화하게 된다.

(3) 집단학살

집단학살(genocide)[21]이란, 어떠한 종족집단이나 종교집단을 희생양 또는 정치적 경쟁자로 보고 그 일부나 전부에 대해 체계적으로 절멸시키는 행위이다. 나치 독일은 인종적 순수성을 지킨다는 독특한 정책으로 유태인 600만 명과 동성애자, 집시, 공산주의자 등을 포함해 수백만 명의 생명을 단절시켰다.

역사적으로 **대학살**(holocaust)이라고 부르는 이 거대한 살인행위는 나치의 침략으로 야기된 끔찍한 전쟁의 참상과 함께 가장 큰 인류에 대한 범죄행위로 기억된다. 이에 책임 있는 독일 관리들은 제2차 세계대전 직후 뉘른베르크 전범재판소에서 재판을 받았다. 이 사건으로 세계 각국의 지도자들은 두 번 다시 집단학살을 허용하지 않겠다고 약속했지만, 그 이후에도 세계 곳곳에서 집단학살은 여전해 비극적으로 재현되고 있다.

인종 대학살은 대부분 힘 있는 소수가 권력을 장악한 뒤 다수의 반발을 제압하기 위해 학살을 자행했다. 그러나 르완다의 경우에는 이런 사례와는 달리 식민지 종주국에게 특혜를 받은 소수 종족을 다수의 억압을 당했던 종족이 학살했던 것이다. 사회심리학에

아토파)들 사이에 벌어지고 있는 분쟁이다. 이로 인해 수백 만 명의 난민이 발생하고 수십 만 명이 굶어 죽자 UN은 1992년 4월 UNOSOM을 결의하고 평화유지군을 파견하였으나 1995년 3월에 철수하였고 이후에도 내전은 계속 진행 중이다.

20) 씨족은 조상이 같거나 같다고 여겨지는 혈연 공동체를 말하며, 씨족이 연합하면 부족이 된다. 종족은 성과 본이 같은 부계혈연관계의 인류 집단을 말하며, 민족은 동일지역에서 오랫동안 공동생활을 통해 언어, 풍습, 종교, 정치, 문화, 역사 등을 공유한 인간집단을 통칭하는 용어이다.

21) 라틴어로 '종족'을 뜻하는 genos와 '죽임'을 뜻하는 cide가 결합하여 만들어진 합성어로, 어떤 집단의 멸종을 목적으로 한 '대량 살육행위'를 가리킨다. 1948년 제3회 유엔총회에서는 "집단 살해죄의 방지와 처벌에 관한 협약"이 채택되어 1951년에 발효되었는데, '국민적, 인종적, 민족적 또는 종교적인 집단의 전부 또는 일부를 파괴하는 의도를 가지고 이루어진 집단 구성원에 대한 살해와 육체, 정신에 대한 중대한 위해, 파괴적 생활조건의 부과, 출생 방해, 아동의 집단으로부터의 강제적 격리 등'으로 집단학살을 정의하고 있다.

따르면 르완다의 집단학살은 합리성과 사회적 규범에서 벗어난 정신적 병리현상이다.

<표 2-13 : 르완다의 인종 학살 사례>

르완다의 경우 후투(Hutu)족이 85%로 주로 농사를 지었고, 투치(Tutsi)족은 14%로 유목을 하여 부유한 편이었으며, 소수인인 트와족(1%)으로 구성되었다. 1919년 벨기에가 르완다를 통치할 때 다수인 후투족보다 부유한 투치족을 우선시하여 교육의 기회를 부여하였고, 공무원으로 채용하는 등의 차별을 함으로써 후투족의 증오를 갖게 되었다. 1962년 르완다가 벨기에로부터 독립하자 분쟁이 시작되었으며, 1973년 후투족은 쿠데타를 일으켜 투치족으로부터 권력을 쟁취했다. 1994년 후투족인 르완다 대통령(하비 아리마나)이 탄 비행기가 미사일에 격추되면서, 감정이 폭발하여 후투족 민족주의 정부의 강경파들이 투치족을 학살하기 시작했다. 후투족 극단주의자들은 1994년, 전국의 모든 투치족을 죽이라고 명령하였고, 정부에 반대하는 후투족도 죽이라고 명령하였다. 1994년 4월부터 7월까지 약 3개월간 르완다의 인구 700만 명 중 14%인 약 100만 명(하루에 1만 명, 1시간에 400명)이 마세티(machere)라는 칼로 학살을 당했고, 약 200만 명의 난민이 발생하였다.

자의적으로 규정된 집단의 특징을 근거로 만들어진 내부집단 편견은 외부집단의 위협이 감지될 때 더욱 강화되며, 이 편견은 정치인들에 의해 더욱 강화된다. 일부 외부집단을 비인간화하면서 더 이상 주저할 것이 없어지게 되며 사회적 규범은 묵살되게 된다. 르완다에서 집단학살이 일어날 때 국제사회는 방관했다. 이 참사에 대해 국제사회의 반응은 나약했다는 사실은 전략적 이익이 걸려있지 않은 한 인권에 관한 국제규범은 매우 허약하다는 사실을 증명한 것이다.

<표 2-14 : 수단의 인종 학살 사례>

수단에서는 2003년, 수십 년을 끌면서 100만 명 이상의 사망자를 낸 북부 무슬림과 남부 기독교도 사이에 평화협정이 맺어졌다. 그런데 협정 체결 직후 서부 다르푸르(Darfur)주의 반군집단들이 이 협정에서 자기들이 배제되었다고 항의하기 시작했다. 이에 대해 정부는 아랍(무슬림) 민병대를 지원하여 흑인(무슬림)이 거주하는 다르푸르 촌락을 기습하게 만들었다. 이 아랍 민병대의 무차별 살인, 강간, 방화로 3년간 최소 20만 명이 죽음을 당했고, 200만 명이 난민이 발생했다.

집단학살이나 대량학살의 경우 모두 종족적 증오가 자연스럽게 확대된 것이 아니라, 정치인들이 그들의 정치권력을 강화하기 위해 조장하고 부추기는 배경에서 발생하였다.

종족으로 분열되어 있는 나라의 경우, 자신들의 이익을 대변하기 위해 정당이 종족을 기반으로 만들어지고, 정당의 지도자들은 다른 종족의 위협을 과대 포장함으로써 자기 종족 내 지위를 강화하려는 일을 하게 된다.

한편, 2019년 3월 15일. 평화로운 나라로만 인식되었던 뉴질랜드 크라이스트처치에서 백인우월주의에 의한 테러사건이 발생했다. 테러분자는 "무슬림 이민자들이 싫다"라고 주장하는 극우적인 인종주의자였다. 이 사건은 많은 사회문제들이 정치성을 띨 수밖에 없게 하는 서방체제의 산물이며, 또한 종교와 종족의 충돌에 대해 통제력을 상실해 가고 있는 서구의 현재 모습을 보여주는 것이다.

<표 2-15 : 뉴질랜드 백인우월주의 테러 사례>

2019년 3월 15일. 뉴질랜드 크라이스트처치에서 백인우월주의에 뿌리를 둔 반 난민, 반 무슬림자 브랜턴 태런트(Brenton Tarrant)라는 남성이 총을 들고 현지 이슬람 사원 두 곳을 난입했다. 그는 예배 중이던 무슬림교도들에게 무차별 총격을 가함으로써 50명이 숨지고 50여명의 사람들이 부상을 당하게 했다. 이 테러가 특히 사람들을 불안하게 만드는 것은 범인이 전형적인 백인 지상주의자라는 점이다. 호주 시민인 그는 스스로 수십 쪽에 달하는 서방세계 극우세력의 극단적인 주장을 담은 'The Great Replacement(대전환)'이라는 성명 자료를 발표하였다. 그는 자신의 살육행위를 생중계하면서, 백인의 땅을 보위하고 이슬람 침입자에게 보복하며, 백인 아이들의 미래를 지키겠다고 목소리를 높였다. 이 외에도 상징적인 것은 그의 사건이 이슬람 사원 안에서 일어났으며, 예배 중인 무슬림을 향해 총격을 가했다는 점이다. 그는 고의로 이 공격이 서구 백인들의 이슬람교에 대한 도전으로 보이게끔 만들려 했다고 한다.

이 사건이 의미하는 것은 최근 몇 년간 풍미했던 서방의 극우정치 사조야말로 테러범이 악행을 자행하도록 자극한 이데올로기적 원천이었음에 틀림없다고 볼 수 있다. 서방 세계는 이런 위험한 동향을 통제할 능력이 없으며, 많은 나라의 정치는 이런 사조 속에서 표류하고 있다. 지난 몇 년간 테러리즘은 주로 중동 이슬람 세계에서 온 극단주의자들이 서방을 목표로 한 공격이 주를 이뤘다.

뉴질랜드 사건은 거꾸로 **백인우월주의**자들이 다른 인종과 종교를 몰아내겠다는 급진적인 정서를 쏟아내었다. 이 사건과 같은 무슬림들의 약자적인 비감과 백인지상주의자들의 오만이 테러공격의 형식으로 서로 청산되도록 내버려둔다면 이는 반드시 전 세계의 악몽이 반복될 것이다. 백인지상주의는 고립적으로 존재하는 이데올로기가 아니다.

서방 중심주의에 대한 고취와 서구의 '보편적 가치'를 전 세계에 널리 퍼뜨리는 것으로 그것은 각 영역에서 매우 광범위하게 존재한다. 서방은 세계화에 대해 진정으로 포용적 자세가 필요하며, 사사건건 자신의 이익을 우선시하며, 각종 서구적 요소의 선도성과 우월성을 불변의 진리로 간주해서는 안 될 것이다.

뉴질랜드의 테러사건은 서로 다른 인종, 종교, 문화가 더불어 사는 것이 얼마나 쉽지 않은 일인가를 새삼 일깨워 준다. 편견, 차별, 폐쇄, 이러한 인종과 종교 간에 흔히 존재하는 현상들이 얼마나 위험스러운 일인가? 그동안 테러의 대부분은 IS, 알카에다와 같은 무슬림 극단주의에 의해 벌어졌다. 그러나 중동 등 각국의 급변사태와 세계화로 인구의 이동이 급증하면서, 불법이민자에 의해 내 생계가 위협받는다는 인식이 생겨, 정반대로 서구 극우주의자들에 의한 무슬림과 이민자를 대상으로 한 테러가 나타나기 시작한 것이다.

뉴질랜드의 무슬림 이민자는 2013년 기준으로 전체 인구의 1.1%로 약 46,000명이며, 57곳의 이슬람교의 예배당인 모스크(mosque)[22]가 있다. 서구 사회에서 인종주의 범죄는 뚜렷이 증가하고 있다. 유럽안보기구(OSCE)에 의하면 독일에서 인종혐오 범죄가 2017년 7,913건으로 2016년 3,598건 보다 거의 배로 증가했고, 미국 연방수사국(FBI) 연례보고서에 따르면 2017년에 보고된 미국의 증오범죄는 7,175건으로 전년대비 17%가 증가했다. 백인 극우주의자들이 반 이민, 반 무슬림 성향이 두드러지는 이유는 서방국가들의 높은 실업률과 이슬람계 이민자들의 빠른 증가세와도 관련이 있다. 일자리를 빼앗으며 생활고를 초래하는 주범이 이민자라는 논리의 확산, 그리고 서구사회의 정체성을 상징하는 기독교가 위협받고 있다는 위기의식도 퍼지고 있다.

(4) 종교 분쟁

종족 분쟁이 물질적 불만을 초월하도록 하는 것으로 발전시키는 한 가지 경로는 종교 분쟁의 모습을 취하는 것이다. 종교는 한 공동체의 가장 중요한 정신적 가치체계이기 때문에 종교 의식을 달리하는 사람들은 손쉽게 경멸하거나, 무시하거나, 다른 집단으로 취급하게 한다. 종교 분쟁은 영토 분쟁이나 종족 분쟁이 바탕에 깔려있을 때, 집단들 가운

---

22) mosque는 이슬람교의 예배당으로 안에는 메카 방향을 나타내는 움푹한 벽과 설교단이 마련되어 있을 뿐 제단이나 성화, 성상 등은 찾아볼 수 없으며, 아라베스크 문양이 그려져 있다. 모스크는 교육, 사교, 정보교환의 장으로서의 역할도 하고 있다.

데 가장 핵심적이고 눈에 잘 띄는 분열로 보일 수 있다. 종교의 어떤 본질적인 요소가 분쟁을 야기하는 것은 아니다. 각기 나름대로의 종교에서는 절대적 진리로 받드는 핵심적 가치관이 존재하기 때문에 종교적 차이가 기존의 영토적 분쟁이나 종족 간의 분쟁을 더욱 해결하기 어려운 곳으로 이끌 가능성이 농후하다.

이러한 사실은 '**종교적 근본주의(fundamentalism) 운동23)**'이 범세계적인 현상으로 발전하면서 종교적 근본주의 운동에 가담하는 사람들은 종교적 신념에 의거하여 자신들의 삶과 공동체를 조직하게 되었다. 이들은 종교적 신념을 위하여 자신을 희생하고, 자신들과 다른 대상을 살인도 하며, 자신의 목숨까지도 기꺼이 바치는 순교적 태도를 견지하고 있다. 기독교, 이슬람교, 유태교, 힌두교 등의 근본주의 운동은 근래 몇 십 년간 확대되고 강화되어 왔다.

근본주의 운동은 종교와 무관하게 만들어진 세속적인 정치 조직들의 가치와 관행에 도전하고 있다. 이들이 도전하고 있는 관행 가운데 하나는 국제체제의 규칙, 예컨대 모든 국가는 '신자(信者)'나 '불신자(不信者)'에 관계없이 공식적으로 평등한 주권적 존재로 취급받는다는 규칙이다. 종교는 국경을 초월한 범세계적인 신념의 체계이기 때문에 국가의 법이나 국제조약 보다도 상위법으로 간주될 수 있기 때문이다.

예를 들면, 이란의 이슬람 근본주의자들은 이라크나 레바논 같은 외국의 민병대를 훈련하고 재정적으로 지원한다. 유태교 근본주의자들은 이스라엘 점령지 안에 정착촌을 건설하고 정부가 철수해도 그 땅을 포기하지 않을 것이라고 주장한다. 낙태에 반대하는 미국의 기독교 근본주의자들은 UN 인구기금에서 미국이 탈퇴해야 한다고 압박한다. 2002년에는 힌두교 근본주의자들이 힌두교 민족주의 정당이 주 정부를 장악하고 있는 구자라트(Gujarat)주에서 방화, 고문, 강간을 자행하고 1,000여 명의 무슬림을 살해하기도 했다.

〈이슬람주의 운동〉

이슬람(Islam)은 무슬림이 신봉하는 종교로서 광범하고 다양한 종교이다. 이슬람은 그리스도교 및 불교와 함께 세계 3대 종교이다. 이슬람은 전지전능한 알라(Allah)의 가르침

---

23) 종교적 근본주의는 '본질적인 것의 절대적 진리'임를 강조하는 종교운동으로 기독교의 성서나 이슬람교의 코란 등 성스러운 문헌에 근거한 신앙의 근본적인 측면을 강조한다. 사회학적으로는 그것이 갖는 종교에서의 독특한 위치 때문에 관심을 갖게 되지만 그것은 정치적 영역에서도 확대되고 있다. 중동이나 미국에서도 종교적 근본주의는 보수적 정치운동과 민족주의에서 중요한 역할을 하고 있다.

이 대 천사 가브리엘(Gabriel)을 통하여 무함마드(Muhammad)에게 계시되었으며, 유대계의 여러 종교들을 완성시킨 유일신 종교임을 자처한다. 이슬람교는 오로지 알라만을 믿고 알라에 귀의하는 것을 '**이슬람(Islam)**'이라고 칭하고, 이슬람에 입교한 사람을 '**무슬림(muslim)**'이라고 부르며, 이것은 이슬람교 신자에 대한 호칭으로 전 세계적으로 약 13억 명이 분포하고 있다.

역사적으로는 이들 활동의 주 무대는 중동이지만 세계의 주요 이슬람국가는 아프리카의 나이지리아에서 동남아시아의 인도네시아 지역까지 광범위하게 분포하고 있다. 이슬람 신도들은 수니파, 시아파, 이바드파, 이스마일파 등이 있으며, 무슬림이 인구의 다수를 이루는 국가들은 대부분 **이슬람회의기구**(Organization of the Islamic Conference, OIC)[24]라는 정부 간 기구에 가입해 있다. 지금까지 발생한 국제분쟁 중 이슬람 관련 분쟁은 무슬림과 비무슬림 간의 분쟁이 주를 이뤘다. 이는 제국주의와 석유를 포함한 지리적 역사적 환경이 파생한 결과라고 할 수 있다.

이슬람주의 집단들은 이슬람 율법을 정부와 사회의 기초로 삼고자 하며, 이러한 목표를 달성하기 위한 방법 면에서 여러 가지 견해의 차이가 발생할 수 있다. 터키는 1990년대에 이슬람 정당들이 거점을 확보하였으며, 2003년 이래 이슬람 지도자였던 사람이 수상을 맡고 있으며, 이로 인해 터키는 온건 이슬람의 중요한 모델이 되고 있다. 2003년 이라크의 선거에서도 이슬람 정당들이 주도적인 역할을 수행하였으며, 아랍의 봄에서도 이슬람은 중요한 역할을 수행하여 튀니지와 이집트의 선거에서 승리를 거두기도 하였다. 2011년 시리아의 독재자 바샤르 알아사드(Bashar al-Assad) 대통령의 퇴출을 요구하는 반정부 시위에서 시작된 무장 반군들 사이에서도 이슬람의 수니파와 시아파 간의 종파 갈등으로 더욱 복잡한 양상으로 전개되었다.

<표 2-16 : 시리아의 분쟁 사례>

시리아는 인구 2200만여 명 중에서 4분의 3이 수니파임에도, 시아파의 분파인 알라위파(Alawi)가 군과 정부의 요직을 독점하고 있으며, 시아파의 맹주인 이란과 레바논의 헤즈볼라가 알 아사드 정권을 지원하고 있으며, 이란과 적대관계인 사우디아라비아와 카타르 등 인근의 수니파 국가들이

---

24) 이슬람회의기구(OIC)는 57개의 이슬람국가로 구성된 최대 회교 국가 기구로 국가들 간의 연대 강화, 각 분야에서의 교류 촉진, 민족 독립을 지향하는 이슬람교도들의 투쟁 지원 등을 목적으로 1969년 9월 모로코 라바트에서 발의되어 발족했다.

반군에게 무기와 물자를 지원해 주면서 사태가 확산되었다. 여기에 혼란을 틈타 세력을 확장한 급진 수니파 무장단체인 이슬람국가(IS)가 시리아 북부를 점령하면서 정부군-반정부군-IS 등이 복잡하게 대치하는 등 무정부상태가 되었다. 2014년 9월 미국이 시리아를 공습하면서 내전에 개입하였으며, 2015년에는 러시아도 개입하면서 반군을 지원하는 미국과 정부군을 지원하는 러시아의 대리전 양상으로까지 확대되었다. 특히 2017년 4월 4일 시리아 반군 거점지역에 정부군의 소행으로 추정되는 화학무기 공격이 발생하자 미국은 시리아 정부군을 향해 59발의 비행장을 공격하였다. 시리아 내전으로 2011년부터 2018년까지 36만 5천여 명이 사망했으며, 시리아 인구의 절반인 1,200만여 명의 난민이 발생했다고 시리아인권관측소(SOHR)가 집계했다. 시리아의 내전이 수년간 계속되면서 난민문제는 전 세계적인 문제가 되었는데, 이를 감당하지 못한 주변국들이 점차 국경을 봉쇄했고 이들이 유럽으로 흘러들면서 유럽 난민 사태의 원인이 되기도 했다.

<그림 2-1 : 시리아 지역별 반군 세력 현황>

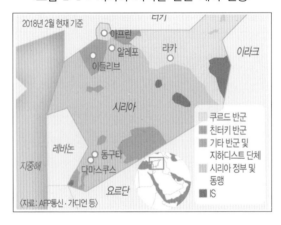

이슬람주의 운동이 국제관계에서는 어떤 영향을 미치게 되는가를 이해하는 것은 국제분쟁의 중요한 부분이다. 몇몇 국가의 이슬람주의 운동가들은 서방식 세속국가를 거부하고 이슬람 가치관에 충실한 정부를 원하고 있다. 이 같은 움직임은 기독교주의의 구 유럽제국주의자들에 대한 반감을 반영하고 있으며, 종교적 방식으로 표현된 민족주의적인 성격도 띠고 있다. 권위주의적인 정부가 통치하고 있는 일부 중동의 국가에서는 정치적 반대를 위한 유일한 통로가 종교 기관인 사원인데, 이런 식으로 종교가 정치와 문화의 현상을 반대하는 표현 수단으로 활용되기도 한다.

사례를 들어보면, 2006년 네덜란드의 한 신문이 예언자 무함마드를 모욕적으로 그린 만화를 게재한 일이 있었다. 이에 세계 도처의 무슬림들이 항의하고 몇몇 네덜란드 대사

관에 방화를 하고, 폭동을 일으켜 수십 명의 사상자가 발생했으며, 네덜란드 상품의 불
매운동으로 번지기도 했다. 한편 2012년에는 미국에 사는 이집트인이 제작한 반 무슬림
영상물이 유튜브에 올라 폭동을 야기했으며, 리비아 주재 미국 영사관에 대한 무장공격
으로 미국 대사가 살해당하는 사건이 발생하기도 했다.

더 급진적인 이슬람주의 운동은 기존 정부, 특히 서방과 유대를 맺고 있는 정부를 위
협할 뿐만 아니라, 국가주권의 규범을 침해하기도 한다. 어떤 사람들은 600~1200년에 있
었던 **칼리프(Calif)국**[25] 같은 중동지역 전체를 아우르는 하나의 국가의 건설을 주장하기
도 한다. 중동 국가의 이슬람주의 운동가들은 부유한 엘리트에 대항하는 빈곤한 대중의
편이라는 대의를 주장함으로써 더욱 큰 지지기반을 두고 있다.

2003년 이래 지속되고 있는 이라크전은 이슬람권 세계 전역에 걸쳐 반미 감정을 고조
시켰으며, 그들은 미국의 침략을 아랍의 존엄성에 대한 모독으로 여겼다. 2006년 이집트,
모로코, 사우디아라비아, 요르단에서 실시된 여론조사 결과, 과반수의 응답자가 국민이
나 아랍인이라는 정체성보다는 무슬림이라는 정체성을 더 중요시하였다. 그러나 특이하
게도 레바논과 UAE에서는 상반되는 결과로 국민이라는 정체성을 대다수가 중시하는 것
으로 나오기도 했다.

이슬람주의 운동가들은 무슬림 정체성에 관한 이슈, 국경을 초월한 이슈, 아랍-이스라
엘 분쟁 같은 이슈를 가지고 대중의 정체성 인식에 침투한다. 이슬람 국가의 대중들은
기독교도 군대가 이슬람 민간인들을 공격했다는 점에서 이슬람과 서방 제국주의 간의
투쟁, 심지어는 지구적인 투쟁의 일부라고 생각하기도 한다.

〈이슬람주의 무장단체〉
국민의 대다수가 무슬림인 국가들에서 반 서방과 반 미국 감정이 고조됨에 따라 폭력
적 이슬람주의 집단들의 세력도 커졌다. 이슬람주의를 표방하는 무장단체의 종류는 다
양하며, 특히 이라크에서는 **수니파(al-Sunnih)와 시아파(al-Shi'a)** 간의 분열이 폭력으로 이

---

25) 이슬람의 최고 유일신인 알라 신의 사도, 즉 예언자인 무함마드의 후계자라는 뜻이다. 아라비아에서는
추장을 세습이 아닌 선출에 의해 뽑는 것이 관례였다. 그런데 무함마드가 후계자를 정하지 않고 죽자
아랍인의 관습에 따라 후계자를 선출하여 이를 칼리프라고 불렀다. 칼리프는 이슬람교 국가의 통치자
로써 정치, 종교의 권한을 통합한 이슬람제국을 건설하였다.

어지기도 했다.[26] 과거 사담 후세인 시절에는 소수파인 수니파에 속하는 사담이 다수파인 시아파를 지배하는 상황이었는데, 사담은 1991년 걸프전 발발 직후 발생한 시아파의 반란을 잔혹하게 진압하였으며, 그 이전에는 시아파가 지배하는 이란과 장기간의 전쟁을 치루기도 했다. 2003년 미국이 주도한 이라크 전쟁에서 사담 후세인을 축출한 이후에는 시아파 정당들이 집권을 하였고, 시아파 민병대들이 동일한 방식으로 보복을 했으며, 아직도 수니-시아파 간의 분열은 계속되고 있다.

2011년 이래 시리아가 수니-시아파 간 분열의 중심지가 되었는데, 시리아 집권세력은 시아파의 한 분파인 알라위파(Alawite)이고 인구의 다수는 수니파이다. **시리아 내전**은 이슬람 분파 간 전쟁의 성격도 갖고 있는데, 시아파인 이란 정부와 시아파인 레바논 민병대 헤즈볼라(Hezbollah)가 정부군을 지원하고 수니파 터키 정부와 걸프 국가들이 반군을 지원하는 등 외부 지원세력 때문에 내전이 더욱 치열해졌다.

지역적으로는 이란과 사우디아라비아가 수니-시아파의 분열을 대표하고 있는데, 양국은 페르시아 만을 사이에 두고 군비 경쟁을 벌였다. 국제적으로 러시아는 이란의 시아파 진영을 지원하고, 미국과 그 동맹국들은 사우디의 수니파를 지지한다. 그러나 양 진영은 모두 이스라엘과는 제휴하고 있지 않으며, 현 상황은 삼각관계가 유지되고 있는 형국이다.

이란은 1979년 미국의 후원을 받던 팔레비(Pahlevi) 왕조를 축출하고 호메이니(Khomeini)에 의해 이슬람 정부를 수립했다. 이란은 '이란 이슬람공화국'으로 주민은 페르시아인 51%, 터키인 18%, 쿠르드인 7% 등으로 구성되었다. 또한 시아파 89%,와 수니파 10.5%의 이슬람교 국가다. 이란은 자금과 훈련, 무기 등으로 레바논의 헤즈볼라 민병대와 시리아 정부를 적극 지원하고 있다. **헤즈볼라**(Hezbollah)는 학교와 병원 등 수백 개의 자선시설을 운영하고 있지만, 미국의 테러단체 명단에 포함되어 있으며, 아랍세계 전역에서 대중적 지지를 얻고 있다. 헤즈볼라는 시아파로 '신의 당', '이슬람 지하드'라고도 불리며 이란 정보기관의 배후 조종을 받으며, 4천여 명의 대원을 거느린 중동 최대의 교전단체이며, 레바논의 정당 조직이다.[27] 이들은 1983년 10월 23일, 베이루트의 미 해병대 사령부 건물에

---

26) 수니파와 시아파는 이슬람교의 2대 교파로, 수니는 아랍어 sunnah에서 파생된 말로 이슬람교의 교법, 교의, 무함마드의 언행이라는 성훈 등의 뜻을 가진 정통파로 해석된다. shi'a는 수니파에 반대하는 교파로서 교권이 누구에 의해 이어져야 하는가의 문제로부터 분파가 된 것이다. 수니파는 칼리파 제도인 계승제도를 정통으로 삼고 이슬람 세계의 현실적 역사발전을 인정해야 한다고 주장한다. 시아파는 무함마드에서 알리에게 직접 계승되었어야 하며 선출이나 세습에 의한 계승을 부인하고, 4대 칼리파는 잘못된 계승으로 알리의 후손으로 이어지는 이맘(인도자)제도를 주장하고 있다.

<그림 2-2 : 중동·아프리카 주요 이슬람 무장단체>

자살특공대가 폭약을 실은 트럭으로 돌진하여 241명의 미군을 살상하였다. 1992년 3월 17일에는 아르헨티나 부에노스아이레스 소재 이스라엘 대사관에 침입하여 29명을 사살하고 242명이 부상하게 하는 테러를 자행하기도 했다.

한편, 수니파의 주요 무장단체로는 **살라피스(Salafis)**가 있다. 살라피스는 사우디아라비아에 적을 두고 있으며, 이슬람 율법을 근본주의적으로 해석하는 와하브(Wahhabism) 교리를 추종한다. 이 근본주의 집단의 가장 중요한 중심지는 아프가니스탄과 그에 인접한 파키스탄의 서부지역이다. 살라프는 '선조'라는 뜻으로, 이슬람교 창시자인 예언자 무함마드의 동료와 직계의 제자들을 가리키며, 그 시대로 돌아가자고 주장한다. 이들은 순수 이슬람 세계를 건설하기 위해 무력의 사용도 불사하며, 9.11 테러 이후 일부 무장투쟁을 본격화 했다. 2011년 말에는 이집트 총선에서 살라피스트 정당인 알 누르당이 2위를 차지하기도 했다. 이들과 동일한 철학을 주장하는 무장단체들이 나이지리아, 말리,

---

27) 헤즈볼라는 1983년 호메이니의 이슬람 원리주의에 영향을 받아 이슬라믹 아말(Islamic Amal)과 다와 파티(Dawa Patty) 레바논 지구당을 통합하여 결성하여 활동본부는 레바논 동부의 비카에 있다. 이슬람 공동체로서 전 중동을 통일하기 위해 시아파 이슬람교 이데올로기와 상반되는 개인, 민족, 국가 등을 상대로 테러를 자행하기도 한다.

리비아, 소말리아 등 북아프리카 도처로 그 세력을 확대해나가고 있다.

아프가니스탄은 소련과의 10년 전쟁을 치루고 나서 1992년 이슬람 정부를 받아들였다. 그러나 집권세력과 경쟁관계에 있는 다른 이슬람 분파들이 반발하였고, 1997년에는 **탈레반(Taliban)**이라는 분파가 국토의 대부분을 장악하여 이슬람 율법을 극단적으로 해석하여 적용하였다. 탈레반 정권은 구타와 처형을 남발하면서, 여자는 머리끝부터 발끝까지 가리는 옷을 입게 하고, 여학생은 학교에 가지 못하게 하며, 남자는 턱수염을 기르게 하는 등 강압적인 정책을 펼쳤다. 1990년대 아프간은 끝나지 않은 전쟁과 극심한 빈곤, 그리고 이슬람 근본주의와 이념 지향의 정부 등이 혼재하여 세계적인 테러단체들의 온상과 기지가 되었다.

그 절정을 이룬 사건이 2001년 9.11 테러이다. 미국은 이에 대응하여 탈레반을 축출하였으며 아프간에 본부를 둔 **알카에다(al Qaeda)**[28]의 테러 네트워크를 약화시켰다. 이후 탈레반은 인접국가인 파키스탄의 서부로 들어가 기지를 세웠고, 유사한 성향을 가진 파키스탄의 전투원들이 가담하게 되었다. 2008년 말에는 파키스탄에 근거지를 둔 테러리스트들에 의해 인도의 뭄바이를 공격하여 민간인 약 150명이 사망하기도 했다.

미국은 2011년 5월 2일, 파키스탄의 아보타바드(Abbottabad)에서 오사마 빈 라덴(Osama bin Laden)을 사살했는데, 파키스탄은 그 침투작전이 파키스탄의 주권을 침해하였다고 미국을 비난하였으며, 미국은 파키스탄 군부가 빈 라덴의 은신에 공모하지 않았는지를 의심하게 되어 양국의 관계가 악화되기도 했다.

알카에다는 초국가적인 집단으로서 중앙기구라기 보다는 네트워크 혹은 운동 집단에 가깝다. 이들은 여러 나라에서 전투원을 충원하여 이들을 훈련하고 외국의 분쟁에 참전하도록 지원한다.

팔레스타인에는 비록 알카에다나 탈레반과는 연계되어 있지 않은 과격 이슬람주의 분파로 수니파의 민병대인 **하마스(Hamas)**[29]가 활동하고 있다. 하마스는 가자지구에 본부

---

28) 사우디아라비아 출신의 오사마 빈 라덴이 이끈 국제적인 테러조직으로, 알카에다는 '근거지' 혹은 '본부'라는 뜻이다. 1991년 걸프전 당시 미군이 이슬람의 성지 메카와 메디나에 군대를 주둔시킨 것에 반발하여 반미 성격의 조직으로 발전했으며, 2001년 9.11 테러를 자행하였으며, 40여 개국에 지부와 65 개국에 연계조직이 있는 것으로 추정된다.

29) 1987년 팔레스타인의 이슬람 저항운동단체로 아마드 야신(Ahmad Yasin)이 창설하였다. 하마스는 '이슬람 저항운동'의 아랍어 머리글자를 딴 것으로, 이들은 이슬람 수니파의 원리주의를 주장하며, 이스라엘 점령 하에 있는 모든 팔레스타인의 즉각적이고 완전한 해방과 이슬람 교리를 원칙대로 받드는 국가를

를 두고 2000년 이후 자살 폭탄공격으로 수백 명의 이스라엘 사람들을 희생시켰으며, 이들은 이스라엘의 팔레스타인 자치지구 공격과 거주 제한 등의 억압 속에서 무장투쟁과 병행하여 빈민가에 학교와 병원을 지어 팔레스타인 빈민들의 폭넓은 지지를 획득하였다. 2006년에 치러진 의회 선거에서 승리하여 40년간 집권해 온 파타당을 누르고 집권당이 되었다. 창설자인 아마드 야신은 2004년 이스라엘의 미사일 공격으로 사망했고, 이스마일 아니야가 팔레스타인 자치지구 총리를 맡아 조직을 이끌고 있다. 그러나 이들은 웨스트뱅크를 통제하는 하마스와 팔레스타인 자치정부와 가자지구를 통제하는 하마스로 분리되었다.

위에서 살펴본 바와 같이 이슬람주의 운동과 관련이 있는 분쟁이 단순한 종교 분쟁에 비해 매우 복잡하게 다른 요소들과 연관되어 있다. 이를테면, 권력 관계, 경제적 문제, **종족적 쇼비니즘**[30], 과거 제국과의 역사 등이 한데 엉켜서 다양한 형태의 갈등으로 표출되고 있는 것이다.

(5) 이념 분쟁

이념(Ideology)은 집단 간, 혹은 국가 간 분쟁을 야기하기보다 갈등을 강화하고 상징화한다는 점에서 종교와 매우 흡사하다. 그러나 종교만큼의 핵심적인 가치와 절대적인 진리를 강조하지는 않는다. 현실주의적인 관점에서 볼 때, 국가 간의 이념 차이는 그리 중요하지 않다. 국제체제의 모든 구성원들은 비교적 유동적인 동맹의 관계와 경쟁 속에서 각자 국가의 이익을 추구하기 때문이다.

예를 들어 냉전시대에 자본주의적 민주주의와 사회주의적 공산주의 사이에 범세계적으로 이념의 경쟁이 존재했다. 그러나 동맹과 군사 경쟁은 비교적 이념적인 요소와는 무관하게 전개되었다. 공산주의의 두 강국이었던 소련과 중국의 협력관계는 그리 오래가지 못했고 각자의 수정된 궤도에 의해 노선을 정해 국가를 운영하였다.

한편 자본주의 국가인 미국과 인도는 동맹을 맺지 않았고 그저 UN의 회원국으로 국

건설하는 것이 목표이다. 이들은 2006년 팔레스타인의 자치정부의 총선에서 132석 가운데 73석을 차지하여 집권당이 되었다.

30) 쇼비니즘(chauvinism)은 맹목적, 광신적, 호전적 애국주의를 뜻하는 말로, 배타적 애국주의를 뜻하는 징고이즘(jingoism)과 유사하다.

제체제의 규칙범위 안에서 공존을 추구해 왔다. 초기에는 강한 이념의 성향에 기초하여 혁명이나 전쟁을 치른 국가들도 오랜 시간이 흐르면서 이념적 경향이 희석되는 것이 일반적이다. 예를 들면, 1917년 이후 소련의 레닌주의와 1949년 이후의 중국의 마오쩌둥 사상은 대표적인 이념 분쟁이라고 할 수 있다.

중·소 이념 분쟁은 소련이 자본주의 제도를 일부 인정한 수정주의와 중국의 공산당 이론의 원칙을 주장하는 교조주의의 대립이다. 소련의 후르시초프와 중국의 마오쩌둥은 상호의 이념을 비난하게 되고, 우수리 강의 국경문제로 군사적인 충돌까지 발전된다. 이러한 이념 분쟁은 70년 만에 맑스 이론의 실패로 이어져 소련은 연방해체라는 파장을 겪게 되고, 중국 또한 경제 분야의 자본주의 부분도입을 통해 활로를 모색하게 된다. 한편 북한은 중국과 소련이 분쟁과 이념 투쟁의 사이에서 양다리 외교와 줄타기 외교를 통해 체제의 공고화와 군사력을 발전시켰다.

단기적으로 보면 혁명은 국제관계의 변화를 가져오며, 전쟁의 가능성을 높이게 된다. 그것은 이념의 변화 때문이라기보다는 갑작스러운 정부 교체가 기존의 동맹관계나 국제관계에서 힘의 균형을 변화시킬 수 있기 때문이다. 관련 국가들이 이러한 힘의 변화를 수정하는 과정에서 상대방의 의도와 위협을 잘못 판단하거나 과장하기 쉬운 오류에 빠지는 경우가 발생하기도 한다.

<그림 2-3 : 앙골라의 내전 사례>

앙골라는 1956년 사회주의를 표방하며 소련의 지원 하에 독립운동을 추진하던 **앙골라해방인민운동(MPLA)**과, 1964년 미국이 지원하는 **앙골라전면독립민족동맹(UNITA)** 간의 내전이 발생하였다. 여기에 미국, 쿠바, 남아공 등이 관계함에 따라 분쟁은 한층 더 복잡한 양상을 띠었다. 앙골라는 포르투갈의 식민지에서 1975년 독립하였으며, 동시에 좌익과 우익의 권력 쟁탈전이 시작되었다. 1976년 소련과 쿠바의 지원을 받은 MPLA가 UNITA를 제압하고 단독집권하자, 공산주의의 확산을 우려한 미국과 남아공 등이 UNITA를 지원함에 따라 미·소의 대리전 양상으로 변모하여 쿠바군 5만 명이 파병되었다.

냉전 이후 앙골라 내전은 새로운 국면을 맞이하게 된다. 1988년 12월 앙골라와 쿠바측이 남아공의 나미비아 독립을 허용하는 조건으로 쿠바군 철수에 관한 쌍무협정을 체결하고, UN은 제1차 **평화유지군(UNAVEMI)**이 파견되어 쿠바 군과 남아공 군이 1991년 5월까지 철수하였다. 이후 앙골라 내전은 미·소의 대리전 양상에서 국제의 정부 대 반정부군의 전투로 변모하였다. 1991년 5월, 미국과 소련, 포르투갈의 중재로 정부 대 UNITA 반군 간에 제1차 평화협정이 체결되었고, UN은 제2차 평화유지군 파견을 결의했다. 1992년 9월 대통령 및 국회의원 선거에서 UNITA측은 정부 측의 부정선거를 이유로 선거 결과에 불복하고 무력 투쟁을 재개하여 내전이 재연되었다.

한반도의 분단 문제도 이념에 의한 분쟁의 하나이다. 일본은 1910년부터 한국을 식민지배했고, 1945년 제2차 세계대전의 종전으로 한국은 일본 제국주의 식민으로부터 독립을 맞았다. 그 과정인 제2차 세계대전의 마무리 단계에서 대 독일 전에서 큰 희생을 입은 소련은 뒤늦게 일본에 대한 전선에 나타났다. 그리고 곧 전쟁은 미국의 원자폭탄 투하로 종료되었다. 소련은 일본을 무장해제 시킨다는 명분으로 한반도에 남하하기 시작했고, 미국은 소련의 팽창주의를 봉쇄하기 위해 북위 38선을 설정하여 마주쳤다.

초기의 38선은 일본군의 무장해제를 위한 임시적인 선이라고 생각했지만, 모스크바 3상회담 등의 결렬로 인해 장기화 되었다. 5년간의 신탁통치를 통해 신생 독립국의 체제를 정비하고자 했으나, 의견이 일치하지 않아서 실패하였고, 유엔의 감시 하에 남북한이 총선거를 실시하여 국가를 수립하고자 했으나, 양쪽에서 군정을 실시하는 소련과 미국의 생각이 달랐다. 미 군정은 유엔의 감시 하에 선거가 가능한 남쪽을 대상으로 1948년

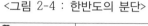

<그림 2-4 : 한반도의 분단>

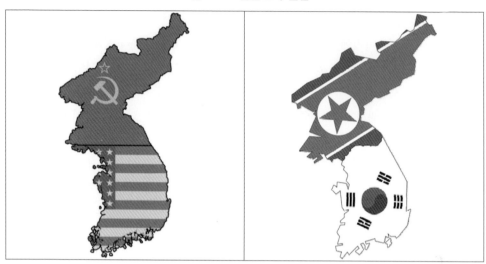

5월 10일 총선거를 실시했고, 1948년 8월 15일 대한민국정부를 탄생시켰다. 소련은 1948년 9월 9일 북쪽에 그들의 친 성향 정권인 조선민주의 인민공화국을 수립했다. 소련은 북한에 공산주의 정권을 수립하고, 나아가서 전체 한반도를 공산화하는 것이 그들의 전략이었다.

1950년 6월 25일, 소련의 사주를 받고 중국의 지원을 받은 북한 집단은 한반도를 공산화하기 위해 전면적인 침략전쟁을 개시하였다. 개전 3일 만에 한국의 수도인 서울이 점령당하고 두 달 만에 대구와 부산을 제외하고 북한 공산군의 치하에 넘어갔다. 소련의 팽창주의 전략에 맞서 미국은 봉쇄주의를 채택하여 유엔에서는 미국을 비롯한 회원국들이 북한의 침략을 제재하는 결의안을 채택하였고, 회원국들의 군사작전 지원을 결정하여 한반도에서의 전쟁은 국제전의 양상을 띠게 되었다. 이후 1950년 10월 말에는 중국의 지원군이 참전하여 유엔군을 대상으로 전쟁을 수행하는 대리전의 양상으로 발전하였으며, 지루한 전쟁은 3년 1개월을 끌었고, 1953년 7월 27일 정전협정을 맺게 되었다.

이후 유엔군은 한반도에 군사정전위원회로서의 정전협정을 감시하며 분쟁의 재발을 억제하는 역할을 수행해 왔으며, 이러한 이념적 갈등은 70년이 지난 현재까지도 해결되지 않고 있다. 특히 1990년대 냉전의 해체를 맞아 남북한이 동시에 유엔의 회원국으로 가입하였고, 과거 공산주의의 종주국이던 구소련(러시아)와 교류를 하고, 6.25 전쟁의 적국 참전국이었던 중국과도 수교를 하였지만, 아직까지 북한과의 관계는 크게 개선되고 있지 않는 상태이다.

특히 한반도에서의 남북한은 동일한 민족으로 동일한 언어와 문화를 공유하고 있으나 이념과 체제의 갈등이 반세기 이상 지속되면서 많은 차이를 표출하고 있다. 한반도에서의 남북한 문제는 주변국들의 이익과 맞물려 매우 복잡한 지정학적인 난제이다. 공식적으로 양측이 바라는 방향으로의 통일을 이루는 데에는 복잡한 셈과 과정이 필요할 것이다. 북한은 비공식적으로 핵을 보유한 상태이고 그들만의 체제를 유지하는 것이 최상의 목표이다.

한국은 북한에 비해 경제력의 규모가 10배 이상 격차를 보이고 있으며 인구는 두 배의 차이를 보인다. 지구상에서 하나 밖에 남지 않은 분단국가인 한반도에서의 남과 북은 어떻게 갈등을 해소하고 분단 이전의 상태, 아니 더 새로운 통일국가를 이룩할 수 있을지 주목해야할 일이다. 과거 한반도를 식민지배한 경험을 가지고 있는 일본과 북한과 순망치한의 관계에 있는 중국, 태평양으로의 진출을 노리며 제국주의의 부활을 꿈꾸고 있는 러시아, 6.25 전쟁 이후 70년 동안 한국에 군대를 주둔시키고 있는 미국이 한반도의 이념 분쟁을 해소하고 통일을 이루는 데 어떤 생각을 가지고 어떤 역할을 하게 될 지는 매우 중요한 문제이다.

2. 이익의 충돌

사상의 충돌은 사회심리적인 요인과 감정적인 요인이 복합적으로 작용하여 매우 다루기가 어려운 문제이다. 반면에 이익의 충돌, 즉 물질적 이익에 대한 충돌은 눈에 보이는 문제로서 상호주의 원칙에 입각하여 접근하게 되면 상대적으로 풀기가 쉬운 점이 있다. 갈등에 대해 긍정적 제어수단인 무엇인가를 지불해 줄 것이 있고 원하는 만큼의 제공행위가 다툼이 된 이슈에서 상대방을 동의하게 만들 수 있을 것이기 때문이다.

(1) 영토 분쟁 : 국가 간 경계선

구체적인 이익과 관련된 국제분쟁에서 영토 분쟁은 국가의 기본적인 구성요소인 영토적 특성으로 인해 매우 중요한 문제이다. 영토에 관한 통제권의 분쟁에는 두 가지의 유형이 있는데, 하나는 **국경선**을 어디로 정할지에 대한 문제이고, 다른 하나는 기존의 국경선 내에서 전 지역에 대한 **통제권**을 둘러싼 분쟁이다.

역사적으로 모든 국가들은 영토에 관하여 기본적으로 집착을 하게 되었으며, 영토에 관련된 분쟁은 매우 까다로운 문제이다. 영토는 국가의 통일성과 관련이 되기 때문에 그 경제적 가치나 전략적 가치보다도 훨씬 더 큰 가치가 있다고 생각한다. 영토는 지금까지 자신들의 역사이자 미래에 자손들이 살아가야할 터전이라는 점에서 금전이나 어떠한 대가를 위해서라도 영토를 양보하는 일은 거의 희박하다.

또한 역사적으로 국가가 본의 아니게 상실하거나 통제력을 벗어난 영토에 대해서는 망각하는 경우가 거의 없이 회복하고자 끊임없이 노력하게 된다. 타국에 잃은 영토를 다시 획득하려는 것은 **실지회복주의(irredentism)**라고 하며, 이러한 형태를 목표로 한 민족주의는 심각한 국제분쟁을 일으키기도 한다. 국가의 입장에서 볼 때, 단 한 뼘의 땅이라도 그것은 국가적인 명예이자, 국가임을 보여주는 주권의 상징이기 때문이다.

역사적으로 영토는 농업과 원자재의 생산 등 경제적인 생산의 기초가 되었고, 국민들이 거주의 단위를 형성하는 삶의 터전이다. 과거의 전쟁은 이처럼 사람들이 살기에 적당한 기후여건과 비옥한 토지, 경제에 편리한 강과 도로의 발달, 풍부한 자원을 겸비한 곳을 서로 많이 차지하려는 다툼에서 시작되었다. 따라서 전쟁에서 이기고 지는 것은 곧 영토를 얻고 잃음의 문제이며, 부를 얻느냐 상실하느냐의 문제였다. 그러나 현대에서는 농업보다 기술과 무역이 훨씬 더 많은 부를 창출하기는 하지만, 영토를 중시하는 국가들의 태도는 아직 바뀌지 않고 있다.

가. 영토분리주의

기존의 어떤 국가 내에서 한 지방이나 지역이 분리 독립을 시도함에 따라 발생하는 분쟁은 특수한 형태의 영토 분쟁이다. 이것은 기존의 두 국가 사이의 국경선에 대한 다툼이 아니라, 한 지역이 신생국으로서 자신의 주위에 새롭게 국경선을 긋고자 하는 것과 관련된 분쟁이다. 현재 세계 각지에서 규모나 정치적 효과 면에서 크고 작은 분리운동이 전개되고 있지만, 성공한 예는 드물다. 기존의 국가들은 거의 대부분 이 지역에 대한 통제권을 인정하지 않고 계속 유지하기를 원하기 때문이다.

코소보 내전을 예를 들면, 코소보는 알바니아와 세르비아 사이에 있는 나라로서, 인구의 90%는 이슬람교를 믿는 알바니아계이고, 약 10%가 세르비아 정교를 믿는 세르비아계이다. 1990년 구 유고슬라비아의 자치주였던 코소보의 알바니아계 사람들이 세르비아로부터의 독립을 요구하며 내전이 시작되었다.

<그림 2-5 : 코소보 분쟁 사례>

인구	180만명
민족	알바니아계 90%, 세르비아계 10%
수도	프리스티나
종교	이슬람교 90%, 기독교 10%
언어	알바니아어, 세르비아어

1968년	알바니아계, 처음으로 독립 요구
1974년	알바니아계, 세르비아 내 자치주 출범 선언
1980년	알바니아계, 자치주에서 공화국으로의 승격 요구하며 분쟁 시작
1989년	슬로보단 밀로세비치 유고연방 대통령, 코소보 자치 불허
1998년	유고연방보안군(세르비아계), 알바니아계 인종 청소
1999년 3월	나토군, 세르비아 공습
5월	밀로세비치 전범 기소
6월	나토와 유고연방 간 군사협정 체결, 코소보 평화유지군 배치

세르비아와 몬테그로가 합쳐진 '신 유고슬라비아 연방 공화국'의 밀로세비치 대통령은 세르비아 출신으로 히틀러만큼이나 민족우월주의를 주장하는 입장이었는데, 그는 코소보의 독립을 허용하지 않았다. 코소보의 독립을 반대하는 세르비아계 사람들은 군대를 조직하여 알바니아계를 공격하였고, 이런 과정에서 '인종청소(ethnic cleansing)'라 할 만큼 무차별적 학살이 조직적으로 벌어졌다. 당시 코소보 인구 210만 명 가운데 1만 명 정도가 사망했고 90만 명에 가까운 난민이 발생했다. 이에 NATO가 군대를 결성해 세르비아를 공격했고, 밀로세비치는 국제전범재판소에 넘겨졌고 2006년에 사망했다. 코소보는 2008년에 독립을 선언했으나, 2013년 1월 세르비아정부는 아직도 코소보의 독립을 인정하지 않고 있으며, 역사적으로나 현실적으로나 세르비아의 주권 관할 하에 있다고 주장

한다. UN과 강대국들이 코소보의 장래에 관해 협상을 벌이는 동안 러시아는 독립에 관한 어떤 약속도 해서는 안 된다고 주장했지만, 코소보는 UN의 승인 없이 독립을 선언하였다. 미국과 EU의 몇몇 국가들은 코소보의 독립을 인정하였지만, 세르비아, 러시아, 중국 등은 이에 동의하지 않고 있다.

<그림 2-6 : 남수단 내전 사례>

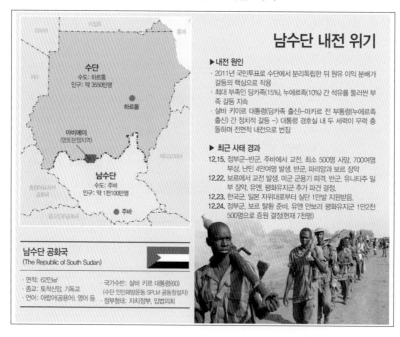

2011년 아프리카에서 **남수단**(The Republic of South Sudan)이 수단의 지지와 UN 회원국의 자격을 얻어 독립하였다. 역사적으로 1899년 영국과 이집트의 수단에 대한 공동통치가 시작되어 수단을 행정적으로 북부와 남부로 분리하게 되었다. 1956년 수단이 식민지로부터 독립하였고, 북부와 남부는 인종, 종교, 문화적인 갈등으로 두 차례의 내전(1955~1972년, 1983~2005년)을 치렀다. 2011년 7월 9일 수단으로부터 분리되어 독립국가가 되었고, 193번째 UN 회원국이 되어 분리 독립에 성공한 사례가 되었다.

분리를 위한 갈등은 대규모의 참혹한 전쟁으로 발전할 수 있으며, 또한 국경선 너머 인접한 국가들로 파급되는 영향을 미칠 수 있다. 특히 한 종족이나 종교 집단이 인접한 두 개의 국가에 걸쳐 살면서 한 국가에서는 다수를 이루고, 다른 국가에서는 소수를 이루거나 접경지역에서 다수를 이루고 있는 경우, 국경 너머로까지 분리 전쟁이 확산되는 경우가 많다.

코소보의 경우, 알바니아계 무슬림은 알바니아와 코소보 지방에서 다수지만, 세르비아 전체적으로 보면 소수이다. 이와 유사한 상황이 보스니아-세르비아, 몰도바-러시아, 인도-파키스탄 간에도 형성되어 있다. 어떤 경우 분리주의자들은 자신들의 거주 지역을 인접국과 합병시키고자 하는 경우도 있는데, 이렇게 될 경우 기존의 국경선이 변경되고 이는 국제규범에 부합하지 않게 된다.

주권과 영토 보전을 중시하는 기존의 국제규범에 비추어 볼 때 분리운동은 다른 국가들의 관심을 거의 끌지 못하는 전형적인 국내 문제로 인식하게 된다. 기존의 주권국가들은 모두 나름대로 국내의 불만 집단이나 지역 등의 문제를 안고 있으며, 따라서 주권과 영토 보전이라는 깃발아래 뭉쳐야한다는 게 국제규범의 일반적인 주장이다. 이러한 입장에서 러시아는 체첸문제에, 중국은 대만문제에 악영향을 끼칠 것을 우려해서 코소보가 세르비아로부터 독립하는 것을 반대했다.

그러나 한 국가의 해체가 반드시 폭력으로 이어지지는 않는다. 2006년에는 구 유고슬라비아의 구성 공화국이었던 몬테네그로와 세르비아가 평화적으로 분리되었다. 체코슬로바키아도 1993년 협력적인 방식으로 체코와 슬로바키아로 분리되었다. 그리고 소련의 해체 과정도 러시아와 우크라이나처럼 종족집단들이 경계선 너머로 분산되어 있었지만, 공화국들 간의 폭력적 영토 분쟁을 거의 발생시키지 않았다.

나. 국가 간 경계선 다툼

제2차 세계대전 이후에는 기존 국가들 간에 무력에 의한 국경선의 변경은 신생국의 건국과 기존 국가의 해체를 제외하고는 소규모에 지나지 않았다. 국제사회에서 기존 국가들 간의 국경선 분쟁은 매우 심각한 문제로 인식된다. 과거 한때 거대한 땅 덩어리가 평화조약이나 강대국들 간의 비밀 협상에서 펜대 한번 움직임에 따라 이 나라에서 저 나라로 넘어간 적도 있었다. 그러나 최근 반 세기동안 이와 같은 일에 대한 시도는 있었으나 실제로 이루어진 것은 없다.

예를 들면, 1980년 이라크가 이란을 침공하였는데, 그 목표의 하나는 페르시아만에 이르는 통로로써 상업적, 전략적 가치를 지닌 샤트 알 아랍 수로를 장악하는 것이었다. 그

러나 10여 년간에 걸쳐 수백만 명의 피해자를 낸 전쟁을 치른 끝에 양국 간의 국경선은
원위치가 되었다. 기존 국가들 사이에 실제로 영토 분쟁이 발생하더라도 당사국 간의
협상이나, 제3국, 또는 국제사회의 조정으로 인해 평화적으로 해결되는 경우가 대부분
이다.

그 대표적인 사례가 **카메룬과 나이지리아의 바카시 반도 분쟁**이다. 나이지리아와 카
메룬은 석유의 매장 가능성이 있는 바카시(Bakassi) 반도를 놓고 다투었는데, 나이지리아
가 그 지역을 카메룬의 영토로 인정하고 그 지역에 파견되었던 군대를 철수시켰다. 바카
시 반도는 기니만에 위치한 면적 50㎢에 2만 명의 인구가 살고 있는 습지대이다. 이곳은
석유와 어족자원이 풍부하여 나이지리아와 카메룬이 1960년 영국과 프랑스로부터 각각
독립한 이후, 영유권을 놓고 분쟁을 계속해 왔다.

<그림 2-7 : 나이지리아와 카메룬 영토 분쟁 사례>

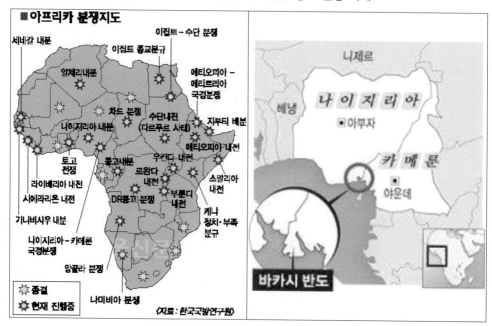

2002년 10월 국제사법재판소(ICJ)는 카메룬과 나이지리아 간의 국경선을 확정하면서
바카시 반도는 카메룬의 소유라고 인정하면서 나이지리아는 이 결정을 무조건 수용하여
카메룬에 즉시 반환하여야 한다고 판시하였다. 세계법원(World Court)이 중재 재판을 통

해 카메룬의 편을 들었을 때, 나이지리아는 이 결정을 반대하였으나 UN 사무총장의 개인적인 중재와 합의사항 이행을 감시하겠다는 외부 강대국들의 역할 등이 긍정적으로 작용하게 되었다. 국제사법재판소의 결정이 있은 후 두 나라는 공동위원회를 구성하여 이 지역을 카메룬에 넘겨주기로 합의하였고, 2008년 8월 14일, 양국의 합의에 따라 나이지리아는 공식적으로 바카시를 카메룬에 이양했다.

한편, **다라크(Darak)지역**은 나이지리아 군대와 주민 6만 명이 거주하고 있는 33개의 마을로 카메룬은 이 지역의 영유권을 주장하였다. 나이지리아는 이 지역은 오랫동안 나이지리아 사람들이 점유해 왔으며, 카메룬도 이런 사실을 묵인해 왔다고 주장했다. 카메룬은 이 문제를 국제사법재판소에 제소하였는데, 2002년 10월, 다라크 지역의 영유권이 카메룬에 있다고 판시하였다. 이후 두 나라 공동위원회는 2004년 7월에 국제사법재판소의 판시에 따라 차드호(Lake Chad) 33개 마을은 카메룬으로, 은다바-쿠라(Ndaba-kura) 지역의 2개 마을은 나이지리아로 양도하게 되었다.

나이지리아는 카메룬 보다 9배 이상의 인구와 3배 이상의 GDP, 더 큰 규모의 군사력을 가졌지만 이 분쟁에서 자발적으로 영토를 양보하게 되었다. 이것은 현실주의자들의 입장에서는 예측하기 어려운 경우에 해당하며, 자유주의 이론이 이것을 더 잘 설명할 수 있을 것이다. 즉 나이지리아의 입장에서는 그렇게 하는 것이 국가이익에 더 부합하기 때문인데, 분쟁을 세계법원으로 가져가고, 합의 이행을 돕기 위해 UN을 끌어 들이는 것이 나이지리아의 석유를 비롯한 자원을 개발하는 데 외국인 투자 유치에 필요한 기회가 될 것으로 판단했기 때문이다.

다. 장기화된 영토 분쟁

가장 장기화된 국경선 분쟁은 **이스라엘과 팔레스타인**의 경우라고 할 수 있다.

1897년 테오도어 헤르츨(Theodor Herzl)은 『유대국가(The State of the Jews)』라는 책을 출간하면서, 배척되고 박해받아온 유대인에게 안식처를 주기 위해 유대 민족을 위한 국가를 건설할 것을 주장했다. 이후 독일을 상대로 한 전쟁에서 유대인의 지지를 얻고자 밸푸어 경은 이 움직임을 현실화하려고 했으며, 1917년 아서 밸푸어(Arther Balfour) 경은 팔레스타인을 "땅 없는 민족을 위한 민족 없는 땅"이라고 언급하면서 분쟁의 씨앗을 만들었다.[31]

그는 이스라엘과 팔레스타인 분쟁의 본질을 영토를 지배하기 위한 대결로 정의했다. 당시에는 유대 민족이 국가를 형성하고 있지 않았던 것은 사실이지만 오스만투르크 제국에 속해 있던 팔레스타인에 아무도 살고 있지 않은 곳은 아니었기 때문이다.

<그림 2-8 : 팔레스타인과 이스라엘의 영토 분쟁 사례 1>

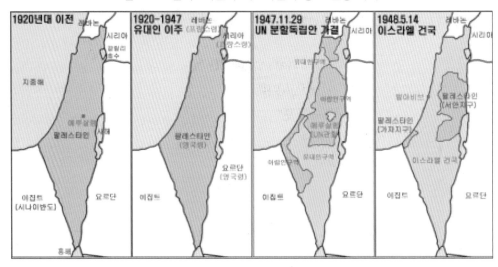

제1차 세계대전이 끝난 후 팔레스타인은 영국의 위임 통치를 받게 되었다. 당시 팔레스타인에서 유대인 인구는 10% 정도였으며, 이후 시오니즘 운동에 대한 기대감이 커지고 유럽에서 반유대주의 정서가 팽배해지고 박해가 심해지자, 유대인들은 대규모로 팔레스타인으로 이주하기 시작했다. 그 결과로 제2차 세계대전 초기에 유대인은 팔레스타인 인구의 30%를 차지하게 되었고, 인구의 증가에 따라 토지의 매입이 증가하여 공동체 사이에서 긴장감이 커져갔다.

국제연합은 팔레스타인을 분할하여 아랍국가와 유대인국가를 나란히 건설하려는 계획을 세우고 있었으며, 아랍인들은 이에 대해 기만당했다고 느끼고, 유럽에서 유럽인들

---

31) 제1차 세계대전 중인 1917년 영국의 외무장관이었던 밸푸어는 미국내 유대인들의 환심을 사서 미국을 전쟁에 끌어들이기 위해 팔레스타인에 유대인들을 위한 민족국가를 인정한다는 약속(밸푸어 선언)을 했다. 다른 한편으로 영국은 독일편에 서 있던 오스만투르크 제국 내의 아랍인들의 반란을 지원하면서 아랍인에게도 팔레스타인에 독립국가 설립을 약속(맥마흔 선언)했다. 이 두 가지의 선언이 중동전쟁의 씨앗이 되었다고 본다.

이 저지른 대량 학살의 빚을 자신들이 갚게 되었다고 생각하여 유대인 국가를 수립한다는 UN의 취지를 거부했다.

제2차 세계대전 이후 팔레스타인을 지배하고 있던 영국은 팔레스타인 문제를 유엔으로 넘기고 철수했으며, 1948년 5월 14일 이스라엘은 독립을 선언했다. 그러나 인접한 아랍 국가들은 이스라엘의 독립을 승인하지 않았고, 같은 해 이스라엘은 침공했다. 당초 아랍 국가들의 승리가 예상되었으나 이스라엘의 공세로 아랍 국가들은 패퇴했고 1949년 휴전이 성립되었는데, 이것이 제1차 중동전쟁이다.

<그림 2-9 : 팔레스타인과 이스라엘의 영토 분쟁 사례 2>

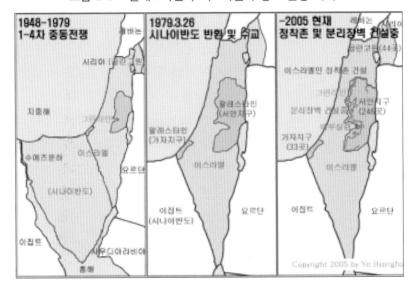

이 전쟁에서 신생 이스라엘 정부가 승리를 거두었고, 영국의 위임통치령 하에서 팔레스타인의 55%를 차지하던 이스라엘의 영토는 78%로 확대되었다. 이 전쟁의 영향으로 수많은 팔레스타인인들이 마을에서 쫓겨나 난민이 되었으며, 동 예루살렘과 요르단강 서안지구는 요르단에 의해 점령되었고, 가자지구의 지배권은 이집트에게 넘어갔다. 하지만 아랍 국가들은 여전히 이스라엘을 인정하지 않았다. 1956년 이스라엘은 수에즈 운하를 국유화한 이집트를 상대로 영국, 프랑스와 공동의 군사작전을 전개했지만 소련이 이집트를 지원하면서 수에즈 운하에는 UN군이 파견되었는데, 이것이 제2차 중동전쟁이다.

이후 이스라엘은 1967년 이집트의 나세르가 시나이반도에 주둔한 UN군을 축출하고 티란해협을 봉쇄하자 기습 선제공격을 실시하여 6일 만에 승리를 거두었는데 이것이 제3차 중동전쟁, 또는 6일 전쟁이라고 한다. 이 전쟁에서 이스라엘은 이집트의 시나이반도, 시리아의 골란고원, 동예루살렘, 요르단강 서안지구와 가자지구까지 점령했다. 1978년 미국의 후원 하에 캠프데이비드 협정으로 시나이 반도는 이집트에 반환(1982년)하였지만 요르단 근처의 웨스트뱅크, 이집트 근처의 가자지구, 시리아의 골란고원 등은 이스라엘과 아랍국가들 간의 분쟁의 핵이 되고 있으며 이는 국제사회의 인정을 받지 못하고 있다.

1973년 이집트와 시리아는 이스라엘을 상대로 제4차 중동전쟁(욤키푸르 전쟁)을 일으켰으나, 미국과 소련의 중재로 종결되었다. 1960년대에 들어서면서 팔레스타인에서 민족주의 움직임이 일어나기 시작했으며, 1980년대 말에는 '평화와 영토의 맞교환'으로 의견이 모아졌고, 1974년 UN 결의안을 통해 기본적인 틀이 마련되었고, 1993년과 1995년에 체결된 오슬로 협정에서 1967년 이전에 이스라엘이 획득한 영토를 유지하는 선에서 팔레스타인잠정자치정부(The Palestinian National Authority, PNA)가 건설되었다.[32]

팔레스타인은 정치적, 그리고 영토적으로 요르단강 서안지구와 가자지구로 나뉘어 있다. 2014년 7월 하마스가 이스라엘 남부에 로켓 공격을 가하자 이스라엘은 대량 폭격으로 응수하여 약 2천여 명의 사상사를 냈다. 또한 이스라엘과 팔레스타인의 분쟁은 잠재적인 문화 충돌이라는 점을 고려한다면 국제사회의 중요한 쟁점이 된다. 팔레스타인 분쟁은 때로는 종교적 혹은 민족적 문제인 것처럼 비춰지지만 이것은 전형적인 영토 분쟁이다. 이 지역의 갈등은 이슬람 세계와 서구 세계와의 관계를 결정하는 중요하고 상징적인 요인이기도 하다.

또 다른 중요한 국경분쟁은 인도, 중국, 파키스탄의 접경에 있는 **카시미르 지방을 둘러싼 분쟁**이다.

---

32) 이에 따라 이스라엘은 1967년 3차 중동전쟁을 통해 획득한 가자지구와 요르단강 서안지구를 팔레스타인에게 반환했고, 1996년 이 지역에 팔레스타인 자치정부가 수립되었다.

<그림 2-10 : 인도-파키스탄의 카슈미르 분쟁 사례>

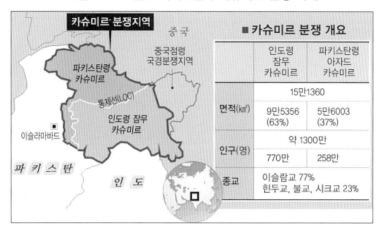

카시미르 지방 중 인도가 차지하고 있는 지역의 주민은 대부분 무슬림이며, 파키스탄에서는 무슬림이 다수지만 인도에서는 소수이다. 현재는 통제선이라 불리는 것이 이 지역의 경계선이다. 파키스탄은 인도가 현지 주민들을 억압하고 카시미르의 장래를 주민투표로 정하기로 한 국제합의를 무시한다고 비난한다. 인도든 파키스탄이 인도령 카시미르에 공격을 일삼는 이슬람주의 과격파를 지원하고 그들 내부에 침투해 있다고 비난한다. 이 문제로 양국은 두 차례의 전쟁을 치렀고, 2003년에는 휴전합의가 이루어졌으나 소규모의 충돌은 계속되고 있다.

아직 진행 중인 국가 간의 영토 분쟁은 천연자원의 매장, 전략적인 가치의 중요성, 어업권 등의 경제성 등과 관련된 작은 섬들에 대한 분쟁이다. 남중국해 상의 작은 섬들을 놓고 중국, 대만, 베트남, 필리핀, 말레시아, 부르나이 등이 일부 혹은 전부에 대한 영유권을 주장하고 있다. 일본과 중국, 대만은 동중국해의 분쟁(Senkaku Island)을 진행 중이고, 한국과 일본은 독도를 놓고 다투고 있는데, 과거 역사에 대한 민족적 감정과 함께 경제적 이익과 전략적 가치를 가지고 분쟁하고 있는 중이다.

라. 영해와 영공

모든 국가들은 영토와 인접한 해역으로서 그 나라의 통치권이 미치는 가까운 바다를 영토의 일부로 간주하는데, 이를 **영해**(territorial sea, 領海)라고 한다. 영해에 대한 보편적

합의는 없지만, 최근에는 **유엔해양법협약**(UN Convention on the Law of the Sea, UNCLOS)에서 12해리(약 22㎞)의 독점적 항해권을 인정하고 있다. 한편, 200마일의 **배타적경제수역**(EEZ)을 인정하고 있다.[33] 각 국의 EEZ를 모두 합치면 전체 바다 면적의 1/3에 해당하며, 각 국가 간에 중첩되기도 하며, 해안선의 굴곡에 따라 각 국가 간의 해석의 차이가 발생할 수 있다.

한편, 국제법상으로 개별국가의 영토와 영해의 상공으로 구성되는 영역을 **영공**(aerial domain, 領空)이라고 한다. 영공은 국가 영역으로서 영공을 통과하려면 해당국의 승인을 받아야 한다. 그러나 외계공간은 대양처럼 공동의 공간으로 간주되며, 영공의 범위에 대해서도 대기권에 한정한다는 주장이 많으나, 여기에 대한 국제법의 규정은 없다. 궤도위성은 항공기보다 높은 고도에서 더 빨리 비행하고 특정 국가의 상공을 피하기 위해 방향을 바꾸기 어렵다. 항공기와 인공위성의 발달로 영공의 상부 한계에 대해 주장들이 정리되지 않은 상태이다.

(2) 정부 장악을 위한 분쟁

영토를 통제하기 위한 분쟁은 어떤 정부가 전체 국가를 통제할 것인가에 대한 다툼을 말한다. 국가들은 주권을 존중하는 원칙에 따라 타국의 내정에 간섭하지 않는다. 그러나 실제로는 다른 국가의 정부에 대해 이해관계를 가지며 누가 그 국가의 권력을 잡는가에 영향을 주기 위해 다양한 수단을 활용한다. 종종 한 국가가 타국의 선거에 영향을 미칠 수 있는 행동을 하기도 하고, 정부를 전복하려는 반군을 지원하기도 한다. **2004년 우크라이나**에서 실시된 선거가 부정시비에 휘말렸는데, 서방과 러시아는 각각의 양대 세력을 지원하였다. 이로 인해 우크라이나는 동부의 러시아어를 사용하는 러시아정교지역과 서부의 우크라이나어를 사용하는 가톨릭지역으로 양분되었다.

한 국가가 다른 국가의 정권교체를 목적으로 침공을 하는 경우도 있는데, **2003년 미국이 이라크를 대상으로 한 전쟁**은 사담 후세인정권을 몰락시키기 위한 전쟁이었다. 국제

---

33) 영해 기선으로부터 200해리에 이르는 수역 중 영해를 제외한 수역으로 인접국가와 EEZ가 겹칠 경우에는 어업협정을 체결하여 겹치는 수역을 공동으로 관리하게 된다. 이 지역에서는 어업활동과 해양 자원의 탐사, 개발, 이용, 관리 등에 관한 경제적 활동의 권리가 보장된다.

사회는 이러한 경우에 대해 부정적인 시각을 나타냈다. 영토 분쟁과 마찬가지로 정부에 대한 통제권을 위한 분쟁도 폭력의 사용으로 확대될 수 있는 분쟁이다. 이 분쟁은 국가의 지위 및 통일성에 대한 사안으로 관련 당사국의 이해관계가 상반되는 경우가 대부분이다.

(3) 경제적 분쟁

현대 사회에서 경제적 거래관계는 보편적인 국제관계이다. 이로 인해 경제적 경쟁은 국경선 넘어서 어떤 판매나 거래가 이루어지는 과정에서 상충되는 이해관계의 조정이 필요한 상태를 뜻하게 된다. 원유나 커피 등을 생산하는 국가에서는 이를 더 많이 생산하여 더 높은 가격이 유지되기를 원하게 되며, 이를 수입하여 사용하는 국가에서는 더 싼 값이 안정적으로 공급받을 수 있는 관계를 원하게 된다.

이와 같이 자본주의 시장의 모든 경제 교환에서는 이익 충돌이 내포되어 있다. 국가와 기업들이 이처럼 국경을 넘어 경제적 교환을 하는 이유는 국내에서 보다도 더 많은 이익을 찾을 수 있기 때문이다. 이 과정에서 폭력의 사용이 우려될 수도 있으나 실제 군사적 행동으로 발전된 경우는 많지 않다. 그러나 경제 분쟁은 국제 안보문제와 연결되기도 한다.

많은 국가들은 **중상주의 정책**을 펴고 있는데, 이는 국가가 재정흑자를 목적으로 무역과 기타 대외 경제정책에 깊이 관여하는 것이다. 또한 국가들은 외국의 천연자원을 찾아서 지리적 팽창을 추구하게 된다. 강대국들이 경제활동을 외부적으로 확장해 나갈 때, 이러한 충돌은 분쟁으로 발전되기도 한다.

국가내부는 물론 국가 간에 부의 불평등한 분포와 관련하여 분쟁이 일어날 수도 있다. 가난한 나라의 테러 단체가 부국을 공격하는 사례나, 대부분의 가난한 나라에서 일어나는 혁명은 부의 불평등과 분배의 불평등에서 기인하기도 한다. 이런 유형의 다툼이 일어나면 인접 국가는 어느 일방을 지원하는 형태로 이 분쟁에 개입할 수 있을 것이다.

마약의 밀수는 불법적인 국제무역의 한 형태이다. 밀수는 국가의 정상적인 세금을 포탈하고 국가의 합법적인 국경 통제권을 박탈하는 행위에 해당한다. 특히 다른 밀수품과는 달리 마약은 국민의 사기와 능률에 악영향을 미친다는 점을 이유로 경제문제에서 안보위협으로까지 심각하게 비화되기도 한다. 통상 마약밀수는 국경을 넘나드는 국제조직과 이에 관련된 국가나 기관, 공무원이 연관되기도 한다.

이처럼 **마약밀수 문제**가 국제화된 예로 미국과 콜롬비아의 사례를 들 수 있다. 미국은 콜롬비아에 기지를 둔 코카인 카르텔이 미국의 도시에 코카인을 공급하지 못하도록 노력하게 된다. 미국에 반입되는 코카인은 대부분 페루, 볼리비아, 콜롬비아의 산악지방의 농장에서 재배되어 파나마 같은 제3국을 통하게 된다. 이들 국가에서 밀수꾼들은 부패한 공무원 등에게 뇌물을 주고, 더러는 테러단체들이 이 마약의 밀수로 인한 수익으로 그 자금이 활용되기도 한다.

3. 새로운 충돌

(1) 테러리즘(terrorism)[34]

2001년 9월 11일 미국에 대한 국제적인 테러로 인해 각 국의 정부와 사람들은 테러리즘에 대해 큰 관심을 갖게 되었다. 워싱턴포스트는 2001년 9월 12일, '냉전시대에서 회색전쟁시대'로 접어들었다고 보도했다. 제2차 세계대전에 이어 40년간 지속된 냉전과는 달리, 회색전쟁은 적이 누구인지 모르며 전선도 전쟁의 규칙도 없는 전쟁이라고 지적했다. 2010년 미 국무부는 45개 외국 테러단체의 명단을 발표했는데, 이 중에서 일부는 알카에다처럼 종교적 동기에서 비롯된 것과, 종족 분쟁과 민족주의, 그리고 계급 이념에 근거를 둔 조직들이 있었다.

테러리즘이란, 의도적이고 무차별적으로 민간인을 대상으로 하는 정치폭력을 말한다. 전통적으로 테러는 민간인들의 사기를 떨어뜨려 이들의 불만을 정부나 분쟁 상대방에 대한 제어수단으로 삼으려고 한다. 이러한 목적으로 극적 장면을 연출하여 자신들의 대의에 대한 언론의 관심을 끈다는 목적도 가지고 있다. 테러가 무심코 저질러지는 경우는

---

34) 테러(terror)는 라틴어로 '커다란 공포'를 뜻하는 말이다. 미 연방수사국(FBI)은 테러리즘은 정치, 사회적 목적에서 정부나 시민들을 협박, 강요하기 위해 사람이나 재산에 가하는 불법적인 폭력의 사용'이라고 정의했으며, 테러행위 자체를 테러리즘으로 혼용하기도 한다.

2장 전쟁과 분쟁 135

없으며, 대개는 폭력을 제어수단으로 삼으려는 철저하게 계산된 행동이라는 공통점을 가지고 있다. 그러나 테러의 동기와 수단은 매우 다양하며, 한 행위자가 다른 행위자에게 영향을 주기 위하여 폭력을 사용한다는 것에서 공통점을 찾을 수 있다.

<표 2-17 : 고전적 테러리즘과 뉴테러리즘 비교>

구분	고전적 테러리즘	뉴테러리즘
발생 형태	전쟁에 준하는 상황과 배경 속에서 발생	전쟁의 한 형태, 최대한 인적 물적 피해를 추구, 무차별적 형태
테러 주체	테러의 주체와 이유가 명확하고 중앙통제식	얼굴 없는 테러, 이유가 추상적이고 느슨한 중앙통제식
전술 목표	공포 및 두려움 유포	극적인 연출로 공포와 혼란 조성, 대중매체 적극 활용
목표물 범위	폭력의 대상자가 곧 희생자, 희생자 규모가 명확히 한정됨	불특정 다수, 일반 대중에게 무차별공격, 범세계적인 피해가함
테러 명분	군사상 필요에 의한 명분	심리상, 종교상, 종족상 필요 명분
테러 대상	특정한 개인 및 소규모 집단	대량살상무기 활용 불특정다수

테러의 주된 효과는 심리적인 것이다. 대중의 주의를 사로잡는 효과는 부분적으로 사건 자체의 극적인 성격에서 나온다. 특히 TV의 브레이킹 뉴스를 통해 시시각각으로 전 세계에 퍼져나가는 점을 노릴 수도 있다. 또한 희생자가 무작위로 결정된다는 점도 테러가 주의를 끄는 한 가지 요인이다. 거리에 설치된 폭탄이 터지면 실제로 죽거나 다치는 사람은 수십 명에 이르지만, 수백 명의 사람들에게 공포심을 극대화 한다. 이처럼 테러는 다수의 군중들에게 심리적 효과를 주기 때문에 작은 힘으로 큰 목적을 달성한다. 통상 테러가 약자의 의사표시 수단인 이유라고 할 수 있다.

과거의 전형적인 테러사건은 비국가 행위자가 국가 행위자에게 영향을 주기 위하여 국경선을 넘나들면서 활동하는 사복 입은 비밀부대를 이용하여 민간인을 공격하는 형태였다. 과격한 정파나 분리주의 집단은 여객기를 납치, 또는 폭파하거나 사람들이 많이 모이는 장소에 폭탄을 설치하여 터뜨리기도 한다. 이런 전술은 테러리스트들의 대의에 관심을 끌만한 극적 사건을 만든다.

테러에 의한 피해와 그에 대한 대응에는 차이가 있다. 서구의 언론과 대중들에게 테러는 매우 중요한 위협이다. 테러리즘은 어떤 권력이 아니라 행동의 수단이다. 오바마

전 미국 대통령은 이렇게 말했다. "트럭 뒤에서 공격하는 무리들, 아파트 혹은 차고에 숨어서 모의를 꾸미는 불량한 생각들은 시민들에게 큰 위협이 되지만, IS가 원하는 만큼 미국 사회의 근간을 뒤흔들 핵심적 위협요소는 아닙니다."

테러는 시간과 장소를 불문하고 발생할 수 있다는 사실은 분명 실제적인 위협에 비해 지나치게 큰 불안감을 야기한다. 테러리즘은 비전투원과 전투원을 구분하지 않으며, 전 세계를 전쟁터로 만든다. 전쟁 등의 다른 위협에 비해 테러행위로 발생하는 사망자의 수는 제한적이지만, 테러리스트들의 활동무대는 제약을 받지 않는다. 테러리즘은 상대방의 군사력과 정면충돌하는 것을 피하기 위해 동원하는 비대칭전의 한 형태이다.

서구의 국가들은 그들의 군사력으로 인해 외부 위협을 거의 느끼지 않는다. 하지만 테러행위에 대한 보안은 미국을 비롯하여, 프랑스, 벨기에 등 모든 나라들에 대해 주요한 약점으로 남아있다. 테러리즘은 정치적 행위이며, 폭력적 행동 방식으로 나타나며, 불특정 방법으로 민간인들을 괴롭힌다. 따라서 테러는 범죄적이거나 경제적 동기에 의해 자행되지 않으며, 선전 선동이나 이데올로기적 언쟁이 아니며, 상대방의 군사력을 목표로 하지 않는 특징을 정리할 수 있다.

그러나 알카에다의 공격은 좀 다른 양상을 보여주었다. 단순하게 공포를 조성하기보다는 가능하면 많은 미국을 비롯한 동맹국가의 시민들을 희생시키는 것을 치밀하게 계획한다. 알카에다 추종자들은 종말론적 폭력이 발생하면, 신이 개입한다고 믿는데 바로 그런 폭력을 촉발하기 위한 공격을 하고 있는 것이다. 실제로 지난 반세기 동안 전반적으로 더욱 치명적인 테러 공격전술이 변화되어 왔다. 2001년 9.11 테러는 충격적이고 파괴적인 공격이었다. 그 피해 또한 수천 명의 인명과 수백억 달러의 재산피해를 낳았으며, 미국의 정치, 경제, 문화에 미친 충격은 매우 컸다.

2014년 6월, 이라크 레반트 **이슬람국가(IS)**[35]는 시리아와 이라크에 걸친 20만㎢의 영토에 테러리스트 국가를 세웠다. 테러집단이 영토 기반을 마련한 것은 처음이다. IS의 목표 중 하나는 무슬림 진영과 비 무슬림 진영을 단절시키는 것이라고 볼 수 있다. 2016년 이후 IS는 영토의 많은 부분을 상실했다. 시리아에서는 러시아가 시리아 정부를 지원하여 대대적인 군사작전을 전개하여 2017년 12월 7일, ISIS의 격퇴를 선언했다. 한편 미국

---

35) Isiamic State을 자임하는 테러집단은 IS를 국호로 천명하며 국가건설을 선포하였으나, 이에 대해 이슬람의 본원적 의미를 모독했다는 비판이 제기되어 국제사회에서는 IS라는 이름 대신 지역으로 한정하는 ISIS(Isiamic State of Iraq and al-Syira)로 지칭하고 있다.

등 다국적군의 지원을 받아 이라크 정부군이 대대적인 ISIS 격퇴전을 벌였고, 2017년 12월 9일 종결을 선포했다.

그러나 아직도 유혈 테러를 감행할 능력을 가지고 있다. 무엇보다도 테러리즘은 멈추지 않았으며, 영원히 사라지지 않을 것이다. 2016년에 발생한 테러리즘의 주요 통계는 다음과 같다. 2016년 한 해에 총 13,488차례의 테러가 발생했으며, 34,676명의 희생자가 발생했다. 이 중에서 북아프리카와 중동에서 6,100여 차례의 공격을 19,000여 명의 희생자가 발생했다.

(2) 대량살상무기의 확산

대량살상무기(Weapons of Mass Destruction, WMD)는 일반적으로 세 가지 유형이 있는데, 화학, 생물학, 방사능(핵) 무기이다. 이러한 무기들은 재래식 무기와 큰 차이가 있는데, 크기도 작고, 비용도 싸지만, 그 효과 면에서는 엄청난 파괴력과 살상력을 가지고 있다. 또한 무차별 살상이라는 점에서 훨씬 그 정도가 확대되며, 이러한 무기들이 탄도미사일에 장착된다면 그것은 한 국가의 본토에서 다른 국가의 본토를 위협하며, 대규모로 파괴할 수 있는 무기가 될 수 있다.

대량살상무기는 보유만으로도 위협이 되며 기존의 국제체제 내에서의 국가의 영토 보전과 국민의 안전 보장을 해치는 심리적 효과가 있다. 현대에서 핵심적인 사항은 이러한 무기들의 확산이 더 우려되는 부분인데, 여기에서는 핵무기의 확산에 대해 집중적으로 논의하기고 한다.

핵무기의 확산과 싸우는 것은 핵을 보유한 강대국들이 전략적으로 접근하고 있는 문제이다. 핵무기의 확산에 대한 두려움은 이런 종류의 무기가 인류에 의해 개발되면서 시작되었다. 1945년 미국은 소련에게 핵연료 주기를 국제적으로 관리하는 대가로 자신들의 원자력 독점을 포기하겠다고 제안했다.[36] 핵연료 주기는 우라늄을 채광하여 에너지 생산을 위해 원자로에 장전하고 운전하며, 최종적으로 영구처분 할 때까지의 일련의 단

---

36) 바루크 플랜(Baruch Plan) 이라고도 하는 이 제안은 전 세계가 핵무기 제조를 중지하고 유엔에 국제원자력개발기구를 세워서 원자력과 관련된 활동을 관리 및 통제하고 책임을 지도록 한다는 것이다 정작 당시 유일한 핵 보유 국가였던 미국의 핵무기를 폐기한다는 내용이 빠져있고, 미국에 대응하여 핵개발에 열중하던 소련이 동의하지 않아 실질적인 효과를 거둘 수 없었다.

계로 구성된 순환과정으로 원자력 발전의 핵심 내용이다.

1946년 6월 14일, 유엔 원자력위원회에서 미국의 장관이었던 버나드 바루크(Bernard Mannes Baruch)가 발표한 이 제안은 전 세계가 핵무기를 보유하지 못하게 하기 위해서였다. 이처럼 유엔의 첫 번째 결의안은 매우 포괄적이고 완전한 비핵화에 대한 요구에서 출발하였다. 핵 확산과 관련된 원칙은 'N+1'이다. 각 국은 자신들이 핵무기를 보유하는 것이 세계의 평화와 안전에 위협이 되지 않는다고 생각하는 동시에, 자국을 제외한 다른 국가들이 핵무기를 갖는 것은 세계 평화를 위협하는 위험한 행동이라고 생각한다.

미국은 1945년에 세계 최초로 핵을 개발하였고, 민주주의와 그들의 보편적 가치로 핵을 독점하는 것이 합리적이라고 생각했다. 그리고 1945년 8월 6일 일본의 히로시마에, 8월 9일 나가사키에 핵무기를 사용하게 된다. 이에 경각심을 갖게 된 소련은 미국과의 전략적 균형을 유지하기 위해 1949년에 핵무기를 개발했다. 1944년 9월 미국의 루스벨트 대통령과 영국의 처칠 수상은 일본에 대한 핵 공격을 승인하고 영국의 핵무기 관련 기술을 전수한다는 합의에 의해 영국의 핵보유를 저지하지 않았으며, 1952년에 핵무기를 보유했다.

이후 미국과 소련은 중국과 프랑스가 핵을 보유하는 것을 막기 위해 많은 노력을 경주했다. 그러나 중국과 프랑스는 자신들이 핵무기 클럽에 들어가는 것이 미국과 소련의 양 대국 공동 통치 체제를 견제하고 국제 사회에 새로운 전략적 균형을 만드는 것이라고 생각했다. 프랑스는 이스라엘이 핵무기를 보유하는 데 도움을 주었지만, 일단 자신이 핵을 보유한 이후에는 이스라엘에 대한 협력을 중단했다.

1968년 **핵 확산 금지조약(NPT)**[37]가 체결되었다. 이 조약은 미국, 소련, 영국, 프랑스, 중국 등 5개국에게 공식적인 핵 보유국가의 지위를 보장했다. 이로 인해 이 조약은 세계를 핵무기 보유국가와 현재 핵을 보유하지 않았으며 미래에도 핵을 보유를 하지 않는 국가의 부류로 구분되었다. 그 후에 핵무기를 보유하게 된 이스라엘, 인도, 파키스탄 등 3개국은 당시에 NPT에 서명하지 않았으며, 따라서 이들 국가들은 NPT의무를 위반하지 않은 경우가 되었다. 북한은 NPT에 서명했으나 2003년 월, 이를 파기하였고 2017년 9월 6차 핵실험을 통해 사실상의 핵보유국이 되었다.

---

37) Nuclear Non-Proliferation Treaty는 비핵 보유국가가 새로 핵무기를 보유하는 것과 보유국이 비 보유국에 대해 핵무기를 양여하는 것을 동시에 금지하는 조약

<그림 2-11 : PSI 참여국 및 WMD보유국 현황>

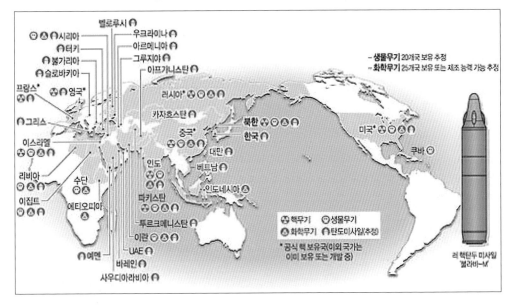

핵무기는 권력을 동등하게 만들어 버리는 성격을 갖는다. 핵무기를 보유한 국가를 견제하기 위해서는 반드시 그 나라가 가진 만큼의 핵무기를 보유할 필요는 없다. 핵무기는 재래식 무기와는 달리 숫자의 법칙에서 자유로울 수 있다. 핵무기를 소유한 국가는 억제력이라는 명목으로 자신들은 그 무기를 소유함으로써 안전을 보장받아야 한다고 주장하면서, 다른 국가들은 핵무기에 접근하는 것이 세계의 안전과 평화를 위협하는 행동이라고 생각한다.

그럼에도 불구하고 핵무기의 보유국가가 증가하는 것은 핵무기의 오용이나 우발적 사용의 위험성이 높아지는 것을 의미한다. 핵무기를 개발하는 국가들의 입장은 경쟁 국가를 공격하기 위해서라기보다는 자신들의 영토나 체제에 대한 적의 공격을 억제하는 수단으로서 핵무기의 힘을 빌려 어떤 위협도 받지 않으려는 보장을 받고 싶은 것이다. 핵무기는 자신의 권력을 유지하는 생명보험이나 마찬가지다.

더구나 핵무기가 탄도미사일과 결합되면 거리의 제약까지도 벗어날 수 있는 수단이 된다. 이 경우에는 언제든지 국경이 접해 있지 않은 국가들을 대상으로 전쟁을 선포하거나 핵 억제력을 행사할 수 있기 때문이다. 핵무기는 전쟁의 개념을 뒤엎는 동시에 지정학에도 엄청난 변화를 가져왔다. 핵무기는 분쟁을 유발하지 않는 것이 확실한 영토까지도 완전하게 파괴할 수 있는 위험성을 가지고 있다. 그럼에도 불구하고 핵무기의 금지를 추구하는 움직임은 활발하게 진행 중이며, 2017년 노벨평화상은 핵무기폐기국제운동 (ICAN)에게 수여되기도 했다.

<표 2-18 : 핵무기 보유국 현황 (2019.5.17. 미국 전략예산평가센터)>

구 분		핵탄두 보유량	비 고
NPT 공식 인정국가	미국	10,104	1967.1.1.이전 보유 / UN 안보리 상임이사국
	러시아	16,000	
	중국	130	
	영국	200	
	프랑스	350	
비공식 인정국가	인도	75-115	1974실험 / 2006 미-인협정
	파키스탄	65-90	1998실험 / 2001 이후 묵인
	이스라엘	75-200	1966실험 / 1973 보유 확인
핵개발 추정국가	북한	20개 추정	2006-2016실험

한편 국제사회는 불량국가 및 테러집단에 의한 WMD 및 관련물자의 불법거래를 차단하고 확산을 방지하기 위한 국제협력 활동으로 '대량살상무기 확산방지구상(Proliferation Security Initiative, PSI)'이라는 협력체를 운영하고 있다. 이 협력체는 2003년 5월, 미국 부시 대통령이 주창하여 최초에는 미국 등 11개 회원국으로 출발하였으나, 2018년 12월 현재 한국을 포함하여 105개국이 참여하고 있다. 이것은 국제조약이나 상설기구가 아니라 WMD 및 관련물자의 확산 방지를 지지하는 국가들의 자발적 협조에 기초한 협력체로, 참여절차는 '차단원칙 성명'을 승인한 후 외교 형식으로 미국 측에 통보하는 절차를 거쳐 정식 참여국으로의 자격을 획득한다.

현재 주요 미 참가국은 중국, 인도, 파키스탄, 인도네시아, 이란, 시리아, 남아공화국, 브라질, 북한 등이다. 이 협력체는 주기적으로 정보를 교류하고, 관련 정책을 협조하며, 국제협력 방안 등을 논의하며, WMD의 확산을 차단하는 훈련을 실시한다. 차단훈련은 참여국 간의 합동 대응능력 배양을 위해 차단·검색훈련, 모의 도상훈련 등을 실시하며, 차단관련 국제법적 근거로 원용되는 규범은 UN안보리 결의 1540호(10항)[38], UN해양법 협약 제19조 2항, 제110조 1항 등이 적용된다.

(3) 지구 온난화(Global Warming)

지구 온난화는 국제 안보를 저해할 수 있는 중대한 전략적 영향력을 행사하고 있다. 이것은 전 세계적으로 평균의 대기온도가 상승하는 것인데 그 원인이 바로 인간의 활동으로 산업화의 발달로 인한 온실가스의 배출 증가가 주범으로 지목되고 있다. 산업이 발달하면서 지구의 개발과 더불어 석탄, 석유, 가스와 같은 화석연료를 과도하게 사용하는 것이 산림의 파괴를 가져오고, 이것이 빙산의 감소 및 퇴각으로 이어지고 기온과 바다 수위를 상승시켜 인류를 위협하게 되는 것이다.

이런 현상은 농업 생산량과 수자원의 감소를 야기 시키며, 가뭄과 대규모 화재의 증가, 삼각지를 비롯한 토지의 일부를 침식시키게 된다. 인간이 거주하고 식량을 생산할 수 있는 토지가 줄어들게 되면 이는 곧 분쟁의 도화선이 될 수 있다. 이처럼 지구 온난화는 지구의 미래 생존을 제한하는 주요한 위협요인으로 등장하고 있다.

1997년 **교토의정서(Kyoto Protocol)**는 온실가스의 주요 배출국인 미국과 중국의 비준을 받지 못했다. 일본 교토에서 열린 제3차 기후변화협약 당사국 총회에서 2012년까지 선진국 전체의 온실가스 배출량을 1990년 수준보다 5.2% 감축하는 것에 합의했으나, 미국은 2001년 자국의 산업 보호를 위해 이에 탈퇴했고, 중국과 인도는 많은 온실가스 배출국임에도 불구하고 개발도상국에 포함되어 배제되었다. 이어서 캐나다가 2011년 탈퇴를 선언했고, 2012년에는 일본과 러시아가 빠지면서 유명무실한 상징적 체제로 전락했다.

2015년 12월 **파리기후변화협약(Paris Agreement)**은 1년에 1,000억 달러 규모의 녹색기후기금을 조성하며, 2050년까지 지구 온난화의 증가율을 1.5%로 제한하기로 결정했다. 그러나 미국의 트럼프 대통령은 미국우선주의를 제창하면서 2017년 6월 이 협약으로부터 탈퇴를 선언했다. 이에 반해 경제적으로 급부상하는 중국은 이를 지구 온난화에 대한 논쟁에서 모범적 역할을 하는 모습으로 활용하고 있으며, 2007년 노벨평화상은 엘 고어 전 미국 부통령과 기후변화에 관한 정부 간 패널(IPCC)에 공동으로 수여하기도 했다.

지구 온난화를 둘러싼 갈등은 단지 과학적 관심사나 기술적, 혹은 경제적 문제에만 국한되는 것이 아니라 본질적으로 장기적이고 전략적인 문제이다. 지구의 환경이 파괴되

---

38) 모든 국가들이 WMD 운반수단의 불법거래를 방지하기 위해 국내법에 따라 국제법에 부합된 협력적 조치를 취하도록 촉구한다.

어가는 속도를 고려해 볼 때, 인류는 현재 직면하고 있는 테러리즘이나 대량 살상무기의 확산과 같은 전통적인 위험보다도 지구 온난화에 의한 위험이 훨씬 더 심각한 결과를 가져오게 될 것으로 전망된다. 아프리카의 어떤 지역에서는 점점 고갈되어가는 자원 때문에 갈등이 격화되고 있고, 가뭄으로 인한 분쟁이 발발하거나 수자원의 사용을 위한 다툼도 증가하고 있다.

수단의 다르푸르 지역은 사막화와 함께 토지가 황폐해져 가고 있으며, 해수면의 상승은 나일 삼각주의 거주민들이 방글라데시 주민들에게 영향을 주게 될 것이다. 인도와 파키스탄, 방글라데시는 물 공급원으로 필수적인 히말라야의 빙하가 녹아내리는 것이 어떤 결과를 가져오게 될 것인지를 걱정하지 않을 수 없을 것이다. 몽골지역의 사막화의 확대와 중국의 급격한 산업화의 추진으로 인해 한국으로 전해지는 미세먼지의 심각성도 미래에 주요한 갈등의 원인이 될 것이다. 지구 온난화는 지금까지의 무분별한 인간들의 활동에 대한 엄연한 결과물이다.

(4) 우주와 사이버 공간에 대한 경쟁

냉전기간 동안 미국과 소련은 우주정복이라는 목표를 두고 경쟁을 했다. 당시 케네디 대통령은 우주를 미국의 "새로운 국경"이라고 표현했으며, 이는 곧 영토를 위한 경쟁이었고, 그 영토가 대기권 밖으로 확대된 것을 의미했다. 우주전쟁은 과학적 경쟁에 관한 문제가 아니라 군사적, 전략적 관점에서 중요성이 증대되었다. 우주는 적에게 도달 할 수 있는 핵무기가 순환할 수 있는 공간이자, 상대국의 영토에 들어갈 필요 없이 주권을 침해하지 않고 다른 나라에 대한 정보를 수집할 수 있게 한다.

군사적 전술에서 가장 높은 지점을 쟁취한다는 것은 항상 전략적인 면에서 우위에 선다는 것을 뜻한다. 우주공간은 지상의 위치를 지배하고 통제할 수 있는 최고의 지점이라고 볼 수 있다. 우주공간을 놓고 벌이는 경쟁은 현대화의 상징처럼 여겨지고 있다. 위성 발사에 성공한 국가들은 서로 열심히 소통하고 경쟁을 한다. 중국은 상업용과 요격용 위성을 발사할 수 있는 기술을 끊임없이 개발하고 있으며 그들은 우주공간을 통제함으로써 힘의 상징으로 삼으려고 노력한다.

사이버공간은 육지, 바다, 하늘, 우주 공간에 이어 잠재적인 전쟁의 5번째 영역이라고 할 수 있다. 컴퓨터시스템에 대한 공격은 한 국가의 경제에 치명적인 영향을 줄 수 있으며, 위험물질을 생산하는 공장에 피해를 입힐 수도 있다. 전신 전화, 전력 등 국가기간망에 대한 공격은 큰 혼란과 피해를 야기할 수 있다.

사이버공간에서 사용할 수 있는 무기에 대해서는 많이 알려져 있지 않다. 공격의 증거도 명백하지 않는 데 비해, 그 피해는 엄청나게 크다는 효과가 있다. 사이버 공격에 사용되는 방법은 선전활동은 물론이고, 정보의 수집과정에서 허위정보의 제공과 접속을 할 수 없게 만드는 서비스의 거부, 군사기지의 기기와 장비의 사용 불능화, 민감한 인프라에 대한 공격까지 매우 다양하게 발전하고 있다.

2015년 미국과 중국은 사이버공간에서 상대국에 대한 공격을 삼갈 것을 명시한 협약을 체결했다. 세계 각국은 자국의 네트워크를 보호하고 적에 대해 잠재적 공격을 가하는 임무를 띤 사이버사령부를 가지고 있다. 역설적이게도 사이버공간에서는 힘의 강대함이 곧 약점이 될 수도 있다. 첨단의 기술에 가장 많이 의존하고 그로부터 더 많은 권력을 얻어내는 국가일수록 사이버공간에서의 공격에 취약하게 된다. 왜냐하면 사이버 공격은 기술이 발전한 사회에서 가장 크게 그 영향력을 발휘하게 되기 때문이다.

(5) 페미니즘과 젠더 갈등

페미니즘(feminism)은 '여성의 권리 및 기회의 평등을 핵심으로 하는 여러 형태의 사회적·정치적 운동과 이론'을 아우르는 용어'다. 페미니즘은 남성 중심의 가족 질서, 더 나아가 남성 중심의 사회질서를 의미하는 **가부장제**(patriarchy)를 반대한다. 페미니즘 운동의 전개는 대체적으로 다음과 같이 구분한다.

제1차 페미니즘 물결로, 19세기부터 1950년대까지 남성들이 누리고 있는 참정권과 사유재산권을 여성에게 확장시켜 주어진 사회제도 안에서 여성이 한 개인으로서 자신의 능력을 최대한 발현할 수 있도록 노력하였다. 미국의 경우 노예제도 철폐 운동에 참여했던 여성들이 여권 신장을 위한 페미니즘운동에 적극 참여했다. 1869년 존 스튜어트 밀(John Stuart Mill, 1806~1873)은 『여성의 예속』에서 '인류의 발전을 위해 두 성의 관계가 여성의 남성에 대한 법적 예속보다는 두 성의 완전한 평등을 기본 원리로 삼아야 한다고 주장'했다.

　　제2차 페미니즘 물결은, 1960년대부터 1980년대까지는 노동환경과 임금수준 개선 등 사회적 불평등 현상으로부터 여성을 해방시키는 운동에 집중되었다. 1949년 시몬 드 보부아르(Simone de Beauvoir, 1908~1986)는 『제2의 성』에서 '남성 중심적 사상인 가부장제가 어떻게 역사적으로 확대, 재생산되며 사회적 규범으로 자리 잡았는지, 그리고 그 과정 속에서 어떻게 여성을 사회적 규범 밖에 위치한 타자로 억압'해 왔는지를 밝혔다.

　　제3차 페미니즘 물결은, 1990년대에 들어 여성의 인종, 국적, 종교, 계층, 섹슈얼리티, 문화적 다양성에 관심을 갖고 젠더 및 젠더 정체성의 다채로움에 관심을 가졌다. 1990년 주디스 버틀러(Judith Butler)는 『젠더 트러블 : 페미니즘과 정체성의 극복』에서 '여성이 계층과 인종을 비롯한 개인의 여러 경험으로 인해 구성된 복잡한 사회적 구성물'이라고 주장했다.

　　국제관계에서는 대체적으로 페미니즘을 3개의 유형으로 구분한다. 첫째, **본질론적 페미니즘**으로, 여성의 가치에 초점을 맞추고 여자로서의 독특한 기여를 높이 평가하며, 남녀 간의 차이가 생물학이 아니라 문화에 의해 결정된다고 생각한다. 둘째, **자유주의적 페미니즘**은, 남녀 간에는 능력이나 본질적으로 차이가 없다고 본다. 따라서 이들은 국가원수, 여군 기타 국제관계 분야에서 전통적인 성 역할을 벗어나서 활동의 확대를 추구한다. 셋째, **포스트모던 페미니즘**은 성에 관한 모든 가정을 부정하고, 이것은 모두 자의적이고 유동적인 개념이라고 인식한다. 페미니즘의 세 갈래 이론들은 현실주의 및 자유주의 이론과 다른 설명을 제공한다.

　　젠더(gender)는 가장 친밀한 방법으로 문화와 사회적 맥락 속에서 인간이 어떤 존재가 될 수 있는지를 결정한다. 젠더는 국제관계학 분야에서 비교적 새로운 이슈이다. 국제관계학에서 비록 모든 학자들이 젠더 관점을 채택하지는 않지만 모든 인식 가능한 주제들은 젠더적인 측면을 가진다. 특히 외교, 사회운동, 국제 재판소, 테러단체에도 젠더 규범이 작동하며, 이 규범들이 남녀의 차이에 의한 차별과 불균형을 초래한다.

　　세계는 남성과 여성이 반반으로 구성되어 있다. 사람은 태어나는 순간, 나의 의지가 아닌 타인인 의사나 부모에 의해 아들인지 딸인지가 정해진다. 남녀라는 이항대립적인 선택 중에서 어느 한 성으로 확고하게 귀속되는 것은 인간으로서 공식적인 인정을 받기 위한 전제조건이 된다. 이렇게 태어나 처음으로 주어지는 영구적이고 생물학적인 성 정체성은 일생을 따라다니게 된다. 이후 소녀와 소년으로, 여성과 남성인 성인으로 성장한다. 성적 차이는 사춘기에 두드러지게 되고 성적 차이에 의한 임신할 수 있는 능력 등은 성인이 된 자아의 중요한 부분을 형성한다.

남성과 여성은 다른 신체적 차이를 가지기 때문에 남녀 간의 문화적 · 사회적 · 경제적 · 정치적인 비대칭이 원래적이고 불변하는 생물학적 구분인 것처럼 생각하기 쉽다. 그러나 젠더 불평등에 관한 이런 상식은 틀린 것이다. 여성 또는 남성이 되기 위해 알맞은 방식이 무엇인지를 생각할 때, 유전학의 방식을 따르는 것이 아니라 사회의 규칙을 따르게 된다. 남성성과 여성성의 특징들은 허용 가능한 가치들을 코드화하여 내포하고 있으며, 순탄한 사회생활을 위한 전제조건으로 그러한 가치들을 학습한다.

〈시몬 드 보부아르(Simone de Beauvoir)의 젠더화에 대한 언급〉
여성은 태어나는 것이 아니라 만들어지는 것이다. 그 어떤 생물학적, 심리적, 또는 경제적인 운명이 사회 속의 여성 인간이 표상하는 존재를 결정짓는 것이 아니다. 이 남성과 내시의 중간인 여성이라고 지칭되는 피조물을 만들어 내는 것은 총체로서의 문명인 것이다.

케이트 밀레트(Kate Milett)는 젠더가 개인의 성격과 그것의 발현인 **기질**, 주어지고 적절하다고 간주되는 행동인 **역할**, 중요성과 타인에의 영향인 **지위**를 깊이 형성한다고 주장했다. 젠더는 공과 사를 막론하고 누가 무엇을 얻게 되는지에 결정적인 영향을 미치며 정치적인 권력의 발현이다. 사회는 젠더와의 관련 속에서 구성되고, 젠더는 사회를 계층화한다. 그리고 젠더에 따른 행동은 시공간에 따라 그 의미를 달리한다. 젠더는 어떤 때는 아무런 비판 없이 거의 고정적인 의미를 가지지만, 다른 때에는 매우 논쟁적이고 유동적인 의미를 가지기도 한다.

일반적으로 생물학적 특성들인 성기나 재생산의 기능인 성(sex, 性)과 사회적 코드인 남성성과 여성성으로 표현하는 젠더(gender)는 구분된다. 성이 생물학적으로 남녀를 구분하는 개념이지만, 젠더는 정체성의 집합적인 한도를 형성한다. 이런 이유로 젠더를 오킨(Okin)은 "성차의 사회적 제도화"라고 했고, 루빈(Rubin)은 "사회적으로 강요된 성별 구분"으로 불렀다. 젠더를 이해하는 것은 젠더 규범과 이념이 이항대립적인 성의 이분법으로 축소되지 않는다는 것을 염두에 두면서, 남성성과 여성성이 어떻게 남성과 여성과 관련하여 구성되는지를 아는 것이다. 남성과 여성들 사이에 평균적으로 존재하는 어떠한 신체적인 차이들도 그러한 경향들을 확대할 수도, 제한할 수도 있는 젠더의 구조에 대해 더욱 정교하게 구체화된다.

젠더는 고립하여 기능하지 않으며, 인종, 계급, 민족과 같이 다른 권력구조와 결합된다. 그들에게 어떤 기회가 열리고 어떤 한계에 부딪치는지, 어떤 자유가 주어지고 어떠한 폭력에 접하게 되는지는 젠더뿐 아니라 많은 다른 복합적인 권력구조가 중층적으로 상호작용한다. 인종주의와 성차별주의를 제도화하고 있는 사회에서 젠더만으로 특정 인종 집단의 구성원에게 발생하는 일을 설명하는데 제한이 많다.

미국의 페미니스트 법학자인 킴벌리 크렌쇼(Kimberle Crenshaw)는 "지배란 단지 하나의 권력 축에 의한 것이 아니기 때문에 차별을 교정하기 위해서는 복합적인 위해와 교차성(intersectionality)을 고려할 필요가 있다"고 주장했다. 교차성은 세계정치에서도 발견된다. 젠더화된 차별, 폭력, 교육, 세력화, 무역, 외교, 공동체 등은 모두 세계적인 현상이다. 이들은 모두 물리적인 경계, 서로 다른 정치공동체, 낯선 것과 익숙한 것들에 대한 상상 속에서 발생한다.

〈여성 정치지도자 현황(2015년)〉
- 국가 및 정부 수반 : 199개국 중 14개국, 7%
- 의회 여성 비율 : 22.5%
  * 의회 여성 비율 최고치 : 64%(르완다)
  * 의회 여성 비율 최저치 : 0%(미크로네시아, 팔라우, 카타르, 통가, 예멘, 바누아투

역사적으로 남성성에 대해 짚어봐야 할 문제이다. 국제관계 분야에서 전통적 성 개념을 보면 남성은 군사력을 운용하여 전쟁을 수행하고, 국가주권을 행사하며, 외교정책을 결정하는 공적인 활동의 주체로 인식하였다. 이에 비해 여성은 사적이고 국내적인 영역에 적합하다는 식의 개념구성에 한정되었다.

테렐 카버(Terrell Carver)는 "**남성성**이란, 남성에게 여성을 지배할 권력을 부여할 뿐만 아니라, 남성성을 가진 개인과 집단이 여성성이 부여된 개인과 집단을 지배할 수 있게 하며, 남성과 남성 사이, 그리고 특정 남성성과 다른 남성성 사이에 권력 서열을 만들어

낸다."고 했다. 남성성이 남성의 행위를 어떻게 규정하는지를 이해하는 데 가장 많이 사용되고 있는 분석틀은 **'패권적 남성성'**이라고 했다.

코넬(R. W. Connell)은 '어떠한 젠더 레짐에서도 항상 모든 남성이 찬양하고 지배적이 되는 어떤 특성으로 대표되는 이상적인 남성성이 존재'한다고 주장했다. 이 높은 지위에는 일종의 사회적 합의에 따른 가치가 부여되기 때문에 이를 **패권적 남성성**이라고 부른다. 패권적 남성성은 역사적인 시기에 따라 다르지만 가장 전형적인 사례에는 백인, 이성애, 활동성, 부, 합리성, 아버지, 군대, 애국과 관련된 특질을 포함했다.

실존하는 남성이 패권적 남성성을 모두 구비하기는 불가능하다. 따라서 몇 가지의 남성성으로 차별화되었다.

첫째, 스스로가 지배적이지는 않지만 패권적 남성성과의 유대로 혜택을 입는 남성성을 **공모적 남성성**이라고 한다. 예를 들면, 스스로는 군사능력 시험을 통과할 만한 능력을 갖지는 못했지만 강력한 친군사적 의견을 피력하고 군대의 상징을 찬미하는 경우이다.

둘째, **종속적 남성성**은 패권적 남성성과의 관계에서 차별, 무시, 조롱의 대상이 되는 남성성을 말한다. 이들은 남성 집단에서 배제되어 남성 집단의 구성원들이 누리는 혜택을 모두 누리지는 못한다. 현재 공식, 비공식적으로 게이(Gay)나 퀴어(Queer) 남성을 차별하는 사회에서는 동성애를 종속적인 남성성으로 취급하는 경우가 많다.

셋째, **소외된 남성성**은 젠더를 제쳐 둔 다른 구조들과 겹치는 까닭에 패권적 이상에 비추어 규탄되는 남성성이다. 이민자나 소수자 집단의 남성들은 그 남성들이 원래 속한 사회에서는 패권적 또는 공모적 남성성을 가진 집단으로 인정될 수 있지만, 그들의 존재가 국가, 인종, 공동체의 정체성이 위협으로 인식되는 한 특권층 남성 집단에 의해 받아들여지지 않는다. 이처럼 남성적인 정체성은 그 사회의 정치구조에 따라 매우 유동적이다.

그러나 이성애 및 동성애에 대한 사회의 태도는 지난 100년간 전 세계적으로 크게 변화했다. 예를 들면, 동성애에 대한 법적 지위의 변화, 게이 권리 및 LGBTQI[39] 사회운동의 성장과 확대, 동성애적 행위가 종교적 · 문화적 · 정치적 집단에 미치는 영향에 대한 두려움, 동성애적인 남성성과 여성성의 규범에 대한 다양성, 젠더 퀴어 정체성에 대한 인정의 확대, 성소수자 생활방식에 대한 미디어 표현의 다양화, 이성애적 관계의 혼전

---

39) 성 소수자인 Lesbian(레즈비언), Gay(게이), Bisexual(바이섹슈얼), Transgender(트랜스젠더), Queer(성적 정체성에 의문을 가진 사람들), Intersex(간성)을 말한다.

성관계에 대한 태도의 변화, 인종 간 혼혈 생식에 대한 인종적 사고의 감소들을 들 수 있다.

〈세계정치의 젠더화〉

페미니스트 시민사회 단체의 지구적 연대의 요구에 따라 UN은 1975년 멕시코시티에서 첫 번째의 세계여성대회를 개최했다. 이 회의에서 여성에 대한 임금 차별과 경제적 자립, 평화 달성을 위한 여성의 역할 등 다양한 형태의 여성에 대한 배제를 논의했다. 이 회의를 통해 국제연합 여성발전기금(UNIFEM)이 설립되었다. 1985년에는 나이로비회의에는 비정부기관과 다수의 페미니스트 단체들이 참석하여 '지구적 페미니즘의 탄생지'라는 별명을 만들어 냈다.

1995년에는 중국의 베이징에서 세계여성회의를 열어 '베이징 행동강령'을 남겼으며, 이는 여성에 대한 지위를 가늠하는 기준이 되는 일련의 요구 리스트가 되었다. 베이징 행동강령은 여성 인권과 양성평등을 위해 우선적으로 보장되어야 하는 12개 분야의 과제를 제시했고 이는 각국 정부가 양성평등정책을 수립하는 데 기초가 되었다. 과제는 여성과 빈곤, 여성과 교육, 여성과 건강, 여성에 대한 폭력, 여성과 전쟁, 여성과 경제, 여성과 권력, 제도적 장치, 여성의 인권, 여성과 미디어, 여성과 환경, 여아의 인권으로 이에 대한 이행보고서를 제출하도록 되어있다.

<그림 2-12 : 북경 세계여성대회(1995)>

2000년에는 UN **안보리 결의1325호(여성, 평화, 안보)**를 채택하여 의사결정 및 분쟁해결에의 참여, 평화유지 및 인도적인 맥락에서의 젠더 관점의 포함, 여성과 소녀들에 대한 폭력의 방지와 같은 일련의 쟁점들에 대해 가장 높은 국제정치의 수준에 포함시켰다.

이후 21세기 들어 많은 수의 UN 안보리 결의안이 통과되었고, 이들은 젠더 평등에 대한 헌신과 젠더화된 폭력의 근절을 더욱 분명히 하는 것들이었다. 그러나 그 성과에 있어서 유아 사망률의 감소, 초등교육의 확대, 여성 차별 철폐협약의 의무 규정 준수 등에서는 가시적인 성과가 있었지만, 정치·경제적인 평등을 포함한 다양한 여성의 배제와 분쟁 상황에서의 폭력 방지 등은 효과적이지 못하였다고 본다.

<표 2-19 : UN에서의 주요 젠더 이정표>

```
- 1975년 : 최초 UN 세계여성회의 개최(멕시코)
- 1976년 : UN '여성을 위한 10년' 시작
- 1979년 : UN 총회에서 '여성차별철폐협약(CEDAW)' 채택
- 1985년 : 제3차 UN 세계여성회의 개최(나이로비)
- 1995년 : 제4차 UN 세계여성회의 개최(베이징) '베이징 행동강령' 채택
- 2000년 : UN 안보리 결의 제1325호(여성, 평화, 안보 : WPS) 채택
* 새천년발전목표(MDGs) : 2015년까지 특정 젠더 관련 목표 포함
- 2008~2013년 : UN 안보리에서 WPS 의제 연장하는 6개 결의안 통과
- 2014년 : '전시중 성폭력종식 정상회의' 개최(런던), #HeForShe 운동시작
- 2015년 : 새로운 여성·평화·안보 결의안 2242호 채택
```

〈국제평화활동에서의 여성 역할〉

여성은 분쟁 상황에서 피난민과 성폭력 피해자의 다수를 차지한다. 뿐만 아니라 여성은 전쟁으로 폐허가 된 생활환경에서 아동과 노약자의 생존을 위해 식량을 조달해야 하는 책임과 고통을 겪게 되기도 한다. 1992년부터 1995년까지 보스니아-헤르체고비나 내전으로 인해 최소 2만에서 5만 명의 여성이 성폭행 피해를 입은 것으로 추정되며, 1994년 르완다 대학살 당시 약 25만에서 50만 명의 여성과 여아들이 성폭행의 피해를 당한 것으로 추정하고 있다.

무력 분쟁 하에서 여성이 대규모로 발생한 조직적 폭력과 강간의 피해를 입은 사건보다 국제사회가 더욱 분노와 경악에 휩싸인 사례가 있다. 그것은 바로 분쟁의 평화적 종

식과 치안유지를 위한 해결사로 투입된 UN 평화유지군들이 분쟁지역에서 성폭력의 가해자로 연루되었다는 사실이다. 2004년 분쟁지역에서 발생한 것으로 파악된 121건의 성범죄 중에서 105건에 해당하는 사건이 UN 평화유지군이 연루된 것으로 나타나기도 했다.

2000년에 UN 안보리가 평화유지 및 재건 활동에 더 많은 여성을 참가시키고 성 문제에 더 많은 주의를 기울인다는 내용의 결의안(제1325호)[40]을 통과시켰다. 그럼에도 불구하고, 몇몇 현장에서 UN 평화유지군이 매춘, 강간, 심지어 성적 인신매매에 가담한 사실이 밝혀지기도 했다. 2004년 코피 아난(Kofi Annan) UN 사무총장은 일부 국가에서 파견되어 민주콩고에서 활동 중인 UN 평화유지군 병사들의 행동에 대해 '수치스런 행동'이라고 언급했다. 현지 수사관들은 UN 요원들에 의한 성 범죄 사례가 수백 건에 이른다고 말했다.

UN의 평화유지활동 뿐만 아니라, 정무분야에 있어서 고위급 여성 전문가의 참여 확대의 중요성이 강조되고 있다. 2015년 8월 기준 통계에 의하면, 약 106,000명의 평화유지활동 인원 중에서 군사임무에 참여하는 여성은 약 2.7%에 해당하며, 전체 UN 경찰임무단 중에 여성이 차지하는 비율은 약 10%이다. 여성의 참여, 특히 정책결정과정에 있는 여성 전문가들이야말로 분쟁지역에서 일어나는 성폭력이나 강간 등 성 관련 범죄에 맞서서 UN이 강력하게 대응하고 재발의 가능성을 근절시킬 수 있는 대안 중의 하나라고 할 수 있다.

분쟁의 평화적 해결과 재발방지, 그리고 지속가능한 평화와 안보를 구축하는 데 있어서 여성의 역할과 참여는 매우 절실하다. 여성만의 고유한 능력과 역할, 문제인식 및 해결방식은 평화활동 임무수행에 있어서 중요한 역할을 할 것이다.

---

40) 결의안 1325호는 총 18개 패러그래프로 구성되어, 분쟁해결 및 평화구축 과정에서 여성의 참여를 증가 등을 위한 UN 안보리, 사무총장, 회원국, 군사관련자들, 인도주의 비정부기구들, 시민사회, 여성 등 모든 행위자들의 행동 이행 내용을 구체적으로 요구하고 있다.

3장
갈등과 분쟁 해결의 이론

제1절 갈등관리의 일반적 노력

1. 갈등관리의 개념

인간이 살아가는 데는 늘 갈등과 분쟁이 존재한다. **갈등(conflict)**이란 개인의 정서나 동기가 다른 개체의 정서나 동기와 모순되어 그 실현이 저지되는 현상이라고 정의하고 있으며, 이는 인간의 정신생활을 혼란하게 하고 내적 조화를 파괴한다.[1] 심리학적으로 갈등상태는 두 개 이상의 상반되는 경향이 거의 동시에 존재하여 어떤 활동을 할지 결정을 못하는 것을 말한다.

분쟁(conflict)이란 어떤 사실이나 법, 또는 정책에 관해 의견의 불일치가 있고 일방의 요구나 주장이 상대방에 의해 거부당하거나 혹은 '맞대응 요구(counter-claim)'에 직면하는 때에 생기게 된다. 이를 확대해 보았을 때, 국제분쟁은 정부 또는 서로 다른 국가에 속하는 기관이나 회사 혹은 개인들이 개입된 것으로 볼 수 있으며, 주로 분쟁의 당사자가 주권국가들(sovereign states)인 경우로 한정할 수 있다.

갈등과 분쟁에는 미묘한 의미상의 차이가 있다. 사회학자들은 '**갈등 해소**'의 개념을 주로 사용하고, 법률가들 사이에서는 '**분쟁 해소**'라는 용어를 더 많이 사용한다. 이처럼 갈등은 사회학의 오래된 주제어이며 사회정치적인 관점의 해석이 더 많았는데, 대표적인 것이 마르크스의 '계층 간 갈등이론'이라고 할 수 있다. 이에 비해 분쟁은 재판에서의 피고와 원고처럼 주체가 분명하고 확실하며 눈에 보이는 직접적인 적대 관계가 상정되는 경우에 많이 사용된다.

하지만 분쟁의 의미에도 변화가 생겨서 분쟁의 해소를 사회적인 맥락에서 해석하려는 시도가 증가하고 있으며, 이러한 상황에서 분쟁과 갈등의 개념적인 경계가 모호해 지는

---

1) http://www.doopedia.co.kr(검색일 : 2019.2.25.)

점이 있다. 그러나 분쟁의 경우도 갈등과 마찬가지로 사회적인 맥락을 고려하지 않고는 문제해결이 될 수 없으며 개념의 변화를 겪으면서 분쟁해소의 역사는 갈등 해소의 역사와 중첩하게 되었다.

갈등은 한마디로 정의하기가 매우 어려운 개념으로 다양한 시각에서 주장이 엇갈린다. 법학자인 Menkel-Meadow에 의하면 '갈등은 인식, 감정, 행동 차원에서 일어나는 모든 대립 상황을 의미'한다고 주장한다. 또한 갈등은 개인, 조직, 국가와 같은 당사자 차원, 갈등이 일어나는 주제 영역, 갈등의 발전과정, 갈등이 가지고 있는 성격에 따라 매우 다양한 유형을 가지고 있다고 본다. 따라서 갈등은 다차원적인 역학 작용이 복합적으로 일어나는 복잡한 대립 상황으로 인식할 수 있다.

한편 Moore라는 학자는 갈등의 성격에 따라 사실관계 갈등, 이해관계 갈등, 구조적인 문제 갈등, 관계 갈등, 가치 갈등 등으로 구분할 수 있다고 보았다. 또한 갈등은 발전 단계에 따라 잠재 갈등, 떠오르는 갈등, 명백한 갈등으로 분류할 수 있다고 주장했다. 이러한 갈등 유형 중 가장 해결이 어렵고 극심한 대립을 불러올 가능성이 많은 갈등은 바로 가치와 신념에 바탕을 둔 '가치 갈등'이라고 할 수 있다.

왜냐하면 가치 갈등은 당사자의 가치와 신념이 대립하고 복잡한 갈등 구조에 기반을 두고 있기 때문에 대부분 해소가 어렵다고 본다. 이런 갈등은 보통 오랜 기간 동안 광범위한 사람들 사이에서 형성되어 있기 때문에 변화할 가능성이 적고, 잠재기간을 거쳐 분출되기 때문에 갈등의 영향력이 클 가능성이 높다.

1996년에 Dugan이 주장한 '갈등 내재화 모델(A Nested Model of Conflict)'에 따르면 갈등을 크게 나누어 보면, 쟁점 중점, 관계 중점, 하위 시스템 중점, 시스템 중점 갈등으로 구분할 수 있다. 이러한 갈등은 서로 중첩되거나 내재화되는데 쟁점중점 갈등은 관계 중점 갈등과 내재화 되어있고, 관계중점 갈등은 하위 시스템 중점 갈등에, 하위 시스템 중점 갈등은 시스템 중점 갈등에 각각 내재화되어 있다. 이러한 모습이 나타내는 의미는 갈등 당사자 간에 표면적으로 내세우는 갈등의 이유에서 해답을 찾으려고 하기보다는, 관계, 조직의 구성, 사회 맥락 등과 관련지어 갈등을 해소하려는 노력이 더욱 필요한 것이다.

<그림 3-1 : 갈등의 발생 구조>

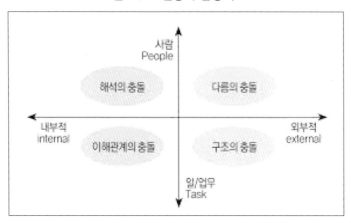

2. 갈등의 분류

미국의 심리학자 모튼 도이치(Morton Deutsch, 1920~2017)는 갈등을 분류하기를 전형적인 갈등, 비 전형적인 갈등, 잠재 갈등, 잘못 당사자가 지목된 갈등, 잘못 형성된 갈등, 변화 가능한 갈등으로 구분했다. 이러한 갈등의 성격과 진행과정에 따른 분류도 유효했지만 그는 갈등을 '경쟁과 협력의 두 요소가 결합된 것'으로 이해했다. 이것은 양자모델로 발전하여 다섯 가지의 갈등해소 형태로 분류되었는데, 경쟁, 수용, 회피, 타협, 협력을 말한다. 이러한 의미에서 갈등 해소는 갈등 당사자 간의 상호작용과 합의도출을 강조하는 개념으로 이해할 수 있다.

갈등 해소와 관련된 논의는 **경쟁적인 접근과 협력적인 접근**으로 나눌 수 있다. 경쟁적인 접근은 상대방을 굴복시킴으로써 나의 이익을 실현할 수 있다고 보는 시각으로서 분배적 협상, 가치의 분배, 제로섬 게임, 승패전략 등이 이러한 접근에 속한다. 하지만 경쟁적 접근은 상황을 너무 일면적으로만 바라봄으로써 갈등 당사자들 모두가 만족할 수 있는 창의적인 해결책을 찾아내는 데 소홀해지기 쉽다. 한편 협력적 접근법은 갈등에서 단순히 기존 가치를 분배하려고 하기 보다는 새로운 가치를 창출하고 편익의 범위를 확장함으로써 갈등 당사자들이 모두가 만족할 수 있는 통합적인 협상 결과를 이끌어 내기 위해 노력한다.

초기의 갈등해소 논의에서 게임 이론가들은 자원 배분을 둘러싼 극심한 경쟁 상황을 설명하고 자기의 이익을 최대화하기 위해 노력을 집중했다. 그러나 근래에 들어서는 극심한 경쟁의 상황을 상정하기 보다는 **파이의 확대, 가치의 창조, 상호 협력, 상호 이익** 등 양측이 모두 자신들의 이해관계를 충족시킬 수 있는 해결방법을 모색하는 방향으로 갈등해소 이론이 발전하고 있는 추세이다.

<표 3-1 : 갈등의 성격에 따른 분류>

Moore의 분류	Morton Drutsch의 분류
- 사실관계 갈등 - 이해관계 갈등 - 구조적인 문제 갈등 - 관계 갈등 - 가치 갈등	- 전형적인 갈등 - 비 전형적인 갈등 - 잠재 갈등 - 잘못 당사자가 지목된 갈등 - 잘못 형성된 갈등 - 변화 가능한 갈등

바람직한 갈등 해소를 위한 원칙에는 **공정성, 효율성, 안정성, 창의성, 함축성**을 큰 범위에서 들 수 있다.

첫째, **공정성**은 갈등 당사자들의 인식이 중요한데, 갈등 당사자들이 균등한 정보와 기회를 가졌다고 인식하고 자신의 의견을 개진할 공개적인 논증 기회가 충분하게 주어졌다고 느끼는 정도를 의미한다. 공정성은 갈등 당사자들에게 갈등 해소 과정에서 공정성이 지켜지지 않는다면 협상 결과에 대한 정당성도 확보되지 않을 뿐 아니라 결과에 대한 순응도도 낮아질 수밖에 없다.

둘째, **효율성**은 갈등 해소 과정이 한정된 자원에 제한을 받는 것과 연결된다. 갈등 당사자의 입장에서는 가장 효율적으로 시간과 경제력을 쏟아 부어 문제를 해결하려고 할 것이다. 만약 얻을 수 있는 편익보다도 훨씬 많은 시간과 경제력을 투자하여 협상에 성공했다고 하더라도 이러한 협상을 바람직한 협상이라고 보기 어렵다.

셋째, **안정성**은 지속가능한 결과를 도출해 내는 것이다. 안정성은 관계의 형성과 유지와도 연결되는데, 갈등 당사자들이 지속할 수 없는 방법의 도출은 향후 더 큰 갈등을 야기할 소지가 있다. 당장의 상황을 모면하기 위한 방편이나 실행하기가 곤란한 대안은 갈등을 더 심화시킬 소지가 있다.

넷째, **창의성**은 문제해결을 위해서 고정관념에서 벗어난 해결책을 모색하는 것이다. 기존의 관념에서 벗어난 사고는 갈등 당사자들의 제로섬 인식을 허물고 양자 모두가 이해관계를 충족시킬 수 있는 유연한 대안을 찾아낼 수 있다. 바람직한 갈등 해소는 한 쪽의 희생을 통한 합의의 창출이 아니라 모두가 지속 가능하고 자신의 이해관계를 충족하는 절차와 방안을 고안해 내는 것이다.

마지막으로 갈등해소를 위해서는 갈등이 가지는 **함축성**을 이해하고 관계성을 중시해야 할 필요가 있다. 함축성을 이해한다는 것은 갈등 사안이 발생했을 때 표면적으로 나타난 원인들만 진단해서는 문제를 근본적으로 해결하는 것이 어렵다. 갈등 사안은 표면적인 이유와 함께 갈등 당사자들의 경험과 지식을 함축하는 역사적인 원인들이 함께 작용하기 때문이다.

갈등 해소는 **관계성**을 중요시하는데, 결국 당사자들 간의 관계를 관리하는 과정이다. 갈등을 사이에 두고 당사자들은 어떤 형태이든 간에 관계에 의해서 신뢰와 헌신의 태도가 형성되고 그것이 갈등을 해소하기 위한 구체적인 방법의 효용성과도 연결되기 때문이다. 이러한 점은 안정성과도 연결될 수 있는데, 당사자 간 인간적인 유대가 형성되지 못하면 갈등을 해결하는 것은 매우 어려운 과정이 되기 때문이다. 이러한 관계성은 특히 화합과 조화를 강조하는 동양적인 문화에서 좀 더 중요시 된다.

이러한 갈등해소를 위해서는 모든 원칙들(공정성, 효율성, 안정성, 창의성, 함축성, 관계성)을 아우르는 것은 **커뮤니케이션 의지와 능력**이다. 이러한 원칙들을 수립하고 지켜나가기 위해서는 갈등 당사자의 대화 의지와 커뮤니케이션을 통해서 문제를 해결할 수 있는 능력이 필요하다. 만약 갈등 당사자 간에 이러한 소통의지와 능력이 구비되지 않았다면 제3자의 도움을 받는 것은 필수적이다. 이럼 점에서 갈등해소와 소통은 불가분의 관계가 형성되는 것이다.

<그림 3-2 : 갈등의 유형>

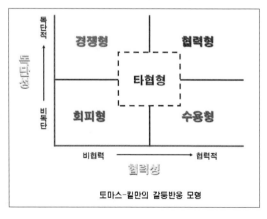

토마스-킬만의 갈등반응 모형

3. 갈등관리 및 해소를 위한 접근방법

갈등을 해소하는 구체적인 방법은 크게 **협상, 조정, 중재, 소송**으로 나눌 수 있는데, 협상에서 소송으로 갈수록 갈등에 개입하는 제3자의 결정권이 더 강화되는 경향을 가지고 있다. 다양한 **대안적 분쟁해결책 방식**(Alternative Dispute Resolution, ADR)[2]들은 제3자의 결정에만 전적으로 의존하는 소송을 제외한 나머지의 방법들은 당사자 간의 협상을 기본으로 한 상태에서 제3자의 역할을 추가하거나 결정권을 조정하여 조정과 중재라는 방법론을 만들어내고 그것을 다시 조합하여 응용하게 된다.

따라서 갈등 해소는 협상에서부터 출발하며 관련한 이론 들은 대부분 협상이론이 기반이 되는 것이다. 즉 제3자가 개입하는 상황이 되더라도 당사자 간의 협상은 계속 진행될 것이며, 다만 제3자와 당사자 간의 협상이 추가되는 형태를 띠게 된다.

갈등 해소이론은 **'규범적인 접근'**과 **'실질적인 접근'**으로 구분할 수 있으며, 또한 인간의 이성에 기반을 둔 이론과 비이성에 기반을 둔 이론으로도 나눠볼 수 있다. 인간의 이성에 기반을 둔 영역은 '합의 결과를 대체할 수 있는 수단'(BATNA, Best Alternatives to a negotiated agreement), '협상에서 합의 영역'(ZOPA, Zone of Possible Agreement), 인간의 이성이 만들어 내는 역설과 관련한 **'게임 모델들'**(**죄수의 고민, 치킨게임 등**)도 인간의 이성에 기반을 둔 이론적인 접근의 광범위한 영역에 포함된다.

한편 인간의 비이성적인 측면에 중점을 두는 현실 기반적인 이론을 **'의사결정 행동론'**이라고 한다. 이것은 현실 생활에서 대체적으로 이루어지는 '인간의 취약한 의사결정'에 기반을 두고 있는데, 크게 협상 상황과 관련된 비이성적인 의사결정은 **'인지적인 편견'**과 **'동기적인 편견'**으로 나눠볼 수 있다. 인지적인 편견은 비이성적인 접근 중에서 빠른 판단을 추구하는 인간의 인지 능력이 가지는 편견에 대한 것이며, 동기적인 편견은 세상을 자신이 보고 싶은 방식으로 보고자 하는 편견을 말한다.

---

2) 보편적으로 활용하고 있는 ADR과정은 조정, 중재, 감정, 미니 재판, 간이 배심 재판, 사설 재판 등이다. ADR은 자발적일 수도 있고, 법이 강제로 정할 수도 있으며, 결정 사항이 구속력을 가질 수도 있고, 상급 기관으로의 이의를 제기하거나 항소를 할 수도 있다. 합의 방식일 수도 있고, 권위를 가진 누군가가 결정을 내리는 방식일 수도 있다.

이처럼 비이성에 기반을 둔 접근은 현실 상황에서의 갈등 해소 과정을 실제화 하는데 많은 도움을 줄 수 있다. 규범적인 이론은 갈등의 해소를 인간의 이성에 호소하는 면으로 해결해 나가지만, 비이성적인 이론에서는 사람들이 스스로 옳다고 느끼는 인식 또는 편견에 둘러싸여 있다. 더욱이 자신이 보고 싶어 하는 방법으로 모든 현상을 인식하기 때문에 올바른 결정을 내리기가 힘들다고 보는 것이다. 따라서 사람들이 가지는 인지적인 혹은 동기적인 편견을 넘어섰을 때 비로소 협상에서 합리적인 결정을 할 수 있다고 본다.

대안적 분쟁해결책 방식(Alternative Dispute Resolution, ADR)은 소송 외의 방법으로 갈등을 해소하기 위한 접근을 말한다. 이처럼 소송을 포함하여 물리적인 힘을 사용하지 않는 모든 방법을 ADR이라고 할 수 있다. ADR은 시간과 비용이 과다하게 드는 소송 위주의 갈등 해소에 대한 대안의 필요성과, 갈등을 당사자들이 좀 더 능동적인 방법으로 스스로 해결할 수 있는 기반이 필요하다는 요구에서 비롯되었다.

이러한 ADR은 단순히 소송의 대체수단이 아니라, 갈등 해소를 좀 더 당사자의 입장에서 바라보면서 갈등 당사자 간의 미래 지속 가능한 관계를 복구하게 한다. 또한 평화를 정착하며 스스로 커뮤니케이션을 통한 자율적인 해결책을 모색함으로써 공동체의 신뢰를 회복하는 방법으로 정의할 수 있다.

메리 파커 폴렛(Mary Parker Pollet)은 ADR 차원의 갈등과 갈등 해소 연구를 시도했다. 폴렛은 갈등 해소의 형태를 **지배, 타협, 통합**으로 나누었는데, 이러한 분류는 지금의 갈등 해소 연구의 근간을 이루고 있다. 폴렛은 갈등 해소에서 양쪽의 필요를 모두 충족시키는 새롭고 창조적인 통합 접근법의 선택이 가능하다고 보았고, 이것은 이해관계에 기반을 둔 협상, 상호 이익, 원칙에 기반을 둔 협상 등의 개념이 시작되었다고 할 수 있다.

한편 법으로 모든 분쟁을 해결하는 데는 한계가 있다는 각성을 하게 되었는데, 이러한 현상을 '**법 현실주의**(legal realism)'라고 하는데, 법률이 사회적인 모든 갈등을 해결할 수 없다는 현실 인식을 인정하기 시작한 것이다. 이러한 주장은 풀러(Lon Fuller)가 대표적인 학자인데 "각 갈등 해소 과정은 나름대로 독특한 의미와 책임을 가지며, 중재, 소송판단 조정이 갈등의 맥락, 영향 공증, 사회적인 맥락, 결과의 영향력 등에 따라 유연하게 선택되어야 한다."고 보았다.

분쟁이란 어떤 사실이나 법 또는 정책에 관해 의견 불일치가 있고, 한 쪽의 요구나 주장이 다른 쪽에 의해 거부당하거나 혹은 상대방의 **맞대응 요구**(counter-claim)에 직면하는 때에 생기게 된다. 국제분쟁은 정부 또는 다른 나라에 속하는 기관이나 회사, 혹은 개인들이 개입된 것이지만, 주로 분쟁의 당사자가 주권국가들(sovereign states)인 경우를 말한다. 국내 사회에서 개인 간의 분쟁이 불가피하듯이, 국제관계에서도 분쟁은 피하기 어려운 현실이다.

개인들의 경우와 마찬가지로 국가들도 모두에게 골고루 분배될 몫이 충분히 없는 상황에서 자신의 몫을 요구하는 경우가 흔히 발생하기 때문이다. 어떤 강이나 땅, 혹은 재화를 어떻게 사용할 것인가에 관해 개인들 간의 의견 불일치가 흔히 발생할 수 있는 것처럼, 국가들도 종종 이러한 문제에 서로 양립할 수 없는 주장이 대립하게 된다. 물론 이런 경우에 그 문제의 해결이 항상 불가능한 것은 아니다.

일방 당사자가 주장과 입장을 철회하거나 변경할 수 도 있고, 모두에게 돌아갈 몫의 자원이 새롭게 창출되어 자연스럽게 해결되는 경우도 있다. 또한 갈등의 사태를 면밀하게 검토해 본 후, 모든 당사자가 만족할 수 있는 결말로 유도될 수도 있다. 하지만 이런 가능성들은 적시에 모든 문제들을 모든 당사자가 만족할 수준으로 해결해 줄 수 없기에 인간사회에서 분쟁이란 일상적이고 숙명적인 부분으로 수용되어야 할 것이다.

분쟁해결의 출발점은 분쟁의 당사자가 될 수 있는 모든 사람들이 평화적 수단만을 사용하여 분쟁을 해결하겠다고 약속하는 것이어야 한다. 국내 사회에서는 오래 전부터 이 요건이 원칙으로 확립되어 **자력구제**(self-help)를 금지하기 위한 법적·제도적 장치가 수립되어 법제도를 통한 분쟁해결은 국내사회의 질서를 유지하면서 분쟁의 해결을 가능하게 정착되었다. 한편 국제사회에서는 평화적 수단에 의한 분쟁의 해결이 역사적으로 덜 중요하게 작용하였다.

17세기경 출현한 현대 국제법은 세계정부(world government)를 수립하지 못했고, 국가에 의한 무력 사용을 금지시키지도 못했다. 그러나 제2차 세계대전이 끝난 1945년의 상황은 크게 달라지기 시작했다. 국가들이 각자의 목표를 무제한적으로 추구한 결과로 발발한 두 번에 걸친 세계전쟁의 기억이 생생하던 시기에 UN 창설 회원국들은 **UN 헌장 제2조 3항**에 '그들 상호 간의 국제분쟁을 국제 평화와 안전 그리고 정의가 위협받지 않는 방식으로 평화적 수단에 의해 해결할 것'을 합의하게 되었다. 이어서 1970년 유엔은 총회에서 다음과 같은 결의안을 채택하였으며, 유엔 헌장 제33조 1항을 모델로 하여 여러 가지 평화적 수단들을 제시하였다.

> 그러므로 국가들은 **교섭**(negotiation), **사실조사**(inquiry), **중개**(mediation), **조정**(conciliation), **중재재판**(arbitration), **사법재판**(judicial settlement), **지역적 기구나 협의**에 의한 해결, 또는 그들의 선택에 따른 **평화적 수단**에 의해 국가들 사이의 국제분쟁을 조속하고 공정하게 해결하여야 한다.[3]

---

3) 약칭 '우호관계선언(General Assembly Declaration on Principles of International Law Concerning Friendly Relations and Cooperation among States in accordance with the Charter of the United Nations)', 1970.10.24. 이 결의안은 유엔총회에서 표결 없이 채택되었다.

제2절 교섭(NEGOTIATION)

1. 교섭과 협의

　교섭(交涉)의 뜻으로 'Negotiation'을 번역하는 데는 여러 가지 의견이 있다. 즉 '직접 교섭', '외교 교섭', 그냥 '교섭', 또는 '협상'이라고 주장하는 경우도 있다. 교섭의 가장 큰 특징은 분쟁 당사자들 사이에 **'직접 대화'**를 통해 문제를 해결하는 데 있다.

　UN 헌장 제33조 1항을 모델로 하여 여러 가지 평화적 수단들을 제시하였는데 그 중에서 가장 먼저 언급한 것이 '교섭'이라는 것은 가장 자주, 가장 많이, 가장 기본적으로 국제분쟁을 해결하는 데 활용될 수 있는 수단이라고 할 수 있다. 그 이유는 교섭이 분쟁해결에서 성공률이 높아서가 아니라 국가들이 다른 수단들이 필요성을 느끼지 못할 정도로 교섭의 이점이 크기 때문이라고 할 수 있다. 교섭은 다른 수단들과 함께 이용되기도 하고 다른 수단들을 지휘 감독하는 기능도 수행한다. 교섭은 국제분쟁을 해결하는 수단인 동시에 분쟁의 발생을 막는 기능도 한다.

　협의(Consultation)란, 국가가 자신의 결정이나 행동계획이 다른 나라에 피해를 줄 것으로 예상되는 경우에, 피해를 입을 수 있는 국가와 미리 논의를 하는 것으로 분쟁을 막는 하나의 방법이 될 수 있다. 왜냐하면 이러한 협의를 통해 그 결정 및 계획을 수정하거나 타협할 기회가 주어지기 때문이다. 해당 국가들과 마찰을 피할 수 있으려면 그 결정이나 계획에 대한 약간의 수정이면 충분할 수도 있고, 그러한 수정은 해당 국가의 입장에서는 중요한 문제가 아닌 지엽적인 부분일 수도 있을 것이다. 하지만 상대 국가가 이런 요구를 하지 않았다면 문제가 된다는 사실 자체도 인식하지 못하고 지나칠 수도 있었다는 점이 중요하다.

　다시 말해 협의의 특별한 진가는 유용한 정보를 적절한 시점에 제공해 줄 수 있다는 것이다. 결정을 내리는 단계나 계획을 수립하는 과정에서는 쉽게 수정할 수 있는 사안도 나중에 바꾸려고 하면 비용이 발생하거나 외국의 압력에 굴복하는 것처럼 보이는 등의 비판으로 인해 바꾸기가 쉽지 않게 된다.

다른 나라의 입장이나 감정을 고려하는 것으로 '**통지(notification)**'와 '**사전 동의(prior consent)**'도 있지만 이들은 협의와는 구별되는 개념이다. 예를 들어, A국이 B국에게 이해 관계가 걸려있는 어떤 사안에 대해 영향을 줄 수 있는 조치를 막 취하려고 하고 이 사실을 통지한다고 가정해 보자. 이러한 상황에서 사전에 준 경고는 B가 A에게 제시할 대응 방법에 관해 생각할 시간을 주게 된다.

그러나 사후에 알려 준다면 이는 '엎질러진 물'처럼 결정이나 행위에 대해 속수무책이 될 것이고, B는 미리 알려주지 않은 A를 책망하게 될 것이다. 따라서 통지만으로도 상당 부분 분쟁을 피할 수도 있겠으나, 가장 바람직한 것은 B도 A의 결정에 영향을 미칠 수 있도록 사전에 상의할 기회를 가지는 '협의(consultation)'를 더 원하기 마련이다. 상대방 국가의 동의를 얻는 것은 통지와는 매우 다르다고 할 수 있다. 한 국가가 다른 나라의 사전 동의를 얻어야한다는 것은 그 상대방 국가가 문제된 조치에 대해 거부권을 행사할 수 있다는 것을 의미한다.

<표 3-2 : 영국-아르헨티나의 교섭 사례>

1990년 영국과 아르헨티나 간에 맺은 '상호 정보제공 및 협의 기구에 관한 잠정협정(The Interim Reciprocal Information and Consultation System)'은 포클랜드 사태 이후 서남 대서양에서의 양국 군 사력 이동을 통제할 목적으로 체결되었다. 이것을 통해 양국은 상호 간의 직통 연락망을 구축하여 분쟁의 발생 가능성을 줄이고, 분쟁이 발생한 경우에는 그 피해를 줄이려고 했다. 이 협정은 공군 과 해군의 군사력 이동시, 일정 규모 이상의 군사훈련을 실시할 경우에는 25일 전에 서면에 의한 통보를 상대 국가에게 주도록 규정하고 있다. 이것은 상대방에게 통보해 줄 의무 및 이를 받아들일 권리는 물론이고, 특정한 상황에서 상대방의 동의까지도 얻는 것이 필요하다는 것이다.

두 나라 사이에서 협의가 갖는 이점은 많은 나라의 이해가 걸린 문제에서도 그대로 나타난다. 다만 다자간의 경우에는 협의는 어떤 형태로든 제도적인 모습을 취하는 것이 일반적이다. 하지만 그 형태는 매우 다양한 뿐만 아니라 세부적인 것까지도 체계가 잡혀 야만 가능한 것도 아니다.

협의는 개별 사건에 대한 임시 조치로서 진행되는 것이 보통이다. 그리고 관련 국가 상호 간에 모두 어떤 동기를 부여하는 예외적인 경우를 제외하고는 이것을 제도화하는 것은 매우 곤란하다는 점이 확인되어 왔다. 협의를 의무화하면 국가가 결정을 내리는 것이 늦어지고, 그 의무가 어떻게 정의되느냐에 따라 국가가 취할 선택의 폭이 좁아질 수 있다.

자발적이냐 강제적이냐를 떠나서 협의는 입법적 결정보다는 행정적 결정에 더욱 쉽게 적용된다. 그 이유는 절차가 덜 복잡하고 훨씬 더 중앙집권적으로 운영되기 때문이다. 긴밀한 관계에 있는 국가들 사이에는 그들 공동의 이해관계가 걸린 문제에 대해 서로 협의하여 입법적 및 행정적 조치를 취하도록 제도적 장치를 마련하는 것이 가능할 것이다. 국경을 마주한 나라들 간에 환경 보호에 관한 문제라든가, 교역이 활발한 국가들 간에 무역에 관한 문제 등에 상호 통일된 법 규정을 가지고 있다면 이것은 두 국가 모두에게 명백한 이점이 될 것이다.

협의(consultation)는 국제분쟁을 피할 수 있게 하는 매우 유용한 방법이다. 현대 사회처럼 국가 간의 상호의존도가 높아진 국제사회에서 협의가 점점 더 많이 활용되고 있는 추세이다. 협의를 각종 현안에 구체적으로 활용하는 방법을 모색할 때 앞에서 언급한 두 가지 유형인 의무적인 것과 자발적인 것 사이에는 분명한 차이가 있음을 알아야 한다.

2. 교섭의 형태와 내용

일반적으로 국가 간 교섭은 '통상적인 외교채널(normal diplomatic channels)'을 통해 이루어진다. 이는 각국의 외무부의 관리나 외교관을 통해서 교섭이 이루어지며, 매우 전문적인 문제가 관련되어 있을 경우에는 이들 외교 담당자들이 관련부처의 관리들을 포함시킨 대표단을 이끌기도 한다. 외교채널을 통하지 않고, 각국의 소위 '주관 부서'에 의해 교섭이 진행되는 경우도 많은데, 예를 들면 무역협정 체결과 관련해서 양국의 통상부서 관리들이 서로 교섭하거나, 무기구매와 관련하여 국방부 관리들이 만나는 경우이다. 이때에 소관부서의 관리들이 최고위급이 아닐 경우에는 이들이 합의에 실패한 부분에 대해서 자기 정부의 더 고위급 관리들에게 위임하기도 한다.

어떤 문제나 상황이 반복해서 발생하여 계속적인 통제 및 관리를 요하는 경우에 국가들은 '**공동위원회**(mixed or joint commission)'라는 것을 설치하여 교섭을 제도화할 수 있다. 흔히 인접국들 사이에 이런 상설 위원회를 두고 국경선의 확정이나 기타 공동의 관심사들을 다루기도 한다. 공동위원회는 보통 같은 수의 양국 대표들로 구성되며, 존속기간의 제한 없이 광범위한 문제를 다룰 수 있도록 하지만, 어떤 특정 문제만을 처리할 임무만을 부여 받아 운영되는 경우도 있다. 예를 들면, 캐나다와 미국 간에 '국제공동위원회(The Canadian-United States International Joint Commission)'가 있는데, 이것은 1909년에 설치된 이후 산업발전, 대기오염, 국경지역 하천에 관련된 문제 등 광범위한 문제들을 처리해 오고 있다.

정례화된 교섭이 성과를 얻지 못하고 지지부진할 경우에 돌파구를 찾는 방법으로는 국가수반들 사이의 '**정상회담**(Summit Meeting)'을 활용할 수도 있다. 정상회담은 관료주의적인 경직성을 어느 정도 배제하는 동시에, 국가 원수들의 위신을 세워주기 위해 합의 도출의 동기를 제공하여 합의에 도달하는 것이 용이하다. 그런데 대부분의 경우를 보면 정상외교는 통상적 교섭의 최고 정점일 뿐이라는 점을 간과해서는 안 된다. 이러한 정상외교를 통해 얻게 된 성과라는 것은 정치적 고려에 따른 선전일 뿐이고, 이미 실무진들에 의해 서로 조율되고 합의된 사항을 확인하고 공표하는 것 이상의 의미는 없다고도 볼 수 있다.

일반적인 교섭과는 달리 정상회담은 많은 사람들의 이목을 집중시키고, 실현되기 어려운 기대감도 자아낸다. 이런 측면은 정상회담이 갖는 약점이라고 할 수 있는데, 특히 강대국 지도자들 간의 회담에서는 어떤 새로운 합의에 도달하지 못하면 그 회담은 실패한 것이라고 폄훼하는 경우도 많다. 이런 견해는 비현실적인 것임에도 불구하고, 과거 미국과 소련 간의 정상회담을 지켜보던 많은 이들에게 희망과 우려 속에 널리 퍼져있던 전형적인 견해였다. 이런 분위기를 의식하여 1989년 11월 미국의 부시 대통령은 고르바초프 소련 대통령과의 회담을 '**잠정적·비공식회담**(interim informal meeting)'이라 성격지우고, 특정한 의제는 하나도 없이 그냥 양국의 정상들이 한자리에서 만나는 것 자체에 큰 의미를 부여하기도 했다.

정상회담(The Summit Meeting)은 두 나라 이상의 정상이 모여서 하는 회담이다. 정상이란 대통령, 의원내각제 국가의 총리, 국왕 등 한 나라를 대표하는 사람들을 뜻한다. 정상회담이란 용어를 처음 사용한 사람은 윈스턴 처칠 영국 총리다. 1950년 소련에 회담을 제의하면서 '정상에서의 회담(parley at the summit)'라는 표현을 썼다. 등산용어를 외교에 가져다 붙인 것이다. 당시에는 세계의 최고봉이라고 하는 에베레스트 산 등반열기가 많은 사람들의 관심사였던 것과 관련이 있을 것이라는 추측되기도 한다. 정상회담은 대개 사전에 의제와 의전(儀典)이 거의 완벽하게 조율된 상태에서 진행되는 게 관례다. 정상회담의 날짜와 장소가 발표되면 사실상 회담에서 다뤄질 의제에 대한 조율이 대부분 완성되었고 합의문의 초안도 거의 확정된 상태라고 볼 수 있다. 그래서 외교가에서는 '정상회담은 결코 실패로 끝나지 않는다.'고 한다.

정상외교 등의 공개적인 교섭은 국제기구(international organization)에서의 활동에도 잘 나타난다. UN총회나 이와 유사한 각종의 국제회의에서 국가들은 국제적 관심을 끄는 방식으로 외교적 협상을 벌일 수가 있는데, 이 방법은 자국의 어려운 처지를 세계에 알리고, 그 문제의 해결에 도움을 줄 수도 있는 다른 국가들의 관심을 끄는데 분명히 효과적인 수단이 될 수 있다. 그러나 이 방식은 자신들의 입장이나 행동방침을 너무 분명하게 공표를 했기 때문에 그러한 입장이 비현실적이라고 나중에 판명이 되어도 태도를 바꾸거나 주장을 철회하기가 어렵다는 단점이 있다.

그러므로 교섭은 공개적인 대결보다는 국제기구들을 통한 여러 가지 비공식적인 접촉을 활용하는 것이 더 나을 수도 있다. 교섭을 통한 분쟁해결이 가능하려면, 당사자들 사이에 합의를 통해 얻는 것이 잃는 것보다 많다는 확실한 믿음이 있어야 한다. 서로의 이해가 완전히 상반되는 경우에는 일방에게 모든 것, 또는 대부분을 양보하게 하는 해결은 수용하기 어렵기 때문이다.

이런 난국의 타개하는 방법을 소개하면, 분쟁의 실체적 측면에 관해 교섭이 전혀 진전이 없는 경우에도 당사자들이 절차적인 해결방식에 관해 합의를 보는 것은 가능할 수 있다. 이것은 얻는 것이 잃는 것보다 많아야 한다는 원칙에 대한 예외는 아니라고 볼 수 있다. 또 다른 접근은 분쟁의 핵심이 되고 있는 논점들을 양측이 받아들일 수 있는 방식으로 분리시키는 것이다.

<그림 3-3 : 오스트레일리아-파푸아뉴기니의 토레스 해협 분쟁 사례>

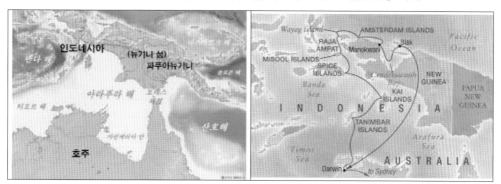

이 사례는 1978년 오스트레일리아와 파푸아뉴기니 사이에서 토레스 해협(the Torres Strait)의 해양 경계획정 문제로 발생한 분쟁에서 찾아볼 수 있다. 토레스 해협의 분쟁에는 여러 가지 문제들이 복합되어 있다는 것을 인정하면서 양국은 교섭에 임하게 되었다. 양국은 교섭을 통해 해협 안에 위치한 섬 주민들의 이해, 그 섬들의 법적 지위, 해저의 관할권, 어업 관할권, 해양 보존, 항행권을 각각 따로 쪼개어서 다루기로 합의하고 교섭을 시작했다. 만약 이처럼 분쟁을 분리할 수 없다면, 한쪽에서는 내용상의 양보를 얻어내는 대가로 한쪽에서는 절차적인 문제에 합의를 이끌어 낼 수도 있다.

　분쟁의 성격상 혹은 당사자들이 한 쪽의 손실에 근거하여 다른 쪽이 이득을 보는 합의를 요구하는 경우가 종종 발생한다. 이런 경우에 손해를 입게 되는 측에 보상을 해 줌으로써 그 쪽이 시간과 장소 등 교섭의 세부적인 사항들을 결정할 수 있도록 해 준다. 이런 세부적인 문제에 대한 결정권을 갖는다는 것은 실세 상황에서 상당히 중요한 상징적 의미를 가질 수 있기 때문에 교섭의 결과에도 긍정적인 효과를 미치는 요소가 될 수 있다.

　보다 근본적으로 문제를 해결하는 방식에는 소위 '**일괄타결**(package deals)'이라는 것이 있는데, 이것은 두개의 분쟁을 하나로 묶어서 양측의 이해득실이 전체적으로 균형을 이루어 당사자들이 교섭내용을 보다 부담 없이 수용하게 하는 것이다. 국제 교섭의 측면에서 과거에 비해 보다 중요해지고 있는 측면은 외교의 대중적 차원이라고 할 수 있다. 교섭 과정에서 여러 제안 및 반대적인 제안들이 상호 교환되는 것은 양측이 만족할 수 있는 조치가 취해지도록 합의를 이끌어 내기 위한 과정이라고 할 수 있다.

이 과정에서 자국은 물론 상대국의 국민들과 국제사회가 이를 지켜보고 있다는 사실에 대해 교섭 당사자가 인식하는 것은 교섭의 과정과 결과에 큰 영향을 줄 수 있다. 교섭의 당사자가 상호 간에 주고받는 것은 보통 교섭이 성공하기 위해서 필수적인 것이다. 그러한 자국의 이해관계집단이 교섭 과정을 모두 지켜보고 있다면 상대에게 무엇인가를 양보한다는 것은 매우 쉽지 않은 일이 될 것이다.

동시에 상대가 합의에 도달하려는 진지한 의도 없이 단지 자국에게 유리한 여론을 조성하는 일에만 관심이 있다는 의심이 생기게 되면, 상대방이 진지한 제안을 하는 경우에도 그것이 단지 선전(propaganda)에 불과하다며 도외시할 수도 있다. 또 한 가지 고려할 사항은 교섭에 대한 언론의 보도이다. 특히 민감한 사안에 대한 교섭이 진행될 때의 언론 보도 경쟁이 합의를 위태롭게 하지 않도록 유의해야 할 요소이다.

<표 3-3 : Top-Down에 의한 정상회담 사례>

2019년 2.27~28일, 미국의 트럼프 대통령과 조선민주주의인민공화국 김정은 위원장은 베트남의 하노이에서 두 번째의 정상회담으로 마주 앉았다. 2018년 6월 12일, 싱가포르에서 첫 번째의 정상회담에 이어서 북한의 핵문제 해결과 국제적 연대 하에 진행되고 있는 북한에 대한 경제 재제의 해제를 주제로 회담이 개최된 것이다. 2차 미국과 북한의 정상회담은 1차 회담의 부정적 평가에도 불구하고, 북한의 배핵화와 그에 상응하는 조치에 대한 구체적인 협의가 이루어지지 않은 상태에서 정상회담의 날짜와 장소까지 먼저 발표되는 이벤트성이 짙게 느껴졌다.
양국의 정상들은 정상회담의 결과를 성급하게 고대하고, 중요한 당사자의 하나인 북한은 1인 통치의 시스템으로 인해 실무 협상팀들에게 부여된 협상의 융통성이 거의 없는 상태에서 공산당과 수령인 김정은 위원장의 결심 하에 모든 접촉이 이루어진다는 특성을 지녔다. 결국은 2차 미국과 북한의 정상회담은 결렬되었다. 정상회담은 실무진에서 매우 구체적인 협의를 마친 다음에 정상회담에서는 이를 확인하고 선언하는 상징적인 이벤트 절차만을 남겨놓은 Bottom-up방식과, 정상들이 먼저 큰 틀에서 합의를 한 다음에 실무 팀에서는 세부적인 사항들을 채워나가는 Top-down방식이 있다.
이런 측면에서 본다면 2차 미국과 북한의 정상회담은 톱 다운방식의 한계를 보여주는 전형이라고 할 수 있다. 결정권을 가진 양국의 정상들이 만나서 '통 큰 합의'를 이루고 난 다음에 그 가이드라인의 범위 내에서 실무협의를 하게 되는 것인데, 2차 회담은 재량권이 없는 실무진들이 핵심의제에 대한 명확한 사전 협의를 충분하게 하지 못한 상태에서 양국의 정상들이 마주앉은 자리에서 담판을 통해 비핵화 문제와 경제 재제 문제를 해결하려다가 너무 큰 견해차이로 인해 아무런 성과 없이 회담을 조기에 마치게 된 것이다.
회담 후 트럼프가 말한 대로 '나쁜 합의보다는 합의 자체를 하지 않고 회담장을 나온 것이 잘한 것'이라는 것이 2차 미국과 북한의 정상회담의 특징이다. 일부의 시각은 톱다운 방식의 정상회담은 '고르디우스의 매듭 끊기[4]'에 비유하면서 일거에 모든 커다란 문제를 해결해 줄 수도 있다는 기대감을 갖기도 한다. 그러나 사전에 실무진에 의한 협상은 매우 중요하다. 정상회담은 정치적 인기를 올려주거나, 단기적이고 근시안적인 협상의 이익에만 치중해서는 안 된다. 정상회담은 양국의 국가이익과 미래에 중대한 영향을 미칠 수 있기 때문이다.

과거의 사례에도 실패한 정상회담은 찾아볼 수 있다. 1961년 미국 대통령 케네디가 소련의 흐루쇼프를 오스트리아 빈에서 만났다. 이들이 만난 주요 의제는 미국의 쿠바 피그스만 침공 작전의 실패와 베를린 장벽 등이 현안이었다. 흐루쇼프는 연령상으로 아들 뻘 되는 케네디를 몰아 붙였다. '전쟁을 하려면 하라, 추운 겨울이 될 것이다'라는 협박성의 말이 오갔다. 성과 없이 회담장을 나선 케네디가 "내 평생 이렇게 힘든 건 처음"이라고 말했다고 한다. 1986년 미국의 레이건 대통령과 소련의 고르바초프 간에 아이슬란드 레이캬비크 핵군축 회담도 실패한 회담의 사례다. 고르바초프는 '스타워즈 계획'으로 불린 전략방위구상(SDI)을 연구용으로 제한하자고 했지만, 미국의 레이건 대통령은 동의하지 않았다. 두 정상은 '언제 다시 만나게 될지 모르겠다'는 말을 뒤로 하고 헤어졌다.

3. 교섭과 재판

교섭은 모든 국제분쟁의 어떤 단계에서나 거의 이용되는 과정과 수단이다. 하지만 교섭과 재판은 그 관계에 대해 특히 유의할 필요가 있다. 교섭은 당사자들에게 그 분쟁에 대한 통제력을 최대한 보장해 주는 방법인데 반해, 재판은 법원에 의해 결정이 내려지는 것이므로 결정에 관한 한 당사자의 영향력을 미칠 수 없게 된다. 이런 이유로 어떤 시점에서 교섭이 재판의 단계로 이전되었는지를 판단하는 것과 이들 두 방법 사이의 관계를 정의하는 것은 매우 중요한 일이다.

특히 관련 국가들이 교섭 과정의 실패를 계기로 재판으로 전환하는 경우로서 당사자들이 교섭의 통해 분쟁을 해결하려는 시도에서 법원이 그 분쟁에 대해 재판을 할 권한을 갖게 되는 것이다. 법원의 관할권과 관련하여 '교섭'으로 간주될 수 있는 것은 어떤 것이며, 교섭을 통해 해결의 가능성이 없어졌다는 것을 어떤 식으로 증명할 것인가에 대한 문제를 제기할 수 있다.

---

4) 고르디우스의 매듭(Gordian Knot)은 알렉산드로스 대왕이 칼로 잘랐다고 하는 전설 속의 매듭을 말한다. 프리기아의 수도 고르디움에는 고르디우스의 전차가 있었고, 그 전차에는 매우 복잡하게 얽히고설킨 매듭이 달려있었는데, 아시아를 정복하는 사람만이 그 매듭을 풀 수 있다고 전해지고 있었다. 알렉산드로스 3세가 프리기아로 진군해서 이곳에 도착했을 때 이 이야기를 듣고 단칼에 매듭을 끊어 버렸다. 이처럼 '대담한 방법을 써야말 풀 수 있는 문제'라는 뜻으로 쓰이고 있다.

분쟁의 당사자들이 해결방법으로 교섭을 우선시 한 경우, 단지 교섭을 거부하는 편법을 쓴다고 하여 중재재판과 같은 법적 절차의 진행이 지연되지는 않는다. 하지만 더 어렵게 되는 경우는 교섭이 진행되기는 했으나 해결책을 내지 못하는 경우, 이런 상황에서 재판을 하는 편이 더 낫겠다고 생각하는 상대편은 법원이나 중재재판소에 대해 재판의 시작을 더 이상 미룰 이유가 없어지게 되었다고 주장할 것이다. 하지만 아직도 교섭을 통한 분쟁해결이 가능한지 여부에 관한 어려운 문제를 결정하는데 도움이 되는 방식으로 서로 원하는 방식으로 해결하는 데 소요되는 시간을 한정하고 교섭을 진행하는 방법이 있다.

국제 재판을 받기 위한 조건으로 교섭을 통한 해결이 요구되는 경우가 아니더라도 문제된 의견의 불일치가 '국제분쟁'으로 볼 수 있는지의 여부는 외교적 접촉을 통해 분명히 해 둘 필요가 있다. 재판의 특수한 기능 중의 하나는 법원은 정치적인 국제기관들과는 달리 긴장상태가 조성되어 있다고 해서 그 해결에 바로 개입할 수 없다는 점이다. 법원은 구체화된 문제점이 존재하고, 이것이 법원에 의해 해결될 수 있는 성질의 것이어야만 개입할 수 있다.

따라서 교섭이 수행하는 기능 중 하나는 분쟁의 초점을 잡아 재판에 회부해야 할 논점들이 무엇인지를 가려내는 것이다. 이런 점에서 교섭은 재판권행사를 위한 전제조건으로 중요할 뿐 아니라, 당사자들 사이의 의견 불일치가 법원이나 중재위원회에 회부해야 할 성질의 것이라는 점을 명확화하기 위해서도 필요한 과정이다.

재판과의 관계에서 교섭이 갖는 이러한 선별 및 구체화 기능은 중요하기는 하지만 교섭과 재판이 반드시 연관되어 있거나, 혹은 재판을 진행하기 위해 교섭이 전제되어야한다는 것은 아니다. 분쟁이 존재한다는 것을 입증하기 위해서는 일방의 주장에 대해 상대방이 명확한 반대의사를 표명했다는 점을 확인하는 것으로도 충분하다고 볼 수 있다. 실무적인 관행상 이러한 사실의 입증은, 외교적인 접촉을 통해 본 결과 문제가 된 논쟁점들이 공식적인 의견 표명을 통해 분명해졌고, 교섭을 통해 그 문제점을 해결하려는 노력이 실패했음을 증명함으로써 충분하게 된다.

하지만 공식적인 의견 표명이 있어야만 분쟁이 있는 것으로 본다는 원칙은 없으며, 의견 불일치의 대상이 되는 문제가 명확히 드러난 경우에 국제사법재판소는 분쟁 당사자들 사이에 공식적인 접촉이 없었더라도 분쟁이 존재한다는 결정을 내릴 수 있다. 어떤 문제를 외교적으로 해결해 보려는 시도를 해보지도 않고 재판을 시작하는 것은 현명하지 못한 일이라고 본다. 그러나 법적인 쟁점에 대한 견해의 차이가 분명한 경우에는 교섭이 재판의 필수적 전제조건은 아니다. 쟁점 사안을 법원이나 중재재판소에 의탁하는 것은 국가 간의 견해 차이를 해결해 보려는 시도의 한 방법에 불과하다고 본다.

교섭은 분쟁해결을 시도할 때 이용되는 기본적인 수단이지만 여기에 대해 우선권이나 특권적 지위가 부여되느냐의 여부는 전적으로 당사자들의 결정에 달려있는 것이다. 국제분쟁을 외교적으로 해결해 보려는 노력의 과정에서 당사자들은 나중에 그 문제가 재판에 회부되었을 때 그들에게 불리하게 작용할 수도 있는 언행을 할 수 도 있을 것이다. 하지만 불리할 가능성이 있거나 혹은 실제적으로 존재한다고 하면 재판을 망설이게 될 것이다. 그러나 재판은 교섭으로부터 보다 확실한 해결 방식으로 이전할 수 있다는 점을 명심할 필요가 있다.

4. 교섭의 한계

분쟁의 당사자들이 상대방과 어떠한 접촉도 거부하는 경우에 교섭은 불가능하게 된다. 심각한 분쟁의 경우에는 외교관계를 단절하기도 하며, 이런 조치들은 무력행사가 있은 경우에 일반적으로 많이 취해지는 것이다. 그 예로 1979년 이란의 테헤란 미국 대사관이 점거된 후 미국과 이란은 외교관계 단절을 선언했으며, 1982년 영국과 아르헨티나도 공식적인 외교관계의 단절은 선언하기도 했다. 이 경우에도 공식적인 외교관계는 단절되었다 해도 당사국 사이의 모든 접촉이 없어지는 것은 아니지만, 이 경우에는 통상적인 외교 접촉방식들을 배제시킴으로서 교섭의 이용을 매우 제한하게 된다.

이와 유사한 것으로 상대방이 분쟁 당사자로서의 지위를 갖지 못하게 하려고 상대방을 국가로 승인하기를 거부하거나, 이를 일방적으로 선언해 버리는 경우도 있다. 이러한 이유로 인해 공식적으로 접촉할 수 있는 통로가 폐쇄되게 된다. 이에 대한 역사적 사례는 아랍 국가들과 이스라엘의 관계를 들 수 있는데, 아랍 국가들이 이스라엘을 국가로 승인하기를 거부하였고, 이스라엘은 팔레스타인 해방기구(PLO)를 인정하지 않았기에 이들 당사자 간에는 직접교섭이 불가능했다. 이처럼 공식적인 접촉이 없는 경우에는 대체적 방법들에 의해 상황을 타개할 수 있다.

당사자들 사이의 입장 차이가 너무 크거나, 그런 차이를 메워줄 수 있는 공통의 관심사가 없다면 교섭은 효과를 거두기 어렵다. 특히 영토에 관한 분쟁이 있는 경우에 그 문제는 영도를 현재 지배하고 있는 국가의 경우에는 교섭에 응해야 할 이유가 전혀 없다고 생각할 수도 있는 것이다. 또 어떤 분쟁에서는 일방은 자신의 법적인 권리를 주장하고, 다른 일방은 법적으로 불리하다고 생각하여 형평에 맞게 해결하자고 주장하기도 한다. 이런 상황에서는 분쟁의 실체적 측면에 대한 합의가 이루어질 여지가 거의 없음은 물론, 분쟁을 중재재판에 부탁하는 것과 같은 절차적 문제에 관한 교섭도 이루어지기 어렵다. 왜냐하면 절차에 관한 합의조차도 자기 쪽에 불리한 결과를 가져올 것이라는 생각에 집착하기 때문이다.

의제에 관해 이견이 있는 경우에 교섭은 소위 '**논의를 위한 논의**(talks to talks)'의 단계를 벗어나기 어렵다. 이런 사례는 어떤 실체적 문제에 대해 당사자들 사이에 심각한 견해 차이가 있는 경우에 흔히 발생하게 된다. 교섭이 성공할 가능성이 거의 없는 상황에서도 분쟁 당사자들은 교섭을 시도해야할 의무가 있는 것으로 믿고 있다. 모든 국가는 항상 교섭에 응할 준비가 되어있어야 한다는 견해는 옳다고 할 수 없다. 즉 어떤 형태이건 합의된 내용은 사건의 옳고 그름만을 담고 있는 것이 아니라, 당사자들 간의 힘의 우열도 반영하고 있다.

따라서 교섭은 터무니없는 주장을 하는 국가가 자신의 우세한 힘을 가지고 상대방을 압박하여 교섭의 결과를 자신들에게 유리하게 만들 수도 있다는 것이다. 이런 이점을 가진 국가는 자연히 교섭을 요구하게 될 것이고 이런 요구를 상대방이 거절하는 경우에는 상대방의 태도가 온당치 않다고 주장하기도 한다. 하지만 불리하거나 협상의 입지가 협소한 당사자의 입장에서는 이런 상황에서 교섭에 임한다면 불공정한 과정이나 불리한 결론에 나올 것이 명백하므로 교섭에 응하지 않을 충분한 이유가 된다고 볼 수 있다.

교섭이 실패하면 분쟁은 그 교섭을 시작하기 이전의 원점으로 복귀할 것으로 생각하지만 일반적으로 꼭 그렇지가 않다는 것이다. 상대자들의 견해가 서서히 좁혀지고 있다는 것을 드러냄으로써 사태가 호전되는 기미를 보이는 경우도 있고 그와는 정반대의 경우도 있을 것이다. 교섭을 통해 당사자들은 분쟁의 평화적이고 바람직한 방향으로의 해결 가능성을 모색하게 된다. 이러한 시도들이 실패하여 다른 대안이 없다고 판단하게 되면 무력을 사용하도록 만들기도 한다.

이러한 상황에서 일반적으로 분쟁이 일어나기 전에 교섭에 임할 의무가 있다. 하지만 대부분의 경우 교섭은 분쟁이 일어난 이후에 요구되며, 이때 교섭은 유일한 수단으로 사용되기도 하지만 일반적으로는 다른 수단들을 사용하기 위한 준비 수단으로 활용된다. 그러므로 어떤 상황에서는 교섭에 임해야 할 의무가 있다는 것이 분명해 진다. 하지만 일반적인 교섭의 의무는 존재하지 않는다. 어떤 조치가 다른 나라에 영향을 줄 수 있는 경우에 그런 조치를 취하기 전에 상대국과 협의를 해야 할 의무가 일반적으로 존재하지 않듯이 분쟁을 반드시 교섭을 통해 해결해야 할 의무는 없다고 본다.

UN 헌장 33조에는 분쟁해결을 위한 다양한 수단들이 선택적 대안으로 제시되어 있다. 따라서 교섭을 이용해야만 하는 의무가 특별히 부과되어있지 않은 경우에 국가는 다른 수단을 사용하자고 주장할 수 있다. 예를 들면 어떤 영역에 대한 주권 문제가 분쟁으로 비화되었다면, 법적으로 영유권이 있다고 확신하는 국가는 재판을 통해 해결하자고 주장하게 될 것이다. 이때 상대방의 주장이 법적인 근거보다도 정치적인 것에 기반을 두고 있다면 그 상대방은 재판에 응하려 하지 않을 가능성이 높게 된다.

하지만 교섭은 분쟁을 해결하기 위한 하나의 수단에 불과하기 때문에 의무적인 경우가 아닌 한 국가는 이것의 이용이 자신에게 불리하다고 판단되면 교섭이라는 수단을 이용하지 않을 권리가 있다. 이처럼 교섭은 기본적 수단으로 간주되기는 하지만 이것이 불가능하거나 비효과적 혹은 부적절한 상황도 있다는 것을 주지해야 한다.

제3절 중개(MEDIATION)

국제분쟁의 당사자들이 교섭(negotiation)으로 분쟁을 해결할 수 없을 경우에는 제3자의 개입을 통해 당사자들이 뛰어넘지 못하는 난국을 타개하여 양측이 수용할 수 있는 해결방안을 마련할 수도 있다. 이러한 제3자의 개입은 다양한 형태를 띠고 이루어질 수 있는데, 제3자가 지금까지 분쟁 당사자들이 이용되지 않았던 대화 채널을 제공할 수도 있고, 단순히 중단되었던 교섭을 다시 재개하여 지속할 것을 당사자들에게 권유할 수도 있을 것이다.

제3자가 하는 이런 역할을 '**주선(good offices)**'라고 한다. 주선(周旋)은 제3자의 역할이 분쟁을 조사하고 해결방안을 당사자들에게 제시하는 것이 될 수도 있는데, 이것은 '**조정(conciliation)**'이라고 하며, 제3자의 역할이 주선과 조정(調整)의 중간에 해당되는 것이 바로 '**중개(mediation)**'라고 보면 된다. 주선과 마찬가지로 중개(仲介)도 교섭을 보조하는 역할이다.

그러나 중개자가 적극적으로 임무를 수행하는 경우에, 중개자에게는 자신이 판단한 해결 방안을 제시할 권한이 부여되거나, 분쟁당사자들이 그렇게 하도록 기대하기도 한다. 중개자는 또한 당사자 일방의 제안을 해석하고 상대방에게 전달하는 역할을 수행하기도 한다. 중개자의 이러한 도움에도 불구하고 중개는 조정과는 다른 성격이라고 할 수 있다. 중개자는 조정자와는 달리 보통 자신의 제안을 비공식적으로 표출한다. 그리고 그 제안이 근거로 하는 정보도 자신이 직접 조사한 것 이라기보다는 당사자들이 제공한 것이다.

중개는 당사자들의 요청에 의해 이루어질 수도 있고, 분쟁과 관계없는 외부자에 의해 자발적으로 제공될 수도 있다. 중개가 일단 시작되면, 분쟁당사국들은 가능성 있는 해결책을 제안 받게 되지만, 이런 제안을 반드시 수용하겠다고 사전에 약속한 것은 아니다.

따라서 분쟁의 당사자들이 그 해결책에 대한 최종적인 통제권을 갖는 것이 중개의 이점이라고 할 수 있다. 이것은 매우 중대한 국가이익으로 인하여 교섭이 결렬된 경우에 협상의 진전을 위해서 필수적인 요건이 될 수 있다.

반면에 당사자들이 원하는 것이 단지 체면이 손상되지 않을 정도의 타협이라면 직접교섭보다는 중개를 통한 것이 정치적 양보를 하는 데 훨씬 수월할 것이다. 또한 매우 민감한 사안에 대한 분쟁의 경우에는 해결을 모색하는 과정이 철저히 비밀리에 진행되는 것이 필요하기도 하다. 중개는 모든 종류의 국제분쟁의 해결에 적합한 수단이 될 수 없으며, 중개가 가능하기 위해서는 우선적으로 그 소임을 담당하려는 적절한 중개자가 있어야 한다.

1. 중개자의 존재와 중요성

중개는 국제기구나 특정한 개인에 의해 이루어질 수 있다. UN은 물론이고 지역적 국제기구들이 분쟁해결을 그들이 속한 기관의 기본적인 목적으로 하고 있기 때문에 UN 사무총장과 각 지역기구의 실무책임자들은 종종 주선이나 중개에 나서게 된다. 중개를 통해 분쟁에 개입할 기회가 부여될 뿐만 아니라, 그 결과에 대해서도 영향을 미칠 수 있기 때문에 중개자의 역할은 분쟁이 평화적으로 해결되기를 바라는 국가는 물론, 여러 국가들의 관심의 대상이 되기도 한다.

역사적으로 보면 한 명의, 혹은 여러 외부자들에 의해 중개가 제공됨으로써 국제분쟁이 더 이상 비화되지 않고 타결되는 경우를 자주 접하게 된다. 그 대표적인 사례로는, 1982년 영국과 아르헨티나 사이의 포클랜드 전쟁에서는 미국의 헤이그(Alexander Haig) 국무장관이 중재에 나섰으며, 당시의 UN사무총장이던 케이아르(Pe'rez de Cue'llar)가 주선에 나섰다. 1978년 칠레와 아르헨티나의 비글 해협의 손해배상문제에는 교황이 안토니오 사마레(Antonio Samore')추기경을 중개자로 내세웠으며, 1965년 인도와 파키스탄의 영토 분쟁에는 소련에 의한 중개가 결정적인 역할을 하게 되었다.

국제사회에서 자국의 영향력을 증대하려는 욕망은 반드시 강대국만이 갖는 것이 아니라 실제로는 약소국이나 중견국들이 중개자의 역할을 수행함으로써 강대국과의 관계를 개선하기도 하는 동시에 자국의 이익을 보호하기도 한다.

예를 들면 알제리는 1980년 외교관 인질사건으로 인한 미국과 이란의 분쟁에 주선과 중개를 결합한 형태의 역할을 수행하여 알제리에 대한 미국의 평가가 우호적으로 바뀌었음은 물론 미국이라는 초강대국과 이슬람 국가와의 전쟁으로 비화될 수 있었던 사건을 해결함으로써 자신의 명성과 영향력을 증대시키는 계기가 되었다.

중개는 어떤 경우에건 소모적이고 피곤한 임무이고 경우에 따라서는 그 노력에 대한 보상을 제대로 받지 못할 수도 있기 때문에 확실한 인센티브가 있지 않으면 매우 어려운 일이다.

2. 중개의 동의와 기능

국제분쟁이 발생해도 당사자들이 중개에 동의(Agreement)하지 않는 한 강제로 중개를 할 수는 없다. 어떤 정부가 중개를 수용하게 되면 그것은 그 정부가 해당 분쟁이 국제적으로 다뤄 질 것을 바라는 것으로 해석할 수 있다. 그러므로 남아프리카의 인종분리정책에 대한 분쟁의 경우처럼, 국제적 책임 문제가 분쟁의 핵심쟁점일 경우에는 중개가 거의 불가능하다고 보아야 한다.

중개를 통한 분쟁의 해결은 언제나 어떤 타협의 산물일 가능성이 높다. 그렇기 때문에 일방 당사국 정부가 자신들은 그 분쟁을 이길 자신이 있다거나 혹은 아직 양보를 해야 할 때가 아니라고 믿는다면 중개가 이루어질 여지는 거의 없다고 보아야 한다. 어떤 분쟁이 진행되어 당사자들로 하여금 그들이 취해 온 정책을 다시 검토하지 않으면 안 되는 시점에 도달한 경우, 바로 이때 중개는 매우 적절한 수단이 될 수 있다. 양쪽 당사자 간에 힘겨루기로 승부가 나지 않을 때가 바로 이런 상황이라고 할 수 있다.

또 다른 상황은 당사자들의 입장에서 분쟁이 지속됨으로써 생기는 부담이 분쟁을 끝내려고 하는 노력의 비용보다 크다고 인식하는 때가 바로 중개를 수용할 수 있는 최적기가 되었다고 본다. 이에 적절한 사례는 이란과 이라크 간의 분쟁에서 찾아볼 수 있다.

<표 3-4 : 이란-이라크의 분쟁 사례>

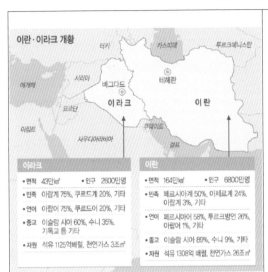

이라크는 쿠르드족을 압살하려는 확고한 정책을 수행하였고, 이것은 이란으로 하여금 양자택일을 하도록 강요되었다. 즉, 이라크와 전쟁을 감수하는 한이 있더라도 쿠르드족에 대한 지지를 강화하는 것과, 이라크가 다시 이란의 주장대로 국경선을 인정해 주는 대가로 이란이 쿠르드족에 대한 지지를 중단하는 것 둘 중에 하나를 선택해야 했다. 이라크의 입장에서도 당시에 더 중요한 문제는 쿠르드족이었지, 이란과의 국경선 획정에 관한 분쟁이 아니었다고 판단되어 이들 두 나라는 문제 해결에 임할 준비가 되었다고 인식했다. 그래서 이들은 이집트의 외교적 노력으로 시작되어 알제리가 중개자로 나선 유엔의 사실조사단을 수용하게 된 것이다.

중개가 진행되기 위해서는 분쟁 당사자들이 중개가 좋은 방안이라고 받아들이는 것만으로는 충분하지 않다. 그들은 또한 중개자가 누구인가에 대해서도 수용을 해야 한다. 해당 정부의 입장에서 중개자의 후보 인물이 자기들의 입장을 이해하지 못하고 있다거나, 자신들에게 호의적이지 못하다면 수용하기가 어려울 것이다. 혹은 그 중개자가 상대편의 입장에 있다거나, 분쟁의 해결보다는 중개자 자신의 이익에 더 큰 관심을 가지고 있는 것으로 인식할 경우는 중개 그 자체에는 원칙적인 수용을 하더라도 중개자 후보로 거론되는 특정한 인물을 받아들이지 않을 수도 있다.

어떤 개인이 중개자로서 적격이냐 하는 것은 그의 개인적인 자질과 명성에 따라 판단되며 해당 국제분쟁의 성격과 당시의 상황과 여건과도 밀접한 관계를 갖게 된다. 중개자가 엄정하게 중립적이라고 판단될 때에만 당사자들이 중재를 받아들이게 된다. 중립성은 어떤 중개자에게 혹은 어떤 경우에서는 대단히 중요한 요소가 된다. 이런 면에서 **국제적십자회(ICRC)**는 항상 정치적 분쟁에서 어느 일방의 편을 드는 것을 피하는데 세심한 주의를 기울인다. 그리고 인도주의적 문제에 자신들이 개입할 것인지 여부는 자신들의 중립성이 유지될 수 있는지에 따라 결정한다. 이것은 유엔 사무총장에 의한 보다 광범위한 개입의 경우에도 그대로 적용된다.

UN 사무국은 분쟁 상황에서 스스로 주도권을 가지고 해결책을 강구해 나갈 수 있고, UN 총회와 같은 정치적 기관에서 부여한 기능을 수행할 수도 있는데, 이러한 경우 사무국은 철저하게 중립적으로 처신해야 한다. 또 다른 측면에서 특정인이 중개자로 수용되느냐 하는 것은 그가 분쟁의 해결책을 제시할 수 있는지, 그가 분쟁의 양쪽 당사자들 모두와 원활하게 대화할 수 있는지에 영향을 미칠 수 있다.

> 이러한 의미에서 1975년 알제리는 이란과 이라크를 중개하는 데 세속적·중도적인 회교국가로서 매우 이상적인 위치에 있었다. 또한 알제리는 미국과 이란의 외교관계가 단절된 후, 미국에 대해 이란의 입장을 대변하도록 요청 받아 온 입장에서 미국과 이란 간의 외교관 인질사건에도 중개자로서의 역할을 잘 수행할 수 있는 조건이었다.

어떤 국가들이 중개에 나서는 것은 분쟁의 해결 그 자체나 특정한 결과로 해결에 나서는 것이 자신들에게 유리하다고 판단하기 때문이다. 이러한 이유로 인해 어떤 국가가 중개자로서 분쟁 당사자들에게 그들이 원하는 것이나, 거부할 수 없는 방안을 제시할 수만 있다면 중개자가 될 수 있다. 그러므로 어떤 국가가 자신의 이익이 관련되어 있고, 분쟁 당사자 일방과 긴밀한 관계를 가지고 있더라도, 다른 일방과 대화를 나눌 수 있는 정도의 관계라면 중개자가 되는 데는 어려움이 없다고 본다.

어떤 측면에서 보면, 중개자가 일방의 당사자와 특별한 관계에 있는 사실이 이점으로 작용할 수도 있을 것이다. 분쟁의 일방 당사자와 친밀한 국가가 중개에 나서는 경우, 그 친밀함은 우방인 당사국에게 솔직히 의견을 모두 표명할 가능성이 있다고 보이기 때문에 상대방도 중개에 더 협조하도록 유도할 수 있을 것이다.

분쟁 당사자들이 각자 자신들이 할 수 있는 양보를 하더라도 자신들의 요구가 관철되는 해결은 불가능하다고 믿는 경우가 있다. 이런 상황에서 중개가 성공하려면, 중개자는 당사자 모두가 만족할 수 있는 해결책을 제시하거나 그런 해결을 촉진시킬 수 있어야 한다. 이것이 불가능하면 중개는 실패할 수밖에 없다. 하지만 수완이 있는 중개자라면 이런 문제와 상황에 대해 다양한 수단과 방안을 가지고 중개에 임할 것이다. 중개자는 단순히 주선을 하거나, 당사자들 간의 대화가 용이하도록 하는 것만으로도 문제 해결에 도움을 줄 수 있다. 어떤 분쟁이 제3자의 개입을 필요로 할 정도라면, 이미 당사자들 사이의 접촉이 단절되었거나 매우 험악한 사태에 이르렀다고 볼 수 있다.

> 1979년 11월, 테헤란의 미국 대사관이 점거되고 이들의 구출 작전이 실패한 후, 미국과 이란의 공식적인 외교관계는 단절되었다. 이란의 혁명정부는 미국을 자신들의 적으로 간주하고, 미국에 의하여 이란 국민의 정신적 가치가 오염되고 있다고 주장했기 때문에 이들이 미국과 직접 대화는 불가능한 상태가 되었다. 이런 사정들은 이들 이란의 혁명주체세력들이 미국과의 대결 국면을 종식시키는 것이 자신들의 이익에 합치된다고 판단한 후에도 지속되었다. 이 상황에서 알제리가 미국과 이란 간의 중개자로 역할을 수행하게 된 것이다.

당사자들 사이에 일단 접촉이 시작되면, 중개자는 분쟁이 진행되는 동안 점증해 온 당사자 간의 긴장을 완화시키고, 당사자들 간의 교섭이 원만하게 진행될 수 있도록 분위기를 조성해 주는 역할을 하게 된다. 또한 중개자는 정보를 효과적으로 전달하는 통로의 역할도 할 수 있다. 외교관 인질사건의 경우, 알제리는 미국이 이란의 제안을 어떻게 수정하면 이란이 그것을 수용할 가능성이 높은가를 알려 주기도 했다. 또한 이란이 미국 내에 동결되어 있는 그들의 재산을 매우 중요시하고 있다는 점들을 아주 교묘하게 미국에 전달하기도 했다.

국제분쟁에서는 오해를 해소한다고 모든 문제들이 해결되지는 않는다. 하지만 당사자 일방의 태도는 상대방의 능력과 의도를 고려하여 자신의 입장을 어떻게 이해하고 있는지에 따라 결정되므로, 중개자가 제시한 보고서는 상황을 현실적으로 파악하고 유화적인 마음 자세를 견지하도록 하는데 매우 중요한 역할을 하게 된다. 포클랜드 사태에서 미국의 헤이그 국무장관은 아르헨티나 정부로 하여금 영국의 무력사용 위협이 단순한 엄포의 수준이 아니라는 점을 믿게 하고, 가능성 있는 해결책을 거부하면 그 대가가 상당할 것이라는 점을 설득하는 데 주안을 두었다.

중개가 정보의 원천이 되는 것은 인정하지만, 중개자가 전달하는 정보를 당사자들이 전적으로 신뢰할 수는 없다. 그러나 제3자가 전달하는 정보를 통해 당사자들은 각자의 희망대로 문제가 해결되지는 않을 것이라는 기대를 하지 않게 되고, 동시에 당사국 정책에 비판적인 시각을 가진 사람들에게 이러한 정보는 유용하게 활용되어 분쟁의 해결에 긍정적인 작용을 할 수도 있다.

중개자의 목표는 분쟁 당사자 모두를 만족시키는 것이다. 분쟁 당사자들의 목표는 일치하는 경우가 거의 없다. 종종 이것들은 완전히 다르기도 하고, 양립이 불가능하지 않은 경우도 있을 것이다. 이 경우 중개자는 당사자들에게 그들의 원래 의도했던 목표의 본질을 상기시켜서 모두가 만족할 수 있는 타협안을 제시할 수 있어야 한다.

1975년 이라크-이란의 분쟁에서 이란이 쿠르드족을 지원하는 것은 자국의 중대한 이익에 합치하는 것으로 여겼기 때문이 아니고, 또 다른 목적을 위한 하나의 방편으로 간주하고 있음이 분명해졌다. 결국 이라크가 자신들의 주된 관심사는 이란의 개입을 확실하게 종식시키는 것이 확인되자, 알제리는 두 나라 간의 분쟁을 해결하는 타협안을 제시할 수 있었고, 여기에는 이라크가 이란과의 국경 분쟁에서 양보하는 내용을 포함시켰다.

중개를 수용한다는 것은 최소한의 양보는 할 용의가 있음을 전제로 한 것이긴 하지만 분쟁에서 우세한 입장에 있는 당사자는 자신의 요구가 관철된 해결책을 기대하게 된다. 만일 분쟁 당사자 쌍방이 자신의 입장이 상대방보다 우세하다고 믿고, 동시에 양 당사자의 목표가 도저히 양립할 수 없다고 믿는다면 중개는 성공할 가능성이 희박하다. 이러한 결과를 피하기 위해 중개자는 자기 자신의 비중을 이들 당사자들의 저울에 싣기도 한다. 강대국들이 종종 중개자로 나서는 이유는 그들은 자신들의 우월한 지위를 이용하여 분쟁 당사자들의 행동에 영향력을 행사할 수 있기 때문이다. 이것과 정반대의 경우는 협력으로 보상을 해 주는 방식이라고 할 수 있다.

중개를 통한 해결은 어느 정도의 타협이 있어야 하는 것이기는 하지만, 그렇다고 분쟁 당사자들이 동등한 대우를 받아야만 하는 것은 아니다. 당사자 모두가 무엇인가를 받기는 해야 하지만, 반드시 받아야만 하는 것은 분쟁을 종식시키는 대가로 지불할 준비가 되어 있는 그 무엇이라고 할 수 있다. 상대적으로 열악한 지위의 당사국은 더 이상의 손해를 방지하고 체면을 유지하기 위해 원래 의도했던 목표를 포기하고 다른 대안에 만족할 용의가 있을 수 있다. 이런 경우에 당사자들은 자기들의 주장을 상징적, 혹은 명목상으로만 인정받아도 그것으로 만족할 수 있다는 것이며, 중개는 매우 유용한 수단이 될 수 있다.

분쟁으로 인한 비용부담은 분쟁이 해결되면 끝나기 때문에 분쟁이 평화적으로 해결되었다는 사실은 그 자체만으로도 하나의 성과로 인식하게 된다. 그래서 수완 있는 중개자는 당사자들에게 분쟁이 해결됨으로써 그들이 얻게 될 것들을 강조하는 동시에, 해결에 실패할 경우에 초래될 심각한 사태를 상기시키게 된다. 분쟁을 평화적으로 해결하는 것에 커다란 의미를 부여하는 것은 국제법과 UN 헌장의 준수와도 밀접히 관련되고 또한 국제기구의 사법적 판단이나 결의안에 따르는 것과도 연관이 되어 진다. 국제적십자사

(ICRC)가 인도주의적 차원에서 중개에 나선 경우에 이들의 활동이 가능한 것은 해당 정부가 자국의 내에서 비인도적 행위가 자행되고 있지 않다는 확인을 국제적십자사로부터 인증받기를 원하기 때문이다. 동시에 이들 국가들은 이렇게 함으로서 국제적십자회를 수용하지 않는 상대국에 대해 무언가를 은폐하고 있다는 비난의 소재를 삼을 수도 있다는 것이다.

분쟁 당사자 중 어느 쪽도 승산이 없다고 판단되는 상황에서는 무엇인가 탈출구를 찾게 된다. 어떤 분쟁의 경우에는 당사국들은 분쟁을 통해 원래 의도했던 바를 달성하기보다는 어떻게 하면 손실을 최소화 할 수 있을 것인가에 더 관심이 많아질 수 있다. 이러한 상황에서 중개는 명예로운 탈출구를 제공하고 계속적인 대화의 채널로 역할을 하게 된다. 이러한 경우 이 사태에 대한 손익계산은 뒤로 미루어 두고 당사자들은 휴식기간을 갖게 함으로써 동시에 분쟁의 해결이 진전되고 있다는 인식을 갖게 할 수도 있다.

3. 중개의 한계

분쟁해결의 수단으로서 중개는 많은 한계를 가지고 있다. 중개는 당사자들의 수용 자세가 필요하고, 중개자의 존재가 필요하다는 것을 전제로 한다. 일단 중개가 시작되면 중개의 성공 가능성은 시기적 요소, 즉 타이밍에 달려있다고 생각된다. 분쟁의 당사자들이 기진맥진했거나 사태가 더 악화될 위험이 있는 상황도 중개자에게는 유리한 조건이 된다. 즉 중개가 필요하고 중개를 받아들일 수 있는 여건이 성숙되었을 경우 중개는 성공할 확률이 높아진다는 것이다.

여기서 우리가 경계해야 할 점은 중개는 근본적인 분쟁의 문제를 해결한다기보다는 잠정적인 해결책을 찾는 경우가 더 많다는 것이다. 이 경우에는 문제의 뿌리를 치료하지 않으면 장래에 더 큰 곤란에 처하게 된다는 것을 알아야 한다. 흔히 장래에 어떤 조치를 취하기로 합의하는 경우에는 이를 지켜볼 사람이나 기제가 마련되지 않으면 실효성을 보장하기 어렵게 된다. 따라서 중개자는 당사자에게만 맡겨 두어서는 합의가 이루어지더라도 이행에 들어가자마자 그것으로부터 이탈하려 할 수 있다는 것을 명심해야 한다.

이에 대한 사례로 이란-이라크 분쟁에서 알제리는 1975년 평화협정의 교섭 과정을 감시했을 뿐만 아니라, 당사자들의 합의로 창설된 공동위원회에도 자국의 대표를 파견했다. 또 알제리는 위 공동위원회가 가동되자 그 토의과정에도 자국의 대표가 참여하도록 했다. 이런 세 단계 모두에 제3자의 참여는 당사자들이 합의된 것을 잘 지키게 했고 앞서의 교섭들에서 나타났던 교착상태 및 상대방에 대한 비난을 피하게 할 수 있게 했다.

때때로 중개를 통한 성취는 부분적인 해결에 한정될 수도 있다. 당사자들이 도저히 양립 불가한 입장만을 주장한다면 부분적인 진전조차도 어려울 수 있다. 예를 들면, 당사자가 현실적인 권리의 확인이 아니라, 정치적으로 분쟁을 해결해야 한다는 점을 인정해야 하는 상황임에도 이러한 사실을 인정하지 않는다면 어떤 것도 기대할 수가 없게 된다.

당사자 일방 혹은 쌍방의 국내문제에서 분쟁의 논점이 정치문제화 되는 경우에도 중개는 실패할 수 있다. 이런 경우 분쟁의 주체가 너무 국민적 민족감정에 민감한 문제라든지, 분쟁 당사국이 불안정하거나 분립되어있는 경우에는 중개를 더욱 어렵게 한다. 또한 국내적인 상황에 영향을 미칠 수 있는 분쟁에 대한 교섭이 진행될 때는 비밀이 엄격하게 유지되도록 하는 것이 필수적이다. 중개는 당사자들이 원하는 만큼의 효과적인 수단이 될 수도 있고, 이것은 상당부분 당시의 상황에 의해 좌우되기도 한다. 중개는 처음부터 시종일관의 전체적인 시각을 견지해야할 필요성이 있다.

중개자는 이미 실질적으로 다 만들어진 합의에 단순히 자신의 권능을 빌려주는 사람의 역할에 불과하다는 생각은 잘못된 견해이다. 중개자는 당사자들 사이의 대화가 용이하도록 해주고, 그들에게 필요한 정보를 제공해 주며, 어떤 제안을 하기도 하며, 그들의 목표를 분명히 하고, 또 가능성 있는 해결책들을 검토하여 권유함으로써 당사자들이 합의를 이끌어 내는데 결정적인 역할을 할 수 있다.

비록 분쟁의 해결이 미완으로 끝나거나 불가능할 경우에도 중개자는 당사자들의 이익을 위해 최선을 다해야 하며, 그들이 자신의 노력에 부응해 주리라는 믿음을 잃지 않아야 한다.

제4절 사실조사(INQUIRY)

1. 사실조사위원회의 출발

　법적·정책적 문제에 대해 국가 간에 이견의 차이가 심하여 그것 때문에 국제분쟁이 발생할 경우에 그 문제의 쟁점에 대한 그들의 견해는 일치되기 어렵거나 경우에 따라서는 불가능할 수도 있다. 이러한 경우에 당사자 중 일방이나 쌍방이 그 쟁점의 논의 자체를 '협상의 대상이 될 수 없다는 이유'로 거부할 상황도 있을 수 있다. 혹은 교섭이 너무 장기간에 걸쳐 별다른 진전도 없이 계속되어 당사자 중 하나가 인내심의 한계를 보여 평화적으로 자신의 주장을 관철시키려는 태도를 접고 완력으로 해결하려고 할 수도 있을 것이다. 이런 상황에서 교섭은 더 이상 주선이나 중개를 보조의 수단으로 도움을 병행하여 진행한다고 하더라도 분쟁해결의 적절한 수단이 될 수 없게 된다.

　개인의 경우에서와 마찬가지로 국가들은 각종 유형의 분쟁에서 경험에 의해 객관적인 판단을 내릴 수 있는 제3자가 관여할 경우, 극한의 대결로 치달을 위험성을 감소시키거나 탈출구를 마련하게 될 수도 있다. 그래서 국제사회에서는 이런 측면에서의 도움을 줄 수 있는 기제로서 '**사실조사(inquiry)**'라는 것을 활용해 왔다.

　사실조사(事實調査)는 사실(fact)문제에 관한 분쟁을 해결하기 위해 법원이나 기타 기관에서 사용하는 방법을 말한다. 대부분의 국제분쟁에서 법적, 혹은 정치적 쟁점 이외의 문제에 대해 다툼이 있기 때문에 사실조사는 국제기구에 의한 중재와 조정, 그리고 제3자가 개입하는 분쟁해결의 방법에서 중요한 요소가 되었다.

<표 3-5 : 미국 전함 메인호 사실조사 사례>

스페인으로부터 쿠바가 독립하기 위해 아바나에서 혁명이 일어났고, 미국의 자본과 군수품을 지원 받은 쿠바 독립주의자들과 스페인은 전쟁을 치렀다. 이에 대해 미국이 전함 메인(Maine)호를 보내 그들의 높은 국가적 관심을 보이도록 자극을 했다. 그러던 중인 1898년 2월 15일. 스페인의 하바나 항에 정박 중이던 미국 전함 메인(Maine)호는 폭발로 인해 파괴되어 351명의 승조원 중에서 259명 이 사망했다. 미국은 커다란 충격과 함께 진상조사에 나섰다. 스페인은 공동조사를 제의했으나 미 국이 거부했다. 이 사건을 스페인의 소행이라고 단정 지었고, 스페인은 자신들의 잘못이 아니라고 항변했다. 사실조사를 담당했던 위원회의 결론은 그 전함 내부에서 폭발의 원인이 있었다고 했으 나, 미국인들은 이 조사결과를 신뢰하지 않았다. 미국 해군들로 구성된 또 다른 조사단이 활동한 결과 전함은 수중 폭탄에 의해 파괴되었다고 하자 미국인들은 자신들의 판단이 옳았다고 생각했 다. 사실 메인함의 침몰원인은 지금까지도 정확하게 밝혀지지 않았다.

미국은 1898년 4월부터 8월까지 스페인을 대상으로 전쟁을 개시했다. 이 전쟁은 미국-스페인 전쟁 이라고 명명되었으며, 쿠바의 독립운동이 스페인에 의해 거부되자 이를 해결할 것을 미국이 요구 하면서 시작되었다. 이때 미국 내의 강력한 확장주의적 정서가 미국 정부로 하여금 필리핀, 푸에르 토리코, 괌을 포함한 스페인의 해외 영토를 병합하도록 부추겼다. 전쟁은 필리핀과 쿠바에서 미국 의 승리도 종결되었고 스페인과 미국은 1989년 12월 10일 파리조약을 맺어 쿠바와 필리핀, 푸에르 토리코, 괌의 지배권을 스페인으로부터 미국으로 넘겨주게 되었다. 미국은 카리브해의 패권을 차 지하여 먼로 독트린을 무력으로 실현시켰다. 또한 필리핀을 차지함으로써 서태평양과 아시아 진출 의 발판을 마련했다.

이후 미국 전함 메인호 사건의 사실관계를 확정하기 위한 증거의 해석 문제에 관한 이견이 초래되 었고, 1899년 헤이그 평화회의에 참석한 각국 대표들은 국제분쟁에서 사실 확인(fact-finding)문제에 관심을 집중하게 되었다. 이 회의에서 러시아의 대표는 '한 국가의 사람들로 구성된 사실조사위원 회를 다른 나라의 사람들이 참여하는 국제적 위원회로 대체하자'는 제안을 하게 되었다. 메인호 사건에서도 드러났듯이, 국내적 조사단은 만족할 만한 결과를 가져오지 못하기 때문에 국제분쟁의 원인이 된 사실관계 및 상황에 대한 조사는 중립적이고 공정한 국제적 기구에 의해 행해져야 한다 는 주장을 하였다.

사실조사는 국가들 간에 논란이 되고 있는 문제가 독립된 제3자에 의해 조사될 수 있 도록 하기 위해 중재(arbitration) 등 다른 수단을 사용하는 대신에 특별한 합의를 통해 만 든 기구를 활용하는 것이다. 이러한 측면에서 사실조사는 1899년 헤이그 협약에 의해 도 입된 **사실조사위원회**(The Commission of Inquiry)로 불리는 특수한 국제기구를 통한 분쟁 해결 방법을 뜻하는 것이다.

이 안건은 논의과정에서 약소국가들은 사실조사위원회라는 것이 외부세력에 의한 국 내문제의 간섭이라는 합법적인 수단으로 악용될 수도 있다는 우려를 표명했다. 이로 인 하여 결국은 사실조사위원회는 중요한 몇 가지의 조건이 충족될 때에만 수용되는 것으로 정리되었는데, 그 전제조건은 다음과 같다.

1. 국가의 명예나 중대한 이익이 관련된 경우가 아닌 문제를 대상으로 한다.
2. 위원회는 사실의 문제만을 다루고 법적 문제는 다루지 않는다.
3. 위원회의 구성 및 그 판정의 실행이 강제적이 아니다.

이러한 제약조건을 달고 나서 사실조사위원회의 설치 및 운영에 관한 합의가 1899년 헤이그 협약에 6개의 조항으로 규정되었다.

2. 헤이그 협약의 유용성 검증

<표 3-6 : 영국-러시아의 전함사건 관련 사실조사 사례>

1904년 10월 9일, 러일전쟁에 참전하기 위해 발트해로부터 극동으로 파견된 러시아 전함들은 Dogger Bank 근처에서 조업 중이던 영국의 어선단 속으로 항진하게 되었다. 당시 그 지역은 일본 어뢰정들이 있다는 첩보가 있었는데, 러시아전함의 함장은 자신들이이들 어뢰정의 공격을 받고 있다는 판단을 하게 되었다. 러시아 전함은 이러한 혼란 속에서 발포를 하였으며, 10여 분 간의 발포로 영국 어선단에 1척의 침몰과 5척이 파손되는 피해가 발생하였으며, 어부 2명이 사망하고 6명의 부상자가 발생하였다.
이 사건으로 영국의 여론이 격앙되었고, 지브랄터 해협으로 항진해 오던 러시아 함대를 나포하려는 준비에 들어갔다. 이때 영국과 러시아의 관계가 파멸적으로 발전하기를 원치 않았던 프랑스가 두 나라를 설득하여 헤이그 협약에 의거한 사실조사위원회를 설치하도록 중재했다. 1904년 11월에 설치된 이 위원회의 구성은 당사자인 영국과 러시아 제독 각 1명씩과 프랑스, 헝가리, 미국의 제독 각 1명씩을 포함했다. 그리고 이들에게는 다음과 같은 사항을 위임하게 되었다.
"북해에서 발생한 이 사건에 관련된 모든 상황을 조사하고 이에 대한 보고서를 제출하며, 특히 책임의 소재에 관한 문제 및 사실조사를 통해 누군가에게 책임이 있다고 드러날 경우에 두 당사자 혹은 그 외 다른 나라들에게 어느 정도의 비난이 가해져야하는지에 초점을 둔다."
이 위원회는 2개월에 걸쳐 증언을 청취한 후에 보고서를 작성하여 1905년 2월에 제출했다. 이 보고에서 조사한 바에 따르면 '사건 당시 영국 어선단 안은 물론 인근에 일본 어뢰정을 없었고, 따라서 러시아 제독의 발포행위는 정당화 될 수 없다'는 결론을 내렸다. 하지만 이런 결론에 도달하였다고 해서 조사위원회가 러시아 함대의 제독이나 승무원들의 군사적 능력이나 인간적 자질에 대해서 부정적인 평가를 내리는 것은 아니라고 언급했다. 분쟁의 당사자인 영국과 러시아는 이 보고서를 수용했고, 러시아는 영국에게 약 6,500파운드의 손해배상을 함으로써 분쟁은 종결되었다.

 이 사건은 국제사실조사위원회가 국제분쟁을 해결하는 수단의 하나로서 그 진가를 유감없이 보여준 사례라고 할 수 있다. 만약에 영국과 러시아가 각자 조사위원회를 구성했더라면 Maine호 사건에서의 경우처럼 서로 상반되는 결론에 도달하여 사태를 더 악화시키고 장기화 시켰을 것이다. 이처럼 매우 민감한 사안에 대한 분쟁을 두 당사자가 국제적 조사위원회를 구성해 해결하려고 동의하고 참여했기 때문에 문제가 대화와 합리적 절차를 통해 해결될 수 있었던 것이다. 또한 사실조사는 문제의 심각성을 고려하여 가능한 한 조속하게 조사위원회를 설치하는 것이 효과적이며, 누가 얼마만큼의 책임을 져야 하는지에 대한 소극적인 법적문제까지도 언급하는 중재의 성격을 포함하는 것도 사실조사위원회의 효용성을 배가시키는 결과를 가져올 수 있다.

<표 3-7 : 한국 서해 상 해군함정피격사건 관련 사실조사 사례>

천안함 피격 사건은 2010년 3월 26일 한반도의 서해 백령도 근해에서 대한민국의 초계함인 PCC-772 천암함이 뇌격되어 침몰한 사건이다. 이 사건으로 대한민국 해군 장병 40명이 사망했으며, 6명이 실종되었다. 대한민국 정부는 천암함의 침몰 원인을 규명할 민간·군인 합동조사단을 구성하였고, 오스트레일리아, 미국, 스웨덴, 영국 등 5개국에서 전문가 24명으로 구성된 합동조사단 활동을 시작하였다. 합동조사단은 2010년 5월 20일, 천암함이 조선민주주의인민공화국의 어뢰공격으로 침몰한 것이라고 발표했지만, 스웨덴은 '합조단에 지원으로 참여했으며, 스웨덴이 참여한 부분에 대해서 동의한다.'고 하여 조사결과 동의에 침묵했다.
이러한 조사결과 발표는 미국과 유럽연합, 일본 외에 인도 등 비동맹국들의 지지를 얻어 유엔 안전보장이사회의 안건으로 회부되어 안보리는 "조선민주주의인민공화국이 천암함을 공격했다는 조사결과에 비추어 우려를 표명한다."는 내용과 함께 "공격을 규탄한다."는 내용의 의장 성명을 채택하였다. 그러나 조선민주주의인민공화국은 자신들과 관련이 전혀 없다고 주장하고, 중국과 러시아가 반대하면서 '안보리는 이번 사건과 관련이 없다고 하는 조선민주주의인민공화국의 반응, 그리고 여타 관련 국가들의 반응에 유의한다.'는 형식적으로나마 조선민주주의인민공화국의 입장이 반영되었다는 외교가의 평가이다.
합동조사단의 조사결과 발표에 대해 "특대형 모략극"이라며 반발했던 조선민주주의인민공화국은 유엔 안전보장이사회의 성명을 사실상 수용하는 모습을 보였다. 천암함의 침몰에서 인양, 조사 및 발표에 이르기까지 대한민국 사회와 주변국의 관심을 끌었으며, 침몰원인에 대해 여러 가지 주장이 제기되었고 규명과정에서 언론과 각계 인사들은 다수의 문제를 제기하기도 하였다.
이 사건으로 인해 대한민국과 조선민주주의인민공화국 간의 긴장이 고조되었고, 대한민국은 내부적으로 갈등을 빚기도 하였다. 이 사건에 대해 대한민국이 주도한 합동조사위원회보다 더 객관적인 시각을 가진 국제사실조사위원회에 사실조사를 최초 단계에서부터 일임했다면 침몰 원인의 사실 규명과 함께 국제적 책임 문제와 배상, 그리고 국내적인 갈등의 문제를 남기지 않았을 것이다.

3. 사실조사의 유용성과 한계

사실조사는 나름대로 의미가 크지만 상호 모순적인 요소들을 표출하기도 한다. 사실조사는 헤이그 협약에 따라 모든 종류의 분쟁이 아닌 제한된 종류의 분쟁들을 처리 또는 해결하기 위해 마련된 것이다. 사실조사는 앞의 사례에서 본 바와 같이, 명예와 중대한 이해가 명백한 사건들의 사실문제뿐만 아니라, 법적문제까지 결정하기 위해 종종 이용되기도 했다. 그리고 임무를 담당한 국제기구의 구성 및 그 절차는 사법적 심판을 맡은 법원과 유사한 것이어서, 이 기구가 마련된 최초의 의도와는 차이를 보이게 된다. 그렇다면 사실조사가 이처럼 융통성 있는 절차임에도 불구하고 왜 실제는 많이 이용되지 않는가 하는 의문을 갖게 된다.

그 이유로는 첫째, 사실조사를 하는 것이 불필요한 상황이 있다는 것이다. 사실관계에 대한 다양한 인식이 병존했던 상황에서 그 문제를 교섭에 의해 해결하는 것이 더 낫다고 판명되는 경우가 많다는 점이다. 둘째로, 사실조사가 필요한 상황임에도 헤이그 협약에 따른 사실조사가 아닌 다른 형태의 사실조사 절차를 이용하는 경우도 많다는 것이다.

과거에 국제연맹은 이 기구의 독자적인 사실조사위원회를 설치했으며, 유엔도 이와 유사한 방식으로 사실조사를 이용해 오고 있다. 1984년 걸프전쟁에서 화학무기가 사용되자 당시 유엔 사무총장은 스위스, 스웨덴, 스페인, 호주의 전문가들로 구성된 조사단을 파견하여 진상을 파악하여 보고하도록 조치하기도 했다. 유엔의 산하 전문기구들도 특정한 상황에 대해 사실조사에 착수할 수 있다.

1983년 9월, 국제항공기구(ICAO)는 사무총장에게 KAL 007기의 사건을 조사하도록 했다. 이 사건은 대한민국 점보제트기가 소련 영토에서 격추된 사건이었다. 이에 관한 보고서는 1983년 말에 제출되었지만, 사건의 진상을 모두 밝히지는 못했다. 또한 보고서는 소련이 이 조사에 협조하지 않았음에 불만을 표시했지만, 소련의 공격을 비난하는 결의안을 공표했다. 그리고 이 결의안은 1984년 5월, 이러한 사태가 재발하지 않도록 시카고 민간항공협정(The Chicago Convention on Civil Aviation)의 개정안이 통과되도록 하는데 기여하였다.

이와 같이 기관들에 의한 사실조사는 관련 당사국의 동의 없이도 진행될 수 있는데, 비록 이들 사실조사결과보고서가 분쟁을 해결했다고 보기는 어려울 수 있지만, 사건의 결말과 후속조치에 중요한 영향을 미친다는 것을 보여준다.

제5절 조정(CONCILIATION)

1. 조정의 필요성

　　조정(調整)이란, 당사국이 상설 혹은 임시로 구성한 위원회에 의한 모든 형태의 국제적 분쟁을 해결하기 위한 수단이다. 이것을 통해 분쟁을 공정하게 조사하고, 당사국에 의해 받아들여질 수 있는 해결방안의 마련을 시도하며, 당사자들의 요구가 있는 경우에는 위원회 자신의 견해도 표명할 수 있는 분쟁해결의 방법이라고 정의하고 있다.[5] 조정은 분쟁해결의 수단으로서 이 방식은 매우 절충적인 성격을 보이고 있다.

　　중개(mediation)가 본질상으로 교섭(negotiation)을 확장한 방법이라고 본다면, **조정(conciliation)**은 제3자가 공식적인 법적 지위를 가지고 개입할 수 있도록 제도화한 점에서 사실조사(inquiry)나 중재(arbitration)와 유사하다고 할 수 있다. 하지만 사실조사에서는 사실을 규명하는 것이 핵심인데, 조정은 당사자들에 의해 받아들여질 수 있는 조건을 모색할 뿐, 조정안이 당사자에게 구속력은 없다고 본다. 이러한 면에서 조정은 중재와는 매우 다르다고 보며, 오히려 중개와 유사하다고 할 수 있다.

　　조정은 1920년 스웨덴과 칠레사이에 분쟁의 해결을 위한 수단으로 조약으로 체결되었다. 이 조약은 사실조사를 위주로 하되 당사자들이 원하는 경우에는 조정을 선택할 수 있게 한 것이다. 조정을 선택한 경우에는, **상설조정위원회(Permanent Board of Conciliation)**는 사실관계와 법률문제의 조사와 분쟁의 해결방안을 마련하는 것이 그들에게 부여된 주요 임무였다. 1925년 프랑스와 스위스 사이에 체결된 조약에 모델로 제공한 내용은 다음과 같다. 상설조정위원회의 임무는 분쟁의 내용을 명확하게 밝히고, 분쟁을 해결하기 위해 유용한 모든 정보들을 사실조사 등의 방법으로 수집하며, 분쟁의 당사자들이 합의

---

5) 1961년 국제법연구소에서 제정한 '국제조정의 절차에 관한 규정 제1조'.

에 이를 수 있도록 노력하는 것이었다.

사건을 검토한 후에는 위원회는 적절하다고 판단되는 해결책을 당사자들에게 제안할 수 있고, 이를 당사자들이 결정을 내려야 할 시한을 정할 수도 있다. 조정절차가 종료되는 시점에서 위원회는 해당 사건에 관한 보고서를 작성하며, 사건이 해결된 경우에 이 보고서는 당사자들이 분쟁해결을 위한 합의를 이루었음을 기술하게 하고, 그렇지 못한 경우에는 해결방안을 포함하기도 하며, 해결에 실패했음을 보고서의 결론에 언급하기도 한다. 분쟁 당사자들이 달리 합의를 하지 않는 한, 이 위원회는 분쟁이 회부된 날로부터 6개월 이내에 종료되어야 한다.

1925년부터 제2차 세계대전이 발발할 때까지의 기간 동안 전 세계적으로 조정을 선호하는 분위기가 확산되었고, 1940년까지 조정에 관한 조약이 거의 200여 개나 체결되었다.

1947년에는 프랑스 – 샴(태국의 옛 이름) 조정위원회가 개최되었다. 샴 정부는 인종적·지리적·경제적 이유를 들어 프랑스령의 인도차이나와 자국의 국경을 변경시켜야 한다고 주장했다. 프랑스가 이에 반대하자 양국 간에 분쟁이 발생하였다. 양국은 조정위원회를 설치하기로 합의했고, 양국에서 각 1명씩과 다른 나라에서 3명의 중립적 위원으로 하여금 이 분쟁을 조정하도록 했다. 양측이 제시한 증거와 답변 자료를 토대로 조정위원회는 분쟁 당사국들이 합의에 이르도록 노력했지만, 이에 실패하였다.

위원회는 양측의 주장과 위원회의 결론을 요약한 보고서를 작성했고, 이 보고서에는 다수의 구체적인 권고(recommendation)를 포함시켰다. 위원회는 보고서에서 양국의 국경을 약간 변경할 것을 넌지시 제안하기는 했지만, 위원회의 결론은 샴의 주장을 분명하게 거부한 것이었다. 라오스 전역을 샴에게 이양하라는 주장에 대해 위원회는 자신들에게 이러한 문제를 다룰 권한이 없다고 거절했다. 또한 인종적·지리적·경제적 문제를 면밀히 검토한 후, 분쟁지역에서 국경을 변동시킴으로써 이로울 것이 없다는 결론에 도달하였다. 이는 법적인 문제를 초월한 정치적인 이해와 연관된 문제였다.

조정위원회는 분쟁을 조사하여 실현가능한 해결방안을 제시하는 것이다. 분쟁의 조정이라는 방식을 이해하는 데는 '**제도화된 교섭**(institutionalized negotiation)'이라고 본다. 즉 조정위원회의 임무는 당사자들 사이의 대화의 장을 마련하고 이에 적극 참여하도록 권유하며, 그들의 대화가 성공적인 결론에 도달하도록 필요한 모든 도움을 제공하는 것이다. 이런 방법은 당사자들 사이에 합의를 이끌어 내는 것이 분쟁해결에 필수적이라는 인식을 전제로 하고 있다.

조정의 성격에 관한 또 하나의 견해는 조정을 사실조사나 중재와 유사하다고 보는 것이다. 따라서 조정위원회는 당사자들의 주장과 입장을 평가하여 그에 관한 조언을 제공해 주고, 당사자들의 주장에 좌우됨이 없이 그들 각각에게 합당하다고 판단되는 해결책을 제시하는 것이다. 조정의 본질을 무엇이라고 이해하는가의 문제는 조정위원회의 활동에 큰 영향을 끼친다. 위원회가 조정을 중재와 유사한 분쟁의 해결수단으로 본다면 위원회의 활동은 조정을 교섭의 장을 마련하는 것으로 이해하는 경우처럼 매우 형식이나 절차에 구속될 가능성이 높다.

조정위원회의 임무 중 하나는 문제된 분쟁의 본질과 그 배경을 면밀하게 조사하는 것이므로 이들에게는 광범위한 조사권한이 부여될 수 있다. 그러나 이들의 조사활동은 사실을 밝히는 것으로 충분하지 않고 분쟁 당사자들을 화해시켜야 하므로 조사활동은 하나의 수단에 불과하다고 볼 수 있다. 따라서 어떤 사실을 밝히는 것이 사건의 조정을 더 어렵게 할 우려가 있다고 판단될 경우, 조사를 중단하기도 한다.

조정위원회는 대부분 법적인 쟁점을 포함하고 있게 된다. 이러한 성격으로 인해 위원회의 구성에는 외교관이나 해당분야의 전문가, 그리고 법률가들이 반드시 포함되게 된다. 그리고 위원회가 조사활동 중이거나, 해결책을 마련 중이거나 혹은 화해를 시도하는 등의 어떤 단계에 있었던 간에 이 모든 과정은 비공개로 진행되는 것이 조정의 성공을 위해 필수적이라고 할 수 있다. 그 이유는 대부분의 분쟁에는 미묘한 논쟁점이 있게 마련이고, 어떤 정부나 공개적으로 양보와 타협을 하려고 하지 않으므로 비밀유지는 일반적인 관례가 된다. 그 이유는 양측의 감정이 악화된 상태에서 언론과 양국의 국민들의 시선이 집중되면 조정의 과정이 더욱 어려워질 것이라는 판단에서 비롯되었다.

조정의 가장 두드러진 특징 중의 하나는 조정위원회의 보고서가 **'결정(decision)이 아닌 제안(proposal)'**의 형태를 취한다는 점이다. 따라서 법적인 판단이 핵심적인 사안에서도 조정위원회의 보고서는 중재 판정과는 전혀 다른 의미로서, 당사자들에게 구속력을 갖지도 않는다. 이러한 특징은 경우에 따라 조정위원회를 곤란하게도 하는데, 조정위원회는 합리적인 이유와 근거를 제시하여 자신들의 제안이 가능한 최대의 설득력을 갖기를 희망할 뿐이다.

조정위원회가 제시하는 조정안은 당사국들에 의해 수용될 수도 있고 거부될 수도 있다. 따라서 위원회는 수개월 정도의 시한을 정하여 그 조정안에 대해 당사국이 수용여부를 통보할 것을 요청한다. 조정안이 수용되면 조정의 과정과 조정안의 구체적인 내용을 담은 **의사록**(process-verbal)을 작성한다. 조정안이 거부되면 더 이상의 의무는 없으며, 조정자의 임무는 조정안의 제출로 끝나게 된다. 그러나 경우에 따라 조정자는 사실조사를 감독하며, 해결방안을 제시하며, 마지막으로는 중개자의 역할까지 수행하기도 한다.

2. 조정활동의 중요성과 접근방법

조정은 양자 조약 속에 자리를 잡았다. 제2차 세계대전 이후 몇몇의 조약들 속에 조정 규정이 포함되었고, 이런 조약의 규정은 당사국들에게 그들 사이의 모든 분쟁을 조정을 통하여 해결하도록 하는 것인 데 반해, 당사 국가들은 개별 합의를 통해 특정의 분쟁을 처리하기 위한 조정위원회를 설치할 수도 있다. 양자조약을 통한 실무관행에서 조정의 이동도가 감소해 왔지만, 다자조약의 경우에는 그 반대로 증가의 추세를 보였다.

특정한 주제에 관한 조약들 중 상당수는 분쟁해결 방법으로 조정을 규정하고 있다. 특히 국제교역 등에 관한 많은 조약들과 인권보호에 관한 조약들이 조정을 선호하고 있다. 예를 들면, '**유럽인권협약**(The European Convention on Human Rights)' 제28조는 '본 협약에서 정의한 인권의 존중을 기초로 하여 문제가 우호적으로 해결될 수 있게 당사국들의 뜻에 따라 위원회가 운영되도록' 하는 것을 규정하고 있다. 이것은 인권보호를 위한 실질적 제도로써 이런 종류의 조정이 종종 이용되고 있으며, 인권존중을 기초로 문제를 우호적으로 해결하려고 하는 유럽인권재판소와 같은 기관에까지 가지 않고 문제를 해결하려는 협약의 의도를 분명하게 하고 있는 것이다.

전통적 의미의 조정이 분쟁해결을 위한 다른 절차들과 결합되거나 혹은 그 대안으로 조정에 관한 규정을 두는 것은 현대 다자조약의 한 관행이 되었다. 1969년의 '**조약법에 관한 비엔나협약**(The Vienna Convention on the Law of Treaties)'에서 보면, 강행규범에 관한 규정의 해석이나 적용에 대해 다툼이 있는 경우에는 국제사법재판소에 그 해결을 의뢰하도록 규정하고, 조약의무의 유효 혹은 소멸에 관한 다툼이 있는 경우에는 반드시 조정을 통해 해결하도록 하고 있다.

한편, 1985년의 '오존층 보호를 위한 비엔나협약(The Vienna Convention for the Protection of the Ozone Layer)'에는 협약의 해석이나 적용과 관련된 분쟁이 있는 경우에 당사자들은 교섭을 통해 그 해결을 시도하도록 하였고, 교섭이 실패한 경우에는 당사자들이 합의하여 주선이나 제3자의 중개를 요청할 수 있다. 분쟁이 해결되지 않을 경우 당사국들은 중재재판이나 국제사법재판소의 재판을 받을 수도 있다. 그러나 당사자 각각이 아무런 조치도 취하지 않은 경우에는 반드시 조정을 통해 분쟁을 해결할 의무를 지도록 협약은 규정해 두고 있다.

3. 조정의 한계

조정은 지난 70여 년 동안 약 20여 건이 채 안 되는 분쟁들의 해결에 이용되었다. 이와 같은 결과는 1928년의 '분쟁의 평화적 해결을 위한 일반의정서'에서와 같이 **다자 조약들에는 광범위한 유보(reservation)가 허용**되고 있어서 당사자들이 조정에 응해야 하는 의무를 배제시킬 수 있었다. 조정규정을 둔 양자조약들이 점점 더 많이 중재의 분위기를 풍기는 추세에 있는데, 이는 정치적 성격의 분쟁들을 국제기구로 가져가도록 촉진해 왔다. 또한 조정의 불확실성 때문에 중재를 이용하는 경우가 증가하기도 했다. 조정위원회를 구성하여 이를 운영하는 것은 쉬운 일이 아니며, 그 경비도 무시할 수 없기 때문에 법적 분쟁을 가진 당사국들조차 '조정'보다는 이미 검증된 제도인 '중재'를 선호하는 경우가 많다.

지금까지 국제분쟁에서 조정절차를 시도한 거의 대부분의 사건들은 인접 국가나 지리적으로 가까이 위치한 국가들 사이의 분쟁이었고, 이들은 서로 우호관계를 원하는 경우였다. 조정의 절차는 그 과정에서 상대방의 입장과 주장을 더 잘 이해하고, 자기주장을 보다 객관적으로 평가할 수 있는 기회를 갖게 한다. 그리고 조정은 중개의 절차처럼 협상과정에서 제3자의 도움을 받을 수도 있고, 체면손상 없이 양보할 수 있는 기회를 갖게 된다.

조정이 갖는 가장 큰 이점은 중재에 비해 조정 과정에서 당사자들 간에 대화가 지속적으로 진행되기 때문에 전혀 예기치 못한 결과가 나올 위험성이 없다는 점이다. 또 한 가지의 이점은 당사자들이 분쟁에 관한 결정권을 갖고 행사한다는 점이다. 즉 조정위원회의 제안은 구속력이 없기 때문에 당사자들은 그 해결책이 흡족하지 않을 경우에는 언제든지 이를 거부할 수 있다.

제6절   중재(ARBITRATION)

1. 중재의 필요성

국제분쟁에서 당사자들이 분쟁해결의 통제권을 가지며, 제시된 해결방안이 마음에 들지 않으면 이를 거절할 수도 있는 것을 '**외교적 해결방법**'이라고 한다. 또 한 가지의 부류는 중재와 사법적 해결방법으로 보통 국제법에 근거한 구속력 있는 결정을 구하는 경우에 해당하는 '**법적 해결방법**'으로 나눌 수 있다. 사법적 해결의 경우에는 국제사법재판소나 유럽인권재판소 등과 같은 상설 법원에서 분쟁의 문제를 다루게 된다.

중재(arbitration)는 제3자가 당사자 간의 갈등에 대한 결정을 내린다는 측면에서 조정과 구별된다. 흔히 중재(仲裁)를 '사적 재판'이라고도 하는데 제3자가 판결과 비슷한 결정을 내리지만 이러한 결정이 법적인 적용과 해석을 기반으로 했다기보다는 자신의 전문성과 양심에 기반하고 있다는 점에서 소송에서의 판결과 구별할 수 있다. 중재는 당사자 간에 중재를 자율적으로 합의해야 하고, 중재자가 결정을 내리면 이를 반드시 따라야 하며, 그 결정은 법원의 확정판결과 비슷한 효력을 가진다.

또한 중재는 단심제로 신속하게 결정이 진행됨으로써 시간과 비용을 절약할 수 있으며, 중재내용에 대한 비밀을 유지하기 때문에 향후 당사자 간의 관계를 지속하는데도 도움이 된다. 중재는 모두 제3자의 판단에만 의존한다기보다는 매우 다양한 수단들과 결합하여 응용되는 형태로 실행된다. 중재의 발전은 특히 노사관계 갈등과 연관성이 깊다.

미국에서는 1947년 노사관계관리법(The Labor-Management Relationship Act)이 제정되면서 미국 노동관계위원회(NIRB, The National Labor Relations Board)가 설립되었다. 이 위원회는 노사관계에서 생기는 갈등을 중재하는 역할을 수행했는데, 이 중재위원회가 내린 중재 결정에 대한 소송에서 법원이 계속해서 법적인 효력을 인정해 줌으로써 중재의 법적인 지위가 확립되었다. 중재는 크게 '자발적 중재'와 '강제적 중재'로 구분할 수 있다.

또한 중재는 국제적인 분쟁, 특히 국제적인 상업 분쟁을 해결하는 데 매우 효율적인 수단이다. 국제적인 분쟁에서는 국가 간의 관할권에 쟁점이 있고, 서로 다른 법체계로 인한 갈등이 발생하기 쉽다. 이런 상황에서 중재는 서로 간의 계약을 통해 문제 해결을 위한 조건을 확정하는 것으로 적은 비용으로 빠른 결정을 볼 수 있다는 장점 때문에 자주 이용되고 있다.

어떤 분쟁 하나 혹은 일련의 분쟁을 처리하기 위해 당사자들이 재판기관을 설치해야 한다. 역사적으로 국제사회에는 중재가 상설법원보다 먼저 발달했고, 중재의 이용이 상설법원의 탄생을 촉진시켰다고 볼 수 있다.

현대에도 분쟁해결을 위한 각종의 규정들에는 조정이 포함되는 것이 일반적이다. 분쟁이 발생했을 때 당사자 국가들이 실제로 이용하는 절차들 속에서 조정은 매우 중요한 가치를 발휘하고 있다. 조정은 사실조사와 마찬가지로 다양한 필요에 응할 수 있는 절차이며 그 이점은 국제분쟁의 해결에 당사자 이외의 사람들이 조직적으로 개입하는 것에서 찾아볼 수 있다.

국가들은 미래에 발생할 수 있는 분쟁에 대해 중재를 통해 해결하기 위한 포괄적인 합의를 할 수 있으며, 이미 발생한 특정한 분쟁을 중재에 회부하기 위한 합의를 할 수도 있다. 이 과정에서 가장 첫 단계에서 해야 할 일은 구성될 중재기관의 형태를 정하는 것이다. 중재위원회의 구성은 당사국들이 같은 수의 자국 중재위원을 지명하고, 중재의 심판역할을 할 한 명의 중립적인 인사를 포함시키는 것이다. 이와 같이 구성된 중재위원회에서 당사국 출신의 위원들이 해결방안에 합의하지 못하면, 중립 위원에게 해결방안을 위임하게 된다.

중재의 형태 중에 '공동위원회(mixed commission)'는 사법적인 요소를 상당히 많이 가지고 있어서 현대적 의미의 중재기구라고 할 수 있다. 공동위원회에 의한 중재가 이처럼 법적 성격을 많이 띠게 된 것은 국제법을 아주 정확하게 적용한 사건들의 결과로 이해할 수 있다. 중재의 또 다른 형태는 외국 정부나 그 수반에게 중재를 의뢰하는 것으로, 국제사회에서 상당히 오래된 관행으로 이용되어 왔다.

이런 사례는 서양의 역사에도 찾아볼 수 있고, 중세시대에는 교황이, 근대에는 강대국의 국가수반들이, 현대에는 세계적 국제기구인 유엔사무총장이 종종 그 임무를 수행하기도 한다. 이런 형태의 중재는 영향력 있는 외부인사의 개입으로 효과를 보려는 점에서 중개가 갖는 이점이라고 볼 수 있다. 영향력 있는 중재자는 그 권위와 지명도를 이용하여 당사자들에게 유리하지만은 않은 해결방안을 받아들이도록 압력을 가하거나, 유인하는 기능도 발휘하게 된다.

공동중재위원회나 외국 정부 및 수반에 의한 중재가 부적절하다고 판단될 경우에는 특정한 자격을 갖춘 인사에게 분쟁의 해결을 위임하는 형태도 있다. 1899년 헤이그 협약은 중재자 명단을 마련하고 '**상설중재재판소**(The Permanent Court of Arbitration)'이라는 명칭을 부여하기도 했다. 이 협약은 자체 건물을 가진 사무국을 설치했고 직원을 두었고 이 시설과 기관은 지금까지도 평화적 분쟁해결에 도움을 주고 있다.

적합한 사람을 찾을 수만 있다면 단독의 중재자에게 분쟁해결을 맡기는 것이 시간과 비용을 절약할 수 있는 방법이다. 현대 조약의 관행으로는 중재위원으로 3~5명으로 구성하여 다수결에 의해 결정을 내리는 것이다. 단독 중재자의 선임과 마찬가지로 재판기구의 구성원을 정하는 문제도 당사자들 간의 교섭에 의해 이루어진다. 그러나 재판 구성원을 모두 충원하는 역할을 제3자에게 맡기는 방법도 유용하다.

당사자들이 적합한 인물을 선정하지 못하고 절차의 진행이 지연될 경우와 중립적 심판관의 선정에 비협조적이거나 이를 방해하고자 하는 일방이 있을 경우에도 제3자에 의한 선정이 유리하다. 중립적 위원의 선정을 위한 합의를 이루지 못할 경우 가장 간단한 해결방법은 시한을 규정하는 것이다. 즉, 3개월 혹은 다른 적절한 기한을 정하고 이 기간 내에 중립적인 위원이 선정되지 못하면 외부 인사로 하여금 선정하도록 정해 두는 것이다.

2. 중재 의뢰의 내용과 중재판정의 기준

중재위원들을 선정하는 것이 당사자들의 임무인 것처럼, 중재절차를 어떻게 정하여 진행하고 중재에 의뢰할 쟁점이 무엇인지를 결정하는 것도 당사자들이 결정할 사안이다. 이처럼 중재에서도 당사자들은 분쟁해결에 관해 많은 통제권을 행사할 수 있다. 중재 진행절차에는 중재가 이루어지는 장소, 중재 비용의 부담, 증거를 수집하는 방법, 현장 조사에 관한 것, 판정을 내리는 기준과 반대 및 소수의견의 처리 등에 관한 아주 세부적인 절차에 관한 사항을 미리 마련해 두기도 한다.

중재의 쟁점(issue)이 무엇인지를 확정하는 것은 중재기관의 권한을 결정짓는 가장 중요한 문제이다. 쟁점을 광범위하게 정의하면 당사자들의 우호관계를 해치지 않으면서 중재를 시작할 수 있으나 새로운 문제를 만들 수도 있다. 그러나 반대로 쟁점을 좁게 잡으면 중재기관의 포괄적인 활동을 제한할 수 있으나 쟁점을 좁히고 나머지의 사안들은 교섭을 통한 해결로 위임하는 방법을 활용할 수도 있다. 중재의 대상으로 삼을 쟁점을 구체적으로 정의하지 못하면, 분명히 합의해 온 문제에까지 부정적인 영향을 미칠 수 있다. 반대로 쟁점을 너무 좁게 잡고 시작을 하면 문제해결 방안을 제시하는 데 융통성을 제한하게 되어 근본적인 해결과 양보를 어렵게 할 우려가 있다.

중재기구에서 무엇을 근거로 결정을 하여 당사자들에게 지시할 것인가는 매우 민감하고 중요한 사항이다. 가장 보편적으로는 **국제법에 따라 판정**을 하는 것이다. 그러나 판정의 근거에 관해 구체적인 조항이 없을 경우 추측에 의해 적용할 기준을 마련해야 하며, 통상의 관례에 따르기도 한다. 당사국들의 입장에서 국제법에 의한 결정이 부적절하다고 판단하면 그들은 중재자에게 다른 근거에 의해 판정을 내려달라는 요구를 할 수 있다. 이렇게 하는 것은 분쟁을 그것과 관련된 다른 복잡한 문제들로부터 분리하는 방법이 되기도 한다. 경우에 따라서는 국내법을 근거로 할 수도 있는데, 특히 상업적인 중재의 경우에 종종 이용되기도 한다.

모든 중재자들이 명심해야 할 것은 '모든 당사국들에게 공정한 해결을 바라는 당사국들의 희망을 고려해서, 형평에 맞게' 판단해야 한다는 것이다. 이를 위해서는 판례나 외교 관행, 국제협약 등을 통해 공평한 결과에 이르도록 관련된 모든 사항들을 검토하고 고려해야 한다. 그러나 실제적으로는 국제법원이나 재판기관들의 입장에서는 대부분 법에 의한 판단만을 강조해 온 것이 사실이다.

당사자들이 형평에 맞는 판단을 중재자에게 요청하거나 일임했을 경우에 그 중재자는 공정하고 합리적인 해결을 최우선으로 하되 유연하게 판단하고 결론을 도출해야 한다.

그 사례로 1907년 콜롬비아와 에콰도르가 국경선 문제로 중재한 판결을 보면, 중재자들은 '엄격한 법 적용을 보류하고 두 나라의 필요와 편의를 적절히 고려한 해결안을 채택할 수 있다'고 규정하기도 했다. 이처럼 중재의 결과는 '**공정과 선에 따른 중재**'의 형태와 '**구속력 있는 조정**'과 '**법에 따른 중재**'로 구분해 볼 수 있다. 법 이외의 기술적인 문제가 당사자들의 핵심 주장이라면, 중재기구는 기술 전문가를 참여시키는 것이 중재의 권위를 증가시킬 수 있다.

3. 중재 판정의 효력 발생과 효용

중재가 내린 판정(arbitral award)은 분쟁의 당사자들에게 구속력을 가지지만, 당사자들은 이의를 제기하거나 무효를 주장할 수도 있다. 경우에 따라서는 판정의 해석에 이견을 보이거나 판정의 변경이나 개정을 위한 절차를 요구할 수도 있다. 국가들이 어떤 분쟁에 대해 중재를 의뢰할 때는 당사국들이 모두 승복하여 실행에 옮길 결정을 받아내어 이를 통해 분쟁을 종식시키려는 의도를 가지게 된다.

하지만 어떤 **결정이 구속력을 발효하기 위해서는** 첫째, 결정을 내리는 기관이 정당하게 구성되어야 하고, 둘째, 그 기관이 위임받은 권한 내에서 행동해야 하며, 셋째, 적절하게 내려진 판정이어야 한다는 점이다. 이러한 요건들이 미 충족되면 당사국은 판정에 대해 무효(nullity)를 주장할 수 있다.

중재자의 권한은 당사국들의 합의에서부터 비롯되므로 가장 먼저 중재자의 선임이 제대로 되어야 하며, 중재재판이 기본원칙을 준수한 상태에서 진행이 되었는지의 여부, 그리고 당사국 모두에게 기회의 균등이 보장되었는지의 여부 등도 무효의 조건이 된다.

중재는 분쟁당사자들에게 자신들이 선택한 중재재판관으로부터 판정을 구할 수 있는 기회를 갖게 했다.

이것은 분쟁의 해결을 제3자에게 의뢰하여 판정을 내릴 제3자를 신뢰할 수 있다는 점에서 출발한다. 그리고 당사국들은 미리 분쟁의 쟁점을 무엇으로 파악하고 있는지, 판단에 적용할 기준이 무엇인지를 정해서 이를 중재기구에 일임하게 된다. 따라서 중재가 주는 이점은 당사자들이 선택한 문제에 대해 당사자들이 합의한 기준에 따라 해결을 모색할 수 있다는 것이다. 사실조사나 조정과는 달리, 중재의 결과로 도출된 판정은 구속력을 가지게 된다. 그러므로 해석상의 문제나 판정의 무효 주장 등이 제기되지 않는 한 중재판정으로 분쟁은 종식될 수 있게 된다.

국제사회의 조약에 관한 관행 속에서도 중재는 아주 다양한 주제에 관한 다자간 혹은 양자 조약의 분쟁해결 조항들을 포함하고 있다. 중재가 국제분쟁을 다루는 데 매우 중요한 수단임에도 불구하고 다음과 같은 한계를 보인다. 국가들은 분쟁에 사법적 판단을 항상 받아야 하는 상황을 반기지 않는다. 이와 같은 이유로 국가들은 중재에 관해 거부감도 가지고 있으며, 분쟁을 다루는 데 있어 교섭이나 다른 외교적 수단을 더 선호하기도 한다. 중재가 갖는 또 한 가지의 약점은 판정의 실행에 관한 문제이다. 중재기구가 내놓은 해결책은 당사자들을 구속하는 것이지만, 판정에 불만을 가진 당사자는 그 이행에 필요한 협조를 성실히 할 것이라는 보장을 받을 수가 없다. 즉 판정의 이행을 확보하기 위한 절차가 마련되어 있지 않다는 한계를 갖고 있다.

이러한 중재의 한계를 극복하기 위해서는 첫째, 판정에 불만을 가진 당사국이 이행 의무를 거부할 수 없도록 제도적 장치를 미리 마련해 두는 것이다. 두 번째는, 분쟁 당사자 쌍방이 모두 받아들일 수 있는 판정을 내놓는 것이다. 세 번째는 판정의 무효가 주장될 때 그러한 주장에 적절히 대처할 수 있도록 제도를 개선해야 한다. 그러나 주권국가들로 이루어진 국제사회에서 중재는 다른 분쟁해결의 수단들과 마찬가지로 관련 당사국들이 얼마나 성실하고 책임 있는 행동을 하느냐가 중요하다고 생각된다.

중재는 국제정치에서 예전의 적대국가들 간의 관계 정상화의 과정에 기여해 오기도 했다. 중국, 베트남, 리비아, 쿠바 등의 네 나라는 미국과의 전쟁 또는 무력분쟁으로 빚어진 적대의 관계를 청산하고 국교를 수립했다. '적에서 친구로'라는 관계의 변화는 결코 쉽지 않다. 이러한 관계를 전환하는 데는 신뢰구축이라는 조처들의 밑돌이 역할을 했다. 이러한 관계의 성격을 바꾸어 주는 데는 중재가의 역할이 있었다.

<표 3-8 : 국가 간 국제관계 정상화를 위한 중재 사례>

26년 동안이나 적대의 관계에 있던 미국과 리비아의 사이에는 영국이 핵심적인 역할을 했다. 1990년대 중반부터 리비아는 핵 개발을 결정한 뒤 국제사회의 제제로 극심한 경제 위기를 겪고 있었다. 2002년 9월 영국의 블레어 총리는 리비아의 카다피에게 핵을 비롯한 대량살상무기 개발을 포기하라는 권유의 서한을 보냈다. 동시에 블레어 총리는 조지 부시 미국 대통령을 만나 리비아가 대량살상무기를 포기하면 이에 대한 상응조처로 관계 개선이라는 보상을 해야 한다고 설득했다. 2003년 3월, 영국의 런던에서 미국-리비아-영국의 정보기관 관계자들이 비밀리에 접촉하는 것을 시작으로 2003년 12월에 리비아는 대량살상무기 개발 계획을 완전히 포기한다고 발표했다.
쿠바와 미국의 화해에는 프란치스코 교황과 교황청이 활약했다. 2014년 6월, 교황은 오바마 미국

대통령과 카스트로 쿠바 국가평의회 의장에게 직접 편지를 써서 두 나라에 수감된 정치범의 석방을 촉구했다. 또한 교황은 4개월 뒤, 미국과 쿠바의 대표단을 바티칸으로 초청해 협상의 자리를 주선했다. 미국과 중국의 관계 개선에는 파키스탄의 역할이 작용했다.

1969년 5월 윌리엄 로저스 미 국무장관은 '중국의 우방'인 파키스탄을 방문하여 모하메드 아유브 칸 파키스탄 대통령을 만나 미국과 중국의 접촉을 위한 지원을 요청했다. 주미 파키스탄대사는 1970년 헨리 키신저 백악관 국가안보보좌관을 만나 저우언라이 중국 총리의 친서를 전달했다. 친서에는 미국 대통령의 특사를 중국에 초청하고 싶다는 내용이 담겨 있었다. 이는 키신저 보좌관의 비밀 중국방문으로 이어졌고, 미국과 중국의 관계 개선의 결정적인 계기로 작용했다.
한 나라의 최고 지도자가 자신이 전적으로 신뢰할 수 있는 '대리인'을 적대국에 보내 화해와 신뢰구축의 결정적 계기를 만든 사례는 적지 않다. 1971년 7월 닉슨 대통령은 TV 방송에서 키신저 백악관 국가안보보좌관이 비밀리에 중국을 방문해 저우언라이 총리와 회담을 주선한 사실을 전격적으로 공개했다. 특사자격으로서 키신저 보좌관의 방중은 백악관 주도의 '톱다운 방식'으로 이루어졌으며, 닉슨 대통령은 1972년 2월 중국을 방문하여 마오쩌둥 중국 주석과 정상회담을 열고 '상하이 공동성명'을 발표하였다. 냉전의 시대 23년 동안의 적대관계를 이어온 미국과 중국이 두 손을 마주잡는 순간은 이렇게 이루어진 것이다.

미국과 리비아의 관계정상화도 양쪽 최고지도자의 특사가 막후에서 핵심적인 조력자 역할을 했다. 조지 부시 대통령과 긴밀한 관계인 커트 웰던 미 하원 군사위원회 부위원장은 2003년 런던경제대학에서 유학중이던 카다피의 2남 사이프 카다피와 여러 차례 접촉 했다. 이 과정에서 리비아가 '핵개발을 포기하고 그 대가로 경제적 재제를 없애는 것이 국익에 도움이 된다'는 대통령의 메시지를 전달하고 설득했다. 카다피의 아들이 아버지의 마음을 움직였고, 2003년 리비아의 핵 포기 선언으로 이어지게 된 것이다.

70년 이상 전쟁과 이념 간 적대의 관계를 이어 온 미국과 북한의 문제에도 한국이 '촉진자의 역할'을 하였다. 한국은 한반도 문제의 당사자로서 단순한 중재를 넘어 새로운 의제를 발굴하고 타협안을 만들며, 오랜 세월동안 쌓인 미국과 북한 간의 불신에서 기인하는 오해로 교착에 빠질 때 돌파구를 마련해야 하고 실제로 그렇게 했다. 한국의 문재인 대통령은 2018년 4월 27일 북한의 김정은 국무위원장과 판문점에서 남북정상회담을 했고 이를 계기로 6월 12일 싱가포르에서 미국과 북한의 정상이 마주하는 자리로 이어지게 했다. 또한 마이크 폼페이오 미국 국무부장관은 2018년 후반기에 4차례나 북한을 방문하여 3번에 걸쳐 김정은 국무위원장을 만나 트럼프 대통령의 메시지를 전달했으며, 북한의 김영철 노동당 부위원장도 6.12 정상회담을 앞둔, 2018년 6월 1일과, 2차 정상회담을 앞둔, 2019년 1월 18일에 미국을 방문하여 트럼프 대통령을 만나 김 위원장의 '친서(autograph letter)'[6]를 전달했다.

한편, 미국과 베트남 간의 신뢰구축에는 베트남전에 참전한 미국인 포로 및 실종자의 수색과 유해 송환이라는 인도적 조처들이 실마리의 역할을 했다. 1977년 미국의 지미 카터 대통령은 미군 실종자의 수색과 미국의 원조 제공을 골자로 하는 미국과 베트남의 관계 정상화 문제를 풀기 위해 협상

대표단을 파견했다. 이후 1987년 로널드 레이건 미국 대통령은 특사를 보내 미국인 실종자로 추정되는 유해 수백 구를 송환해 왔다. 1991년 중순부터는 전쟁포로 및 실종자 문제를 해결하기 위한 미국 사무실을 베트남의 수고 하노이에 설치했다. 미국은 베트남정부의 인도적 조치에 상응하는 각종 신뢰구축 조처들을 취했다. 베트남 외교관의 여행금지 조치 해제, 미국인의 그룹 여행 허용, 베트남에 대한 상거래 및 전화통신의 허용, 연락사무소와 대사관 등의 설치가 가시화 되었다. 이외에도 300만 달러에 해당하는 인도적 지원과 국제금융기구의 베트남 원조 허용, 베트남 무역금지 조치 해제 등의 상응 조처가 이루어짐으로써 두 나라는 관계의 정상화에 성공했다.

미국과 쿠바는 2009년 간첩 혐의로 쿠바 당국에 체포된 미국인 앨런 그로스의 석방을 위해 2013년부터 9차례에 걸쳐 캐나다에서 비밀협상을 진행했다. 양국은 앨런 그로스 등 미국인 2명과 1998년 미 당국에 의해 체포된 쿠바 스파이 3명을 맞교환하는 문제를 성공적으로 합의한 뒤, 2014년 12월 국교의 정상화를 선언했다.

---

6) 한 나라의 원수가 다른 국가의 원수에게 보내는 서명을 한 서간으로 국서(國書)라고도 한다. 외교기관 상호 간에 교환되는 외교문서는 아니지만, 광의로 해석하면 외교문서의 일종으로 외교상 자주 활동되고 있다.

제7절 국제법원(THE WORLD COURT)

국제분쟁에 대하여 사법적으로 해결하는 것은 상설 법원에서 재판을 통하여 법적인 구속력을 갖는 결정을 도출하는 방법이다. 이것은 중재로부터 발전해 온 것이기 때문에 중재재판과 사법재판 사이에는 유사한 점이 많다. 국제법원은 두 가지의 유형으로 구분할 수 있다. 포괄적 권한을 가진 국제법원과 특수한 권한을 가진 국제법원으로 나눌 수 있다.

여기에서 지칭한 국제법원은 1919년 강화조약의 일부로 설립된 '국제상설재판소(PCIJ, The Permanent Court of International Justice)'를 말하며, 다른 하나는 1945년에 설립된 '국제사법재판소(ICJ, The International Court of Justice)'이다. 국제사법재판소는 국제상설재판소의 임무를 승계했지만, 유엔의 가장 중요한 사법기관으로 설치되었다.

1. 소송관할권과 국제사법재판소의 중요성

국제분쟁에 대하여 국제사법재판소의 규정에서 정의한 분쟁들을 심리하고 판결을 내릴 수 있는 권한을 **소송관할권**(contentious jurisdiction)이라고 한다. 이것은 오직 국가만이 소송절차에서 당사자로 참여할 수 있고, 당사국들의 동의에 의해 재판소의 권한이 결정된다. 따라서 어떤 분쟁에 관련하여 당사국 모두가 동의를 하지 않는 문제에 대해서 재판소는 그 분쟁에 대한 재판권한을 가질 수가 없다. 국가들이 동의할 수 있는 방법으로는 분쟁이 발생하기 전에 미리 동의를 하는 경우도 있으며, 분쟁이 발생한 후에 동의를 하는 방법도 있다. 당사국이 동의를 했다는 법적 행위가 있으면 국제사법재판소는 재판할 권한, 즉 관할권을 갖게 된다.

분쟁이 발생하기 전에 국제사법재판소에서 분쟁을 처리하기로 규정하는 조약은 분쟁의 평화적 해결이라는 목적으로 체결되었다. 1928년의 일반의정서, 1948년의 보고타 협정, 1957년의 분쟁의 평화적 해결을 위한 유럽협약 등이 이런 사례에 속한다. 이런 조약들은 조약의 체결 국가들이 모든 분쟁을 사법적 해결, 즉 재판을 통해 해결하도록 요구했기 때문에 국가들에게 상당한 부담을 주게 되었으며, 그 실효성에 많은 의문이 제기되었다.

이에 반해 대부분의 조약들은 특정의 주제를 다루는데 한정되었고, 그 속에 조약의 해석이나 적용과 관련된 분쟁은 국제사법재판소에 부탁하기로 한 조항을 담고 있었다. 예를 들면, 1980년 미국 외교관의 테헤란에 억류된 사건에 대해 미국과 이란이 모두 '분쟁의 의무적 해결에 관한 의정서'에 서명을 한 경우에 해당한다.

분쟁이 발생한 이후에 동의를 하는 가장 빈번한 방법은 특별협정을 체결하기 위한 교섭이다. 이 협정은 중재를 이용하기로 한 합의와 유사한데, 이것을 통해 당사국들은 분쟁의 쟁점을 확정하며 재판소 규정을 벗어나지 않는 범위에서 재판소가 해당 사건의 판단 근거로 삼아야 할 기준을 제시할 기회를 갖게 된다. 국제상설재판소 시절부터의 관행에 의하면 선택조항을 통해서건 아니면 다른 어떤 방식을 통해서건 일단 재판소의 관할권이 성립되면 당사국들은 재판진행 중에 비공식적으로도 동의를 표시하여 재판소의 권한을 확대할 수 있다.

다시 말해 분쟁의 한 당사국이 일방적으로 재판을 청구하고, 상대국이 이를 수용한 경우에 국제사법재판소는 일방적 제소에 근거하여 관할권의 성립을 허용했던 것이다. '확대 관할권'이라고 불리는 원칙을 인정함으로써 국가들은 특별협정을 체결하지 않고도 이미 진행 중인 분쟁에 관해 재판소의 관할권을 인정하는 또 다른 대체적 수단을 갖게 된다. 국제사회에서는 재판을 통해 분쟁을 해결하고자 하는 국가는 특별협정을 체결하기를 원하며, 재판을 피하고자하는 국가는 '동의'를 한 것으로 해석될 여지가 있는 행동을 하지 않으려고 주의하게 된다.

소송관할권외에 국제사법재판소의 규정은 '부수적 관할권'과 '권고 관할권'을 행사할 수 있다. **부수적 관할권**에 의해 국제사법재판소는 임시적 보호조치를 명할 권한을 가지며, 제3자의 소송참가를 허용할 수 있고 어떤 판결의 해석이나 개정을 할 수 있는 권한을 가진다. 이런 권한은 재판소 규정에 의한 것이기 때문에 당사국의 동의를 따로 받을 필요가 없다. 반면에 **권고 관할권**이란, 국제기구의 권리와 의무에 주로 관련된 것을 말한다. '**임시보호조치**(interim measures of protection)'는 재판이 진행 중인 동안 당사국의 권리가 보호되도록 하는 것을 말한다. 이 원칙이 지켜지기 위해서는 재판이 진행되는 동안 당사국들은 상황을 더 악화시키는 행위를 자제해야 하며, 상대방에게 상황을 돌이킬 수 없이 불리한 상태가 되는 행동을 해서는 안 된다.

국제사법재판소는 **권고의견**(advisory opinion)을 **표명**할 수 있도록 되어있는데, 이는 국제기구들의 요청이 있는 경우에 법적 견해를 제공하여 도움을 주려는 취지이다. 유엔의 주된 사법기관으로서 국제사법재판소는 유엔 총회 및 유엔 산하기구들로부터 국가 간 법적 분쟁에 관한 권고의견을 부탁받게 된다. 엄밀하게 따져보면 국가 간의 법적 분쟁이라고 볼 수 없는 문제를 다루는 권고의견의 경우에도 직접 혹은 간접적으로 국가 간 분쟁을 고려하게 되는 경우가 많다.

국제사법재판소는 1945년에 설립된 이래 여러 사건들을 처리해왔다. 그러나 재판을 통한 분쟁해결은 지극히 예외적인 현상에 불과하고, 대부분의 분쟁들은 교섭, 중개, 사실조사, 조정, 중재 등의 방법을 통해 다루어져 왔다. 그러나 많은 국제조약들이 분쟁을 국제사법재판소에서 해결하도록 조항에 규정하고 있다. 따라서 분쟁이 발생하면 국제사법재판소에 가야 한다는 조약에 가입했다는 사실만으로도 분쟁의 억제효과가 있다고 볼 수 있기 때문에 국제사법재판소의 역할은 무시해서는 안 된다. 그럼에도 국가들은 중대한 이해문제가 얽힌 사안에 대해서는 여전히 국제사법재판소에 의뢰하기를 꺼리게 된다.

모든 분쟁이 재판을 하기에는 적절하지 않을 수 있다. 재판소는 모든 국제적 분쟁에 대해 일반적 권한을 인정받지 않았으며, 재판소는 분쟁이 있어야만 비로소 재판을 할 수 있기 때문에 소송사건에서 재판소의 권한은 '당사국들 사이의 의견차이가 분쟁이라고 불릴 정도로 구체화될 때'까지 행사할 수 없는 특징을 가지고 있다. 소송이 갖는 한계는 분쟁의 시작단계에서 정치적 기구나 비사법적 방법을 통해 할 수 있는 일들을 보여준다.

예를 들면 유엔헌장 제34조에 의한 안전보장이사회는 '국제적 마찰을 일으킬 수 있거나. 분쟁으로 비화될 여지가 있는 모든 국제 분규나 상황'에 대해 조사할 수 있는 권한이 부여되어 있다. 또 다른 국제사법재판소의 제한점은 정치적 분쟁의 재판적격의 문제와, 재판소의 성격상 법규범에 근거한 결정이 아닌 정치적 혹은 경제적 평가를 요구하는 분쟁의 문제 자체를 다룰 수 없다는 것이다. 또한 재판이 진행되는 과정에서 당사국들은 언제든지 재판을 중단할 수 있고, 재판을 계속하는 것이 불필요하다고 판단하는 경우 재판을 중단할 수 있다. 국제사법재판소는 당사국들의 의사에 반하여 사건을 다루는 경우가 없다.

사법적 기능에는 한계가 있다는 점과 분쟁 당사국가들은 문제를 재판소에 회부하길 꺼린다는 점은 국제법원의 특징이자 성격을 규정하는 것이다. 그럼에도 불구하고 국제상설재판소는 국제법의 발달과 분쟁의 예방과 해결이라는 측면에서 일관성 있는 법리를 발전시킬 수 있고, 필요시마다 법원을 설치해야 하는 데 따르는 비용과 노력을 줄일 수 있다.

그러나 국제사법재판소가 그 본래의 기능을 다하기 위해서는 적절한 재판의 기회가 제공되어야 하며, 재판관들이 자신들의 역할에 대해 올바르게 인식하고 역할을 수행해야 하며, 이러한 노력들을 통해 재판의 공헌도는 증대될 것이다. 마지막으로 상설재판소의 존재 자체는 세계의 모든 국가들에게 분쟁을 평화적으로 해결하는 수단으로 소송을 이용할 수 있음을 상기하는 긍정적인 기능을 할 수 있다고 본다.

2. 국제사법재판소의 구성과 특별재판부

국제사법재판소는 **15명의 재판관**들로 구성되고, 이들은 유엔 안전보장이사회 및 총회에 의해 선출되며, 9년의 임기를 가지고 활동한다. 전체 재판관의 1/3에 해당되는 5명씩을 매 3년마다 선출하게 된다. 재판관들은 '구성원 전체가 주요 문명권 및 세계 주요 법제도를 잘 대표할 수 있는' 방식으로 이루어져야 한다. 국제법에 관해 복잡한 문제나 분쟁들을 처리하는 권위를 가지려면 재판소의 구성인원은 자신들에게 맡겨진 사건들을 결정할 수 있는 충분한 능력을 구비해야 한다.

재판관의 조건은 '높은 도덕적 인품을 갖춘 사람으로서 각자 출신국가에서 최고의 법관의 자격이 있거나 국제법 분야의 탁월한 법학자 일 것'을 요구하고 있다. 지금까지의 경우를 보면, 법률고문이나 국제법위원회 위원, 직업외교관과 같은 이들이 재판관으로 임명되는 경우가 많다. 재판을 요구한 사건에서 현직 재판관 중에 분쟁당사국 출신이 한 명도 없는 경우에 당사국 모두는 그 사건에 한해서 재판소 구성원이 되는 '임시재판관'을 임명할 수 있다.

3. 국제사법재판소의 결정과 판결의 효과

국제사법재판소에서 다루어지는 사건들은 통상적으로 전원합의체에서 심리되고 결정된다. 하지만 경우에 따라서는 전체 재판관의 정원보다 적은 수의 재판관들로 '**특별재판부(chamber)**'를 구성할 수도 있다. 특별재판부의 목적은 특수한 종류의 사건을 담당하거나, 해당 사건을 좀 더 신속하게 처리하도록 하거나, 혹은 어떤 개별 사건의 처리만을 위해 두는 것이다. 특별재판부는 당사국들이 중재제도의 장점을 최대한 활용하면서 분쟁을 재판을 통해 처리할 수 있다는 장점이 있다.

국제재판에서 어떤 사건의 입증은 주로 문서의 형태로 된 적절한 증거를 찾아내고 이를 제출하는 것을 통해 이루어진다. 사실관계와 법률문제에 모두 관련된 이런 증거들은 조약의 원문, 국제기구 및 국내 입법기관의 공식문서, 외교서한, 고문서, 지도, 필름, 사진, 증언서류 등이 될 수 있다. 증거들을 평가하는 것은 재판소의 주요 임무이므로 사실관계를 파악하는 것이 항상 법적용의 필수적 전제이기 때문에 많은 시간과 노력이 소요되는 어려운 작업이다. 국제재판에서 겪는 어려움을 겪게 되는 요소는 동일하지 않는 다양한 법문화가 존재하는 점과, 국내법에 비해 상대적으로 덜 발달하고 세분화되지 않은 국제법 규범과 절차, 그리고 국제사회의 급변에 따른 긴장상태 등이라고 할 수 있다.

재판소는 사법기관이기 때문에 정치적 문제를 결정할 권한을 갖지 못한다. 그러나 국가는 정치적인 존재이기 때문에 국가들 사이의 분쟁은 항상 정치적 성격을 갖게 된다. 따라서 국가들 사이의 분쟁을 결정해야하는 책임을 진 국제사법재판소는 매우 난처한 입장에 처하게 된다. 이 문제에 대해서는 해결해야 할 분쟁의 문제가 법적인 기준을 적용할 수 없는 경우에는 그 사건을 담당하지 말아야 한다는 의견과, 재판소는 분쟁의 배경이나 정치적 복잡성에 개의치 않고 결정을 내려야 한다는 두 가지의 의견이 있다.

소송사건의 최종결론은 법적인 구속력을 갖는다. 그러나 판결이 분쟁을 해결하는 효과가 있다는 것을 곧 뜻하지는 않는다.

어떤 분쟁은 재판절차에서 당사국들이 얻고자 한 것이 분쟁의 확실한 해결이 아닐 수도 있으며, 이는 당사국들의 견해 차이를 좁히거나 분쟁의 돌파구를 모색하는 입장에서 재판을 청구할 수도 있기 때문이다. 당사국들의 의도가 재판을 분쟁해결의 여러 단계 중 하나로 이를 이용하고자 한다는 측면도 있지만, 때로는 정확한 의도가 무엇인지 명확하지 않은 경우도 많다. 재판의뢰의 합의 속에는 실제로 이러한 모호함이 포함되어 있기 때문이다. 이런 경우의 재판의 의의는 당사국들의 의도에 관한 의견 불일치를 해소하고 국제사법재판소(ICJ)에 맡겨진 권한의 범위를 확정해야 한다.

물론 대부분의 경우 국가들이 국제사법재판소에 분쟁을 가져온 것은 확정적으로 분쟁의 해결책을 구하려는 목적에서 출발한다. 분쟁의 당사국 모두가 이러한 적극적인 입장의 소송당사자가 된다면 재판소의 판결은 분쟁을 종식시킬 수 있다. 재판이라는 것이 본질적으로 적대적인 행동이라기보다는, 제3자의 결정에 따르기로 함으로써 분쟁을 비 정치화할 수 있는 방법이다.

재판을 받겠다는 당사국은 재판의 결과를 무시할 가능성이 낮으며, 결과를 무시한다면 이는 분쟁을 정치의 장으로 되돌리는 것이 된다. 재판이나 중재판결의 결과에 대한 실행과 관련하여 발생할 수 있는 문제들을 최소화할 수 있는 방법으로 기술적인 문제에 관해 상세하게 규정해 두는 방법과, 권위 있는 전문가를 임명하여 활용하는 방법도 있다.

또 한 가지 중요한 사항은 분쟁의 한 당사국이 재판을 원치 않는 상황에서는 관할권의 동의만 있으면 당사국이 재판을 원하지 않더라도 재판을 개최할 수 있다. 재판소 규정 제53조에 보면 '재판소가 관할권이 있고 또 청구인의 주장이 사실 및 법적인 근거를 충분히 가진다고 인정하는 경우에는 비록 **일방의 당사국이 법정에 나오기를 거부하더라도 재판을 열 수 있다**'고 규정하고 있다. 그러나 재판을 원치 않는 당사국을 상대로 판결을 받았지만, 그로 인해 분쟁해결에 성공하지 못한 사건들은 역사적으로 많이 있었다.

이러한 경우는 모두 법적인 쟁점이 존재했으나, 재판소는 정당한 심판권을 행사하여 판결을 하였으나 피청구인 측의 국가는 법적인 쟁점보다는 더 포괄적인 쟁점을 더 중요시했고, 그 쟁점은 법적인 판단의 대상이 될 수 없다고 생각했기 때문에 판결의 실행을 거부한 것이다. 이들의 공통점은 일방의 당사국이 분쟁을 재판소에 의뢰하여 일방적으로 그 분쟁의 비정치화를 유도했고, 상대국가에서는 재판에 나오기를 거부하여 재판소는 제53조의 규정에 의해 재판을 진행했다는 점에서 그 원인을 찾아볼 수 있다.

이런 점에서 국제법원은 당사국의 적극적 재판참여가 동의만큼이나 중요한 것이다. 그러나 재판의 청구는 재판을 통해 분쟁을 해결하기로 하는 것은, 국제 조약과 같은 약속을 성실히 수행한다는 점과 법적 권리에 관한 분쟁의 사법적 절차를 존중한다는 중요한 메시지를 대내외적으로 공표하는 것이다. 재판은 분쟁을 비 정치화하는 방법의 하나로 어떤 분쟁이 국제사법재판소에 회부되었다는 것 자체는 그 당사국이 국가 간 긴장완화를 희망하고 평화적 해결을 추구한다는 점을 부각시키는 것이다.

4장

분쟁관리의 국제적인 노력

제1절 탈 냉전기 국제질서와 UN

1. 분쟁과 개입, 국제사회의 역할

세계는 1, 2차 대전을 치루면서 전쟁의 비참함과 피폐함을 절감했다. 그리고 지구상에서 더 이상의 전쟁은 없어야겠다는 데 공감했다. 그러나 정치집단 간의 무력분쟁은 인류역사와 함께 시작되었고 지금도 계속되고 있다. 무력분쟁은 당사자에 의하여 끝나기도 하지만 통상 이에 그치지 않고 대개는 인접지역으로 '확산(spill over)'되는 경향이 있다. 이러한 확산효과 때문에 분쟁의 인접지역은 어떤 형태로든지 분쟁의 여파에서 비켜설 수 없게 되어 있다. 이러한 이유로 다수의 행위자들이 분쟁의 확산차단과 종식을 위해 분쟁에 개입하게 된다.

일반적으로 **분쟁**(conflict)이란 '정치집단들이 서로 상충되는 목표를 달성하기 위해 상대방의 제도나 체제를 변경할 목적으로 투쟁하는 행위'라고 할 수 있으며, 다음과 같은 3가지 요소로 구성되어 있다. 첫째는, 당사자들이 상호 양립할 수 없는 목표를 가졌다고 인식하는 **상황(狀況)**, 둘째는, 한 당사자가 상대방으로 하여금 그의 목표를 포기하거나 수정하게 만드는 의도를 실행하는 **행위(行爲)**, 셋째는 분쟁 상황에서 상호작용하고 서로 영향을.주고받는 사람들의 심리적 상태나 조건인 **태도(態度)**이다.[1] 분쟁은 이러한 상황과 행위, 그리고 행위 요소들 사이에서 일어나는 상호작용의 진행이라고 본다.

미첼(C. W. Mitchell)은 분쟁의 단계적 확대와 축소, 그리고 분쟁의 확산에 대해 상황, 행위, 태도의 상호작용에 의해 야기되는 분쟁의 역동적 진행으로 파악하고 있다. 또한 분쟁은 생명체처럼 탄생 - 성장 - 소멸의 순환 단계를 거치게 된다고 주장했다.

피셔(R. J. Fisher)와 키슬리(L. Keashly)는 분쟁의 확대단계에 대해 논의(discussion) - 대

---

1) C. R. Mitchell, *The Structure of International Conflict* (London : Macmillan, 1981), p. 29

립(polarization) - 분리(segregation) - 파괴(destruction)의 단계로 정리했다. 한편, 크리스버거(L. Kriesberg)는 분쟁의 확대 단계를 잠재(latent) - 분출(emergence) - 경쟁(escalation) - 전환(tumaround) - 평정(de-escalation) - 타결(settlement) - 종료(outcome) - 분쟁 이후(postconflict)로 분류하기도 했다.

제2차 세계대전 이후부터 냉전체제의 종식을 거치면서 발생한 세계적인 분쟁의 추세는 다음과 같다. 분쟁의 원인은 민족문제, 식민지 유산, 정쟁(政爭), 영토문제 순으로 발생하였다. 분쟁 발생 지역별로는 아프리카, 아시아, 유럽, 중동, 미주 순으로 많이 발생하였다. 또한 냉전기의 세계분쟁은 통일, 영토 등 물리적 힘에 의해 국가 간에 야기되었던 전통적인 국제분쟁이 주류였으나, 탈 냉전기 이후에는 당사국 내부의 구조적 문제가 표출된 '**내분형 분쟁**'으로 종족, 식민유산 및 전후처리, 정쟁, 분리주의 등이 주원인이 되었다.

그리고 분쟁지역 자체가 무력을 포함한 힘에 의해 통제되고 무질서와 혼란, 물리적 충돌이 상존하였다. 그렇기 때문에 당사자들은 물론이고 개입세력에 의한 평화적인 협상이나 중재로 지역을 안정화시키고 분쟁의 해결을 통한 직접, 간접의 목적을 달성하기 위해서 군대의 파견은 필연적인 물리적 수단으로 활용되었다.

분쟁을 해결하기 위해 군사력을 파견하여 개입하는 것은 주권에 대한 침해로 인식될 수도 있는 문제이다. 역사적으로 국가를 주권을 가진 기구로 취급하는 규범은 18세기의 볼프(Wolff)나 바텔(Emerich De Vattle) 같은 사상가들의 저술에서 기원하였다.

UN 헌장에도 국가 간의 주권평등과 국내문제에 제3자 불간섭의 원칙이 명시되어 있다.2) 그럼에도 불구하고 국제사회의 역사는 다양한 쟁역(爭域, issue area)에서 다양한 방법과 다양한 행위자들에 의해 개입이 이루어져 왔다.

개입(介入)의 형태는 물리적 월경 외에도 보복적 경제제재, 외교관계 단절, 외국 정부에 대한 혼란야기, 대테러 지원, 민주화 지원, 내전 종식을 위한 원조, 인권 보호, 인도주의적 차원의 구호 등 다양하게 이루어졌다. 분쟁 개입의 주체 역시 특정한 국가들뿐만 아니라 국가들에 의해 만들어진 국제기구, 비정부기구(NGO)에 이르기까지 다양했다.

국제사회에서 개입(介入)은 어느 경우에 정당화될 수 있었는가? 일반적으로 '**정당한 국제개입**'이란 "국제공동체의 이름하에 수행되는 월경(越境)과 주권에 대한 침해(侵害)"

---

2) 유엔헌장 제2조 제1항, 제2조 제7항.

로 정의할 수 있다.[3] 개입은 합법성의 문제를 야기 시키는데 합법성은 "강제를 집행하기 위한 힘과는 구별되는 것으로 복종해야 할 지배자나 규범의 권한, 권위를 가지고 있는 것"이라고 볼 수 있다. 따라서 분쟁지역에 대한 **'합법적인 개입'**이란, UN과 같은 국제기구에 의해 공평하게 시행되는 개입, 즉 정당한 개입을 의미한다. 이러한 유엔활동의 대표적 아이콘이 UN 평화유지활동(PKO)라고 할 수 있다.

람스보탐(O. Ramsbotham)과 우드하우스(T. Woodhouse)는 '탈냉전 후 내전, 대량학살 및 국가붕괴로 인하여 수많은 시민들에게 고통을 안겨주고 있는 현실을 주권존중이라는 제약 때문에 소극적으로 지켜만 보지 말고, 인권문제와 인도주의적인 문제에 이르기까지 UN이 광범위하고 적극적으로 개입'할 것을 주장하였다.

분쟁에 대한 강대국들의 명시적·묵시적 개입은 분쟁수행을 통하여 자신의 진영에 유리한 분쟁의 결과를 유도하기 위한 불공정한 개입이었다고 할 수 있다. 반면에 UN과 같은 범세계적인 국제기구의 개입은 분쟁을 해결하고 종결짓기 위한 분쟁관리상의 개입이라고 해석할 수 있다. 따라서 국제사회의 분쟁 개입은 분쟁을 합리적이고 공정하게 관리한다는 의미는 '국제공동체가 주체가 되어 분쟁에 개입함으로써 이를 종결시키고자 하는 일련의 행위'라고 할 수 있다.

2. 범세계적 국제기구 UN의 출현

인류는 제2차 세계대전 이후 **국제연합**(United Nations, UN)을 창설했다. UN은 국가 간 또는 국가내의 분쟁에 공정하게 개입함으로써 당사자 간의 정전을 유도하고 이를 감시함으로써 국제질서와 평화를 유지하는 것을 취지로 하고 있다.[4] UN을 창설하게 된 배경과 과정은 다음과 같다.

---

3) Gene M. Lyons and Michael Mastanduno, *Beyond Westphalia?: State Sovereignty and International Intervention* (Baltimore and London : The Johns Hopkins University Press, 1995), p. 12.

4) 국제기구의 본격적인 발전이 이루어 질 수 있었던 배경에는 몇 가지의 조건이 있었는데, ① 독립적인 정치적 단위로서 기능하는 많은 국가들의 존재, ② 이들 정치적 공동체 사이의 상당한 정도의 접촉, ③ 국가들 간의 상호공존으로 야기되는 문제들에 대한 인식, ④ 상호 간의 관계를 규율하는 제도적 장치와 체계적인 방법을 설치할 필요성에 대한 인정이 그것인데, 19세기는 위와 같은 조건들이 점차 충족되기 시작하였던 것이다.

1918년 1월, 미국의 윌슨(Woodrow Wilson) 대통령은 제1차 세계대전의 종결을 위한 14개 조항을 발표하였는데, 그 마지막 조항이 전쟁을 예방할 일반적 국제기구를 창설하자는 것이었다. 이 제안은 1919년 1월, 파리강화회의에서 채택되었고, 1920년에 '**국제연맹**(League of Nations)'을 창설했다. 그러나 국제연맹의 이상과 목표에도 불구하고 '타국에 대하여 무력침략을 감행한 국가에 대하여 회원국들이 공동으로 응징함으로써 전쟁도발을 억제하고 전쟁의 도발국가에 대하여 제재하는 **집단안보**(Collective Security)장치'가 그 기능을 제대로 발휘하지 못하였다.

이후 또 한 차례의 대전을 치르고 난 1945년 10월 24일, 국제연맹의 실패경험과 제2차 세계대전에 대한 반성으로 '국제연합(United Nations, 이하 UN)'이라는 인류 보편적이고 범세계적인 기구를 탄생시켰다. UN은 19장 111개 조로 구성된 헌장에서 "국제평화와 안전의 유지, 국가 간의 우호관계 유지, 경제적·사회적·문화적·인도적 문제와 인권의 신장을 위한 국제협력, 국제관계의 이해와 조화를 위한 중심지로서의 역할'을 한다고 명시하고 있다.[5]

범세계적 국제기구로서의 UN은 **주권평등, 분쟁의 평화적 해결, 무력사용 금지, 국내문제 불간섭 등의 원칙**에 입각하여 조직되었다. UN의 성격을 규명하면 '주권국가들의 연합체'인 동시에 '상설적회의 외교(conference diplomacy)의 장치'이며, '다자간 포럼(multilateral forum)'이며, '독립된 국제사회의 행위 주체'라고 할 수 있다. UN은 창설 이래 국제사회의 발전, 특히 국제분쟁의 평화적 해결과 국제질서의 유지를 위해 노력하였으나 냉전의 갈등으로 인해 그 기능이 무력화되기도 했었다.

미국과 소련 중심의 양극체제(bipolar system)하에서 세계는 이념적·정치적·군사적으로 대결 하였고, 국제평화와 안전의 유지를 위한 UN의 기능과 책임을 수행해야 하는 안전보장이사회(안보리)는 이들의 거부권행사 등으로 기능을 제대로 발휘할 수 없었다. 그 대신 대부분의 국제분쟁은 유엔체제 밖에서 당사자 간 혹은 강대국의 개입과 주도, 또는 세력 균형으로써 해결되었다.

그럼에도 불구하고 UN은 지속적으로 국제평화와 안전을 유지하기 위하여 세계 각지의 분쟁에 개입하여 이를 관리하고자 노력했으며, 이러한 분쟁관리의 전략은 분쟁회피(avoidance), 분쟁예방(prevention), 분쟁타결(settlement), 분쟁해결(resolution) 등으로 대별

---

5) 이 책의 부록에 유엔헌장 전문과 19개장, 111개조의 전체 내용을 실었으니 참고하기 바란다.

할 수 있다.

첫째, **분쟁회피**란 분쟁을 의도적으로 외면하는 것이며, 둘째, **분쟁예방**이란 외교활동 등을 통하여 분규가 분쟁으로 확대되는 것을 억제하는 것을 말한다. 셋째, **분쟁타결**이란 타협을 통하여 교전 혹은 폭력을 중지함으로써 분쟁이 종결되는 것으로서 이는 폭력의 부재를 의미하는 부정적 평화구축을 목표로 한다. 넷째, **분쟁해결**이란 분쟁타결의 범위 를 넘어서 분쟁과 관련된 모든 당사자들에게 이익을 주는 틀의 범위 내에서 장기적인 관점에서 폭력의 종결을 목표로 하는 분쟁의 관리이다.

<그림 4-1 : UN PKO 현황>

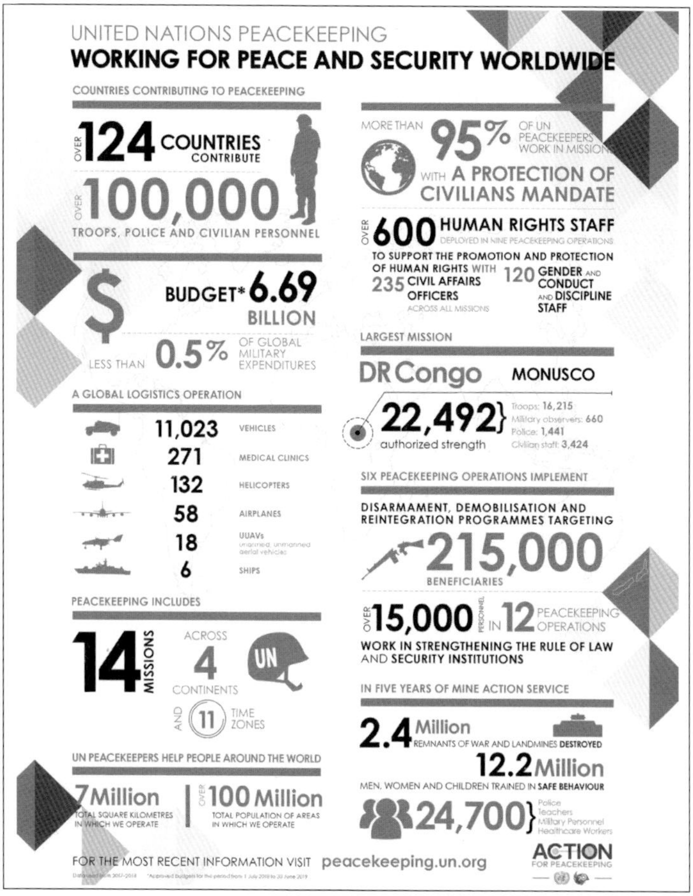

* 출처 : UN DPKO 홈페이지(검색 : 2019.6.30)

3. 새로운 국제안보 위협과 대응

1945년 이후의 세계는 냉전체제에 접어들었다. 이 시기의 국제 안보위협은 미국과 소련 두 초강대국 및 이들에 속해있는 동·서 진영 간에 이해가 상충하는 지역에서 발생하는 직접적인 무력 충돌 가능성을 배경으로 발생했다. 국제적 분쟁은 이들의 이해관계가 교차하는 지역 및 영역에서 발생했고, 크고 작은 군사충돌 및 그 가능성을 주된 내용으로 했다. 따라서 이 시기의 UN 평화유지활동은 이러한 냉전의 시대적 안보 상황으로 인해 주로 군사력, 혹은 군 중심의 국제적인 활동에 치중될 수밖에 없었다.

이처럼 냉전기의 국제안보는 현실주의적 시각을 반영한 고전적 의미에서 군사력을 토대로 한 '절대 안보'의 개념이었다. 이는 국제관계(체제)를 개별 주권국 중심으로 인식하는 것이며, 고전적 안보관을 지지하는 현실주의자들은 '전쟁의 억제와 평화의 구현'을 핵심적인 국가의 목표로 규정하게 되었다.

1980년대 후반부터 시작한 탈냉전은 1990년대에 가속화되어 마침내 동구권의 붕괴와 구소련의 해체를 가져왔다.[6] 탈냉전시대의 안보환경은 중심부 국가들의 협력과 평화촉진 분위기, 그리고 주변부 국가들의 지역적 규모의 갈등과 분쟁의 분위기가 주류를 형성했다.[7] 주변부 국가에서는 냉전의 구조 속에서 움츠러들었던 분쟁의 잠재적 요인들(민족, 종교, 종족 등)을 둘러싼 분쟁이 끊이지 않고 발생했는데, 중심부 국가들은 이념이 무너진 상태에서 진영 간의 편싸움이 무의미 하게 되자 분쟁과 갈등에 개입하지 않으려는 경향을 보였다.

냉전 시에는 고도의 군사적 위협 속에서 높은 안정성을 유지하였지만, 탈냉전 이후에는 낮은 군사적 위협 속에서도 낮은 수준의 안정성을 유지하는 시대가 되었다.[8] 탈냉전 시대에 강대국들이 냉전의 논리에 따라 행동하기를 주저함에 따라 분쟁종결을 위한 권

---

6) 냉전과 탈냉전시기를 구분하는 것은 여러 가지 견해가 있으나, ① 구소련의 서기장 고르바초프(M. Gorbachyov)의 등장 시기, ② 1988년 구 소련군이 아프가니스탄을 철수하기 시작하였고 1988년 4월에 유엔이 UNGOMAP(유엔 아프가니스탄-파키스탄 감시단) 설치, ③ 1989년 12월 미국과 구소련이 몰타 정상회담에서 당시 미국 대통령 부시가 탈냉전·탈 이념적 성격의 차원에서 '신 국제질서'라는 용어를 사용하였음을 주목할 필요가 있음.

7) James M. Goldfeier and Michael McFaul, "*A Tale of Two Worlds : Core and Periphery in the Post-Cold War Era*," *International Organization*, Vol. 46, No. 2 (Spring 1992), p. 467; Donald M. Snow, op. cit, pp. 11~23.

8) Margareta Sollenberg and Peter Wallensteen, "*Major Armed Conflicts*," SIPRI Yearbook 1997, p. 4.

위는 국제기구인 UN이 떠맡게 되었다. 이러한 추세는 전통적인 '국가 중심적(state-centric) 세계'가 '다 중심적(multi-centric)세계'에 의해 도전 받는 혼돈스러운 세계에서 UN이 '새로운 국제적 권위의 소재지'가 되었다는 것을 의미한다.

탈 냉전기에 접어들면서 다양한 유형의 국제평화유지활동의 경우, 국경을 넘어 인접지역으로 번져 나가는 포괄적 안보위협을 하나의 국가가 대응할 수 없어서 역내 국가들이나 세계기구인 UN이 나서서 대처하게 되었다. 국제체제는 미국을 정점으로 한 단극체제가 형성되어 지속되었다. 국내적으로도 복잡하고 다양하게 발생하는 국제평화유지활동의 양상은 더 이상 특정부처의 독립적 영역이 아닌 복합적인 활동으로 스펙트럼이 확대되었다. 탈냉전기인 1990년대 이후의 분쟁원인은 주로 테러 및 난민 문제, 환경문제, 인권 침해문제, 인종 분쟁, 내전, 종교 간 충돌과 같은 초국가적인 안보위협들이 특정국가의 국경이나 군사적인 영역을 넘어 다양하고 복잡한 모습으로 확산되면서 냉전기의 안보개념에 대한 재평가의 필요성이 제기되었다.

2001년의 **9.11 테러** 사태는 초국가적이고 무차별적인 테러의 시작이었다. 이러한 안보위협은 특정국가의 차원을 넘어 초월적인 위협의 특성을 지니고 있다. 이처럼 비전통적 위협 혹은 초국가적 위협으로 인식되는 새로운 개념의 안보위협들이 탈냉전기인 1990년대 이후 복잡한 양상으로 더욱 확산되어 왔다. 이에 따라 UN 혹은 지역기구와 **다국가 연합(多國家 聯合)**에 의한 평화유지활동이 급증하는 추세를 보여주었다.[9)]

일부 내전이나 국내분쟁의 경우에서는 국가가 안보를 훼손하거나 인권유린을 자행하는 주체가 되는 사례도 있다. 이러한 비전통적 안보위협 요인에 의한 한 국가 혹은 지역에 대한 상황관리는 전통안보개념으로 설명하거나 관리될 수 없는 초국가적인 성격을 보여주었다. 따라서 비전통적 영역에서의 국가안보란 해당 국가만의 단순한 국방의 개념이 아니라, 국내외적 대응체계와 밀접하게 연계됨에 따라 **다자적 접근(多者的 接近)** 및 국가 간 긴밀한 공조에 의한 협력적 안보를 필요로 하게 되었다.

이처럼 변화된 안보개념의 인식하에 각 국은 "자국과 관계없어 보이는 지역"에서 발생한 내란 등의 분쟁에 개입하게 되었다. 뿐만 아니라 난민문제, 기근 등 인도적 위기 상황에 적극 참여하거나, 빈국에 대한 개발원조(ODA) 등을 이행하는 것이 장기적으로는 국

---

9) 외교부주관 세미나, 『United Nations Peacekeeping Operations』(서울 : 2008. 6.23~24)의 발제문에서 인용, Per Ame Five, "*Current UN Peacekeeping Operations, Trends and Their Policy Implications*".

익을 확대하는 것이고 국제적으로 국가의 위상을 높여줄 것이라는 인식을 공유하게 되었다. 대다수의 국가들은 군사력의 전개 및 무력사용이라는 측면에서 'hard power'이면서도 인도적 지원활동과 같은 'soft power'의 성격이 강한 오늘날의 평화유지활동을 주요한 국제적 기여로 삼아 국익증진과 국가위상의 제고 차원인 'smart power'에서 적극 참여하고 있는 추세이다.[10]

따라서 각국은 전통적 국가안보와 초국가적인 안보를 동시에 고려하여 국제사회가 **'포괄적 안보개념'**과 정책에 공동으로 대응해야 한다는 인식, 즉 '다자 협력적 안보패러다임'이 확산되었다. 탈냉전기의 시대는 국가와 더불어 UN이나 지역기구, NGO 등의 '다자주의적 접근과 협력적 대응'이 더욱 절실한 시대가 되었다고 할 수 있다.

---

10) Joseph Nye는 군사력과 경제적 힘의 중요성을 인지하면서 Bound to Lead에서 'soft power'을 매혹하고 설득하는 능력으로 인식하여 당근과 채찍에 의존하기 보다는 한 국가가 타 국가의 가치, 이익, 그리고 선호에 호소하는 것으로 규정하였으며, 매력적인 문화, 국내외에서 존중받는 정치적 가치, 정당하고 도덕적으로 인정받는 외교정책을 기본적인 구성요소로 보았다.

제2절 분쟁관리 및 해결을 위한 기제

1. 국제규범의 역할

(1) 국제규범의 필요성

대부분의 국제분쟁은 군사력이 아닌 다른 방식으로 해결된다. 주권국가들로 구성된 국제체계는 '무정부적 성격'을 지니고 있지만, 국가 간의 협력적 관계가 안보 딜레마 때문에 무너지는 경우는 생각보다 그렇게 많지 않다. 일반적으로 국가들은 단기적인 이익의 극대화를 위해 침공이나 정복 등의 행동을 자제한다. 국가들은 상호 이익을 증진시키기 위해 다른 국가와 함께 협력하며 상호작용의 규제를 위해 개발한 일련의 기구와 규칙을 따라 행동한다.

대부분의 국가들은 이러한 규칙을 준수하며, 시간이 지나면서 규칙이 더욱 확고하게 굳어져서 정착이 되고 나아가서 제도를 형성하기도 한다. 이렇게 되면 국가들은 그 제도를 통하여 규칙의 범위 안에서 행동하는 습관을 익히게 되는데, 국가들이 그렇게 하는 행동이 자기이익에 부합되기 때문이다. 즉, 제도와 규칙을 통하여 국가 간 상호작용을 규제하고 협력관계의 파괴에 대해서는 값비싼 대가를 치르도록 하는 '**공동의 규범**'이 만들어지는 것이다.

국가 간 상호작용을 규제하는 규칙은 규범에 그 뿌리를 둔다. '**국제규범(國際規範)**'이란 각국의 지도자들이 정상적인 국제관계에 대하여 가지고 있는 기대치를 말한다. 주권과 조약준수 같은 국제규범은 널리 수용되고 있다. 이런 규범은 국가의 행동에 대한 기대치를 형성해주며 일탈행위를 식별하는 기준을 마련해 준다.

구성주의 이론가들은 세계적 규범과 기준을 강조하며, 국제규범을 만드는 일은 철학적 전통과 관계된다. 칸트를 비롯한 철학자들은 자율적인 개인들이나 국가들은 상호이익을 위해 협력하는 것은 자연스러운 일이라고 주장한다. 그 이유는 편협한 개별 이익의 추구는 결국 전체에게 손해를 끼치게 된다는 사실을 개인들이 알 수 있기 때문이다.

그러므로 국가들은 각국의 자율성을 존중하면서 각국 위에 군림하는 세계국가를 추구하지 않는 구조나 기구를 통해 협력할 수 있다고 전제한다. 이러한 기구를 통하여 제도화된 행동규범은 시간이 흐르면서 국제 관행이 되고 정통성을 인정받게 된다. 국가지도자들은 이 규범 안에서 행동하는 데 익숙해지고, 규범을 어길 때에는 어떤 이익과 손해가 있는지를 계산하는 일을 중단하게 된다. 그러나 국가들이 무엇이 정상적인 행동인가에 대해 서로 다른 기대치를 갖고 있을 때 국제규범과 도덕적 기준의 힘은 약화될 수 있다.

예를 들면, 1990년 이라크의 쿠웨이트 침공은 불법적일 뿐만 아니라 부도덕한 행위라고 널리 인정되었다. 이것은 정상적인 국가 간에 받아들일 만한 선을 넘은 행위이다. 미국과 다른 국가의 정치지도자들은 이라크에 대한 집단 대응에 대한 지지를 얻고자 도덕적 규범에 호소하였다. 반면에 2003년 미국의 입장에서 사담 후세인의 제거는 도덕적 명령이지만, 아랍인들의 입장에서는 미국의 침략은 부당하다고 생각하는 주권침해 행동이라고 볼 수 있다.

공유된 규범과 관행이 국제분쟁의 해결과 상호 협력 달성에 충분치 않은 변화의 시기에는 제도가 결정적인 역할을 한다. 제도는 특수한 기능과 임무를 가진, 구체적이고 가시적인 구조이다. 최근 반세기 동안 이 '국제제도(國際制度)'가 급속하게 확산되어 국제문제에서 중요한 역할을 수행하였다.

제2차 세계대전 이후 국제기구의 수가 급증하여 **정부 간 기구**(Intergovernmental Organization, IGO)가 약 400여 개, **비정부기구**(Nongovernmental Organization, NGO)는 수천 개에 이르고 있다. IGO 가운데는 세계적인 범위의 것도 있고, 지역적인 범위에 국한된 것도 있다. 목적 면에서도 일반적인 목적을 가진 것도 있는 반면, 특수한 기능적 목적을 가진 것도 있다. 지역범위의 것이 세계범위의 것보다 성공이 높으며, 특수한 기능적, 기술적 목적의 것이 일반적인 목적의 것보다 성공률이 더 높다. IGO가 결속을 유지할 수 있는 이유는 추상적인 이상 때문이 아니라, 회원국의 구체적인 국가이익에 도움이 되기 때문이다.

오늘날 다양한 규모와 형태의 국제기구들의 망이 모든 나라의 사람들을 연결시키고 있다. 이러한 연결망의 급속한 성장과 그 안에서 이루어지는 긴밀한 의사소통과 협력은 국제적인 상호의존의 심화로 발전한다. 다양한 국제기구의 존재는 각국의 지도자들과 상황이 변하더라도 심지어 힘의 관계가 갑작스럽게 변하더라도 세계질서는 그대로 유지시키는 하나의 구조적인 장치가 되고 있다.

국제협정은 체결 주체에 따라 '정부간 조약'과 '기관간 약정'으로 분류할 수 있다. **정부간 조약**이란, 체결의 주체가 국가로서 외교통상부에 의해 국제협정이 진행되며, 서명권자는 대통령(또는 외교부장관 또는 전권을 위임받은 자)이 된다. 이것은 내용에 따라 조약의 체결 및 비준에 대한 국회동의를 헌법 규정에 의해 받아야 하며, 국내법과 동일한 효력을 가진다.

기관간 약정이란, 체결의 주체가 정부기관으로 해당기관의 장이 서명하며 원칙적으로 법적인 효력은 없다. 이것은 일반적으로 조약과 협정을 제외한 국제 합의 및 협약 등의 문서가 해당된다. 국제협정에 대한 체계와 분류는 명시된 바는 없으나 대상국가 및 기관과의 관계를 고려하여 융통성 있게 연결되어 활용되며, 일반적으로 다음의 표와 같이 정리할 수 있다.

<표 4-1 : 국제협정체계의 분류>

구 분	내 용	사 례
조약(Treaty)	정치적 · 외교적 기본관계나 지위에 관한 실질적 합의를 기록	한 · 미 상호방위조약
규약(Covenant) 헌장(Charter) 규정(Statute)	주로 국제기구 구성 또는 특정 제도를 규율하는 국제적 합의	유엔헌장, 국제사법재판소규정
협정(Agreement)	비정치적 · 전문적이고 기술적인 주제를 다루는 경우에 사용	한 · 일 비밀보호협정
협약(Convention)	양자조약에 있어서 특정분야 및 기술적 사항에 관한 입법적 성격의 합의	한 · 남아공 이중과세방지협약
의정서(Protocol)	기본문서에 대한 개정 또는 보충적 성격의 조약	한 · 프 이중과세방지협약 개정의정서
교환각서 (Exchange of Notes)	조약의 서명절차를 간소화하기 위해 사용	관련약정에 관한 제안각서 및 회답 각서
양해각서 (Memorandum of Understanding)	상호 권리 · 의무를 구체적으로 규정하지 않고 신축성 있게 원하는 바를 규정하는 것, 정식 계약 체결 전에 당사자 간의 합의사항 기록	A와 B의 000에 관한 MOU
합의각서 (Memorandum of Agreement)	주로 각론적 · 세부적 내용에 관해 상호 합의에 사용하며, 당사자 간에 합의한 내용을 이행할 것을 명시한 문서	A와 B의 000에 관한 MOA

(2) 국제법

국제법은 국내법과는 달리 입법부나 어떤 중앙 권위체가 제정한 것이 아니라, 국제적인 전통과 국가들이 대표로 서명하는 여러 가지 합의에 근거를 둔다. 따라서 **국제법**은 중앙의 권위나 힘의 원리가 아니라 국제체계의 상호주의, 집단행동, 국제규범 등에 의존하기 때문에 강제적인 집행이 제한된다는 점이 그 특징이다. 국제사회에서 모든 국가들은 각기 불가침의 최고 주권을 가지고 있다.

따라서 UN 총회의 결정사항은 법이 아니며 권고사항에 지나지 않을 수 있어 회원 국가를 구속할 수는 없다. UN 안전보장이사회는 국가들에게 어떤 행동을 강요하지만, 그것은 법이라기보다는 명령으로서 주어진 상황에만 국한된다. 그렇다면 국제법의 원천은 어디에 있는가에 대해 조약, 관습, 형평성 같은 법의 일반 원칙, 판례와 같은 법학 지식에서 찾아볼 수 있다.

국제법의 연원 중에는 조약이나 국가들이 서명하여 성문화된 기타의 각종 협약들이 가장 중요하다. 국제법의 원칙으로 '서명되고 비준된 조약은 반드시 준수되어야 한다.'는 점이 강조되고 있다. 국가들은 사안이 지극히 중대하거나 위반에 따르는 처벌이 경미한 경우 조약을 위배할 수도 있다.

미국의 경우 정상적으로 상원의 인준을 받은 국가 간의 조약은 의회에서 제정된 국내법과 동일한 최고의 법적 효력을 갖는다. 조약이나 채무 같은 국제 의무는 정부가 바뀌어도 다음 정부에 계승된다. 선거나 쿠데타, 혁명을 통해 정부가 바뀐다 해도 마찬가지다. 소련이 해체되었을 때에도 그 후계자인 러시아정부는 구소련이 진 대외 채무의 이행과 구소련이 체결한 국제조약의 준수에 대한 약속을 지켜야 했다.

〈국제법의 원천〉

전 세계의 모든 국가들은 국제법의 기본원칙을 존중하고 준수하겠다고 공약한 점에서 **UN 헌장**은 현존하는 가장 중요한 범세계적인 조약이라고 할 수 있다. UN 헌장은 그 적용범위가 넓고 매우 포괄적이다. 또 다른 범세계적으로 중요한 조약에는 1949년에 체결한 **제네바협약**으로 민간인 및 포로 보호 등에 관한 전쟁 관련법을 규정하고 있다.

관습은 조약 다음으로 중요한 국제법의 원천이다. 국가들이 서로 다른 역사와 문화를 가지고 오랜 기간 동안 이러저러한 방식으로 사고하고 생활해 왔다면 그러한 축적된 행동은 일반적으로 받아들여지는 관행이 되고 국가 간에도 국제법의 지위를 인정받게 된다. 이러한 점에서 서구의 국제법은 실증주의적이라고 할 수 있다. 국제법은 추상적인 원칙에서 나오는 신성함이나 자연법의 관념에서 탈피하여 실제의 관습과 자기이익이라고 하는 실제의 현실, 동의의 필요성 등에 의존하고 있다는 점을 중시하고 있다.

법의 일반적 원칙이란, 절도나 폭행처럼 국내법 체제에서 범죄로 간주되는 행위는 국제법의 사회에서도 역시 범죄로 취급된다는 것이다. 예를 들면 1990년 이라크의 쿠웨이트 침공행위는 이라크가 국제적으로 서명한 조약인 UN 헌장과 아랍연맹헌장 같은 것을 위반한 불법적인 행위라는 것이다. 또한 양국이 인접한 주권국가로서 지내면서 형성한 관습을 위반한 불법적인 사항으로 조약과 관습을 떠나 한 국가가 일방적으로 다른 나라를 침공하는 행위는 법의 일반원칙에 어긋나는 행위임이 분명한 불법이라는 것이다.

국제법의 네 번째 원천은 다른 원천들의 보조적인 역할로서, 세계법원이 인정하는 법학 지식으로서, 현안 문제에 대해 세계 각지의 판사와 변호사들이 제시한 성문화된 주장들을 말한다. 가장 탁월한 능력을 가지고 존경받는 법률가들의 저술만 인용될 수 있으며, 앞의 세 가지 원칙들로 해결이 제한되는 문제에 대한 해결 방안으로 채택되기도 한다.

〈국제법의 집행〉

법의 원천 면에서 뿐만 아니라 국제법은 국내법에 비해 집행 면에서는 더 큰 차이가 있는데, 국제법의 집행은 세계 경찰이 존재하지 않으므로 인해 훨씬 더 어려운 문제이다. 국제법의 집행은 불법 침략자를 처벌하기 위해서는 개별적이든, 집단적이든 국가들 자신의 힘에 의존할 수밖에 없다는 것이다. 그런 면에서 국제법의 집행은 실질적인 상호주의에 크게 의존하고 있는데, 대개의 국가들이 상대방의 국가들도 모두 다 그렇게 하기를 바라는 마음 때문이다.

예를 들면, 제1차 세계대전 독일에 의해 '이프르 전투(Battle of Ypres)'에서 사용된 적이 있던 화학무기는 제2차 세계대전 당시에는 어느 편도 사용하지 않게 되었다. 그것은 어느 한 편이 먼저 화학무기를 사용하게 되면, 상대방도 보복적으로 사용하게 될 것이 분명하고 그로 인한 피해는 양쪽 모두에게 막대할 것이라는 판단으로 인해 사용을 자제하게 된 것이라고 볼 수 있다. 국제법은 경우에 따라 보복의 정당성을 인정하게 된다. 국제법의 위반한 행위라도 그것이 상대방의 불법행위에 대한 적절한 대응으로 취해진다면 합법화 될 수도 있다는 것이다.

국제법을 위반하는 국가는 일단의 국가들로부터 제재조치 등의 집단 대응 등을 당하게 될 수 있다. 여기서 **제재(制裁)**란 '국제법의 위반에 대한 처벌로서 일단의 국가들이 위반 국가와 무역을 중단하거나, 군수품 등 특정의 상품에 대한 교역을 중단하거나, 자원의 교류를 제한하는 등의 합의'를 말한다. 시간이 경과할수록 제재를 당하는 국가는 다른 국가들과의 정상적인 국제관계가 단절된 채, 국제사회로부터 소외되어 경제적, 외교적으로 타격을 입게 된다. 자급자족의 경제가 아니라 세계를 무대로 이뤄지는 국제경제체제를 고려해 볼 때, 이러한 제재조치는 매우 견디기 어려운 상황에 빠지게 된다.

상호주의와 집단 대응으로 국제법을 집행하는 데에는 국력에 의존할 수밖에 없다는 취약점이 있다. 국제체제에서 상호주의가 효과를 발휘하려면, 먼저 피해를 당한 국가의 힘이 가해국가에게 충분한 대가의 지불을 강요할 수 있을 만큼 강해야만 할 수 있을 것이다. 또한 집단 대응 역시 여기에 참가하는 국가들이 제재조치에 성실하게 동참할 때만 이 효과를 발휘할 수 있다. 해당되는 사안이 경미할 경우에는 빠져나갈 구멍이 많거나, 어떤 국가의 힘이 일방적으로 센 상태라면 국제법의 위반을 쉽게 하거나 자신에게 유리하게 해석을 할 수 있을 것이다. 그러나 완벽한 국제법의 집행이 이루어지거나 보장되지 않을지라도 국제법이 존재하는 한 적법한 행동이 무엇인지에 대한 공통의 기대가 생길 수 있을 것이다.

또한 동시에 그러한 기대에서 어긋나는 행동이 무엇이며, 수용된 규칙을 위반하는 국가를 식별하고 처벌하는 일이 더욱 쉬운 방향으로 진행될 것이다. 다수의 국가들이 UN 헌장 같은 국제조약에 서명함으로써 어떤 규칙에 대해 합의하였다면 그 이후의 규칙의 위반은 더욱 가시적이고 분명해 질 것이다. 따라서 여전히 각 국가들은 힘을 가지고 있지만 국제법은 점차 국가들이 준수하는 실효성 있는 규칙이 될 것이다. 그 결과로 나타나는 국제사회의 안정성은 모든 국가들에게 균형되게 돌아가는 혜택이 되므로 국제법의 위반이나 미 준수로 얻어지는 단기 이익보다 훨씬 더 중요하게 여겨질 것이다.

(3) 세계법원

국제법이 발전함에 따라 각 국가들이 불만사항을 호소할 수 있는 단일의 세계 사법체계도 등장하게 되었다. 세계법원은 UN 산하의 기구로써 '국제사법재판소(International Court of Justice, ICJ)'를 말한다. 세계법원에는 개인이나 기업이 아닌 국가만을 제소하거나 제소 당할 수 있다. 어떤 국가가 다른 국가에 대해 불만이 있다면 불편부당한 해결을 위해 이 문제를 세계법원으로 가져갈 수 있다. UN안보리나 UN총회에서도 국제법과 관련된 문제에 대한 조언을 세계법원에 구할 수 있다.

세계법원은 **임기 9년인 15명의 판사로 구성**되며, 매 3년마다 5명의 판사가 선출된다. 판사의 선출은 UN 안보리와 총회 모두에서 과반수 찬성으로 하며, 법정이 열리는 곳은 **네덜란드 헤이그**이다. 관례적으로 UN 안보리 상임이사국들은 항상 자국 출신의 판사 1명씩을 유지하며, 사건 당사국의 판사가 한 명도 없는 경우에는 임시로 15명 이외의 판사가 참여하기도 한다.

세계법원의 약점은 어떤 사안에 대해 그 관할에 둘 것인지, 법원의 판결에 대해 준수할 의무에 대한 일반적인 합의가 없다는 것이다. 대부분의 UN 회원국들이 세계법원 설립에 대해 서명을 하였지만, 특정의 사안을 세계법원의 관할로 한다는 내용의 선택 조항에 서명한 국가는 1/3에 불과하며, 그 중에서도 자국 주권에 대한 세계법원의 권한을 제한한다는 단서조항을 추가하였다.

예를 들면, 콜롬비아는 니카라과와 영유권을 다투었던 수역에 대해 2012년 세계법원이 니카라과 영해로 판결하자 세계법원 조약에 서명했던 서명을 취소하기도 했다. 또한 2002년 카메룬과 나이지리아의 국경지대에 위치한 석유 매장지인 반도의 분쟁에 대해 세계법원은 카메룬의 영토로 판결하였으며, 나이지리아는 2006년에 군대를 철수시킴으로써 영토 분쟁을 해결한 사례가 있다.

2. 전쟁법의 준수

(1) 전쟁법의 기본정신과 원칙

전쟁의 역사는 인류의 역사만큼이나 오래 되었다. 오래전부터 전쟁에서 지켜야 할 관례가 있어왔지만, 인도주의적 이유에서 전쟁의 악영향을 제한하는 국제 법규인 전쟁법이 형성된 것은 약 150여 년의 역사에 지나지 않는다. 중세시대 이전에는 전쟁에서 패배한 군인은 죽임을 당하거나 적국으로 끌려가서 노예가 되는 것이 보통이었고, 전투원과 민간인을 구별하지 않고 공격하는 것을 당연시하였다. 이와 같은 전쟁의 잔인성으로부터 불필요한 희생을 줄이고자 전쟁법이 발전되게 되었다.

전쟁법(Law of War, LOW)이란, '전쟁의 수행에 관하여 적대 당사국 및 중립국 간에 적용될 수 있는 조약 및 국제 관습법'을 말한다. 전쟁법의 법적 성격은 '군사적 적대행위의 수행을 규제하는 국제법의 일부'이며, 적대행위 시에 국가와 개별 국민을 구속하는 조약 또는 일반적으로 승인된 국제 관습법을 총칭하는 용어라고 할 수 있다. 전쟁법의 본질은 특정의 상황에서 군사적으로 승리하기 위해 필요하다고 하더라도 인도적 고려에 비추어 볼 때 해서는 안되는 일이 있다는 것이다.

그런 의미에서 전쟁법은 군사적 필요성에 대한 고려와 인도적 조치에 대한 고려를 동일한 위치에 놓고 있지 않다. 헤이그 제2협약 제22조 및 제네바협약 제1추가의정서 제35조 제1항은 "어떤 무력 충돌에 있어서도 전투수단 및 방법을 선택할 충돌당사국의 권리는 무제한한 것이 아니다."라고 규정하여, 금지된 무기를 사용해서라도 승리하기 보다는 패배를 감내해야 함을 의미하기도 한다.

전쟁법의 또 다른 정신은 '**마르텐스 조항**(Martens clause)'을 들 수 있다. 이것은 1899년 제1차 헤이그 평화회의에서 러시아측 대표이며 당시 저명한 국제법학자였던 Fyodor F. Martens의 간청으로 헤이그 제2협약 전문에 삽입된 문장으로 다음과 같다. "보다 완비된 전쟁법에 관한 법전이 제정되기까지는 체약국은 그들이 채택한 규칙에 포함되지 아니한 경우에 주민 및 교전자가 문명국 간에 수립된 관례, 인도의 법칙 및 공공양심의 요구로부터 유래하는 국제법 원칙의 보호 및 지배하에 있음을 선언하는 것이 타당하다고 생각"하는 부분을 지칭하는 것이다.

여기에서 중요한 것은 "공공양심의 요구(dictates of the public conscience)"가 적용된다는 것이다. 이로 인해 조약 또는 관습에 의해 금지되지 않는 것은 합법이라는 전통국제법의 기본사상은 전쟁법에 관한 마르테스 조항에 의해 명백하게 부인되고 있다. 전쟁법의 기본원칙으로 먼저 군사적 필요의 원칙을 들 수 있다. 이것은 전쟁의 필요상 부득이한 경우를 제외하고 적의 재산의 파괴 및 압류를 금지하는 것을 뜻하며, 전쟁법 전반에 적용되는 절대적인 원칙이다.

군사적 필요의 원칙은 첫째, 임무 완수에 필요한 무력의 사용을 가능케 하나, 군사적으로 필요하다는 이유 하나만으로 전쟁법에서 금지하지 아니한 모든 행위를 가능하게 하는 것은 아니다. 둘째, 구별의 원칙으로 전투원들은 민간인들과 구별되어야 하며, 군사목표물[11])은 전쟁법상 보호되는 재산 및 장소와 구별되어야 한다는 것이다. 이 원칙에 따라 무력 충돌 당사자들의 군사작전은 적 전투원과 군사목표물에 대해서만 실시되어야 한다는 것이다.

전쟁법의 기본적인 목적은 무력 충돌의 희생자를 보호하고 군사적 필요성과 인도주의 사이의 균형에 근거하여 적대행위를 규율하는 것이다. 국제 인도법의 중심에는 무력 충돌 당사자들을 대표하여 전투를 수행하는 군대와 적대행위에 직접 가담하지 않는다고 추정되며, 따라서 군사작전의 위험으로부터 보호되어야 하는 민간인들을 구별해야 한다는 것이다.

제네바협약 제1추가의정서 제51조 제4항은 "무차별공격은 금지된다."고 규정함으로써 구별의 원칙에 대한 내용을 규정하였다. **무차별공격**이라 함은, ① 특정한 군사목표물을 표적으로 하지 아니하는 공격, ② 특정한 군사목표물을 표적으로 할 수 없는 전투의 방법 또는 수단을 사용하는 공격, ③ 그것의 영향이 본 의정서가 요구하는 바와 같이 제한될 수 없는 전투의 방법 또는 수단을 사용하는 공격 중의 하나에 해당하는 경우이며, 그 결과가 군사목표물과 민간인 또는 민간물자를 무차별적으로 타격하는 성질을 갖는 것을 말한다.

그러한 무차별적공격으로 간주될 수 있는 유형으로는, ① 도시, 읍, 촌락 또는 민간이나 민간물자가 유사하게 집결되어 있는 기타 지역 내에 위치한 다수의 명확하게 분리되

---

11) 군사목표물이란, 제네바협약 제1추가의정서 제52조 제2항에서 "그 성질, 위치, 목적, 용도상 군사적 행동에 유효한 기여를 하고, 당시의 지배적 상황에 있어 그것들의 전부 또는 일부의 파괴, 포획 또는 무용화가 명백한 군사적 이익을 제공하는 물건에 한정된다."고 판시하였다.

고 구별되는 군사목표물을 단일 군사목표물로 취급하는 모든 방법 또는 수단에 의한 폭격, ② 우발적인 민간인 생명의 손실, 민간인에 대한 상해, 민간물자에 대한 손상, 또는 그 복합적인 결과를 야기할 우려가 있는 공격으로서 소기의 구체적이고 직접적인 군사적 이익에 비하여 과도한 공격을 제시하였다.

비례성의 원칙이란 "공격으로 인하여 야기될 것으로 예상되는 민간에 대한 인적·물적 피해는 그러한 공격을 통하여 얻을 수 있는 군사적 이익을 초과해서는 아니 된다."는 제네바 제1추가의정서 제51조 제5항 '나'호와 제57조 제2항 '가'호에 근거한다. 비례성의 원칙은 지휘관이 군사적 필요성과 불필요한 민간의 고통 간의 균형을 이룰 수 있도록 하는 수단을 제공하게 된다.

군사작전을 실시하다 보면 의도하지 않은 민간의 우발적 피해가 발생할 수도 있다. 여기서 민간의 우발적 피해란, 군사목표물을 공격할 경우 발생하는 피할 수 없고, 의도하지 않은 민간인 및 민간 재산의 피해를 말한다. 비례성의 원칙을 준수하기 위해서는 군사작전 간에 가용한 수단과 방법을 모두 동원하여 민간인의 피해를 최소화하기 위해 최대한의 노력을 해야 한다는 것이다.

추가적으로 불필요한 고통의 금지 원칙이 있는데, 이는 "불필요한 고통을 주는 무기, 발사물, 기타 물질의 사용"에 대해 헤이그 협약에 규정하고 있다. 전쟁법은 전투원에 대하여 살상행위를 포함한 필요한 고통을 가하는 행위는 적법하다고 규정한다. 그러나 일반적으로 불필요한 고통으로 인정되는 경우는 특정한 무기체계 또는 탄약이 통상적인 사용에 의해 특정한 효과와 상해를 발생시키면서 그로 인하여 얻을 수 있는 군사적 이익에 비하여 명백히 불균형한 상해나 고통을 일으키는 경우를 말한다.

마지막으로 기사도의 원칙은 명예, 신뢰, 신의성실, 정의, 전문성 등의 개념에 기초한 것으로, 군사적 이익을 얻기 위해 배신행위에 의해 적을 살상하는 등 전쟁법을 남용하는 것을 금지한다. 배신행위에는 항복의 기치 하에 협상을 위장하거나, 상처나 질병으로 무능력한 것으로의 위장, 민간이나 비전투원, 중립국이나 비전쟁 당사국 등으로 위장하는 것 등을 예를 들고 있으나, 위장, 유인, 양동작전 등과 같은 전쟁의 위계는 금지되지 아니한 것으로 제네바협약 제1추가의정서 제37조에 명시하고 있다.

(2) 전쟁법의 역사

전쟁법은 역사적으로 다음의 세 가지로 발전했다. 먼저 '**전쟁 자체의 정당성에 관한 법**(Jus ad Bellum)'과 '**전쟁 행위의 적법성에 관한 법**(Jus in Bello)' 등이 주된 주제로 다루어져 왔고 그 이후에 '전쟁의 종료와 평화 시대로의 복귀를 다룬 **전후법**(Jus post Bellum)'은 부수적으로써 발전해 왔다. 전쟁 자체의 정당성에 관한 법은 '무력 충돌의 관리와 군사력의 사용이 어떠한 조건 하에서 법적·도덕적으로 정당화될 수 있는가'를 규율하는 것이었으며, 전쟁 행위의 적법성에 관한 법은 '무력 충돌이 시작된 이후 국가들이 사용할 수 있는 공격 수단과 방법, 대상 등에 대해 규율하는 법'이라고 할 수 있다. 그리고 전쟁의 종료와 평화 시대로의 복귀를 다룬 전후법은 대부분 역사적으로 소홀히 다뤄왔던 정전론(The Just War)의 전통과 관련된 주제로서, 전쟁의 종료와 평화 시대로의 복귀를 규율하는 전쟁법 주제로 볼 수 있다.

과거의 고전적인 전쟁법은 특정 국가들 상호 간에 선언된 전쟁의 상태가 존재하여 더 이상 평시법이 적용되지 않는 경우에 발동하는 법체계를 뜻하였다. 즉 전쟁을 위법하다고 보지 않았던 과거의 국제사회는 국제법은 평시국제법과 전시국제법이라는 분리된 구조로 이해하였고, 전쟁이 발발하면 전시 국제법인 전쟁 당사국 간의 전쟁법 및 전쟁 당사국과 전쟁에 가담하지 않은 중립국 간의 전쟁법이 적용되어야한다고 생각하였다.

그러나 1945년 UN의 설립 이후, UN 헌장에 따르지 않는 모든 무력의 사용은 위법한 것으로 간주하게 되었으므로, 전시국제법과 평시국제법의 구별은 의미가 없어지게 되었다. 또한 UN 헌장에 따르지 아니한 일체의 무력의 위협이나 사용이 위법화 되었기 때문에 전쟁법도 더 이상 선언된 전쟁을 전제로 하지 않는 방향으로 변화하게 되었다.

UN 설립 이후에도 여전히 전쟁법이라는 용어는 사용되고 있으며, UN 헌장에서도 예외적으로 무력의 사용을 허용하는 규정이 존재하고 금지된 무력 사용의 경우에도 무력 충돌을 규율할 필요성이 있기 때문이다. 현대의 전쟁법은 주로 '전쟁 행위의 적법성에 관한 법'에 중점을 두고 있으며, '전쟁 자체의 정당성에 관한 법'은 무력의 사용이 UN 헌장이나 국제 관습법 등에 부합하는지 여부로 관심이 집중되고 있다.

좁은 의미의 전쟁법은 적대행위의 규율에 관한 **헤이그법**(군사행동에 관한 교전자의 권리의무와 해적수단의 규제에 관한 규칙) 및 **제네바법**(전쟁 희생자의 보호 및 존중과 인도적 대우의 확보에 관한 규칙), 이와 관련된 **국제 관습법** 등으로 이루어진다. 한편 넓은 의미의 전쟁법은 좁은 의미의 전쟁법에 추가하여 분쟁의 관리에 관한 UN 헌장, 군비통제 관련 조약, 이와 관련된 조약 및 국제 관습법 등으로 이루어진다.

(3) 전쟁법의 종류

〈작전법〉

작전법이란, 전시 및 평시에 군사작전의 수행에 관하여 직접적으로 영향을 미치는 모든 국제법 및 국내법을 통틀어 나타내는 용어이다. 한 나라의 군대가 군사작전을 적법하게 수행하기 위해서는 국내법적으로는 헌법을 비롯한 군 형법 등의 관련 법령들을 준수해야 하는 동시에 국제적으로는 UN 헌장, 전쟁 관련 조약 및 국제 관습법, 전쟁을 수행하기 위해 필요한 동맹국과의 조약 등을 준수하여야 한다. 따라서 작전법은 국제법인 전쟁법뿐만 아니라, 각종 국내법과 전쟁법 이외의 국제법이 포함되므로 작전법은 전쟁법보다 광범위하며, 전쟁법은 작전법의 일부라고 볼 수 있다.

〈무력 충돌법〉

현대사회는 전쟁이 위법한 시대이므로 '전쟁법'이라는 용어 대신에 무력분쟁을 법적으로 규율한다는 취지에서 **무력 충돌법**(Law of Armed Conflicts, LOAC)'이라는 용어가 조약에 도입되고 있다. 무력 충돌법은 국제적 무력 충돌법과 비국제적 무력 충돌법으로 구분되고 있다. 무력 충돌법은 국제법의 변화에 따른 명칭의 변경으로 전쟁법과 같은 개념으로 인식되고 있다.

〈국제 인도법〉

국제 인도법(International Humanitarian Law, IHL)은 과학기술의 군사적인 이용과 군사 총력전의 수행, 그리고 게릴라전의 일반화 등에 따라 희생자의 수가 급증하면서 일반화된 용어이다. 국제 인도법의 용어는 1971년 국제적십자위원회(International Committee of Red Cross, ICRC)와 UN의 공동 주관 하에 개최된 '무력분쟁에 적용되는 국제 인도법의 재확인과 발전을 위한 정부전문가회의'에서 사용되기 시작했다.

국제적십자위원회는 국제 인도법을 '명확히 인도적 성격을 갖는 무력분쟁법의 규제, 즉 인간 및 그들에게 불가결한 물자를 보호하는 규칙을 가리킨다. 따라서 이는 제네바협약 12)뿐만 아니라, 인도적 이유에서 적대행위, 무기의 사용, 전투원의 행동, 복구행사에 대한 한계를 규정하는 조약 또는 관습법상의 규칙, 그리고 이들 규칙의 정상적인 적용을 확보하기 위한 감시 및 형사제도 등의 규범도 포함한다.'고 규정하였다.

전쟁을 수행하는 도중에도 자비를 베풀 것을 요구하는 국제 인도법은 제네바법과 헤이그법, 그리고 이에 대한 국제 관습법의 형태로 구성되어 있으며, 이는 '전쟁 행위의 적법성에 관한 법의 문제'이므로 그 적용범위는 좁은 의미의 전쟁법과 겹치는 것으로 판단된다.

〈국제 인권법〉

국제 인권법(International Law of Human Rights, ILHR)은 국경선을 넘어 인간으로서의 권리인 자연인으로서의 기본적 권리를 보호하고 증진하는 것을 목적으로 한다. 19세기 이전의 전통적인 국제법 하에서 개인은 특정국가의 시민으로서만 고려되었으며, 각 개인이 외국정부로부터 피해를 입는 경우, 그의 이익은 개인의 국적국이 외교보호권의 행사범위 내에서만 보호를 받을 수 있었다. 그러나 제2차 세계대전 이후에 와서 인간의 존엄성에 대한 극단적인 경시를 방지하기 위해 국제 인권법이 일반원칙들을 고려하기 시작했다. 제2차 대전 후 인권문제의 해결을 위한 접근은 전통의 전쟁법규로 규율하지 못하는 비인도적 행위를 처벌하기 위해 국제형법의 발전을 추구하였고, 동시에 UN과 그 회원국들을 위한 인권에 대한 일반원칙을 고안해 내게 되었다.

국제 인도법과 국제 인권법은 '인간의 보호'라는 공통의 목표를 가지고 있으며, 국제 인도법 계열의 조약인 제네바협약 제1추가의정서 및 제네바 제2추가의정서는 인권보장에 관한 내용을 언급하고 있고, 「국제형사재판소의 설립에 관한 로마규정」으로 대표되는 국제형법은 국제 인도법과 국제 인권법의 혼합물이라고 할 수 있다. 그러나 **국제 인**

---

12) 제네바협약은 제Ⅰ협약(육전에 있어서의 군대의 부상 및 병자의 상태 개선에 관한 1949년 8월 12일), 제Ⅱ협약(해상에 있어서의 군대의 부상 및 병자의 상태 개선에 관한 1949년 8월 12일), 제Ⅲ협약(포로의 대우에 관한 1949년 8월 12일자), 제Ⅳ협약(전시에 있어서 민간인 보호에 관한 1949년 8월 12일) 등 4개의 제네바협약으로 구성되어 있으며, 제네바협약 추가의정서는 제Ⅰ의정서(국제적 무력 충돌의 희생자 보호), 제Ⅱ의정서(비국제적 무력 충돌의 희생자 보호), 제Ⅲ의정서(추가 식별표장에 관한) 등 3개의 의정서로 구성되어 있다.

도법(IHL)과 **국제 인권법(ILHR)**은 몇 가지의 본질적인 차이를 보인다.

국제 인도법은 '무력 충돌 시 모든 국가에 대해 적용되는 보편조약으로서 비 상호주의적 기초 하에 타방 교전당사자 측의 민간인과 전투원의 적절한 보호를 위해 무력 사용에 있어 국가의 재량을 제한하는 방향에서 발전되어 온 것'이라고 할 수 있다. 반면에 **국제 인권법**은 '특정한 상황을 가정하지 않고 모든 상황에서 적용할 수 있으며, 조약 가입국에만 적용되고, 예외적인 상황에서는 일정한 내용의 인권이 정지될 수도 있으며, 기본적으로 한 국가의 국민 내지는 그 관할권 하의 개인들에 대한 관계에 중심을 두고 있다.

실제로 현장에서의 법 적용 면에서 보면, 국제 인도법은 무력 충돌에 대한 직접적인 규제를 가하고, 국제 인권법은 보충적으로 무력 충돌 이외의 사안에 대하여 인권을 보장하고 있다. 또한 국제 인권법은 국제 인도법이 적용될 수 없는 상황에서 인권을 보장하는 안전핀의 역할을 한다. 국제 인도법이 적용되려면 무력 충돌의 규모가 폭동, 고립되고 산발적인 폭력행위 이상의 규모로 되어야 하므로 소규모 내부적으로 혼란 시에 발생할 수 있는 형사범죄자에 대한 인권은 국제 인권법과 이에 관련된 국내법령 등을 통하여 보장될 수 있다.

예를 들면 무력 충돌 시 우선적으로 적용될 수 있는 법체계는 국제 인도법이지만, 국제 인권법과 국내 법력의 보충적 적용을 통하여 국제 인도법의 목적인 불필요한 희생의 방지를 달성하도록 노력해야 한다. 국제 인권법은 좁은 의미의 전쟁법에 포함될 수는 있으나, 국제 인권법이 전쟁 또는 무력 충돌이라는 특정 상황에서만 적용되는 것이 아니므로, 국제 인권법은 전쟁법과 교차하는 부분을 갖게 된다.

(4) 전쟁법 준수의 필요성

제2차 세계대전이 끝난 후, UN 헌장에 의해 전쟁이나 무력행사가 금지되었다. 이러한 상황에서 전쟁이 발발할 경우, 일방은 위법한 침략국의 입장이 되고, 다른 일방은 침략으로 인한 희생국이 된다. 이 같은 상황에서 양개 국가에 대해 동등하게 전쟁법은 준수해야할 필요성이 있을까에 대한 의문을 제기할 수 있다. 그렇다면 전쟁법은 양자에게 차별적으로 적용되어야 하지 않을까?

제네바협약은 공통 제1조에서 "체약국은 모든 경우에 있어서 본 협약을 존중할 것과

본 협약의 존중을 보장할 것을 약정한다."라고 규정하였다. 제네바협약 추가의정서 전문
에는 "1949년 8월 12일자 제네바협약 및 본 의정서의 규정은 무력 충돌의 성격이나 원인,
또는 충돌당사국에 의하여 주장되거나 충동당사국에 기인하는 이유에 근거한 어떠한 불
리한 차별도 없이 이들 약정에 의하여 보호되는 모든 자에게 어떠한 상황 하에서도 완
전히 적용됨을 재확인 하며"라는 문구를 삽입되었다. 이로써 모든 무력 충돌 상황 하에
서 아무런 차별 없이 피 보호자의 보호와 인간의 기본적 권리가 보호되고, 전쟁법은 평
등하게 적용된다고 규정하고 있다.

  현대전의 양상을 고려해 볼 때 전쟁법의 실효성을 강제하는 수단이 불충분한데, 무력
충돌당사국은 전쟁법이 잘 준수되지 않을지도 모르는 상황에서 패전의 위험을 무릅쓰고
전쟁법을 준수해야 할 것인가의 고민에 빠지지 않을 수 없을 것이다. 그러나 전쟁법 뿐
만 아니라, 일반적으로 법의 실효성을 강제하기 위한 수단으로는 국내외적인 여론의 압
박, 제3국과의 이해관계, 교전국 자체의 이해와 준법의식에 의한 평가 등에 의해 보장될
수 있다.

  오늘날 세계화의 전개와 인터넷 및 통신수단, 매스미디어 등의 발달에 따라 국내외의
여론이 용이하게 형성될 수 있을 뿐 아니라, UN의 무대에서 다수국의 목소리가 반영되
는 국제기구가 존재한다는 점 등은 전쟁법을 위반한 국가에 대해 국제적 비난의 목소리
는 과거에 비해 더욱 강력한 힘을 발휘하게 될 것이다. 따라서 현재의 무력분쟁에 대해
서 전쟁법의 중대한 위반에 대한 국제적인 여론의 비난과 그것을 반영한 UN의 결의 등
이 전쟁법의 실효성을 상당히 높이고 있다는 점이다.

  이와 같은 이유로 현대 국제사회에서 무력 충돌 시 전쟁법을 준수하는 편이 그렇지 않
은 경우보다 훨씬 유리할 것이며, 그렇게 하는 것이 전쟁의 불필요하고 비참한 부작용을
최소한으로 줄여서 기본적인 인권을 보장하고 이를 통해 평화의 회복과 촉진을 유도할
수 있을 것이다. 참고로 무력 충돌 시 일방의 당사자가 전쟁법을 위반하는 경우에 상대방
이 취할 수 있는 구제수단으로서는 외교적으로 전쟁법을 위반한 교전국에 불리한 여론을
조성하기 위한 전쟁법 위반 사실을 공표하거나, 피해 보상 및 위반자에 대한 처벌의 요구,
중재 요청을 하거나 중재 또는 적이 전쟁법을 준수하게 하기 위해 중립국의 간섭을 요청
하는 것이다. 추가적인 조치로는 포획된 위반자를 전범으로 처벌하는 방법 등이 있다.

〈군사작전 시 전쟁법 준수의 필요성〉

전쟁법의 기본원칙을 준수하는 것은 모든 군인이 반드시 준수해야 하는 강제규범이며, 전시 인도주의적 요청을 충족시킴은 물론, 작전의 효율성을 제고하는 데도 기여하며, 구체적인 이유는 다음과 같다.

첫째, 전쟁시 군사목표만을 공격하는 군사목표주의는 한정된 전투력의 효율적인 사용을 보장한다. 제2차 세계대전 당시 독일은 유럽대륙을 장악한 후 영국의 항전의지를 꺾기위해 런던 시내를 무차별 공습했다. 이것은 역설적으로 영국 공군이 전열을 재정비할 수 있는 기회를 갖게 하였으며, 독일군이 런던 시내의 민간인 지역을 공습하는 대신 영국 각 지의 공군기지를 먼저 공습했다면 전쟁의 양상이 달라졌을지도 모를 일이라고 분석한다.

둘째, 전쟁법 위반행위는 국내외의 여론을 악화시키고, 전쟁의 정당성에 의문을 가져오게 하며, 작전의 효율성을 떨어뜨리고 사기를 저하시킨다. 미국이 베트남전에서 고전을 치른 이유 중의 하나는 미군이 베트남 민간인들을 살해하고 마을을 불살랐음에 폭로되어 국내외적으로 여론이 악화되었고, 이를 이용한 공산주의자들의 전술과 베트남 주민들의 민심에 더욱 미국으로부터 멀어졌기 때문이라고 볼 수 있다.

셋째, 전쟁법을 준수하고 도덕적 정당성을 확보해야 국제사회와 국제기구의 외교적 지지를 얻어내는 데 유리하다. 걸프전에서 미군이 사우디아라비아를 비롯한 주요 아랍 국가들의 지지를 얻을 수 있었던 배경은 미군이 이라크의 민간인들을 공격하지 않고 군사 목표물만을 정확하게 타격하는 전략을 사용했기 때문이다. 만일 미군이 우세한 전력으로 민간인들을 무차별로 폭격하여 희생시켰다면, 종교와 인종이 유사하여 동질감을 갖고 있는 아랍 국가들이 미국에 대해 등을 돌렸을지도 모를 일이다.

(5) 전쟁법의 적용범위

전쟁법은 조약에 근거하여 적용하게 된다. 따라서 조약은 본질적으로 자율적 법질서를 창설하기 위해 고안된 국가 간의 법적 수단이기 때문에 조약의 당사국이 아닌 제3국에 대해서는 구속력을 가질 수 없다는 것이 일반적인 원칙이다. 그런데 위와 같은 원칙의 예외조항으로 해당 전쟁법 관련 조약의 내용이 국제 관습법으로 인정되는 경우에는 해당 조약의 가입여부에 관계없이 모든 국가에 대하여 국제법적 효력이 있다는 점도 유의해야 한다.

1946년 뉘렌베르크 국제군사재판소는 헤이그 제2협약에 관하여 "이 협약에 규정된 제 규정은 1939년까지 모든 문명국에 의해 승인되었으며, 이는 전쟁법과 관습의 선언으로 간주된다."고 판시했으며, 이와 같은 이유로 뉘렌베르크 국제군사재판소는 체코슬로바키아가 1907년 헤이그협약의 체약 당사국이 아니었으나 동 헤이그협약이 적용될 수 있다고 판시했다.

한편 전쟁법은 제네바협약이 적용될 수 있는 무력 충돌(armed conflicts)의 상태가 발생하는 즉시 적용된다. 제네바협약은 사실상의 적대행위가 개시된 즉시부터 적용되는 것이다. 2개 또는 그 이상의 체약국 간에 무력 충돌이 발생하면 본 협약은 자동으로 시행된다. 무력 충돌이라는 용어는 두 나라 사이에 충돌이 발생하고 그 수단으로 군대를 사용하기에 이르는 것은 가령, 교전국의 일방이 전쟁상태의 존재를 부인하더라도 이미 제2조에서 말하는 무력 충돌이 벌어진 것이다. 충돌이 어느 정도의 장시간 동안 지속되어야 하느냐, 또는 어느 정도의 살상이 발생해야 하느냐 등의 문제는 협약의 적용에 아무런 차이도 가져오지 않는다.

(6) 무력사용의 법적 근거와 자위권 및 교전규칙

1) 무력사용의 법적 근거

제2차 세계대전 이후 UN 헌장에 국가의 무력사용권에 대해 규정하였다. UN 헌장 제2조 3항에 국제분쟁의 평화적 해결에 대해, 제2조 4항에는 무력의 위협 또는 사용 금지의 원칙을 규정하여 무력사용을 포괄적으로 금지하였고, 동시에 침략 등에 대항할 수 있는 정치, 경제, 군사적 강제행동의 틀을 UN **헌장 제7장**에 포함하였다. 현대 국제법 하에서 개별국가의 무력사용이 적법하기 위해서는,

① UN 헌장 제51조 또는 국제 관습법에 따른 국가의 자위권에 근거한 경우와, ② UN 안전보장이사회가 헌장 제7장에 근거하여 권한을 부여한 경우 등 두 가지 밖에 없다.

UN 안보리는 UN 헌장으로부터 금지하는 무력사용의 위협 또는 무력행사가 존재하는지 여부, 그러한 무력행사에 대한 대응조치의 판단 등 국제평화와 안전의 유지를 위한

일차적인 책임과 권한을 부여 받았다. UN 안보리는 미국, 영국, 프랑스, 중국, 러시아 등 5개국의 상임이사국과 10개의 비상임이사국으로 구성되어 있으며, 상임이사국은 헌장 제27조에 의해 절차사항 이외의 사안에 대하여 거부권을 행사할 수 있으며, UN 회원국은 UN 헌장 제25조에 의해 안보리의 결정을 수락하고 이행할 것을 동의한다.

평화에 대한 위협, 평화의 파괴 및 침략행위가 발생하면 UN 안보리는 그러한 위협이 헌장에 위배된 무력사용의 위협 또는 무력행사에 해당하는지 결정하고, 국제평화와 안전을 유지·회복하기 위한 **헌장 제39조의 권고조치, 헌장 제41조에 따른 비군사적 강제조치[13], 헌장 제42조에 따른 군사적 강제조치** 등의 조치를 취할 것인지 결정한다. 단, 헌장 제42조의 군사적 강제조치 이전에 헌장 제41조의 비군사적 강제조치가 시도 또는 최소한 고려되어야 한다. 헌장 제42조는 안보리에 무력사용 권한을 부여하고 있으나, 이러한 조치를 취하기 위해서는 헌장 제43조에 규정된 바와 같이 개별 회원국과 특별협정을 체결하여야 한다. 그런데 이와 같은 특별협정은 체결된 적이 없기 때문에 안보리는 헌장 제42조에 근거하여 회원국들에게 군사적 강제조치에 참여할 것을 명령할 수 없다.

따라서 안보리가 어느 국가의 무력사용이 위법하다고 판단한 경우, 제39조와 제42조의 제 조건들이 충족된다면 회원국들에게 무력사용을 명령(mandate)할 수는 없지만, 그러한 권한을 부여(authorize)할 수는 있다. 이에 따라 무력사용권한을 허락받은 국가들은 헌장 제2조 제4항에 근거하여 금지된 무력사용을 정당하게 사용할 수 있다. 또한 이러한 안보리의 비구속적이고 권고적 권한부여는 헌장 위반국가에 대해서는 구속력이 있으며, 그 결과 헌장 위반국가는 헌장 제51조에 근거한 자위권을 원용하거나, 무력사용에 이르지 않는 복구에 호소하거나, 안보리 수권에 근거한 회원국의 무력사용에 대한 배상을 청구하는 등의 행위를 할 수 없게 된다.

<표 4-2 : 한국전쟁 당시 UN의 집단안보[16] 조치>

한국전쟁에서의 외국군 참전은 국제사회가 UN 헌장에 따라 집단안보(collective security)를 적용한 최초의 사례이다. 1950년 6월 25일 전쟁이 발발하자, UN은 헌장 제1조 및 제2조에 따라 집단안보조치를 발동함으로써 그 능력과 역할을 시험하였다. 한국전쟁 초기에 안보리는 북한의 남침

---

13) 국제평화를 회복하기 위한 비군사적 강제조치로는, 경제관계, 철도, 항해, 항공, 우편, 전신, 무선통신, 다른 교통통신수단의 전부 또는 일부의 중단, 외교관계의 단절 등을 열거하고 있으며, 모든 회원국을 구속한다.

을 저지하기 위한 일련의 결의안을 채택하였다. 그 첫째가 결의안 제82호로 "북한의 무력공경을 평화파괴 행위로 규정하고 적대행위의 즉각 중지 및 38도선 이북으로 병력의 철수"를 요구했다. 이에 북한이 불응하고 계속 남진하자 UN은 6.27일 결의안 제83호를 채택하여 "UN 회원국들에게 무력공격을 격퇴하고, 국제평화와 안전의 회복에 필요한 원조를 제공해 줄 것을 권고"했다. 이에 따라 51개 UN 회원국들이 원조를 제공의사를 보내왔고, 16개 회원국은 군대를 파견하였다. 7월 7일에는 결의안 제84호를 채택하여 UN 회원국들에게 미국이 주관하는 통합군사령부에 군대를 파견하고, 미국은 통합군사령부에 대한 사령관을 임명하며, UN 깃발의 사용이 가능함을 결정하였다. 유엔군사령부(United Nations Command, UNC)는 2019년 현재까지 그 임무를 수행하고 있는 중이다. 안보리 상임이사국인 소련은 1949년 출범한 중국공산당 정부가 중국의 대표권을 인정받지 못함에 대한 항의로, 1950년 1월부터 7월까지 안보리에 불참하였다. 안보리는 이를 기권으로 인정하였고, 기권은 거부권의 행사가 아니라는 것으로 해석되었다. 이후 소련은 자신의 불참 하에 이루어진 한국전쟁 관련 안보리 결정은 무효라고 주장했으나 받아들여지지 않자, 1950년 8월 1일부로 안보리에 복귀하였고, 이후에는 거부권의 행사로 한국전쟁에 관한 안보리 차원의 집단안전보장조치에 대한 결의는 더 이상 이뤄지지 않게 된다.

최초의 한국전쟁에 대한 유엔 안보리의 개입은 '전쟁 이전의 상태로 복귀하는 현상유지'가 목표였는데, 9월 15일 인천상륙작전이 성공하여 한반도 통일의 희망이 보이자 38선 이북으로 북진하려면 유엔군에게 새로운 임무가 부여되어야 했다. 9월 19일부터 소집된 유엔 총회에서 이 문제를 논의하여 10월 7일 총회 결의 376(Ⅴ)[14]을 채택하였다.

1950년 11월 3일, UN 총회는 결의안 377(Ⅴ)을 채택하였는데, UN 안보리가 상임이사국 간의 만장일치에 실패하여 국제 평화와 안전 유지의 기능을 제대로 수행하지 못할 경우에는 총회가 집단안보의 주도적 역할을 할 수 있도록 하는 내용이었다. 안보리의 결정은 회원국들에 대한 구속력이 있으나, 총회의 결의는 권고적 효력밖에 없기는 하지만, UN 총회결의를 통해 집단안보조치의 보충적 근거를 확보하게 되었다.

한편, UN군사령부는 1953년 정전협정이 체결되어 일본에 주둔하고 있던 유엔군에 대해 1954년 2월 19일 유엔사와 일본 정부 간에 주일 유엔군 지위에 관한 협정(SOFA)을 체결하였고, 1957년 7월 1일 일본 도쿄에서 서울로 이동하였고 일본에는 유엔사 후방지휘소(UNCR)를 창설하였다. 정전 후 유엔사는 정전협정의 유지를 위한 권한과 책임을 행사하였으며, 「워싱턴 선언」[15]을 근거로 하여 한반도에서 무력 충돌 발생 시 대한민국을 위한 전력제공자로서의 역할을 수행해오고 있다.

---

14) 총회 결의문들의 본질적인 목표는 한국에서의 통일되고 독립적인 민주정부의 수립이며, 한국 전체를 통하여 안정 상태를 보장하기 위해 적절한 모든 조치를 취할 것과 경제복구조치들의 실행을 위해 UN 한국통일부흥위원단의 설치 등을 권고했다.

15) 1953년 7월 7일, 16개 UN 참전국들은 한국의 안보를 보장하는 차원에서 "UN의 제 원칙에 반한 무력공격이 재발할 경우 우리는 세계평화를 위하여 다시 단결하여 즉각적으로 이에 대항할 것"을 확인하는 공동정책을 발표하였다. 이는 향후 한반도 유사시에 UN사령부의 깃발 아래 16개국의 전력 파견을 요청할 수 있는 논거가 된다.

16) 집단안보란, 국가들 간의 공통의 목표를 위하여 한 개 또는 여러 국가들에 의한 타국에 대한 무력침공을 억제하거나 만약, 억제가 실패하면 그 무력침공을 제압하는 일련의 강제조치를 말한다.

2) 자위권에 근거한 무력사용

모든 국가는 자국을 방어할 권리가 있다는 '자위권(Self-Defense)'은 국제 관습법상의 권리였다. 이후 UN 헌장 제51조에는 자위권에 대해 다음과 같이 규정하고 있다.

> "이 헌장의 어떠한 규정도 UN회원국에 대하여 무력공격이 발생한 경우, 안전보장이사회가 국제평화와 안전을 유지하기 위하여 필요한 조치를 취할 때까지 개별적 또는 집단적 자위의 고유한 권리를 침해하지 아니한다. 자위권을 행사함에 있어 회원국이 취한 조치는 즉시 안전보장이사회에 보고된다. 또한 이 조치는 안전보장이사회가 국제평화와 안전의 유지 또는 회복을 위하여 필요하다고 인정하는 조치는 언제든지 취한다는, 이 헌장에 의한 안전보장이사회의 권한과 책임에 어떠한 영향도 미치지 아니한다."

여기에서 **"무력공격"**이 무엇인가에 대해 쟁점이 된다. 1986년 6월 27일 국제사법재판소는 니카라과 사건에서 "정규군이 국경선을 넘는 경우뿐만 아니라, 다른 나라 영토에 무장단체를 파견한 경우에도 규모 및 효과 면에서 정규군에 의해 수행되었다면 무력공격으로 볼 수 있을 정도의 경우에도 자위권을 행사할 수 있다."는 취지로 판시하였다. 그러나 무력공격을 직접적으로 정의하고 있는 국제협약은 없으며, 국제사회는 일반적으로 범위(scope), 기간(duration), 강도(intensity)를 평가하여 활용한다.

자위권 행사의 유형으로는 자위권의 행사주체에 따라 각개 국가들이 행사하는 개별적 자위권과 2개 이상의 국가들이 공동으로 행사하는 **집단적 자위권**으로 구별할 수 있다. **개별적 자위권**은 국가급 자위권, 부대급 자위권, 개인 자위권으로 나눌 수 있으며, 또한 자위권의 행사시기에 따라 일반적인 자위권과 선제적인 자위권으로 구분할 수 있다. UN 헌장 제51조는 자위권의 발동 요건으로,

① 무력공격이 발생한 경우,
② 안보리가 국제평화 및 안전의 유지에 필요한 조치를 취할 때까지,
③ 회원국은 자위권의 행사를 안보리에 보고해야 함 등을 규정하고 있다.

국제 관습법적으로 자위권의 행사에는 **필요성(necessity)**, **비례성(proportionality)**, **즉시성(immediacy)의 원칙** 등이 논의되고 있다. 필요성이란, 평화적 수단에 의한 분쟁해결 가능성, 침략국의 강폭성, 국가의 목표, 국제사회의 효과적인 대응 등을 고려할 때 위법한

무력공격에 대응하기 위해 무력행사가 필요한지 여부를 말한다. 비례성이란, 무력공격 또는 그 위협을 격퇴 및 저지하는데 필요한 정도의 무력을 행사하는 것으로서 공격 대상, 공격 수단과 방법, 공격 기간 등을 제한해야 된다는 것이다. 즉시성은 불법적인 무력공격과 이에 대한 반격 사이에 시간적 간격이 있어서는 아니 되며, 무력공격이 실시되는 동안 반격이 실시되어야 한다고 주장하기도 하지만 이는 현실적으로 가능하지 않은 것이 된다. 왜냐하면 적으로부터 기습공격을 받은 경우에는 즉각적인 대응이 제한되므로 반격에 소요되는 시간은 적지 않게 필요할 것이다.

자위권을 행사할 경우에도 국제 인도법 등 전쟁법을 준수해야 하며, 합법적인 군사목표물만 공격해야 하고, 민간인들에 대한 부수적 피해를 최소화하기 위한 사전조치를 취해야 한다. 그리고 자위권 행사의 적법성을 주장하기 위해 적대세력의 무력공격을 입증한 증거와 아군의 자위권 행사가 적법하였음을 증명할 자료를 확보해야 한다.

3) 자위권 행사의 유형

이러한 자위권 행사의 유형에는 개별적 자위권, 집단적 자위권, 누적적 사건론, 선제적 자위권 등으로 구분하여 설명할 수 있다.

첫째, **개별적 자위권**(Individual Self-Defense)은 한 국가가 외국으로부터 위법한 침해를 받았을 때 자국을 방위하기 위해 무력을 행사하는 것을 말한다. 개별적 자위권의 발동 요건은 자국에 대한 급박한 침해가 있을 것, 이것을 배제하기 위한 다른 적당한 방법이 없을 것, 필요한 최소한의 실력행사에 한정할 것 등으로 하고 있다. 개별적 자위권의 행사 유형은 **국가의 영역 주권에 대한 보호, 국가의 정치적 독립에 대한 보호, 국가의 재외 국민에 대한 보호** 등이 있다.

① 국가의 영역 주권에 대한 보호란, 모든 국가는 국가의 영토, 영해, 영공에 대하여 고유의 권리를 가지고 있으며, 어떠한 국가도 다른 나라의 영역주권을 침해할 수 없고, 그러한 침해가 발생할 경우 영토 주권을 보호하기 위해 UN 헌장 제51조 및 국제 관습법에 의하여 자위권을 행사할 수 있다는 것이다.

② 국가의 정치적 독립이란, 주권의 직접적인 성질이며, 특정한 정부 형태와 관리를 선택할 권리, 조약을 체결할 권리, 외교 관계를 운영할 권리, 다른 국가와의 교역의 자유 등을 말한다. 이는 UN 헌장과 국제 관습법에 따라 모든 나라들이 다른 나라의 정치적

독립을 존중할 의무가 있으며, 이에 대해 위협이 가해질 경우에 평화적 해결수단이 소진된 다음에 자위권을 행사할 수 있다.

③ 국가의 재외 국민에 대한 보호란, 재외 국민의 생명이 위험에 처했고, 그 재외국민이 주재국의 보호를 받을 수 없거나 보호하려고 하지 않을 경우에 국적국은 이들을 보호하기 위해 조치를 취할 수 있도록 국제 관습법적으로 인정하고 있는 자위권적 권리이다.

둘째, **집단적 자위권**(Collective Self-Defense)은 UN 헌장에 부합하는 집단적 방위조약에 근거하여 어느 조약 당사국이 다른 나라로부터 공격을 받은 경우에 다른 조약국들이 동맹국을 방어하기 위해 무력을 행사하는 것이다. 집단적 자위권을 행사하기 위한 조건은 개별적 자위권 행사요건 이외에도 추가적으로 공격을 받고 있는 동맹국의 요청이 필요하며, 제3국인 조약 당사국은 동맹국의 요청이 없는 상태에서 일방적으로 동맹국의 분쟁에 개입할 수 없다.

셋째, **누적적 사건론**(accumulation of events theory)이란, 계속해서 일어나는 일련의 사건이 있을 때, 각각의 사건을 따로 떼어놓고 보면 작은 일에 불과하지만 이를 전체적으로 보면 자위권 행사의 대상이 되고 무력공격이 되고도 남을 수 있다는 주장이다.[17] 누적적 사건론은 계속해서 일어나는 일련의 사건을 포괄해서 자위권 행사의 대상으로 하는 것인데, 마지막에 발생한 사건보다 훨씬 강력한 대응조치의 정당성을 주장하는 논거로 사용될 수 있다.

마지막 사건만을 놓고 보았을 때에는 자위권을 행사하기 위한 필요성과 비례성에 충족하지 않았더라도, 일련의 사건에서 발생한 상대방의 행태와 피해를 종합해 보면 자위권의 행사 요건을 충족하는 경우에 대한 대응적 자위에 해당한다고 볼 수 있다. 이것은 이스라엘이 아랍권의 게릴라 공격과 테러공격에 계속해서 시달리다가 정형화된 사건들을 한곳에 모아 일거에 대반격으로 대응하는 과정에서 개발되었다 할 수 있으나, 이것은 '무력복구'와 유사하다는 이유로 인정할 수 없다는 의견도 있다.

넷째, **선제적 자위권**(Anticipatory Self-Defense)은 예비적 자위권, 또는 예견적 자위권이라고도 불리는 것으로, 상대방의 공격이 예상되는 급박한 시점에서 자위권을 행사하는 것이다. 선제적 자위권의 기원은 1837년 캐롤라인호 사건[18] 당시 미 국무장관인 Webster

---

17) 이 주장은 침격전술론(doctrine of needle prick tactics)이라고도 하는데, 바늘로 한 번 찌르면 따끔할 뿐이지만, 천 번이고 만 번이고 계속 찔러대면 코끼리도 죽일 수 있다는 점에서 출발한 표현이다.
18) 1837년 영국 식민지였던 캐나다가 독립을 도모하여 반란을 일으켰을 때 발생한 영국과 미국의 분쟁으로

와 영국 외무장관인 Ashburton경 사이의 서신에서 찾아볼 수 있다. Webster 장관은 "만약 상황이 무력의 사용이 바로 발생할 것으로 예상되며, 그러한 무력 사용은 압도적이고, 선택의 여지가 없으며, 숙려할 시간이 없는 경우에는 각 국가는 방어조치를 취하기 이전에 실제 공격을 당할 필요가 없으며 자위권을 행사할 수 있다."고 했다. 이처럼 Webster 장관은 상대방의 무력공격이 없는 상태에서의 자위권 행사를 매우 제한적이고 엄격하게 정의하였으며, 평시법체계에서 전시법체계로의 전환 없이 꼭 필요한 경우에 한하여 매우 제한된 범위 내에서 무력을 행사할 수 있도록 해주었다.

그러나 상대방의 무력공격의 가능성을 미리 앞질러 제거하겠다는 의미의 **예방적 자위권**(Preventive Self-Defense)과는 다른 개념이라는 것이다. 그러나 UN 헌장 제51조의 규정인 자위권은 "UN 회원국에 대하여 무력공격이 발생한 경우"와 "안전보장이사회가 국제평화와 안전을 유지하기 위하여 필요한 조치를 취할 때까지" 등으로 명시하여 "관습법상의 선제적 자위권 및 안보리 조치와는 별개의 선제적 자위권"이 가능한지에 대한 논란이 되고 있다.

이에 대해 미국은 기본적으로 "선제적 자위권을 포함하는 관습법상의 자위권은 주권국가의 고유의 권리이므로 UN 헌장으로 결정할 사항이 아니며, UN 헌장상의 자위권을 광의로 해석하는 것은 타당"하다고 주장한다. 현실적으로 상대방이 대량살상무기(WMD)나 정밀무기체계를 이용하여 기습적이고 동시다발적으로 무력공격을 감행할 경우에는 사실상의 자위권을 행사할 기회와 능력이 상실되게 되므로 선제적 자위권은 인정하되 무분별한 남용의 방지를 위해 엄격한 행사 요건을 적용하고 사후 심사를 통한 통제가 필요하다고 생각된다.

선제적 자위권의 행사는 일반적 자위권의 행사처럼 기본적으로 필요성과 비례성의 원칙을 준수해야 한다. 여기에 추가하여 선제적 자위권의 행사에는 **무력공격의 급박성**(imminence)의 요건이 추가된다. 급박성이란, 여러 가지의 증거들을 볼 때 상대국이 무력공격을 자행할 것이 명확하게 예상되고, 선제적 자위권을 행사하지 않을 경우에 방어

국제법상 지위에 관한 고전적 선례로 인용되는 사건이다. 영국은 캐나다의 독립을 지원하던 미국의 선박(캐롤라인호)을 나포하여 방화한 후 나이아가라 폭포에 떨어뜨렸다. 미국은 영국에 대해 강력 항의하였지만, 영국은 자위와 자기 보전의 필요(necessity of self-defence and self-preservation)등을 주장했다. 미국은 자위의 필요조건 제시를 요구했고, 영국은 미국의 '자위의 조건'에 동의하고 이를 증명하면서 유감을 표명하여 사건은 해결되었다.

능력이 현저히 감소할 경우에 이른 상태를 말한다.

<표 4-3 : 9.11 테러와 미국의 선제적 자위권>

미국은 2001년 9월 11일 테러리스트의 공격을 받아 세계무역센터와 국방성이 큰 피해를 입는 사건을 겪었다. 이 공격은 오사마 빈 라덴(Osama bin Laden)이 아프가니스탄에서 이끌고 있는 알 카에다(Al Qaida) 조직에 의한 것으로 밝혀졌다. 9.11 테러 직후 UN 안보리는 결의 제1368호를 통하여 UN 헌장에 따른 개별적·집단적 자위권에 대한 고유의 권리를 확인하면서 회원국들에게 테러에 대한 적절한 대응을 촉구했다.

미국은 UN 헌장 제51조에 의거하여 알 카에다 조직 및 아프가니스탄의 탈레반 정부에 대한 자위권을 발동한다고 안보리에 보고 하였다. 그 후 미국은 아프간 정부에 대해 알 카에다 캠프를 폐쇄하고 빈 라덴 및 알 카에다 요원의 인계 등을 최후 통첩하였으나, 탈레반 정부에 의해 거절당했다. 이에 미국은 2001년 10월 7일 아프간에 대해 '자유지속작전(Operation Enduring Freedom)'을 개시했다. 부시행정부는 미국 및 동맹국의 안위를 위해 선제적 무력행사가 필요하다고 주장했다. 미국은 2002년 국가안보전략에서 선제적 자위권(Preemptive Self-Defense)을 포함하였다.

자위권의 차원은 그 규모와 특성에 따라 집단적 자위권으로부터 국가급 자위권, 부대급 자위권, 개인적 자위권으로 구분할 수 있다. **집단적 자위권**은 대통령이 집단적 방위조약에 근거하여 동맹국의 요청에 따라 자국이 아닌 동맹국을 위해 행사하는 자위권을 말한다. **국가급 자위권**은 군 통수권자인 대통령이 국민 또는 국가의 정치적 독립성 및 그 영역을 방어하기 위한 차원에서 행사하는 것으로 '전면적인 전쟁'의 규모로 행사되는 자위권이다. **부대급 자위권**은 부대의 지휘관이 적의 적대행위 또는 적의 의도로부터 자기 부대 및 우군부대, 국가 방위와 우방국의 시민을 방어하기 위하여 행사하는 자위권으로 '전쟁' 규모로 발전하지 아니한 단계와 규모에서 실시하는 것이다. 마지막으로 **개인적 자위권**은 각 개인이 자신 또는 타인의 생명과 신체, 재산을 보호하기 위해 행사하는 자위권을 말한다.

3. 인도적 개입

인도적 개입(humanitarian intervention)이란, 제3국 내에 존재하고 있는 사람들의 신체나 재산을 보호하기 위해, 또는 중대한 침해를 입을 절박한 위험으로부터 사람들을 구해내기 위해 그 제3국에 대해 무력을 행사하는 것을 말한다. 즉 이것은 인류의 양심에 충격을 가하는 비인도적 사례가 한 국가 내에서 발생하고 있음에도 불구하고 당해 국가가 이러한 사태를 수습할 능력이 없거나 혹은 수습을 원하지 않을 때, 다른 나라 또는 국제 조직이 필요시에는 강제력을 동원하여 그 사태를 종식시키기 위해 개입하는 무력행동을 뜻한다.

UN은 1990년대 이후 심각한 인권 침해에 대하여 "헌장 제39조의 평화에 대한 위협에 해당한다."는 입장을 견지했다. 따라서 UN은 인도적 간섭에 참여하게 되었으며, "내전으로 인한 인권침해는 국제평화를 위협한다."는 내용을 1991년 이라크 내의 쿠르드족에 관한 안보리 결의 제688호에서 포함하였다. 이 결의에서 안보리는 대규모의 난민 발생과 국경 근처에서의 충돌이 그 지역의 평화와 안전을 위협한다고 판단한 것이다.

이후 1992년 구 유고슬라비아 내전 사태에 관한 결의 제770호를 의결하였으며, 소말리아의 인도적 재난을 해결하기 위해 제794호를 결의하여 무력행사를 수반한 군사개입을 승인하였다. 그러나 1994년의 르완다 사태는 국제사회가 인도적 개입을 제대로 하지 못한 대표적인 사례이다. 당시 UN 사무국과 안보리는 집단학살이 발생할 개연성이 높다는 정보를 입수하였으나 적극적인 보완 조치를 제대로 취하지 않아 사태를 악화시켰다는 비난을 받게 되었다.

UN 헌장에는 인도적 간섭에 대한 명시된 조항은 없다. 그러나 UN은 1990년대 이래 국제분쟁이 아닌 내전, 또는 그와 유사한 상황에 대해서도 **UN 헌장 제7장**에 근거하여 '평화에 대한 위협'이 존재한다고 판단한 다음 '인도적 개입'의 성격을 갖는 조치를 취해왔다. 이에 대해 안보리는 인도적 간섭이 필요한 상황이 발생하면 일정한 원칙에 따라 개입한다는 국제 관습법이 형성된 것이라고 긍정적으로 볼 수도 있겠으나, 안보리에서 채택된 결의들은 예외적인 상황이나 특별한 경우에만 적용될 수 있도록 범위를 한정했다는 데 주목할 필요가 있다.

하지만 UN 결의의 목적에는 인권과 기본적 자유의 존중이 포함되며, 현재 국제법이 인권의 대규모적인 침해를 더 이상 국내 문제로 보지 않고 합법적인 인도적 간섭인가의 여부만 안보리에서 가려 주는 것이 UN 정신에 부합한다고 해석할 수 있다.

한편, 인도적 개입의 행사 요건으로는 첫째, 「국제형사재판소(ICC)에 관한 로마규정」 에서 정의한 중대한 범죄행위가 한 국가 내에서 대규모적으로 진행되고 있고, 그 정도는 인류의 양심에 충격을 줄 정도로 대규모이고 지속적인 인권침해여야 하며, 해당 국가가 그러한 범죄행위를 지지 또는 묵인하거나 이를 통제할 수 없는 명백한 증가가 존재해야 한다. 둘째, 범죄행위가 자행되고 있는 지역 내의 지역기구가 해당 정부에 대해 범죄행 위의 중지를 요청했지만 계속 진행되고 있어야 한다.

<표 4-4 : 코소보 사태에 대한 인도적 개입>

1999년 3월 24일 NATO군은 세르비아에 대해 공습을 시작했다. 그 이유는 세르비아 내 코소보 자치 주의 알바니아계 주민들에 대한 세르비아 군대의 잔혹한 인종청소적 만행에 대해 인도적 개입을 주장한 것이었다. 무력사용에 대해서는 UN과 사전 협의나 승인이 없는 상태였으나, 미국과 NATO 측의 주장은 1998년 말 유고 연방에 대해 코소보 관계 개선을 촉구한 3건의 안보리 결의안을 근거 로 공습을 시작한 것이라고 했다. 그러나 중국과 러시아, 당사국인 유고슬라비아는 UN 안보리의 무력사용 허가에 근거하지 아니한 군사행동으로 즉각 중지되어야 한다고 주장하였다. 이후 안보리 는 1999년 6월 10일 결의안 1244호를 통해 코소보 평화결의안을 채택하였는데, 이에 대해 NATO 공습을 사후 또는 소급하여 승인하였다는 견해를 보이기도 했다.

4. 보호책임(Responsible to Protect, R2P)

1999년, 코피 아난(Kofi Annan) UN 사무총장은 제54차 총회에서 1994년의 르완다 사태 에 대한 국제사회의 부적절한 대응과, 1999년 NATO의 코소보에 대한 군사개입에 대해 인도적 간섭의 문제를 국제공동체 전체의 책임 하에 둘 것을 제안하였다. 이후 2000년 밀레니엄 보고서는 인도적 간섭에 대한 국제사회의 합의를 촉구하며 국제공동체가 행동 할 책임에 대한 국가들의 관심을 강조하였다. 세계 정상들은 2005년 9월 14일부터 16일 까지 UN 총회의 고위급 본회의에서 모든 국가가 보호책임(保護策任)을 이행해 나갈 것 을 논의하고, 안보리는 개별 주권국가가 자신의 책임을 다하지 못한 경우에 단호한 집단

강제조치를 취한다는 보호책임의 개념을 수용하였다. 이 보고서는 총 178개 항으로 구성되었으며, 2005년 10월 24일 제60차 UN 총회에서 통과되었다.

UN 총회 결의안에 의하면, 인도적 간섭은 "주민들을 제노사이드, 전쟁범죄, 인종청소 및 인도에 대한 죄로부터 보호할 책임(R2P)"로 표현하면서, 이들 범죄로부터 자국의 주민을 보호한 1차적인 책임을 각 개별국가에게 부과하였으며, 이 개별국가가 보호책임을 다하지 못할 경우 국제공동체인 UN이 안보리를 통해 이 책임을 부담하는 것으로 인식하였다.

<표 4-5 : 2005년 세계정상회의 보호책임에 관한 보고서 주요 내용>

제138조. 개별국가는 영토관할권 내에 있는 사람(Populations)을 집단살해, 전쟁범죄, 인종청소 및 인도에 반한 죄로부터 보호할 책임을 가진다. 이러한 책임에는 적절하고 필요한 수단을 통해 그러한 범죄 및 범죄 유인을 예방할 책임도 포함된다. 우리는 이러한 책임을 수락하고 이에 따라 행동해야 한다. 국제공동체는 적절하게 각 국가들이 이러한 책임을 수행할 수 있도록 장려하고 도와주어야 하며 UN이 조기경보 능력을 확립할 수 있도록 지원해야 한다.
제139조. 국제공동체는 또한 UN을 통해 상기 집단살해, 전쟁범죄, 인종청소 및 인도에 반한 죄로부터 영토관할권 내에 있는 사람을 보호하도록 돕기 위해 UN 헌장 제6장 및 제7장에 따른 적절한 외교적, 인도적 및 기타 평화적 수단과 방법을 사용할 책임이 있다.

국제사회가 보호책임을 UN 총회 결의로 확인함으로써 집단살해, 전쟁범죄, 인종청소 및 인도에 관한 죄에 대해 UN을 통해 적극적으로 간섭할 수 있게 되었다. 그러나 UN 안보리가 아닌 총회의 의결에 따라 안보리 상임이사국이 관련 세부 행동 절차에 대한 안보리 관련 논의에서 거부권을 행사할 수 있다는 한계점을 내포하고 있다.

뿐만 아니라 지금까지의 사례에서 보면 UN 회원국들은 보호책임에 발생한 상황에서 적극적으로 개입할 의사가 보이지 않는 경우가 많았으며, 회원국들의 보호책임을 강제할 국제법이 없다는 것도 한계로 지적될 수 있다. 또한 보호책임은 국제형사법상의 범죄 행위에만 적용될 수 있으며, 재난구호활동이나 인도적 구호활동 등에는 적용될 수 없다는 점도 제한사항으로 볼 수 있다.

제3절 UN과 국제평화활동의 전개

1. 국제평화유지활동의 탄생

(1) UN 헌장과 국제평화유지활동

일반적으로 평화란 전쟁이나 폭력과는 반대의 뜻을 지닌 개념으로 해석될 수 있다. 그래서 평화유지활동은 평화를 이루고자 국제적으로 행하여지는 제반 행위로 이해할 수 있다. 분쟁지역의 평화를 회복하고 회복된 평화를 유지하기 위해 개입을 한다는 차원에서 국제사회는 전통적으로 이를 '**평화유지활동**(Peace Keeping Operations : PKO)'이라고 불러왔다.

평화유지활동(PKO)는 상호 적대관계가 종식되어 평화회복 과정에 있는 국가에 대해 정전감시, 무장해제, 분쟁재발 방지, 치안유지, 전후복구 등을 위한 UN 주도의 국제평화와 안전을 위한 활동을 의미한다. 그 시초는 1948년 UN 예루살렘정전감시단(UNTSO)이 최초로 배치되어 활동했으며, 이후 약 70년 동안 69개의 임무단이 세계 각지의 128개국에서 100만여 명이 UN의 깃발아래 평화유지활동에 참여했다.

UN 헌장에는 무력분쟁이 발생했을 시 이를 관리하고 조치를 취할 수 있는 기본적인 원칙과 수단으로, 제1장에는 '**분쟁관리의 원칙**'이, 제6장과 제7장에는 '**분쟁관리를 위한 수단**'이 규정되어 있다. 또한 헌장 제1장에는, 회원국 간의 **주권평등**(제2조 제2항)의 원칙과 유엔의 목적과 양립할 수 없는 무력에 의한 위협 또는 **무력사용금지**(제2조 제4항)의 원칙이 규정되어 있다. 그럼에도 불구하고 분쟁이 발생하면 회원국들은 이를 평화적으로 해결(제1조 제1항, 제2조 제3항)하고, 침략이나 평화의 파괴행위가 발생하면 회원국들이 집단적 조치를 취하도록(제1조 제1항) 규정하고 있다.

UN 헌장 제6장에 근거한 '분쟁의 평화적 해결수단'으로는 협상(negotiation), 심사(inquiry), 중재(mediation), 조정(coordination), 중재재판(arbitration), 사법적 타결, 지역기관 또는 지역협정의 이용, 또는 당사자가 선택하는 다른 평화적 수단 등이 있다.[19] 이러한 평화적 수단들에 의해서도 분쟁이 평화적으로 종결되지 않을 경우 유엔은 '평화에 대한 위협, 파괴, 침략행위의 존재를 결정하고 어떤 조치를 취할 것인가를 결정'한다.[20]

헌장 제7장은 '집단안보를 위한 여러 가지 수단'들을 제시하고 있는데, 첫째, **비군사적 강제조치**(경제관계 및 철도, 항해, 항공, 우편, 전신, 무선통신 및 기타 의사소통의 전부 또는 일부의 중단과 외교관계의 단절 등)와, 둘째, **군사적 강제조치**(시위, 봉쇄 및 기타 행동)로 대별할 수 있다.[21]

그러나 이러한 유엔헌장상의 정신이 현실에서 제대로 구현되지는 못하였는데, 그 이유는 헌장 제6장의 '분쟁의 평화적 해결수단'은 실제적인 구속력이 결여되어 있고, 헌장 제7장의 '집단안보수단'은 헌장이 규정하고 있는 자기 모순적 작동구조 때문에 수단의 사용이 쉽지 않았기 때문이다.[22] UN 역사상 국제적으로 집단안보를 실시한 사례는 한국전(1950년)과 걸프전(1991년)뿐이라는 사실이 이를 증명해 준다. UN은 새로운 방법을 찾고자 하여 고안해 낸 제3의 방법이 바로 '평화유지활동(Peace Keeping Operations : PKO)'이다.

침략자에 대한 국제사회의 결정을 강요하기 위한 '군사력의 효과적인 투사능력(effective projection)'은 국제연합(UN)을 국제연맹과 구분 짓는 핵심적인 요소였으나, 동서 냉전은 이러한 군사적인 강제를 불가능하게 만들었다. 이에 따라 강대국이 동의하거나 적어도 묵인할 경우, 주도면밀하게 제한된 범위 내에서 국제기구가 취할 수 있는 국제적인 평화수호를 위한 새로운 수단이 필요했다.

UN의 평화유지활동이 UN 헌장에는 명시되어 있지는 않지만 이는 평화와 안보분야에서 가장 중요한 기능이 되었다. 1950년대 중반, 당시의 캐나다 외교부장관 피어슨(Lester B. Pearson)은 유엔총회에서 함마르셸드(Hammarskjöld) 사무총장에게 '정치적 해결책이

---

19) 유엔헌장 제33조 제1항.
20) 유엔헌장 제39조.
21) 유엔헌장 제41조, 제42조.
22) 유엔 안전보장이사회의 결의는 상임이사국 중 단 1개국이라도 반대하면 집단안보를 취할 수 없기 때문에 안보리 상임이사국 이익과 관련된 분쟁은 집단안보가 사실상 불가능하다.

모색될 때까지 국제경찰군(international police force)을 파견할 것'을 요청하였다.

'평화유지(peace keeping)'란 말이 처음 사용된 것은 1956년 수에즈운하 사태를 계기로 UNEF-1(First United Nations Emergency Force)[23]이 설치되었을 때의 일이지만, 1965년 유엔총회가 평화유지 문제를 다루기 위한 특별위원회를 설치하고 이를 '평화유지활동 특별위원회(Special Committee on Peace keeping Operations)'라고 명명함으로써 공식 용어로 통용되기 시작하였다.

요약하자면 '평화유지(Peace keeping)는 유엔에 의한 집단안보의 일종으로 적대행위의 예방 또는 종식을 위한 국제적 도구로서 각국의 파견부대를 사용하는 활동'을 말한다. 학자들은 평화유지활동을 협의의 기능적 개념으로 정의하기도 했다.

셰리(G. Sherry)는 평화유지 개념을 설명하면서 '통제된 교착상태(controlled impasse)'라는 용어를 만들어 냈다. 대부분의 분쟁이 "객관적으로 해결이 불가능"하므로 영구히 교착상태에 머물고 있으며 이러한 분쟁이 장기적으로 역사적 환경이 변화해야 해결될 수 있다고 보았다.

평화유지활동(PKO)이란 현재 진행되고 있는 분쟁을 정전협정 등을 통하여 우선 중지시키고 이들이 정전협정을 준수할 수 있도록 감시·감독하는 역할을 수행하는 것이다. 이는 정전협정이 준수되는 동안 분쟁 당사자들이 무력 대신 이성으로 분쟁을 해결할 수 있을 것이라는 '가정'에 근거하고 있다. 엄밀하게 보면, PKO는 유엔헌장 제6장에서 규정하고 있는 '평화적 수단'도 아니고, 유엔헌장 제7장에서 규정하고 있는 '집단안보'도 아니다.

따라서 PKO는 유엔 스스로가 자기 자신을 현실에 적응시키기 위하여 헌장 제6장과 제7장을 적절히 조화하여 분쟁관리활동의 한 분야로 발전시킨 것이라고 볼 수 있다. 유엔헌장 제6장의 평화적 해결과 헌장 제7장의 집단안보와 비교해 보면 헌장 제6장의 평화적 해결 수단은 법적인 한계가 있고, 헌장 제7장의 집단안보 수단은 정치적인 한계가 있다. 따라서 헌장 6장보다는 강하고 7장보다는 약한, 다시 말하면 헌장 제6장과 헌장 제7장을 조화하여 도입한 분쟁해결 방법이 평화유지활동(PKO)이다.

제2대 유엔 사무총장이었던 함마르셸드(Hammarskjöld)는 그가 도입한 평화유지활동의 헌장상의 근거를 '헌장 제6장과 제7장의 중간이라는 개념 하에 $6\frac{1}{2}$장'이라고 정의하였다.

23) First United Nations Emergency Force November 1956 June 1967;
   출처 : http://www.un.org/en/peacekeeping/about/dpko/(검색일 : 2019.5.15.).

그러나 최근에는 유엔 평화유지활동의 법적 근거를 '헌장이 안전보장이사회에 부여한 폭넓은 권능(broad power)'에서 찾고 있기도 하다.[24]

역사적으로 1948년부터 1964년까지 UN이 개입한 몇 가지 분쟁이 있었지만, UN의 이러한 활동을 '유엔 평화유지활동'으로 지칭하지 않았다. 1962년 국제사법재판소가 'UN의 일련의 경비사건'에 대한 권고적 의견을 제시하면서 1956년의 '유엔 긴급군(UN Emergency Force : UNEF)', 1964년의 '유엔콩고활동단(UN Opration in the Congo : ONUC)'을 '평화유지활동(Peace Keeping Operations)'이라 칭하고, **'유엔 평화유지활동(UN PKO)'**는 고유명사'의 지위를 얻게 되었다.

<표 4-6 : UN 헌장 제6·7장에 근거한 PKO>

헌장상의 근거	제6장		제7장
활 동	평화적 해결	평화유지활동	집단안보
목 적	현상유지/ 평화적 변화	현상유지/ 평화적 변화	현상유지
수 단	평화적	평화적/ 강제적(소극적)	평화적/ 강제적(적극적)
방 법	협상, 심사, 중재, 조정, 중재재판, 사법적 해결, 주선	유엔요원의 분쟁현장 존재 (prescience)	비군사적 조치 (외교/경제 단절) 군사적 조치 (시위, 무력제재, 봉쇄)
당사자 동의	필요	필요/불필요	불필요
중 립 성	필요	필요/불필요	불필요
무력 사용	불필요	자위/소극적	적극적
기능 분류	평화조성	예방외교, 평화유지, 평화재건	평화강제

(2) 분쟁관리 5대 기능과 상관성

냉전시대의 PKO는 단순하게 정전협정을 감시하거나 감독하는 것이 대부분이었으나 탈냉전에 접어들면서 PKO는 진화하기 시작했다. 대부분의 분쟁이 국가 간에서 국가 내 무력집단 간의 분쟁으로 바뀌었기 때문이었다. 단순히 정전을 감시하는 수준에서 벗어

---

24) United Nations, *The Blue Helmet : A Review of United Nations Peace-Keeping* (New York : UN Department of Public Information, 1990), p. 5.

나 분쟁지역의 평화를 구축하기 위해 재건활동을 하기도 했고, 정파 간의 합의를 유도해 새로운 정부를 수립해 주는 역할을 수행하기도 했다. PKO의 진화는 PKO에 대한 새로운 개념을 필요로 했다.

전 유엔 사무총장 부터러스 갈리(Boutros Boutros-Ghali)는 1992년, UNPKO에 대한 새로운 개념을 정립한 『**평화를 위한 아젠다**(An Agenda for Peace : Preventive Diplomacy, Peacemaking and Peacekeeping)』[25]라는 보고서를 발표했다. 이 보고서에서 갈리 전 UN 사무총장은 변화하는 국제 상황에 유엔이 효율적으로 대처할 수 있도록 UN 헌장의 틀과 규정 범위 내에서 예방외교(Preventive Diplomacy), 평화조성(Peace Making), 평화유지(Peace Keeping) 등을 위한 UN의 능력 강화방안을 제시했다.

이 보고서에 등장하는 용어들의 개념을 정리해 보면 다음과 같다.

첫째, **예방외교**(Preventive Diplomacy)란 "당사국(자) 사이의 분규(dispute)발생을 예방하며, 발생한 분규가 고조되어 분쟁(conflict)으로 발전되지 않도록 예방하고, 분쟁이 발생했을 때 확산을 제한하는 활동"이다.[26]

둘째, **평화조성**(Peace Making)이란 "유엔헌장 제6장에서 제시하고 있는 평화적인 수단을 통하여 적대적인 정치집단들을 협상으로 이끌어내는 활동"이다.[27]

셋째, **평화유지**(Peace Keeping)란 "분쟁 관련 정치집단들의 동의하에 통상 유엔 군사요원과(and/or) 경찰요원 및 민간요원들이 현장에 배치되어 분쟁의 확대 가능성을 예방하고 평화조성의 가능성을 확대하는 기술"이다.[28] 여기서 '분쟁의 확대 가능성을 예방'한다는 것은 진행 중인 분쟁에 UN이 개입함으로써 분쟁이 인접지역으로 확대되거나 더 이상 치열해지지 않도록 억지한다는 뜻이다. 또한 '평화조성의 가능성을 확대'한다는 것은 정전협정이 체결되지 않은 분쟁지역에 대해서는 정전협정이 체결될 수 있도록 환경을 조성해 줄 수 있다는 가능성과, 정전협정이 체결된 분쟁지역에 대해서는 평화유지가 정전협정을 유지시켜 주는 역할을 수행함으로써 평화협정이 체결될 수 있도록 환경을 조성해 줄 수 있다는 두 가지 의미가 포함되어 있다.

---

25) Boutros Boutros-Ghali, *An Agenda for Peace : Preventive Diplomacy, Peacemaking and Peacekeeping*(New York : UN, 1992).
26) *Ibid*, 제20항.
27) *Ibid*, 제20항.
28) *Ibid*, 제20항.

넷째, **평화재건(Peace Building)**이란 "평화조성과 평화유지활동이 성공적이기 위해서는 평화를 공고히 하고, 사람들 간에 신뢰와 번영의 감정을 진전시킬 수 있는 구조를 찾아내어 이를 지원하는 포괄적 노력"이다.[29] 이 노력 속에는 분쟁 당사자의 무장해제, 무기의 회수 및 파기, 난민복귀, 선거 감시, 인도주의 구호활동, 인권보호활동, 정부기관의 재편 및 강화들이 포함된다. 분쟁 당사국에 대한 UN의 정치적·경제적·사회적 지원이 평화재건의 핵심요소이다. "예방외교가 위기를 막는 것이라면 분쟁 후 평화재건은 분쟁의 재발을 예방하는 것"이고,[30] 평화조성은 "분쟁원인인 사회적·경제적 긴장의 근원을 제거하는데 목표를 둔 조치"이기도 하다.[31]

다섯째, 이 보고서는 평화강제군의 창설 필요성과 창설된 평화강제군이 유엔 안보리의 권위 하에 있고 사무총장이 지휘해야 할 필요성이 있다는 것을 강조하고 있음[32]에도 불구하고 **평화강제(Peace Enforcement)**에 대한 정의를 유보하고 있다. 이를 정의해 본다면 평화강제란 '평화조성과 평화유지에 의한 활동이 분쟁을 관리함에 있어서 그 실효성을 거둘 수 없을 때 강제적인 수단과 방법을 동원하여 평화를 획득하는 것'이라고 할 수 있다.

한편, 유엔 평화유지활동국(DPKO)에서는 유엔의 효과적인 임무수행을 위해 2008년 『**유엔 PKO 원칙 및 지침서**(*UN Peacekeeping Operations Principles Guidelines*)』를 발간하였다. UN이 국제평화와 안전을 유지하기 위하여 분쟁지역에 공평하게 개입함으로써 분쟁을 관리하는 UN의 활동을 다음과 같이 분류하였다. 즉 분쟁예방(conflict prevention, 예방외교), 평화조성(peace making), 평화강제(peace-enforcement), 평화유지(peace keeping), 평화구축(peace building) 등 5가지 형태로 구분하고 있다.

유엔이 분쟁을 관리하고 해결하는 5가지 활동에 대한 기능과 역할은, 분쟁전략 면에서 예방 전략으로는 예방외교와 평화조성이, 분쟁타결 전략으로는 평화유지와 평화강제, 그리고 분쟁해결 전략으로 평화재건을 들 수 있다. 또한 UN의 활동적 측면에서 예방외교와 평화조성은 정치적 활동으로, 평화유지와 평화강제는 군사적 활동으로, 평화재

---

29) *Ibid.* 제55항.
30) *Ibid.* 제57항.
31) R. A. Coate and D. J. Puchala, "*Global Policies and the United Nations System : a Current Assessment*", *Journal of Peace Research*, Vol. 27, No. 2(1990), pp. 127~128.
32) Boutros Boutros-Ghali, *op. cit.* 제44항.

<그림 4-2 : 평화 및 안보활동에 대한 SPECTRUM>

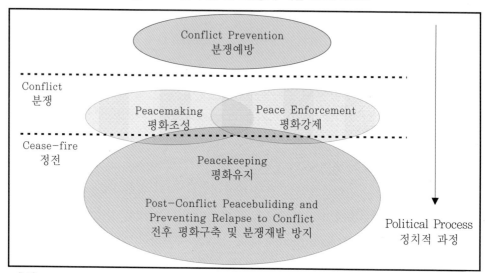

출처 : UN Peacekeeping Operations Principles and Guidelines(2008), p. 19.

건은 정치, 경제, 사회적 활동으로 분류할 수 있다. 분쟁단계별로 보면 **분쟁 전(前)**단계
에서는 주로 예방외교가, **분쟁 중(中)**인 단계에서는 평화유지를 중심으로 평화조성과 평
화강제 및 평화재건이, **분쟁 후(後)**의 단계에서는 주로 평화재건이 중요한 활동이 된다.

분쟁을 종결하기 위한 평화유지활동이 반드시 순서대로 일어나서 이루어지는 것은 아
니며, 최선의 평화유지활동이 예방외교를 통해 분쟁을 종결하는 것이라면, 최악의 경우
는 평화강제를 통해 분쟁을 종결하는 것이라고 할 수 있다.

<표 4-7 : 분쟁관리 활동의 기능과 역할의 관계성>

구 분		분쟁예방	평화조성	평화유지	평화강제	평화구축
분쟁전략	예방 전략	○	○			
	타결 전략			○	○	
	해결 전략					○
UN활동	정치적	○	○			
	군사적			○	○	
	정·경·사회					○
분쟁단계	분쟁 전	○				
	분쟁 중		○	○	○	
	분쟁 후					○
분쟁종결 측면		최선			최악	

(3) PKO의 기본원칙과 주요 기능

UN의 평화유지활동에는 3가지의 기본 원칙이 있다. 이는 UN이 분쟁예방 및 분쟁의 해결을 위해 평화유지활동을 수행하는 과정에서 축적된 관행적 특성으로서 동의성 (Consent of parties), 공정성(Impartiality), 무력사용의 최소화(Non-use of force except in self-defence & defence of mandate)이다.[33]

첫째, **동의성** 원칙이란 PKO 설치를 결정하는 UN의 동의, 분쟁 당사자의 UN PKO 설치에 대한 동의, 그리고 PKO 구성을 위한 참여국의 동의가 있어야 한다는 것이다.

둘째, **공정성** 원칙이란 평화유지활동 자체가 분쟁당사국 간의 동의하에 잠정적인 정전상태를 관리하는 것이 주 임무이므로, 그 활동은 객관적으로 공정하게 평화절차와 위임사항을 이행하기 위해 반드시 공정한 중립을 유지하여야 한다는 것이다.

셋째, **무력사용 최소화** 원칙이란, 평화유지활동은 정전협정이 체결된 상태에서 분쟁의 재발 및 확대를 방지하는 것으로 어떠한 경우에도 분쟁 당사자의 의사에 반하는 강제적 해결책을 모색해서는 안 되며, 평화유지활동 요원에게 자체방호를 위한 최소한의 무력사용만을 허용하고 있다. 기타 준칙요소로는 적법성, 신뢰성, 주인의식의 함양 등을 강조한다.

UN 평화유지활동은 평화감시와 평화유지군으로서의 군사적 기능을 동시에 수행하며 이를 통하여 임무 성공도를 증대시킨다. 유엔 평화유지활동의 세부적인 주요기능은 네 가지를 들 수 있다.

첫째, 감시임무수행에 의한 평화유지활동이다. 분쟁 당사자들이 군사적 적대행위의 중지에 동의를 한 이상 그에 대한 위반행위를 하지 못하도록 평화유지군이 그것을 보장하는 것이다.

둘째, 분쟁지역에서 완충자와 중재자로서의 역할 수행으로 분쟁당사자들을 상호 이해시켜 더 큰 전쟁으로의 확대를 방지하고 적대적 행동의 도덕적 울타리를 설정하여 제공한다.

셋째, 분쟁지역의 법과 질서의 유지이다. 유엔 평화유지군은 일시적이지만 해당 정부에 준하는 형식으로 정부가 수행하는 업무를 담당하는 역할과 책임을 지닌다.

---

33) *UN Capstone Doctrine*(2008), pp. 31~35, 3장 평화유지활동의 기본원칙 적용.

넷째, 분쟁지역의 안정화를 위한 인도적 지원활동 수행이다. 이는 의료, 전기 지원, 기타 대민지원활동 등과 같은 봉사활동으로 작전상 위임된 공식 활동은 아니지만 목적을 달성하는 데 많은 도움을 준다. 인도적 지원활동은 해당 정부와 주민들에게 큰 기대와 신뢰감을 줄 수 있기 때문이다.

2. 탈냉전에 따른 국제평화활동의 진화

(1) 다국적군 등장의 필요성

UN 헌장(제8장 제52조 1항)에서는 지역 협정이나 지역 기구의 존재를 인정하고 있다. 또한 UN 회원국은 지역 분쟁을 UN 안보리에 제기하기 전에 지역적 협정 또는 지역기구에 의해 평화적으로 해결하도록 모든 노력을 강구할 것을 제52조 2항에 명시하고 있다. 따라서 국제평화활동은 UN만이 하는 것은 아니라 지역기구인 **미주기구(OAS), 유럽연합(EU), 아프리카연합(AU), 유럽안보협력기구(OSCE)**는 물론, 집단방위기구인 **북대서양조약기구(NATO)**도 평화활동을 할 수 있다.

또한 UN 안보리는 헌장 제54조 제1항에 의해, 그 권위 하에 강제조치를 취하기 위하여 지역적 협정이나 지역적 기관을 이용할 수 있으나, 어떠한 강제조치도 안보리의 허가 없이는 지역적 협정이나 지역기구에 의해 취해져서는 안 된다고 규정하고 있다. 이를 요약해 보면, 분쟁해결을 위한 주체는 UN만이 아니라 지역기구나 지역적 협정에 의해 특정국가가 주도할 수 있으나 강제조치를 할 경우에는 반드시 UN 안보리의 허가가 있어야 한다는 것이다.

이러한 활동사례를 살펴보면, 유럽지역은 NATO와 OSCE가 중심이 되어 보스니아, 코소보, 마케도니아 등에서, 구소련지역은 러시아가 중심이 되어 그루지야, 타지키스탄, 몰도바 등에서, 아프리카지역은 서아프리카경제공동체(ECOMOG)가 주체 되어 시에라리온, 나미비아 등에서 그리고 아프리카통일기구(OAU)[34]가 주체가 되어 콩고민주공화국에서,

---

34) Organization of African Unity, 1963년 11월, 에티오피아 아디스아바바에서 결성된 기구로서, 아프리카 제국의 통일, 연대강화, 잔존 식민지의 전면 해방 등을 목표로 하고 있으며, 현재 회원국은 53개국임.

그리고 중남미는 미주기구(OAS)가 중심이 되어 아이티 등에서 활동을 한 바 있다. 그러나 아시아·중동 지역은 지역기구가 활동하지 못하고 다국적군이 구성 되어 동티모르에서 활동하기도 했다.

분쟁지역의 평화활동에 UN이 주체가 되면 UN군, 지역기구가 주체가 되면 지역군, NATO가 주체가 되면 NATO군 등으로 표기할 수 있다. 어떤 기구가 주체가 되든지 간에 그 구성의 특징은 모두 '**다국적군(多國籍軍)**'으로 이루어진다. 따라서 UN군과 다국적군으로 분류하는 것은 모순이 있다. 전자는 활동의 주체를, 후자는 구성의 특징을 기준으로 하고 있기 때문이다.

그럼에도 불구하고 왜 UN군, 또는 다국적군으로 분류할까? 그 이유는 크게 두 가지의 기준 때문인데, 첫 번째 기준은 평화강제활동을 하느냐, 하지 않느냐의 여부이고, 두 번째는 평화강제활동의 주체가 누구냐에 달려 있다. UN이 평화강제활동을 할 수 없거나 하지 않았던 것은 아니지만, 1990년대 중반, UN 평화유지활동단이 소말리아, 구 유고슬라비아, 르완다 등에서의 평화강제활동이 모두 실패했는데, 그 이유는 유엔 평화유지활동단은 평화강제 수단을 갖고 있지 못함에 있었다. 비록 저강도 분쟁 수준의 활동이라고는 하나 평화강제활동을 할 경우, 첩보위성도 필요하고 전투기나 함정, 탱크 등도 필요했다. UN은 갈리 전 유엔 사무총장의 『**평화를 위한 아젠다**』에서 평화강제군을 언급한 뒤, 세 지역에서 평화강제활동을 해 보았지만 실패하였고 이는 UN의 권능을 심각하게 훼손하는 결과만을 초래했다.

갈리 전 UN 사무총장은 1995년 『Supplement to An Agenda for Peace(**평화를 위한 아젠다 : 보론**)』을 발표했다. 이 보고서에서 그는 현재의 유엔 능력으로 평화강제를 할 수 있는 여력이 없음을 인정하고, 평화강제활동이 필요한 경우에는 통상 지역기구나 특정국가에게 위임하는 관행을 유지했다.[35] 따라서 **UN군**이라고 칭하는 것은 통상 'UN의 평화유지활동을 수행하는 군대를', '평화강제를 수행하는 군대를 통상 **다국적군**'이라고 칭하게 된 것이다.

이렇게 보면 UN군과 다국적군 사이에는 몇 가지 차이점이 존재하는데, 첫째, 활동의 책임자가 다르다. UN군의 경우 UN 사무총장이 그 활동의 책임자가 되나, UN 안보리의

---

35) Boutros Boutros-Ghali, *Supplement to An Agenda for Peace : Position Paper of the Secretary General on the Occasion of the 50th Anniversary of the UN*(A/50/60, Jan. 1995), 제77~80항.

승인을 받은 다국적군은 다국적군의 주도국가가 활동의 책임자가 된다. 둘째, 경비분담 면에서도 UN이 주관하는 평화유지활동은 UN에서 모든 경비를 부담하나, 다국적군이 주관하는 평화유지활동이나 평화강제활동은 여기에 참여하는 개별국가가 모든 경비를 자체적으로 부담한다.

(2) 유엔 상비체제(UN SAS)

UN은 활동이 필요한 지역에 신속하게 PKO를 전개하기 위해 1992년부터 **'PKO 상비체제**(Stand-by Arrangements System : UN SAS)**'**를 유지하고 있으며, PKO 상비체제의 핵심은 '얼마나 빠른 시간 내에 필요한 지역에 적절한 규모의 부대와 장비를 전개시켜 평화와 안전을 유지할 것이냐가 문제'이다.

UN SAS란 UN 회원국이 평시 자국의 특정부대 및 장비 등을 국제평화유지활동(PKO)용으로 지정하여 대기태세를 유지하다가 UN요청 시 합의된 반응시간 내에 신속히 공여하는 제도이다. 이는 1992년 1월 UN 사무총장이 『평화를 위한 아젠다』에서 UN SAS 창설을 제안하였고, 그 해 11월에 실무기획단이 구성되어 그 틀을 마련했다.

이에 의하면 UN 회원국들은 UN 사무국과 협정(Agreement)을 체결하여 UN이 향후 이용 가능한 요소(특정부대, 장비, 서비스, 재원)를 사전 지정해 놓은 후, 필요시 UN 사무총장의 요청에 의해 7~14일 이내에 임무지역으로 신속히 전개하도록 하는 것이었다. 군수지원과 관련해서는 개인 자격 참여자는 7일 이내, 최초 단계 전개부대는 14일 이내, 그리고 기타 부대는 30일 이내에 본국을 출발하도록 하였고, 180일분의 수리부속과 60일간의 초도 소모품 비축을 강조하고 있다.[36] 1995년 6월, UN은 각국에 「세부 기획자료」 제출과 양해각서(MOU)를 체결할 것을 요청했으며, 이를 기초로 UNSAS의 수준이 정해졌다. UNSAS에 참여하고 있는 국가는 2012년 기준으로 표에서 보는 바와 같이 83개국으로써 참여수준은 3가지 수준으로 분류하고 있으며, 최근 세계 각국이 이 제도에 참가하는 규모가 크게 증가되고 있는 추세이다.

---

36) 국방부, 『유엔평화유지활동(PKO)의 실체』(국방부, 1994), pp. 61~63.

<표 4-8 : UNSAS 참여 현황>

구 분	기 준	대 상 국 가
제1수준	규모, 병력, 반응시간 등 능력 목록을 통보	한국, 미국, 태국 등 23개국
제2수준	부대편성, 편제장비 보유수준, 자력수준, 개인 자력 등 기획 문서를 제출하는 수준	호주, 브라질, 인도 등 10개국
제3수준	자원(인원, 물자 등), 반응시간, 고용조건 등 구체적인 사항에 관하여 유엔과 양해각서를 체결	캐나다, 독일, 스페인 등 50개국

출처 : www.un.org/Depts/dpko/milad/fgs2/statusreport15april05.pdf.pdf.(2012.5.30)

UN은 이외에도 **즉응명부(On-Call List)** 제도를 유지하고 있는데, 즉응명부란 PKO단이 구성되면 현지 사령부에 즉각 투입할 수 있는 인원을 평시에 지정해 두었다가 신속하게 전개하는 제도이다. 또한 UNSAS를 보다 발전시킨 제도로서 **신속전개수준**(Rapid Deployment Level : RDL)이라는 것이 있는데,[37] RDL은 개인과 집단으로 이를 구분하여 개인의 경우, 즉응명부상의 인원은 7일 내지 14일 이내에, 군감시요원(UNMO)·참모장교·전문가들은 90일 이내에 전개할 것을 명시하고 있다. 집단의 경우, UNSAS는 180일 이내에 부대를 전개해야 하나, RDL은 안보리 결의 후 30일(5,000명 이하), 90일 이내(10,000명 이상)에 현지에 전개시킨다는 것이다.

(3) PKO의 변화 동향

세계 평화유지활동을 냉전시기와 탈냉전시기로 구분하여 비교해 보면 그 변화를 뚜렷이 구별해 낼 수 있다.

첫째, 평화유지활동의 횟수 면에서 1945년 UN 창설 이후부터 탈냉전이 시작되던 1987년까지 약 40년 동안 총 13건의 PKO를 전개했으나, 1988년 이후 약 20년간에는 무려 63건의 PKO이 있었다. 냉전 시의 분쟁 관리는 주로 미·소에 의해 이루어졌던 반면, 탈냉전 시에는 UN이 국제평화와 안전의 주체로 그 역할을 담당하고 있음을 알 수 있다.

둘째, 평화유지활동 지역을 보면, 냉전 시 전개된 13건의 PKO 중 중동지역이 7건이었

---

37) Military Division, Department of Peacekeeping Operations, *UN, UN Stand-by Arrangements System*, Military Handbook, edition 2003(www.un.org/Depts/dpko/milad/fgs2/UNSAS Handbook 2003. pdf).

으나, 탈냉전이 되면서 아시아, 아프리카, 중남미, 동유럽 등 다양한 지역에서 이루어졌으며, 가장 많은 PKO가 전개된 곳은 아프리카이다.

셋째, 냉전 시에는 주로 국가 간의 분쟁에 PKO가 전개되었으나, 탈냉전 시에는 주로 국내분쟁에 PKO가 전개되었다. 이는 탈냉전 후에는 국가 간의 분쟁보다 국가 내 분쟁이 더 많이 발생한 결과이기도 하다.

넷째, 냉전 시에는 강대국들의 PKO 참여가 배제되었으나, 탈냉전 시에는 강대국들이 PKO에 적극참여하게 되었다. PKO 원칙들은 **유엔 긴급군**(UN Emergency Force : UNEF)로부터 발전되었는데, 함마르셸드 사무총장이 UNEF를 구성하면서 제시한 평화유지활동 원칙들 중에는 강대국의 참여를 배제한다는 것이 있었다.[38] 그러나 탈냉전이 되면서 폭등하는 평화유지활동을 수행하기 위해서 전통적으로 평화유지활동에 참여했던 국가들[39]뿐만 아니라 강대국과 신생 참여국들도 평화유지활동에 참여하기 시작했으며, 대부분의 PKO에 강대국이 참여하고 있다.

다섯째, 냉전 시에는 주로 군인들로 구성된 1,000명 이하의 소규모 PKO활동이 주류였으나, 탈냉전 시에는 군인뿐만 아니라 경찰, 선거 감시 및 인도주의 활동을 위한 민간인 및 이들을 지원하기 위한 UN요원 등 5,000명 이상이 참여하는 대규모의 PKO로 변했다.

냉전 시와 탈냉전 시에 유엔이 수행한 평화활동의 질적으로도 차이가 존재하는데, 냉전 시 UN은 주로 국가 간의 분쟁에 개입하여 기존에 인정되고 있는 국경선의 회복문제에 주로 관여함으로써 현상유지(status-quo)를 하고자 했다. UN은 문제의 본질에 대한 해결보다는, 분쟁에 대한 폭력을 금지하고 타협을 촉진하려 했던 것이다. 따라서 UN은 무력으로 문제를 해결하고자 했던 분쟁 당사국들을 비판하면서 정전협정이나 휴전협정을 체결할 것을 종용하였고, 이 과정 속에서 UN은 평화유지활동(PKO)을 전개했다. UN은

---

38) 함마르셸드는 UNEF를 통한 평화유지활동의 성격을 다음과 같이 규정했다. ① 강대국 군대의 참여는 배제한다. ② UNEF에 대한 정치적인 통제는 사무총장에게 그 권한을 부여하며, 사무총장은 총회가 인가한 군사자문위원회의 도움을 받는다. ③ 관련정부의 동의나 묵인 하에 행해지는 UNEF의 기능은 비전투적인 것에 국한한다. ④ 정치적인 중립을 지킨다. ⑤ 평화유지군의 수당을 포함한 모든 경비 중 유엔의 정규예산 이외의 것은 모든 회원국에게 특별 부과한다. 오기평, 『현대국제기구정치론』(서울 : 법문사, 1994), p. 240.

39) 냉전시대에 전개된 평화유지활동 13건 중 3건 이상 참여한 국가는 캐나다(13건), 핀란드(9건), 스웨덴(9건), 덴마크(9건), 노르웨이(8건), 아일랜드(7건), 이탈리아(7건), 호주(6건), 네덜란드(6건), 브라질, 미얀마(구 버마), 칠레, 가나, 인도네시아, 네팔(각 4건씩), 아르헨티나, 이란, 나이지리아, 파키스탄, 페루, 세네갈, 스리랑카, 미국, 유고슬라비아(각 3건씩) 등이 있다.

분쟁지역에 개입한 외국군의 철수를 감시하고 완충지대의 형성이나 관측소 및 검문소 운용을 통하여 휴전을 감시하기 위한 '평화유지 위주의 활동(PKO)'을 전개했다.

<표 4-9 : 탈냉전을 기준으로 한 PKO 변화>

구 분	냉전시 (1945-1987)	탈냉전 (1988-2012)
활동 건수	13건	63건
활동 지역	중동위주	아프리카 위주, 점차 확산
분쟁 성격	국가 간 분쟁(영토)	국내분쟁(인종, 종교 등)
활동 주체	강대국(미국 · 소련)	유엔, 지역 · 집단안보기구
활동참여자	군인위주, 소규모 (1천 명 이내)	군인+경찰 · 민간인, 대규모 (5천 명 이상)
활동 목표	현상유지(국경선 회복)	분쟁종식(평화의 정착)
주요 기능	예방외교+평화유지+평화조성	평화조성+평화강제+평화재건
주요임무단	UN PKO	UN PKO + MNF PO

  탈냉전 시 UN은 분쟁의 원인을 제거하여 분쟁을 종식시키고 군사 · 사회 · 정치적 통합을 통한 **평화적 변화**(peaceful change)'를 추구하기 위해 분쟁에 개입하고 있다. 따라서 탈냉전 시 PKO단은 평화강제라고 하는 일탈성은 있지만, 주로 '평화재건' 임무를 수행함으로써 평화적 변화의 성격을 띠고 있다고 볼 수 있다. 분쟁의 원인이 정파 간의 권력투쟁이라고 한다면, UN은 정파 간의 협상을 통하여 협정을 체결하게 하고 UN이 선거감시요원들을 파견하여 이들을 지원해 줌으로써 통일된 정부를 수립하는데 기여했다.
  만약 분쟁의 원인이 종교와 결부된 종족 간의 분쟁이라고 한다면, UN은 종교와 종족의 순수성 여부와 영토점유비율 등을 고려하여 독립된 국가의 길로 가게 하거나 또는 선거를 통하여 합법적인 정부수립을 지원한다. 결과적으로 분쟁의 원인에 관계없이 탈냉전 시 UN의 PKO활동은 평화적 변화를 목적으로 분쟁해결 전략을 추구해 왔다고 볼 수 있다.

3. 국제평화활동 개념과 용어

(1) PKO 환경 및 개념의 변화

평화유지활동(PKO)에 대한 논의는 용어에 대한 공통적인 정의가 존재하지 않는다는 사실로 인해 복잡해지며, 그 활동에 대한 근거 또한 UN 헌장 19개장 111개조의 어디에서도 언급되어 있지 않다. UN이 2004년에 발간한 「Handbook on UN Mulidimantional Peacekeeping Operations」에서도 평화유지활동을 구체적으로 정의하려는 노력을 의도적으로 배제한 것으로 이해할 수 있다. 그 이유는 평화유지활동(PKO)이 UN 헌장 어디에도 언급되지 않은 '태생적 한계'뿐 아니라, 최초에는 휴전감시를 위한 '단순한 옵서버 미션'으로 시작하여 분쟁당사자들의 동의와 중립성에 바탕을 둔 전통적의미의 '정직한 중재자'로 그 역할이 점차 증대되었다.

이 같은 현상은 분쟁지역의 법과 질서의 회복, 인도주의적 구호, 정부조직의 기능 회복 등 '광범위한 국가건설에 관여'하는 등, 시대적 상황과 요구에 부응하여 평화유지활동이 변화하고 진화하는 과정에 있음을 UN 스스로가 인식하고 있다고 볼 수 있다. 즉, 평화유지활동(PKO)이 '유엔헌장의 구조적 결함'과 '집단안보체제로서의 제도적 문제점'을 극복하고자 하는 국제사회 노력의 산물로서 국제정치적 역학관계와 분쟁양상의 변화를 끊임없이 반영하는 역동적인 개념으로 파악해야 할 것이다.

여기에서 '분쟁을 예방하고 국제평화와 안전을 유지하기 위한 다양한 UN의 활동'을 한마디로 어떻게 표현할까 하는 혼란이 초래되었다. 왜냐하면 예방외교의 일환인 **예방전개**(preventive deployment)도 군이나 경찰이 전개되는 것이고, 평화재건의 일환인 분쟁집단의 무장해제, 지뢰제거, 인도주의적 구호활동 등도 군이나 경찰이 동원되기 때문이다. 국제적으로 군이나 경찰이 동원되면 의례히 평화유지활동(PKO)이라고 생각하고 있었던 사람들에게 분명 혼란스러웠다.[40]

탈냉전 초기까지만 하더라도 UN의 이러한 활동을 그냥 PKO라는 큰 틀에서 이해되었다. 그러나 각 활동 간의 분명한 차이가 있음에도 불구하고 이를 동일하게 평화유지활동

---

40) 김열수는 "한국군의 평화활동 : 회고와 전망"(2006)에서는 광의의 평화유지활동에 예방외교, 평화조성, 평화유지, 평화재건, 평화강제를 포괄하는 개념으로 '평화활동' 용어를 사용하였음.

(PKO)이라고 하는 것은 무리가 있었고, 세계 각 국가들도 이러한 활동 전체를 아우를 수 있는 용어를 사용하기 시작했다.

또한 UN에서 평화활동을 담당하는 부서가 어디냐에 따라 애매한 경우도 있다. **유엔 정치사무국**(DPA : Department of Political Affairs)은 주로 예방외교, 평화재건 등에 대한 업무를 수행해 왔다. **유엔 평화유지활동국**(DPKO : Department of Peacekeeping Operations)은 주로 평화유지의 업무를 수행한다. 그러나 평화유지를 하면서 정치적 지원이나 평화재건 임무를 수행하는 복합적인 임무인 경우에는 DPKO가 그 책임을 맡는다. 평화강제는 1990년대 중반 UN DPKO에서 임무를 수행하였으나, 그 이후에는 UN 안보리의 승인 하에 지역기구나 특정국가가 임무를 수행한다. 따라서 평화활동에 참여하는 군대의 경우에는 그 임무가 평화유지활동으로만 한정할 수 없다는 데서 문제가 발생하게 된 것이다.

전통적으로 행해져 온 평화유지활동(PKO)이란, 분쟁지역에서 휴전동의나 정전협정이 체결되어 분쟁 당사자들 간에 일시적으로나마 평화가 지속되고 있는 경우, 현상유지 차원의 평화유지 기능을 수행하기 위해 평화유지군을 파견하는 것을 의미했다. 그 활동의 특성으로는 동의성, 자발성, 비강제성, 중립성, 대표성이며 무장의 경우 자위권에 기초한 경무장을 들 수 있다.

탈냉전 이후 새로운 국제평화활동은 안보위협에 대비한 국제사회의 협력적 안보의 필요성에 따라 유엔 안보리에 의하여 그 영역이 다양해지고 확대된 의미로 발전하였다. 국제평화와 안전을 유지하기 위해 각 국들은 유엔, 지역기구, 다국적군의 이름하에 경쟁적으로 국제적인 평화활동에 참여하였다. 이들은 분쟁 개입 등 전통적인 평화유지활동 뿐만 아니라 평화의 조성 및 평화재건, 민주적 절차에 따른 평화적인 정권의 수립, 치안활동, 인도적 지원활동, 난민 및 이재민에 대한 구호 등 다양한 활동에 참여함으로써 평화유지과업의 범위가 확장되었으며, 건설공병, 의료지원, 경찰, 민사작전부대, 국제구호단체들의 비중이 확대되었다.

분쟁지역에서는 실제로 군인이나 경찰이 수행해야 할 임무는 예방전개, 평화유지, 평화재건 및 평화조성, 평화강제활동 등 모든 평화활동의 임무를 수행하고 있다. 미국이나 영국에서는 이러한 활동을 **평화활동(PO)**, 또는 **평화지원활동(PSO)**의 테두리 내에서 이해하고 있다. 국제평화학회(The International Peace Academy)는 평화유지활동이란, "국제적으로 조직되고 지도되어 중립적이고 평화적인 제3자가 평화적 개입을 통해 평화의 회복과 유지를 위해 다국적의 군인·경찰·민간인을 운용하여 국가 내부 및 국가 간의 분쟁과 적대행위를 **예방**(prevention), **봉쇄**(containment), **완화**(moderation), **종결**(termination)시키는 활동"으로 규정하고 있다.[41]

한편, UN엔이 발간한 「Blue Helmets」에 의하면, 평화유지활동(PKO)은 "분쟁지역에서 세계평화와 안정의 유지 또는 회복을 위하여, 군인들이 포함되지만 강제를 위한 무력을 보유하지 않는 UN의 활동"으로 한정했다. 이러한 활동은 자발적인 것으로서 동의와 협조 하에 수행되며, 평화유지활동에 군인들이 참여하지만 무력을 사용하지 않고 그 목적을 달성하므로, **평화강제행위**(peace enforcement action)와는 구별했다.[42] 최초 UN에서는 감시단(UNTSO[43]), 긴급군(UNEF[44]) 등과 같은 용어를 사용하면서 이를 통칭하여 '예방활동'으로 사용하였다. 이후 1960년 콩고에서의 '평화강제활동(ONUC[45])'으로 말미암아 안보리 상임이사국 간에 의견차이가 노정되어, 1962년 국제사법재판소에 권고적 의견을 구하였는데 여기에서 '평화유지활동(PKO)'라는 용어를 얻게 되었다.

UN은 평화활동을 크게 세 가지로 구분할 수 있다.

첫째, 국가들 간의 분쟁에 대하여 군 요소들을 위주로 감시 및 병력분리 활동을 수행하는 **'전통적 평화유지'**, 둘째, 국가 내부의 분쟁에 대하여 민·경·군의 다양한 요소들이 참여하여 분쟁 후의 회복을 지원하는 형태의 **'다차원적 평화유지'**, 셋째, 분쟁에서 회복 중에 있는 해당 국가의 통치기구가 완전히 분해되어 존재하지 못하는 경우이거나 상호 인정하지 못하는 경우에 당사자들의 합의하에 명목상 국가통수기구의 역할까지 임시로 담당하는 **'과도기구'**의 3가지 유형으로 분류하고 있다.

이러한 국제사회의 현실과 역학관계, 그리고 UN 헌장의 규범 속에서 현재의 국제분쟁 관리 수단은 UN 평화유지활동(UN PKO)과 다국적군 평화활동(MNF PO)로 나눌 수 있다. UN PKO는 UN 안전보장이사회의 결의에 근거하여 UN 사무총장이 임명하는 사령관의 지휘통제 하에 UN의 재정 부담으로 수행되는 평화협정의 이행지원, 정전 감시, 치안 및 안정유지, 선거지원, 재건 및 복구, 개발지원 등의 활동이다.

---

41) International Peace Academy, *Peacekeeper's Handbook*(New York : Pergamon, 1984), p. 22
42) UN, *The Blue Helmets : A Reviews of UN Peacekeeping Forces*(New York : UN, 1996), p. 4.
43) UNTSO : United Nations Truce Supervision Organization, May 1948.
44) UNEF : United Nations Emergency Force, November 1956.
45) ONUC : United Nations Operation in the Congo, July 1960.

이에 비해 MNF PO는 UN 안전보장이사회 결의 또는 총의의 결의, 국제사회의 지지에 근거하여 지역안보기구 또는 특정국가 주도로 다국적군을 구성하여 자국의 경비부담으로 분쟁해결, 평화지원, 재건활동 등을 수행하는 것을 말한다.

(2) 국제평화활동의 새로운 용어 확산

평화활동(PO)은 평화유지활동(PKO)을 포함하는 의미로 사용하기 때문에 분쟁의 해결 관리 및 예방과 재발방지를 위한 UN 및 UN 이외의 기구에 의한 제반활동[46]을 나타내고 있다.

세계적으로 '평화유지활동(PKO)'를 포함하는 보다 넓은 의미로 '평화활동(PO)'을 사용하고 있으나, 미국은 PKO(평화유지)와 PEO(평화강제)만을 PO(평화활동)으로 분류하여 순수한 군사작전에만 국한하여 사용하고 있으며, 유럽 국가들은 PO는 지역기구 이상이 실시하는 것이며, 개별국가가 실시하는 것은 '평화지원활동(Peace Support Operation, 이하 PSO)'이라고 구분하고 있다.[47] 이에 따라 한국도 UN 평화유지활동(UN PKO)과 다국적군 평화활동(MNF PO) 그리고 최근에 새로운 형태의 파병의 개념으로 시행하고 있는 국방교류협력(DCA)을 모두 포함하여 **"국제평화활동**(International peace operations, IPO)"로 지칭할 것으로 의견이 통합되었다.

---

46) DPKO, 'United Nations Peacekeeping Operations principle and guidelines', 2008.

47) UN에서는 유럽 국가들과는 다소 다르게 '평화활동(PO)'은 평화과정에 직접적으로 관련되는 활동을 의미하고, '평화지원활동(PSO)'은 이를 간접적으로 지원하는 활동으로 인권보호(난민, 피란민 보호, 포로 및 억류자 보호, 아동보호, 성 평등, 성매수 금지), 인도적 지원활동(재해재난 구호), 무장해제-동원해제-사회재통합(DDR), 선거감시, 개발지원(교육, 문화, 환경, 주거, 인프라) 등으로 구분함.

제4절 한국의 국제평화활동 참여

1. UN과 한국의 인연

한국과 UN의 역사는 특별하다. 한국은 식민지로부터의 해방과 한국전쟁을 거치면서 UN으로부터 많은 도움을 받았고, 정치적 민주화와 경제적 선진국대열에 다가섰다. 1945년, 제2차 세계대전의 종식과 함께 식민지로부터 해방된 한국에 대하여 신생한 국제기구인 UN은 '**유엔 한국임시위원단**(UNTCOK : UN Temporary Commission on Korea)'을 설치[48]하여 한반도에서 단일정부를 수립하고자 했으나, 소련의 반대로 입북이 좌절되자 유엔의 감시 하에 남한만의 총선거를 지원하였다.

한국은 UNTCOK의 도움으로 1948년, 총선거 실시(5.10) → 제헌국회 구성(5.31) → 헌법 채택(7.12) → 대통령 선거(7.20) → 제1공화국으로 출범(8.15)하였다. 대한민국 정부는 1948년 12월, 유엔으로부터 '유일하고도 합법적인 정부'로 인정[49]받았으며, 같은 날 UNTCOK는 '**유엔 한국위원단**(UN Commission on Korea, **UNCOK**)'로 명칭이 바뀌었다. UNCOK는 한반도로부터 외국군의 철수를 감시하고 한반도 통일과 민주정부 발전을 지원하는 임무를 부여받아 해방정국에서 한국은 UN의 객체로서 많은 도움을 받았다.

1950년 6월 25일, 한반도에서 전쟁이 발발하자 UN 안전보장이사회는 국제사회의 평화와 안전을 위해 즉각적으로 이에 대응하여, 북한에 대해 "적대행위를 즉각 중지하고 북한군을 38선 이북으로 철수할 것"을 결의했다.[50] 북한이 이에 응하지 않자 UN 안보리는 회원국들에게 "무력침공을 격퇴하고 국제평화와 안전을 유지하기 위해 한국에게 필요한 원조를 제공할 것"을 결의했다.[51] 또한 "회원국들의 병력과 기타 지원을 미국 주도의 통

---

48) 유엔 총회 결의 제112(Ⅱ) B호(1947.11.14).
49) 유엔 총회 결의 제195(Ⅲ).
50) 유엔 안보리 결의안 제82호(1950.6.25).

합군 사령관 예하에 두되, 미국이 통합군 사령관을 임명하고 각 참전국들은 UN기와 참전국가의 국기를 동시에 사용할 것"을 결의했다.[52]

1950년 10월, UNCOK를 해체하는 대신 '유엔한국통일부흥위원단(UNCURK : United Nations Commission for the Unification and Rehabilitation of Korea)'[53]을 설치하여 한국의 구호 및 부흥과 관련된 책임을 수행하게 하고, 한국 상황에 대해 UN 총회에 연례보고서를 제출케 하였다. 이처럼 UN 안보리와 총회는 한국을 위해 UN군을 결성하도록 지원하였고, 평화와 부흥과 통일을 위해 노력해 주었다.

이렇듯 국제사회는 UN을 통하여 신생독립국인 한국의 정부수립과정에서, 한국전쟁의 위기와 그 이후의 구호와 재건과정에 깊이 관여하였고, 오늘의 대한민국이 존재할 수 있는 발판을 마련하는데 기여하였다. 이후 1970년대 초까지 한국은 UN 활동의 객체로서 존재했으며 산업화와 민주화 과정을 거치면서 정치·경제적으로 세계의 선진국 대열에 합류하게 되었다.

2. 한국의 국제평화활동 참여와 경과

(1) UN가입과 국제평화활동의 시작

냉전의 해체와 더불어 1991년 9월, UN의 회원국이 된 한국은 국제사회의 주체로 등장하기 시작했다. 과거의 지원받음을 갚는 동시에 국제사회의 당당한 일원으로서 권리를 향유하기 시작한 한국이 UN 활동에 본격적으로 참여한 것이 바로 평화유지활동(UN PKO)이다. 한국의 UN 평화유지활동은 1993년을 기점으로 본격화되어, 이후 2015년 현재까지 UN 및 국제사회가 주도하는 평화유지활동, 평화강제활동 등에 참여해 오고 있다. 주요 활동으로는 세계 안보환경을 고려하여 정전감시 및 병력철수 감시, 치안유지, 법제도 정착, 민간인 보호, 인도적 지원, 선거지원, 국가역량 지원 등 다양한 평화유지활동

---

51) 유엔 안보리 결의안 제83호(1950.7.27).
52) 유엔 안보리 결의안 제84호(1950.7.7).
53) 유엔 총회 결의 제376(V)호(1950.10.7), UNCURK는 1973년 23간의 한국 활동을 종결하고 해체하였다.

스펙트럼에 참여하고 있다.

1991년 한국이 UN에 가입 하자 곧이어 한국의 PKO 참여에 대한 설문을 보내 왔는데, '한국이 UN의 PKO에 참여할 수 있는지 여부와 참여한다면 어떤 분야에 참여할 수 있는 지를 문의하면서 참여 가능분야를 군 감시요원, 보병부대, 특수지원부대(작전, 근무, 군 수부대), 용역분야, 장비·기술지원 분야 등을 제시'하였다. 국방부는 PKO 참여 가능부 대를 보병 1개 대대 규모(730명), 의료지원단(154명), 군 감시요원 36명 등 총 730명이 PKO에 참여할 수 있음을 결정한 후 관련부서와 협의 절차를 거쳐 공식 통보(1992.9.18) 함으로써 한국은 UN이 주관하는 PKO에 참여할 수 있는 길을 열었다.

(2) 해외파병 인적자원의 육성

1992년 한국이 PKO 참여를 UN에 공식 통보할 당시 한국 내에 PKO 유경험자는 물론 전문성을 갖춘 사람조차도 없었다. 해외에서 PKO 관련 교육 전문기관으로 북구 4개국 (핀란드, 스웨덴, 노르웨이, 덴마크)이 공동 운영하는 '**유엔 훈련센터**(UN Training Center : UNTC)'와 1995년에 개원한 캐나다의 '**피어슨 평화유지센터**(Pearson Peacekeeping Centre : PPC)'가 있었다. 국방부는 1993부터 1996년까지 UNTC와 PPC 등에 총 16명이 해외에서 교육을 시켰고, 1997년 이후에도 연간 약 5명의 장교들이 PKO에 대한 전문성 확보를 위 해 해외에서 위탁연수를 실시했다.

한국은 1993년 소말리아에 상록수 부대를 파견을 기점으로 각종 해외 PKO 관련기관에 서 교육을 받고, PKO 관련 각종 세미나에 참석함으로써 PKO에 대해 올바르게 인식하기 시작했다. 국방부는 PKO 요원에 대한 체계적인 교육의 필요성을 절감하고 PKO 파견을 위한 교육체계를 정비하게 되었다. 국제평화유지활동(PKO)은 군인과 경찰, 유엔의 전문 및 산하기구, 유엔 사무국 요원, 그리고 NGO들이 공동으로 참여하여 임무를 수행한다. PKO에 참여하는 군인들은 파견된 지역에 평화를 정착시키기 위해 활동을 수행하며, PKO 는 전쟁 수준의 활동이 아니기 때문에 군인들의 행동 규범은 전쟁과는 달라야 했다.

따라서 국방부는 PKO에 파견되는 인원에 대한 전문교육을 제도화하였다. 국방대는 1995년 7월부터 인도·파키스탄, 그루지야 등에 파견되는 옵서버 요원과 사령부 참모요 원, 그리고 단위부대로 파병되는 공병부대(앙골라에 파병)와 의료지원단(서부 사하라)

등의 요원들에 대한 교육도 실시했다. 국방대는 2004년 4월부터 PKO센터를 설치하여 해외파견요원에 대한 통합적인 교육과 관련 내용을 연구하고, 귀국보고서 등의 사후자료들을 검토하고 축적하였다. 뿐만 아니라 PKO 센터는 2005년부터 매년 'PKO 발전세미나'를 개최하고 있으며, 국제적으로 변화하는 국제평화활동의 추세와 역할의 확대에 따라 2015년 4월 9일부로 **'국제평화활동센터(KIPO)'**로 개칭하였다.

(3) 해외파병에 대한 법적검토와 정비

국가가 국제적인 평화유지활동(PKO)에 참여하기 위해서는 정치적 결정과 행정적 준비가 선행되어야 하는데, 그 중에서도 정치적 결정을 현실화하는 체제가 바로 법적 조치이다. 국제사회에서의 신뢰는 국가위상에 부합하는 책임의 이행과 그 과정에서의 제도적 장치로부터 얻어진다. 특히 국제평화활동의 경우 국제사회가 요구하는 시기에 적정규모를 파병하는 것은 국제사회로부터 신뢰를 확보할 수 있는 것이다. 이러한 차원에서 예측이 가능하고 준비된 가운데 성공을 보장할 수 있는 '국제평화활동(PO) 참여와 절차에 관한 법적 장치'는 매우 중요하다.

국가마다 PKO 파견을 위한 법적 조치는 크게 3가지로 분류되는데, 첫째, 헌법 자체가 PKO파견을 금지하고 있어 별도의 법을 만들어 이를 추진하는 국가(일본, 독일 등), 둘째, 헌법상 제한은 없으나 해외 파병을 위해서는 국회의 동의가 필요한 국가(한국 등), 세 번째는 행정부의 결정만으로 PKO에 참가할 수 있는 국가(영국, 캐나다 등 세계 70여 개국)로 분류할 수 있다.

한국이 국군을 해외에 파견하기 위해서는 **헌법 제 5조 1항과 60조 2항**[54]에 근거하여 반드시 국회의 동의를 받도록 되어 있어, 평화유지군(부대단위)을 파견할 때마다 국회의 동의를 받아왔다. 한국은 1993년부터 2009년까지 PKO에 관한 법률 없이 PKO에 참여하고 있었다. 헌법에 명시된 내용을 시행하기 위해서는 PKO 관련법이 필요하고 시행령이 만들어져야 하며, 각 행정부처에서는 이에 대한 부령이 만들어져야 한다.

당시 한국의 PKO 파견에 대한 유일한 근거가 헌법 60조 2항이지만 이것마저도 군대만

---

54) 헌법 제5조 제2항, '국제평화유지에 노력', 헌법 제60조 제2항, '국회는 국군의 외국에의 파견에 동의권을 가진다.'

을 대상으로 한 것이었다. 평화유지활동은 군인만이 하는 것은 아니며, 경찰과 선거감시요원, 그리고 기술자들도 참여하게 된다. 이들은 어떠한 법적 근거도 없이 외무부의 요청에 의거하여 행정자치부·경찰청과 선거관리위원회가 자신들의 의사결정 과정을 거쳐 현지에 파견한 셈이다.

국방부는 훈령 제516호(1995.8.4)와 이를 개정한 제542호(1996.8.13)를 'UN 평화유지활동 업무규정'으로 활용하였다. 그러나 국방부 훈령도 UN 평화유지활동 업무규정이기 때문에 지역기구나 다국적군으로 구성된 PKO에는 적용할 수 없었다. PKO 훈령을 UN 평화유지활동으로만 한정해 두었기 때문이다. 국방부는 2005년 5월 20일부로 관련 훈령을 일부 개정("국군의 해외파병업무 규정", 국방부 훈령 제778호)하여 상위 법률이 제정될 때까지 이 훈령에 의해 업무를 추진하였다.

한편, 2009년 12월 29일 **'국제연합 평화유지활동 참여에 관한 법률**(PKO 신속파견법)**'**이 국회에서 가결되어 2010년 4월 1일부로 발효되어 한국군의 국제평화유지활동에 체계적이고 신속하게 참여할 수 있도록 뒷받침을 하는 국내법이 제정되었다. 그러나 이 법의 적용에 있어 제2조 1항55)은 'UN에서 주도하는 평화유지활동'으로 한정하여 국제평화활동이 UN PKO위주에서 지역기구, 지역협의체, 동맹국 연합들이 주도하는 다국적군 평화활동(MNF PO)을 포함하여 다양한 형태로 전개되고 확장되는 세계적 추세에 부응하기에는 상당한 유연성과 융통성이 제한되는 문제점이 있었다.

이러한 법률적인 제한으로 탈 냉전기 이후 UN 안보리나 총회의 결의를 근거로 시행하는 강대국이나 지역기구에서 주도하는 다국적군 평화활동(MNF PO)에 파병을 할 때마다 법적근거가 없어 국내의 언론과 국회, 그리고 NGO들에 의해서 파병의 문제를 두고 갈등과 소모적 논쟁을 반복해야 했다. 파병장병들은 국내적으로 파병의 정당성을 제대로 인정받지 못하는 것 같은 인상을 주었고, 적기에 적정규모를 파병하지 못하고 소극적·피동적인 파병활동으로 인하여 노력한 만큼의 성과와 공로를 제대로 평가받지 못한 것으로 평가받기도 하였다.

---

55) "국제연합 평화유지활동"이란 '국제연합의 안전보장이사회가 채택한 결의에 따라 국제연합 사무총장이 임명하는 사령관의 지휘 하에 국제연합의 재정 부담으로 특정국가(또는 지역)내에서 수행되는 평화협정 이행지원, 정전감시, 치안 및 안정유지, 선거지원, 인도적 구호, 복구·재건 및 개발지원 등을 비롯한 제반활동을 말한다. 다만 개별 또는 집단의 국가가 국제연합의 승인을 받아 독립적으로 수행하는 평화유지 또는 그 밖의 군사적 활동은 포함하지 아니한다.'라고 명시되어 있다.

뿐만 아니라 최근 소요가 증대되고 있는 새로운 형태의 파병인 국방교류협력, 기후변화 및 지진, 홍수, 항공기 등의 대형사고, 국제적으로 대응해야할 전염병 등에 대한 국제적 역할을 위한 '새로운 형태의 파병'에 대해 시의 적절하게 대응하지 못하는 문제가 발생했다.

<표 4-10 : 한국 해외 파견부대 법적 근거>

파 견 유 형	파견 부대	파견 지역	비 고
유엔 평화유지활동 (UN PKO)	동명 부대	레바논	헌법 · 법률적 근거 有
	한빛 부대	남수단	
다국적군 평화활동 (MNF PO)	청해부대	소말리아해역	헌법적 근거 有 법률적 근거 無
	오쉬노부대	아프가니스탄	
국방교류협력활동 (DCA)	아크 부대	아랍에미리트	
	아라우 부대	필리핀	

표와 같이 2010년에 제정된 '국제연합 평화유지활동 참여에 관한 법률'(UN PKO)에는 '국제연합 평화유지활동에는 다국적군 파병활동 등을 포함하지 않는다.'는 단서조항이 있어 2015년 11월 현재, 다국적군 파병(소말리아해역 청해부대) 및 국방협력활동 파병(UAE 아크부대)에 대해서는 명시적인 법률적 근거가 없는 실정이다.

최근 국제환경은 국경 · 인종 · 종교 · 영토 분쟁 등 다양한 분쟁으로 안보영역이 복잡하게 얽혀있어 UN을 비롯한 국제사회의 다각적인 노력이 필요하다. 한국도 국가위상에 따라 국제사회의 책임 있는 일원으로서 국제적 분쟁해결을 위해 평화활동은 물론 군사적 교류 및 교육 · 훈련 등을 목적으로 하는 국제평화활동에 그 영역을 넓혀가야 한다. 군의 해외파견활동은 국제사회의 요구에 부응하는 차원을 넘어서 국가위상에 걸 맞는 전략적 가치와 국가안보차원에서도 복합적인 의미가 있는 '블루오션(Blue ocean)'으로 볼 수 있다. 따라서 군의 해외파견활동은 '합헌성 · 합리성 · 평화조성'이 확보된 입법지원과 다양한 국군의 해외파견활동을 국회가 법률로써 감시하고 통제하는 시스템의 구축이 긴요하다.

(4) 한국군 평화활동의 경과와 현주소

1991년 한국이 UN의 회원국이 되었다. 1992년 9월, UN은 소말리아에 70명 규모의 의료지원단을 파견해 줄 수 있는지 문의해 왔다. 그러나 당시에 한국은 PKO에 대한 경험이 아주 없을 뿐만 아니라 일정, 예산, 대통령 선거 등 여러 가지 어려운 문제를 들어 어려움을 토로하였다. 한국은 전투부대 파병보다는 자금지원을 결정하여 UNITAF에 200만 불을 신탁하였다.

1993년 1월, UN은 다시 한국군의 참여를 타진했다. 이에 한국은 PKO조사단을 구성하여, 현지 및 UN본부 등을 방문한 후 공병부대 파병을 결정했다. 한국의 파견 안은 국회 동의(1993.5.18)를 거쳐 258명 규모의 건설공병부대가 **상록수부대**(Evergreen Unit)란 명칭으로 1993년 7월 소말리아에 파병(UNOSOM Ⅱ)되어 한국 최초의 PKO활동을 시작했다.

이후 한국군의 PKO 파병은 활기를 띠기 시작했으며, 의료부대·군 감시요원(Military Observers)·공병부대가 참여했다. 1999년 10월, 최초의 전투부대로 동티모르 평화유지활동단(INTERFET / UNTAET / UNMISET)에 참여했다. 탈냉전 이후 한국군의 해외파병활동 현황은 표와 같이 3단계로 구분해 볼 수 있다.

<표 4-11 : 한국의 해외파견활동 연혁>

구분	특징	부 대 파 병	개인·참모요원 파병
1단계 (1993-2000)	UN PKO 위주	1993년 소말리아 상록수부대 1994년 서부사하라의료지원단 1995년 앙골라 상록수부대 1999년 동티모르 상록수부대	1994 소말리아 UNOSOM-II(6명) 1994 인·파 정전감시단(7명) 1994 조지아 정전감시단(5명)
2단계 (2001-2007)	다국적군 위주	2001년 아프간 해성부대 2001년 아프간 청마부대 2002년 아프간 동의부대 2003년 아프간 다산부대 2003년 이라크 서희부대 2003년 이라크 제마부대 2004년 이라크 자이툰부대 2004년 이라크 다이만 부대 2007년 레바논 동명부대	2001 미국 중부사령부(3명) 2002 사이프러스 임무단(1명) 2003 지부티 CJTF-HOA(1명) 2003 아프간 임무단(1명) 2003 아프간 CJTF-76(2명) 2003 라이베리아 임무단(2명) 2004 부룬디 임무단(4명) 2004 이라크 MNF-I협조단(6명) 2005 수단정전감시 임무단(7명) 2007 레바논 평화유지군(4명) 2007 네팔 임무단(5명) 2007 수단다푸르 임무단(5명)

3단계 (2008-2018 현재)	평화활동 다양화	2009년 소말리아해역청해부대 2010년 아이티 단비부대 2010년 아프간 오쉬노부대 2011년 UAE 아크부대 2013년 필리핀 아라우부대 2013년 남수단 한빛부대	2009 바레인연합해군사(4명) 2009 지부티 CJTF-HOA(3명) 2009 아프간 CSTC-A(4명) 2009 코트디부아르 임무단(2명) 2009 서부사하라선거감시단(2명) 2009 아이티 안정화임무단(2명) 2011 남수단 임무단(4명) 2014 시에라리온 에볼라 긴급구호대(5명)

한국은 군인 이외에도 선거감시요원, 민간 정수(淨水)기술자, 경찰요원이 소말리아(UNOSOM II)와 동티모르(UNTAET)에 참가하였으며, 뒤늦은 UN 가입에도 불구하고 1996년, 2년 임기의 안보리 비상임이사국이 되었다. 개인적인 활동으로는 한승주 전 외무부장관이 키프로스에서 유엔활동단(UNFICYP)의 최고책임자인 UN 사무총장 특별대사(SRSG)로서 1년간 근무하였고, 민병숙도 UNCRO에서 평화유지활동단의 최고책임자(HOM)로서 1년간 근무한바 있다. 군인으로서는 잠무카슈미르 지역에서는 한국군 육군소장이 군 감시단장(CMO)으로서 1년간 활동하기도 하였고, 한국군 준장이 동티모르 유엔활동단(UNTAET)의 군 사령부 참모장으로 근무했으며, 한국군 중장이 UNFICYP 사령관으로 근무하기도 했다.

한국의 각 정부별 해외파병정책의 특징을 정리하면 다음과 같다.

첫째, 김영삼 정부(1993~1998)는 '외부의 위협으로부터 국가를 보위하고 지역 안정과 평화에 기여한다.'는 국방목표의 일환으로 유엔 평화유지활동(UN PKO)에 참여하기 시작하였다.

둘째, 김대중 정부(1998~2003)는 인권증진, 유엔외교 강화, 한미동맹 발전 등을 위한 안보정책의 일환으로 국제평화활동(PO)에 참여하되 한반도 여건을 고려하여 제한적으로 참여하였다.

셋째, 노무현 정부(2003~2008)는 국제평화활동(PO)을 국제적 위상제고, 한미동맹관계의 복원 및 국익증진의 도구로 인식하였으나, 진보세력의 파병반대 등으로 소극적·제한적으로 파병하였다.

넷째, 이명박 정부(2008~2013)는 '글로벌 코리아' 실현의 도구로 국제평화활동(PO)을 인식하여 2009년 12월 UN PKO법 제정, 2011년 새로운 형태의 파병인 국방협력활동으로 UAE에 아크부대를 파병하였다. 한국의 파병에 대한 수준은 다음과 같다. 병력 기여도는 193개 UN 회원국가 중 40위, 재정 기여도는 1.99%로 12위 수준이다.

<표 4-12 : 한국의 부대 파병 현황 (4개국 1,067명)>

구 분		인원	파병 지역	최초 파병	교대주기	누적인원
다국적군 평화활동	청해부대	301	소말리아 아덴만 해역	09.03	6개월	8,521명
UN PKO	동명부대	330	레바논 티르	07.07	8개월	7,321명
	한빛부대	286	남수단 보르	13.03	8개월	2,848명
국방교류 협력	아크부대	150	아랍에미리트(UAE) 스웨이한	11.01	8개월	1,930명

출처 : 국방부 홈페이지(2019.4.30. 일)

<표 4-13 : 한국의 개인 파병 현황 (9개국 32명)>

구 분		인원	파병 지역	최초 파병	교대주기	누적인원
다국적군 평화활동	연합해군사	3	바레인 마나마	08.01	1년	40명
	CJTF-HOA	2	지부티	03.12		25명
	미 중부사	3	플로리다 탬파	01.11		52명
	아프리카사	1	독일 슈투트가르트	16.03	2년	2명
UN PKO	인도 파키스탄 정전감시단	7	이슬라마바드/캐시미르	94.11	1년	202명
	남수단 임무단	7	남수단 주바	11.07		50명
	수단 다푸르 임무단	1	수단 엘파샤	09.06		18명
	서부사하라 감시단	4	서부사하라 라윤	09.07		33명
	레바논 감시단	4	레바논 나쿠라	07.01		45명

출처 : 국방부 홈페이지(2019.4.30. 일)

3. 한국 국제평화활동의 성과와 전망

(1) 한국의 국제적 위상과 역할 확대

한국은 60여 년 전 UN 회원국들의 도움으로 공산화의 위기를 넘기고, 폐허를 딛고 산업화와 민주화를 동시에 달성하는 '한강의 기적'을 이루어 냈다. 2012년 6월, '20-50클럽'에 가입했다. 국민소득 2만 불을 달성한 국가 중에 인구가 5천만 이상인 국가로 한국이 7번째이다.

　한국은행 발표에 따르면 한국의 1인당 국민총소득(GNI)은 2013년 말을 기준으로 2만 6205달러, 국민총소득(명목 GNI)은 1,441조 원으로 밝혔다. 국제통화기금(IMF)이 발표한 한국의 국내총생산(GDP)은 세계 13위이다. 한국은 1996년 국제협력개발기구(OECD)에 가입하였고, 2008년 세계 주요 20개국 정상회의(G20)의 멤버가 되었다. 이러한 위상의 한국이 국제사회에서 국격(國格)에 걸 맞는 역할을 다하고 있는지 한번 냉철하게 생각해 볼 필요가 있다.

　그동안 한국군의 해외파견활동은 국제사회에서 '도움을 받는 나라에서 도움을 주는 나라로' 국가위상에 걸 맞는 성공적인 역사였음이 검증되었다. 앞으로도 해외파견활동은 21세기의 주역으로 발돋움할 우리나라의 미래를 위해 반드시 필요한 국가전략이다. 따라서 급변하는 대내외 안보환경에 기민하게 대응하면서 해외파견활동을 통해 세계평화에 기여하는 동시에 통일한국시대를 대비하는 차원으로 접근해야 할 것이다.

　군의 해외파견활동 효과는 국가이익의 증진이라는 측면으로 대변할 수는 있으나 구체적으로 수치화하여 측정하기는 여러 가지 면에서 제한된다. 다만 현지 친한화(親韓化) 효과, 기업진출의 발판이 되며 해외국민을 보호하는 효과도 있고, 한미동맹의 증진에도 기여하고 있음을 부인할 수 없다. 군사적으로도 실질적인 연합작전의 경험축적과 전투근무지원 능력을 발전시킬 수 있을 뿐만 아니라, 다양한 여건에서 한국형 전술과 교리를 발전시킬 수 있는 효과도 창출할 수 있다.

　따라서 앞으로는 국가안보의 외연을 글로벌 차원으로 넓히고 해외에 진출해 있는 국민과 기업을 보호하는 글로벌 경제적 측면은 물론, 한국의 문화와 가치, 정서를 세계에 전달하는 국방한류시대를 창조하는데 기여해야 한다.

(2) 국제평화활동의 영역 확장(국방교류협력활동)

　현대의 외교 영역은 군사외교, 자원외교, 경제외교 등이 통합적으로 추진되고 있다. 21세기에 들면서 초국가적으로 대응해야 할 문제로써 **기후변화, 테러, 마약, 대형사고, 전염병, 사이버** 등이 새로운 위협으로 등장하였다.

　이러한 측면에서 **국방교류협력**활동은 특정 국가의 요청에 따라 전투위험이 없고 장병의 안전이 확보된 비 분쟁지역에서, 군사협력과 국익창출을 위해 군을 파견하는 교육훈련, 인도적 지원, 재난구호 등 비전투 분야에서의 새로운 국제평화활동이다. 이는 분쟁지역의 UN PKO나 다국적군 평화활동과는 다른 새로운 형태의 파병이다.

〈UAE 아크부대 파병〉

UAE는 중동국가 중 가장 안정되고 경제적으로 번영을 누리고 있으며 이라크나 이란, 또는 북아프리카의 분쟁지역과는 달리 분쟁이 발생하고 있는 지역은 아니다. 한국은 2005년 UAE에 무관부를 개설한 이래 「군사협력에 관한 협정」을 체결하는 등 양국관계를 발전시켜 왔고, 경제, 국방 등 다양한 분야에서 협력이 증대됨에 따라 2009년 12월 한·UAE의 관계가 '포괄적·전략적 동반자관계'로 격상되어 군사 교류협력이 더욱 확대되었다. 2010년 5월 한국을 방문한 UAE 왕세자는 한국 특수전부대의 우수성과 교육훈련 체계 및 선진화된 국방력을 높이 평가하였으며, 2010년 8월 한국 특수전 부대를 파견해 줄 것을 요청하였다.

한국은 절차를 거쳐 2011년 1월, 'UAE 군사협력단(아크부대)'를 아부다비 주 알 아인 지역에 파견하였고, 아크부대는 UAE군 특수전부대의에 교육훈련을 지원하고, UAE군과 연합 연습 및 훈련을 실시하며, 유사시에는 자국민을 보호하는 임무를 수행하고 있다.

〈필리핀 아라우부대〉

2013년 태풍 '하이엔'으로 필리핀의 많은 지역이 폐허로 변하고 수만 명의 사상자와 수백만 명의 이재민이 발생하자, 필리핀정부는 한국을 비롯한 국제사회에 지원을 요청하였다. 한국정부는 국회동의를 거쳐 2013년 12월 공병대와 의무대 등 530여 명으로 '필리핀 합동지원단(아라우부대)'를 파견하였다.

아라우부대는 유엔평화유지군이나 다국적군 평화활동이 아닌 재해 당사국의 요청으로 파견된 최초의 파병사례인 동시에 한국의 육·해·공군·해병대가 모두 포함된 최초의 파병사례이기도 하다.

필리핀은 6.25 전쟁 당시 아시아국가중에서 가장 먼저 한국에 전투 병력을 파병하였으며, 아라우 부대는 이러한 필리핀에 '보은의 파병'이기도 하다. 아라우부대는 태풍피해가 가장 심한 타클로반 일대에서 피해지역 정리와 공공시설 복구지원, 의료지원과 방역활동, 중장비 직업학교 운영, 친한화 활동 등의 임무를 완수하고 2014년 12월이 철수하였다.

〈말레이시아 실종항공기 해상탐색지원〉

2014년 3월 239명의 승객이 탑승한 말레이시아 항공기가 실종됨에 따라 말레이시아는 우방국에 항공기 잔해 탐색을 요청하였다. 미국, 영국, 일본, 중국, 호주 등 10여 개국이 인도주의적 차원에서 참여했다. 한국 정부도 말레이시아정부의 지원 요청에 따라 해군 P-3과 공군 C-130 각각 1대와 39명으로 편성된 '말레이시아 실종항공기 해상탐색지원대'를 3월 15일 말레이시아로 파견했다. 한국군은 호주가 주도한 작전에 참여하여, 총 21회 196시간 동안 해상탐색 임무를 완벽히 수행하고 5월 2일 국내로 복귀했다. 비록 해상탐색지원 활동에서 실종항공기의 잔해를 발견하지는 못했으나 한국군은 짧은 준비기간에도 불구하고 해외에서 장기간 다국적 해상연합탐색작전에 참여하여 성공적으로 임무를 수행했다.[56]

〈에볼라 대응 군 의료인력 파견〉

에볼라 바이러스가 확산되면서 이를 저지하기 위한 의료인력 파견의 시급성을 국제사회가 제기함에 따라 한국정부는 2014년 12월, 서아프리카의 주요 발병국가인 시에라리온에 민간 의료 인력과 함께 군 의료진을 파견을 결정했다. 민간 의료인력 은 의사 4명, 간호사 5명이며, 군 인력은 군의관 6명, 간호장교 9명 등 총 24명이 '에볼라대응 해외긴급구호대'로 시에라리온 가더리치의 에볼라치료소에 파견되어 현지 의료 활동을 전개하고, 2015년 3월 23일 모두 귀국했다.

이를 통해 한국은 인도적 지원외교의 새장을 열었으며, 복합적인 인도적 위기에 대응하는 국가역량 강화에도 크게 기여하였으며 국제사회에서 국위를 선양하였다.

(3) 한국군 파병의 성과와 특징

한국은 1993년부터 2015년 현재까지, 26개국 36개 지역에서 파병을 통한 국제평화활동을 전개해 왔다. 그동안 한국의 총 파병인원은 45,868명이며, 해외파병에 따른 국고지출

---

56) 해군의 해상초계기(P-3)는 초계임무와 해외 평화유지활동 지원을 위한 상비전력으로 지정되어 활용되고 있다. 2014년 말레이시아 항공기 탐색(2014.3.15.~2014.5.2.), 알래스카 인근 베링 해 오룡호 실종자 탐색(2014.12.6.~2015.1.4.), 인도네시아 에어아시아 실종항공기 탐색(2014.12.30.~2015.1.16.) 등 임무에 참여했다.

은 표에서 보는 바와 같이 2014년 말을 기준으로 총 1조 2,417억 원이었으며, 이러한 인적·물적 해외파병의 효과는 수치로 나타낼 수는 없으나 대략 몇 가지로 정리할 수 있다.

첫째, **군사적 측면**에서의 실전경험 축적이다. 한국군은 6.25 전쟁과 베트남전쟁 이후 실전을 경험하지 못하였다. 해외파병은 다양한 작전환경 속에서 전장의 실상을 직접 체험해 볼 수 있는 기회가 되었다. 다국적군 지휘체제 하에서의 동맹군과의 연합작전 수행능력, 원거리 전력의 전개를 위한 해상 및 공중수송을 포함한 전략적 보급수송능력의 배양은 장차전을 수행하는데 매우 소중한 자산이 될 것이다. 또한 군사적 작전에 후속하여 이루어지는 안정화작전과 **지방재건팀(PRT)**[57]은 유사시 한반도 통일과정에서도 적용하게 될 새로운 개념의 작전경험이 될 것이다.

둘째, **국제정치적 측면**에서 한반도 유사시의 국제적 지원에 대한 명분과 자산 획득이다. 한국은 6.25 전쟁 시 유엔과 세계로부터 인적·물적 지원을 받아 오늘의 민주주의와 경제를 발전시켰다. 그러나 한국은 아직도 남북이 분단되어 첨예한 이데올로기의 체제경쟁을 계속하고 있다. 우리가 국제사회의 일원으로 그동안 활발하게 국제평화활동을 해 온 것은, 장차 한반도 유사시 국제사회의 지원을 받을 수 있는 명분과 근거를 확보한 것이다. 캐나다와 오스트레일리아의 경우를 보면 대규모의 국방력을 보유하는 대신 국제평화활동에 적극 참여하여 국제적으로 안보를 보장받는 '안보 보험'으로서의 인식을 전환할 필요도 있다.

셋째, **외교적 측면**에서 한미동맹 균형발전이 촉진되었다. 한국은 베트남전의 파병을 비롯하여 미국이 주도하는 걸프전, 아프가니스탄, 이라크전 등의 주요 다국적군의 편성에 참여하여 '함께 피 흘리며 싸웠다'는 혈맹의 인식과 전우애의 효과를 가져 온 동시에 한미양국군의 해외분쟁지역 근무 연을 통해 주한미군의 역할을 포함하여 향후 한반도의 통일과 동북아에서의 세력 균형 유지에도 기여하게 될 것이다. 주한미군을 비롯한 미국과의 동맹관계는 현재는 물론 향후 한반도의 통일과정과 동북아지역내의 평화와 안정에 매우 긴요하게 작용할 것이다.

넷째, **경제적 측면**에서 해외에 진출한 기업 및 국민의 보호이다. 한국은 국제화시대를 맞아 해외여행인구 1,000만, 무역 1조 달러, 재외 한인기업 20여 만 개 등 세계를 무대로

---

57) Provincial Reconstruction Team, 정국이 불안한 나라를 안정시키고 각종 재건사업을 벌이기 위해 파견하는 비전투요원 조직.

활동하고 있다. 해외파병은 세계 곳곳에 진출 해 있는 한국의 이익을 보호하고 있다. 새로운 파병의 형태인 아랍에미리트의 아크부대의 파병이 가져오는 효과는 다양한 측면으로 해석할 수 있으며, 소말리아해역의 청해부대는 민간선박을 해적으로부터 보호할 목적으로 파병하였다. 해외파병활동은 에너지자원의 확보, 향후 재건사업 등에 한국기업의 진출에 대비한 교두보의 역할을 통해 장기적인 경제안보에 기여하고 있다.

(4) 한국군 파병활동의 특징과 한계

탈냉전 이후 한국군의 해외파병활동은 긍정적인 효과가 있었던 반면에, 다음과 같은 특징과 한계를 보였다.

첫째, 국제평화활동에 대한 전략이나 정책이 부재한 상태에서 소극적이고 수동적으로 대응해 왔다. 유엔의 회원국으로서, 대한민국의 정치·경제·문화적 국가위상에 맞는 선제적이고 적극적인 파병을 하지 못하고 유엔이나 다국적군 주도국의 요청에 의해 끌려가는 파병을 해왔다고 볼 수 있다.

둘째, 전투부대 보다는 비전투부대의 파병위주로 이루어졌다. 파병정책결정과정에서 국민적인 여론과 파병의 명분 등에 밀려 전투부대 보다는 의료, 수송, 건설공병 등의 비전투부대의 파병을 하였으며, 파병임무 또한 비교적 안전이 확보된 비 분쟁지역이나 후방지역에서 인도적 지원이나 재건임무 위주로 수행되었다.

셋째, 파병의 규모면에서 군사력 대비 소규모의 파병이다. 물론 한국은 북한과의 대치상태와 수시로 자행되어 온 도발에 대한 고려를 하지 않을 수는 없으나 베트남전에서의 한국군 총병력의 7~8% 수준까지도 파병한 적이 있으나, 2015년 5월 현재 한국군의 0.17%만이 파병되어 임무를 수행 중이다.

넷째, 군인 위주의 파병이 이루어졌다. 오늘날의 국제평화활동은 국제기구, 개별국가, 시민단체, 현지주민 등 모든 당사자들이 참여하는 민·관·군 통합·혼성·합동작전으로 발전하고 있다. 특히 재난구호, 의료지원, 복구 및 재건사업 등은 민간부문이 비교우위를 가지고 보다 효율적으로 임무수행이 가능하기 때문에 상호보완적 역할분담(군경-안전보장, 민간-인도적 지원, 재건)의 방향으로 전개되어야 할 것이다.

다섯째, 국제평화활동에 대한 인식의 전환이 필요하다. 국제적인 동향은 유엔 평화유지활동(UN PKO)와 다국적군 평화활동(MNF PO)은 연속선상의 동일 활동으로 인식하고 있으나, 한국은 별개의 사안으로 취급해 오고 있다. 업무의 주관부처도 외교부와 국방부로 이원화되어 있으며, 국민들의 인식도 UN PKO는 '국제적으로 정당한 활동'이며, MNF PO는 명분도 없이 강대국의 힘의 논리에 편승한 파병활동으로 인식하여 정책결정과정에서 많은 우여곡절58)을 경험하였다.

여섯째, 파병시기의 지연으로 인한 적기의 상실이다. 한국군의 파병은 요청으로부터 파병 시까지 평균 193일이 소요되었다. 예외적으로 동티모르의 상록수부대와 아이티의 단비부대는 파병요청으로부터 3주 만에 파병을 하였으나, 레바논의 동명부대는 11개월, 이라크의 자이툰부대는 12개월 뒤에 현지에 도착하게 되어 파병의 효과가 반감되기도 하였다.

자유는 그냥 주어지는 것이 아니다. 오늘날 세계는 UN, NATO와 같은 집단안보를 위한 상호의존성을 확대해 가고 있다. 국가 간의 전쟁은 물론, 내전에 있어서도 UN의 역할은 커지고 있다. UN은 세계의 안정과 평화를 위해 지속적으로 노력하고 있다. 이러한 세계적인 안보 추세에 맞추어 한국도 평화활동에 보다 전략적이고 적극적으로 참여할 필요가 있다. 파병된 분쟁지역에서 전투경험을 얻는 것은 물론이고, 민군작전 및 평화재건의 노하우를 배우게 될 것이다. 이러한 국제적인 유대와 노하우는 향후 한반도의 통일과정에서 매우 유용하게 쓰여질 것이다.

또한 안보에 **무임승차**는 없듯이, 한반도 유사시 UN군의 참전을 유도하고 한국을 지지하게 하는 매우 중요한 명분을 축적해야 할 것이다. 부가적으로는 세계 속의 한국에 대한 이미지를 고양하고 군사외교관, 평화의 사도로서의 역할을 하게 될 것이다. 이와 더불어 군의 해외파병은 한국의 기업과 NGO 단체들이 진출할 수 있는 교두보를 마련하게 될 것이며 이것은 자원의 확보와 해외 시장의 개척 등 국가경제에도 큰 이익으로 작용하게 될 것이다.

급변하는 세계정세에서 최소의 투자로 최대의 안보 보장효과를 거둘 수 있는 것이 바로 UN의 평화활동에 적극적으로 참여하는 것이고, 평상시에 안보보험을 들어 유사시를 대비하는 것임을 인식할 필요가 있다.

---

58) 정부 파병안에 대한 국회심의 기간(평균) : UN PKO 11일, MNF PO 43일, 국회 표결 시 찬성비율(평균) : UN PKO 97.2%, MNF PO 84.7%, 예외적으로 한국선박 보호목적의 소말리아해역의 청해부대(MNF PO)는 98.5%의 찬성.

5장
동북아와 한반도를 둘러싼 분쟁관리

제1절 동북아 안보환경과 현실

동아시아에서 거대한 지각변동이 진행되고 있다. 지리적으로 거대한 네 개의 지각판이 교차하는 한반도는 해양세력과 대륙세력이 교차하게 된다. 한반도는 분단국으로서 두 세력의 부침에 따라 고스란히 그 충격의 영향을 받을 수밖에 없었다. 한반도는 역사적으로 중국 중심의 수직적 대륙지역 질서가 19세기 중반까지 지배했다. 이는 동아시아에서 압도적인 비중을 차지하는 중국이 패권적 지위를 계속 유지한 데 기인하였다.

물론 동아시아에서도 중화질서에 대한 신흥세력의 도전은 있었다. 그 첫 번째는 16세기 말에 전국시대를 마감한 일본의 도요토미 히데요시가 명나라 정벌을 내세워 조선을 침략한 1592년부터 1598년까지 **임진 조일전쟁**이다. 조선과 명나라의 연합군과 일본의 전쟁은 3국 모두에게 막대한 피해와 영향을 주었다. 일본에는 막부가 출현했고, 중국에서는 명에서 청으로의 정권교체가 이루어졌고, 조선은 새로운 실사구시의 사조가 대두했다.

두 번째는 근대화에 앞선 일본이 아편전쟁 이후 쇠락한 청나라와 부동항을 찾아 영토확장을 추구한 러시아에 도전한 것이다. 일본은 조선의 지배권을 두고 1894년에 일으킨 청일전쟁과, 조선 및 만주의 지배권을 두고 1904년 러일전쟁을 일으켜 모두 승리했다. 이후 일본은 '대동아공영권'을 주장하면서 동아시아 전체에 대한 세력권 구축을 시도하였으나 태평양전쟁에서 1945년 8월, 미국에 패함으로써 패권을 상실했다.

1945년 이후 동아시아의 지역 질서는 제2차 세계대전의 승전국으로 세계질서를 재편한 역외 세력인 미국이 주도했다. 물론 냉전시대에는 소련과 경쟁하기도 했으나 1990년대 탈냉전의 시대를 맞이하면서 동아시아의 문제는 미국의 주도하에 놓이게 되었다. 2000년대에 들면서 중국은 경제적·정치적으로 빠르게 부상했다. 중국은 연평균 10%대의 고도성장을 지속하면서 2000년 국내총생산(GDP) 6위에서 2010년에는 2위로 급부상했다. 국방력 면에서도 막대한 국방비를 투입하고 국방개혁과 무기 현대화를 통해 아시아를 넘어 세계적으로 영향력을 확대하였다. 중국은 경제적으로는 **일대일로(一對一路) 정책**, 군사적으로는 **반 접근 지역거부(A2AD) 전략** 등으로 동아시아에서 세력권 구축을 시도하고 있다.

미국도 오바마 행정부에서 '아시아 재균형 정책'을 통해 동아시아에서 미국의 존재감을 강화하고 있다. 트럼프 행정부는 중국을 전략 경쟁자로 규정하고 무역, 남중국해, 대만, 동중국해, 한반도 등지에서 미·중의 대립전선을 구축하고 있다. 미국은 일본, 호주, 인도 등 4개국을 대상으로 인도·태평양 구상을 추진 중에 있다.

역사적으로 기존 세력과 부상 세력 간의 충돌이 전쟁으로 비화하는 사례가 많았다. 남중국해에서 미국의 **'항행의 자유작전'**에 대한 중국의 위험한 군사대응, 중국과 대만과의 관계악화에 따른 중국의 군사행동, 센카쿠를 둘러싼 영유권에 대한 중국과 일본의 우발적 저강도 분쟁은 언제든지 발생 가능한 시나리오라고 할 수 있다. 동아시아가 유럽과 다른 점은 주변국 간의 국력의 격차가 현저하고 내부 세력의 균형 유지가 어려우며, 지역통합 또한 쉽지 않은 특성을 지니고 있다. 이러한 동아시아의 평화로운 세력 전환을 위해서는 당분간 역외세력인 미국과의 지속적 연계를 통한 세력 균형이 필수적이다.

유럽은 1990년 독일이 통일된 후 20여 년 동안 통합의 심화와 동구권 확장을 통해 거대한 **유럽연합(EU)**으로 발전했다. 냉전종식 이후 동아시아에서도 대내·외적 도전에 직면하여 지역주의에 눈을 돌리게 되었다. 그러나 동아시아는 EU의 진화과정과는 다른 경로인 "다층적 네트워크 방식의 경제 협력"이 주를 이뤘다. 동아시아는 유럽과는 달리 초국가적 기구나 제도의 성립을 통하지 않았으며, 또한 경제 등 비정치 부문에서의 협력이 곧 정치·안보 부문 협력을 견인할 것이라는 기능주의 이론에 부응치 못하는 유형으로 흐르고 있다.

2008년 세계경제위기에도 불구하고 중국을 위시한 동아시아 국가들의 약진은 세계의 주목을 받고 있지만 안보 부문에서는 여전히 '공동안보'가 아닌 개별국가의 '국가안보'를 앞세우는 등 역내 주요 국가 간 영향력 갈등 혹은 이해대립이 가시화되고 있다. 미국의 '아시아 재균형' 선언과 이에 대해 중국 시진핑 체제의 '신형대국관계' 선언, 여기에 일본과 이웃나라들 (한국, 중국, 러시아) 간 영토 분쟁, 중·일 간의 군사력 시위, 중국과 필리핀, 베트남 등 다수 동남아 국가 간 남중국해 영유권 분쟁, 북한 핵문제의 심각성과 해결책에 대한 역내 강대국 간 미묘한 인식차 등은 그 사례로 볼 수 있다.

　ASEAN(동남아국가연합)이 주축이 된 ASEAN+3(한·중·일), ARF(ASEAN지역포럼), EAS (동아시아정상회의), 협상중인 RCE(지역포괄경제동반자협정), 그리고 APEC(아시아·태평양경제협력체)과 미국이 주도하는 TPP(환태평양전략적경제동반자협정) 등 다층적 네트워크로 구성된 동아시아 지역주의는 전후 유럽에서 태동한 이른바 '제도적 지역주의'와는 다른 경로를 취하고 있다. 유럽에서는 역내 정치지도자들이 전쟁의 상흔 속에서 지역평화를 염두에 두고, 초국가적 경제제도 수립 및 이를 통한 회원국 정책 규율에 착안했다.

　한반도는 동남아시아와 남중국해, 대만과 함께 경쟁의 대립각이 예민한 지역에 속해 있다. 트럼프의 **미국 우선주의**로 인해 동맹체제의 변화가 예상되며, 중국은 당분간 미국을 따라잡는 데는 많은 시간적인 소요가 예상된다. 한국은 세력 전환의 양태와 지역 질서 변화를 면밀하게 지켜보면서 지혜롭게 대응해야 한다. 한국은 동맹관계의 관리와 주변국과의 연계를 통한 미국의 지속적 관여를 확보하는 노력이 필요한 국가다. 동시에 UN 헌장과 국제법 원칙이 구현되는 법치에 입각한 동아시아 질서를 구축하기 위한 중층적 지역통합의 노력을 기울여야 한다.

<표 5-1 : 한반도 주변 4강국의 개황 비교>

구분	한국	미국	일본	중국	러시아
인구	5,098만	3억 2,716만	1억 2,653만	13억 7,930만	1억 4,700만
면적	10만 2백㎢	983만 3천㎢	37만 7천㎢	960만㎢	1,708만㎢
GDP	1조 4,110억	18조 6,244억	4조 9,095억	12조 2,377억	1조 5,775억
1인당 GDP	292,730불	59,745불	38,000불	8,827불	10,710불
병력	59.9만	142만	24.7만	204만	83.1만
국방비(18)	392억	6,490억	466억	2,500억	614억

1. 미국의 태평양 회귀(回歸)

미국은 오랫동안 대서양을 향한 정책을 펼쳐왔다. 그 이후 미국은 최근에 태평양 연안에 자신들의 국가이익이 놓여있다는 것을 깨달았다. 18세기 후반에 독립한 미국은 한동안 자국과 두 개의 아메리카대륙에만 집중했다.

그러나 미국은 제2차 세계대전이 끝나면서 소련의 팽창주의에 맞서기 위해 **고립주의 정책**으로 전환했다. 미국은 서유럽의 경제부흥을 위해 마셜 플랜(Marshall Plan)을 시행하고, 그들의 방위를 최우선적으로 지원하면서 평화시기의 군사동맹인 북대서양조약기구(NATO)의 창설을 주도했다. 이후 냉전시대로 접어들어 소련과의 경쟁이 국제사회의 특징으로 자리 잡으면서 결국은 세계 대부분의 지역에서 군사협약을 맺고, 군사기지를 구축했으며, 그 중에서도 유럽은 미국의 핵심적인 동맹이었다.

1980년대 초 레이건(Ronald Reagan)이 대통령으로 취임하면서 '**미국의 태평양 진출**'에 대해 언급하기 시작했다. 미국은 세계의 중심이 지중해에서 대서양으로 이동했다가, 다시 태평양으로 옮겨갈 것이라고 예측했다. 미국은 제2차 세계대전 이후 일본의 경제력이 급부상하고, 한국과 홍콩, 싱가포르, 타이완이 이른바 '아시아의 네 마리 용'으로 성장하는 것에 주목했다.

태평양은 아메리카 대륙과 아시아 대륙을 연결하는 통로이다. 냉전은 종결되었으며, 중국과 인도라는 거인이 출현했다. 동남아시아 국가들은 눈부시게 경제성장을 하고 있다. 2030년 아시아 대륙은 세계인구의 58%, 전 세계 총생산량의 40%를 차지하게 될 것으로 추정할 만큼 아시아 대륙의 비중은 중요해졌다.

인구의 규모나 경제적인 측면의 중요성 이외에도 아시아 대륙에는 미국의 현재 또는 미래의 주요 경쟁자로 간주되는 중국이 자리 잡고 있다. 전략적 경쟁, 협력 및 경제적 경쟁을 기반으로 하는 중국과 미국의 관계는 워싱턴으로서는 매우 중요한 양자관계이다. 이 지역에서 미국은 중국 외에도 일본과 한국, 인도와 동맹관계를 유지하고 있다. 미국과 인도의 동맹을 통해 인도는 세계 여섯 번째 강대국으로 인정받게 되었고, 미국은 인도와의 동맹으로 중국과의 경쟁에서 균형추 역할을 하리라 기대하고 있다. 뿐만 아니라 미국은 인도가 UN에서 안전보장이사회 상임이사국이 될 수 있도록 돕고 있다.

2012년 미국의 오바마 대통령은 '**아시아로의 회귀(Pivot to Asia)**'라는 정책을 선언했다.

이는 중국의 거센 도전에 맞서서 이제 전략적으로 더 이상 중요하지 않은 유럽과 너무나도 빈번하게 실패했던 중동으로부터 눈길을 거두어 아시아에 우선순위를 두겠다는 것을 암시했다. 그러나 사실 세계 최강국인 미국의 입장에서는 세계 어느 대륙도 포기할 수 없는 상태에 놓여있다.

미국은 '**인도-태평양 지역**'에 대해 매우 중요시하고 있다. 인도-태평양은 미국 서부 해안에서부터 인도의 서부 해안까지 펼쳐진 광범위한 지역으로 인구가 가장 많은 국가, 인구가 가장 많은 민주주의 국가, 세계 최대의 무슬림 국가가 속해 있으며, 전 세계 인구의 절반을 포함하고 있다. 또한 인도-태평양 지역에는 세계 10대 군사 강국 가운데 7개국이 위치하고 있으며, 이 가운데 6개국이 핵무기를 보유하고 있다. 세계 10대 항구 가운데 9개 항구가 또한 이 지역에 위치하고 있다. 세계 해상무역의 60%는 아시아를 통과하며, 남중국해에서만 세계 해상무역의 3분의 1이 이뤄진다.

2017년 미국의 트럼프 대통령은 베트남에서 개최된 APEC 정상회의에서 '자유롭고 개방된 인도-태평양 지역에 대한 구상과 원칙'을 밝혔다. 이것은 오바마 정부의 아시아 회귀 정책이나 아-태 재균형 전략 등으로 아시아의 중요성을 강조한 것을 그대로 이어받아 현실화했다. 미국의 구상에 따르면, 모든 국가들은 그 국가의 규모와 무관하게 타국의 강제를 받지 않으며 주권을 행사할 수 있어야 한다. 또한 개방된 인도-태평양 지역 내의 지속 성장 가능한 성장 및 연결성을 장려한다. 이는 모든 국가들이 공해·국제공역·공공사이버 영역 및 공공 우주 영역에 대한 접근을 할 수 있어야 하고 영토 및 영해 분쟁 발생 시에 평화적인 해결책을 추구할 수 있어야 한다는 것이다. 경제적 차원에서는 공정하고 상호적인 무역 개방된 투자환경국가들 간의 투명한 협정을 의미하는 것이다.

<표 5-2 : 미국의 인도-태평양 지역에 대한 구상 및 원칙>

1. 모든 국가들의 통치권 및 자주권을 존중한다.
2. 분쟁 사안에 대한 평화적인 해결책을 모색한다.
3. 개방된 투자·투명한 협정·연결성을 기반으로 한 자유롭고 공정하며 상호적인 무역을 지향한다.
4. 항행의 자유 및 상공비행의 자유를 비롯한 국제규범을 준수한다.

다만 거기에다 인도까지 포괄함으로써 중국에 대한 포위망을 촘촘하게 완성한 것이

다. 미국이 보는 중국과 러시아에 대한 관점은 노골적인 반감으로 바뀌고 있다. 중국과 러시아는 미국이 추구하는 자유주의적 세계질서와 정반대로 향하고 있다고 인식한다. 중국의 정치·경제·군사적 성장과 그들의 이익을 추구하기 위해 마찰을 수용할 의사가 있음을 공공연히 드러내고 있다. 이에 따라 인도-태평양 지역은 시간이 지날수록 더욱 적극적으로 변모하고 있는 중국과 대립할 수밖에 없을 것이다. 중국의 경제적·군사적 부상은 지속되고 있으며, 인도-태평양 지역에서의 패권은 물론 궁극적으로는 전 세계적인 패권국으로 부상하겠다는 장기적인 목표를 가지고 있다.

러시아는 인도-태평양 지역에 대한 국가적 차원의 지원, 그리고 재래식 전력 및 전략군을 비롯한 군사의 현대화를 통해 이 지역에 대한 관심과 영향력을 증가시키고 있다. 러시아는 중립적인 '제3의 파트너'라는 이미지를 구축하기 위해 미국과 중국 간의 긴장상태를 이용하려는 행보를 보이는 등 동남아시아에서의 외교적 영향력을 강화하고 있다. 또한 크림반도와 우크라이나 개입을 통해 서유럽을 압박하고 시리아 내전 개입을 통해 중동에서의 영향력을 높이고 있다.

중국과 러시아는 외교·경제·안보분야에서 서로 협력하고 있다. 중국은 러시아의 경제에 대한 투자를 확대했으며, 러시아는 중국의 에너지 수입원 중 가장 큰 지분을 차지하고 있다. 양국은 안보분야에서 양자 및 다자 간 군사훈련을 공동으로 진행하고 있다. 또한 UN 안보리에서 미국이 지지하는 조치들에 대해 함께 반대하는 경우를 통해 미국의 영향력이 미미한 다극화된 세계질서를 구축하는 것을 선호하고 있다.

북한은 한국과 일본을 비롯한 미국의 동맹국에 재래식 위협을 가하고 있다. 북한은 한국, 특히 서울 대도시권을 집중적으로 겨냥한 장거리포를 배치해 한국인과 상당수의 미국인에 대해 막대한 피해를 입힐 수 있다. 북한에 대해 '**최종적이고 완전하게 검증된 비핵화(FFVD)**'를 이루기까지 미국 국방부, 국제체제, 동맹국들은 모든 노력을 경주할 것이다. 중국과 러시아, 그리고 북한이 '북방 3각 체제'를 이루어 이 지역의 공동이익에 대비하고자 하는 움직임도 감지할 수 있다.

미국우선주의를 내세우고 있는 트럼프 대통령은 중국의 수입품에 대해 45%의 관세를 부가하겠다고 언급했다. 그리고 대통령으로 당선되자마자 이를 실행하려고 했고, 환태평양경제동반자협정(Trans-Pacific Partnership, TPP)에서 탈퇴하면서 중국을 압박하고 있다. 또한 북한이 핵실험을 하고 장거리탄도미사일을 개발하고 시험 발사하자 UN을 통해 강력한 경제제재를 시행하고, 경우에 따라서는 선제타격까지도 검토하면서 압박의 수위를 높이고 있다. 이러한 정세를 고려해 볼 때 중국과 북한 및 러시아의 북방 3개국과 미국과 일본 및 한국의 남방 3개국이 연계된 축을 형성하고 있다. 미국은 태평양 지역에서 무려 57개의 군사협정을 맺고 있으며, 한국, 일본, 호주 등 전통적인 안보동맹국과 긴밀하게 협조하고 있다.

미국은 잠재적 위협을 가진 대상으로 중국과 러시아를 수정주의 강대국이라고 지목했다. 중국은 약탈적 경제로 주변국을 위협하고 남중국해를 군사화하고 있다. 러시아는 주변국에 대한 비토권을 행사하며 압박을 가하고 있다. 또한 제2차 세계대전 이후 국제질서를 무너뜨리는 불량정권으로 이란과 북한을 지목하고 있다. 이란은 핵개발과 테러지원으로 중동지역에서 꾸준히 안정을 위협하고 있으며, 북한은 UN 제재에도 불구하고 핵개발과 미사일 발사 등 불법행동을 자행하며 위협적이 행동을 반복하고 있다. 미국은 북한의 WMD 개발이 단순히 정권의 생존 차원에서 그치는 것이 아니라, 한국과 일본 등 주변국에 대한 레버리지로 활용하기 위한 것이라고 판단한다.

<표 5-3 : 미국의 국익과 국방전략>

미국 국가이익 (2017년 NSS)	1. 미국의 국민, 영토, 그리고 삶의 방식을 수호한다. 2. 무역 불균형을 해소하기 위한 공정하고 호혜적인 경제적 관계를 통해 미국의 번영을 촉진한다. 3. 미군을 재건함으로써 최상의 상태를 유지할 수 있도록 하고, 공동의 위협을 방어하기 위한 책임의 부담을 동맹국 및 협력국과 공정한 정도로 분담한다. 4. 미국의 이익과 원칙이 보호될 수 있도록 다자적 기구에서 경쟁하고 주도하여 자국의 영향력을 넓힌다.
국방전략 목적 (2018년 NDS)	1. 조국을 수호한다. 2. 세계 최고의 군사력을 유지한다. 3. 주요 지역에서의 세력 균형이 미국에 유리하도록 보장한다. 4. 미국의 안보와 번영을 가장 증진시킬 수 있는 국제규범을 지향한다.

* NSS(The National Security Strategy, 국가안보전략서)
* NDS(National Defence Strategy, 국방전략서)

2. 중국의 부상과 주변국 분쟁

중국은 30년이 넘는 기간 동안 두 자리 수의 성장을 이루어왔고, 머지않아 세계 의 강력한 패권국으로 등장할 것으로 보인다. **마오쩌둥**(Mao Zedong, 毛澤東) 시기의 중국은 인접한 다른 국가들에게 두려움의 대상이었다. 중국은 세계에서 가장 많은 인구와 집단 정치체제를 유지하고 있으며, 문화대혁명이나 대약진운동 같은 정치적 격변을 겪기도 했다. 중국은 내부적으로 경제 분야의 저개발과 불균등한 체제, 낙후된 군사장비, 국가 내부를 분열시키는 폭동 등으로 곤란을 겪었다.

19세기 초반에 중국은 이미 인구와 GDP면에서 전 세계의 30%를 차지했으나, 체제 면에서는 여전히 세계화에 쳐져있었다. 그러나 지난 30년 동안 중국의 경제 규모는 8년마다 2배씩 성장했다. 1978년 **덩샤오핑**(Deng Xiaoping, 鄧小平)이 산업, 기술, 농업, 국방의 4개 분야에서 현대화와 경제 개방을 시도하면서 중국은 멈추지 않은 강력한 성장을 기록하였고, 세계의 강대국으로 부상하였다. 2017년 말의 중국 외환보유고는 3조 1천억 달러로 세계 2위인 일본보다 50% 이상 많은 액수이다. 2008년 금융위기 이후 중국은 수출에만 의존하지 않기 위해 내부 수요를 증가시키면서 자국의 경제발전을 위해 노력했다.

또한 중앙아시아와 유럽을 연결하는 육상 실크로드인 일대(一帶)와 동남아시아와 유럽 및 아프리카를 연결하는 해상 실크로드 일로(一路)를 건설하려는 엄청난 프로젝트인 '신 실크로드 전략구상'을 시작했다. 이것은 세계적인 규모의 인프라 구축으로 흔히 **일대일로(一對一路, One belt, One road)**불린다. 하지만 중국도 내부적으로 많은 도전요인들을 맞이하고 있다. 이러한 요인들은 대표적으로 도시와 농촌지역의 소득 불균형현상, 인구 노령화와 저출산 문제, 고속성장의 경제정책으로 인한 부작용의 발생, 환경오염의 문제, 사회적 불평등의 심화 등이다.

중국은 비록 대만에서 주권을 행사하지는 못하지만 타이완을 중국의 영토일부라고 생각한다. 1949년 마오쩌둥이 장제스에게 승리를 거두었고, 국민당 군대는 1945년까지 일본이 점령했던 타이완으로 도피했다. 본토의 공산당과 타이완의 국민당은 각각 자신이 중심이 되어 무력을 이용해 중국을 재통합할 수 있으리라 믿으며 독자적으로 중국을 대표하려고 생각했다. 장제스는 마오쩌둥에게 패했지만 UN 안전보장이사회의 상임이사국

자리를 유지했다. 미국과는 전략적 동맹관계를 유지하며 대륙 본토의 중국이 자신을 침략하지 못하도록 했다.

하지만 냉전시대를 맞아 미국의 닉슨 대통령과 키신저 국무장관은 소련을 제일의 위협으로 생각하여 중국과의 불화를 틈타 소련에 반대하는 역동맹을 맺기 위해 베이징에 접근했다. 결국 중화인민공화국은 UN에서 자유중국의 자리를 빼앗았다. 미국은 타이완 정부와 맺었던 모든 외교관계를 단절하고 중국을 대표하는 유일한 국가임을 자처하는 중화인민공화국과 외교 관계를 수립했다.

하지만 미국은 타이완정부와의 전략적 방어 동맹은 그대로 유지하고 있다. 타이완의 경제발전은 민주화로 이어졌다. 대만은 더 이상 중국 전체의 대표임을 주장하지 않은 채 현 상태를 유지하고 있다. 반면에 베이징의 중화인민공화국은 통일된 '**하나의 중국**'이라는 정책을 표방하면서 타이완을 그들의 품으로 다시 돌아와야 할 하나의 지방으로 생각한다. 중국의 경제발전과 함께 국제사회에서 중국이 차지하는 비중이 커지면서 거의 모든 국가들은 대만과의 관계를 중단하고 중국과 외교관계를 수립했다.

중국은 1997년 7월 1일, 홍콩이 영국의 식민지가 된지 155년 만에 반환되었고, 1999년 12월 20일, 포르투갈이 마카오를 112년 만에 반환한 사실로 인해 타이완 또한 중요하게 생각하게 되었다. 중국은 '**하나의 국가, 두 개의 체제**'라는 구상을 발전시켰는데, 이는 홍콩의 경우처럼 중국의 테두리 안에서 대만에 어느 정도의 자치권을 인정하는 것을 의미한다. 그러나 대만은 사실상의 독립을 선호하며 민주적인 시스템을 유기하기를 원한다. 대만정부는 여전히 미국과 연합관계를 유지하고 있으므로, 베이징 정부는 군사적 충돌은 피하고자 할 것이다. 중국과 대만 간의 관계를 나타내는 일반적인 표현은 '**양안관계**(Cross-Strait relations)'로 대만해협을 사이에 두고 서안의 중국대륙과 동안의 대만이 마주보고 있다는 뜻이다.

한편 2016년 12월 2일 미국의 대통령 당선자인 트럼프는 대만의 차이잉원 총통과 전화통화를 했다. 이를 두고 중국 **시진핑**(Xi Jinping, 習近平)정부는 차기 미국 대통령인 트럼프의 대만에 대한 정책에 대해 매우 민감하게 반응을 보냈다. 사실 미국은 중국과의 환율문제를 비롯한 경제적인 불균형과 북한 핵문제의 해결에 대한 경제제재에 중국의 역할을 압박하고 있는 것이라고 볼 수 있다.

중국은 한족과 55개의 소수 민족으로 이루어진 다민족 국가이다. 소수 민족은 중국 전체 인구의 8%밖에 안되지만 그들이 사는 지역은 전체 영토의 60~70%에 이른다. 전통적

2. 북한과 북한주민에 대한 특수성

남북한은 같은 역사와 문화 및 언어를 공유하며 하나의 국가를 이루고 살아왔던 하나의 민족이다. 그러나 1945년 일제의 식민지로부터 해방되면서 남과 북으로 분단된 이후 남북한은 다른 정치적 실체로서 체제 경쟁과 대립 속에 이질성과 적대감을 키워 온 경계의 대상이기도 했다. 동포이면서 동시에 경계의 대상인 남북한에 대한 상호 존재와 인식은 민족 분단이 야기한 모순이다. 분단 이후 70여 년 이상을 남북한은 대결 속에서도 동포애에 기초한 통일 달성을 민족적인 과제인 동시에 숙원으로 삼아왔다. 이런 점에서 보면 남북한은 경쟁과 적대관계를 지속해 오면서 다른 한편으로는 평화적인 통일 달성을 위해 공존공영의 협력적 관계를 모색해 왔다고 할 수 있다.

북한이 경계와 경쟁의 대상이면서도 민족공동체 건설을 위해 협력해 나가야 할 상대라는 인식은 분단이 해소되지 않은 상황에서 불가피한 것이다. 이런 상황을 올바르게 인식하고 객관적 현실에 맞게 남북관계를 실질적인 협력관계로 이끌어 나가야 한다. 만약 북한을 대결의 대상으로만 본다면 남북 간의 적대적인 관계를 해소하기 어렵다. 반대로 남북의 분단구조 속에서 불안정성이 해소되지 않을 상황에서 북한을 화해와 협력의 상대로서만 인식할 경우에도 혼란을 초래할 것이다. 실제로 한국사회는 북한 실체의 한 측면만 강조함으로써 갈등이 야기되기도 했다.

한반도에서의 8.15 해방은 대한민국의 독립을 위해 국내외에서 지속적으로 독립운동을 하였고, 일본 제국주의가 제2차 세계대전에서 패망하였기 때문에 얻을 수 있었다. 독립 당시 한반도는 일본의 식민지배가 36년간 지속되었기 때문에 일본의 합방 이전의 **대한제국(大韓帝國)**의 왕실과 정치세력은 사라진 지 오래였으며, 한 민족의 정치의식은 '국민주권에 근거한 국가의 수립을 희망'하였다.

그러나 소련의 군대는 1945년 8월 8일부터 북한지역으로 진공하여 북한 지역을 차례로 점령해 나갔다. 제2차 세계대전의 승전국으로서 국제질서 재편에 강력한 영향력을 가진 소련의 스탈린(J. V. Stalin)은 1945년 9월 19일 김일성을 앞세워 북한지역에 단독정부 수립을 지원하였다. 이에 대응하기 위해 미합중국의 군대도 9월 7일 인천에 도착하였고, 9월 12일 주한미군사령관 하지(J. R. Hodge) 중장이 아놀드(A. V. Arnold) 소장을 군정장관에 임명하면서 남한지역에 대한 군정이 시작되었다.

이후 UN은 결의 112(Ⅱ)를 통해 UN **한국임시위원단**(UNTCOK)의 감시 하에 인구비례에 따른 남북한 총선거를 실시해 한국에 정부를 수립하겠다고 결정했다. 이 결의에 따라 UNTCOK는 1948년 1월부터 활동을 개시했으나, 소련은 UN의 활동에 반대하면서 38도 이북에서의 활동을 저지하였다. 이로 인해 UN 소총회는 UNTCOK 활동이 가능한 지역에서만 총선거를 실시하기로 하고 1948년 5월 10일 남한 지역에서만 총선거를 실시하였고, 7월 17일 제헌 헌법이 공포 시행되었으며, 8월 15일에 **대한민국**정부를 수립했다.

한편 북한은 1948년 8월 25일, 제1기 대의원 선거를 실시한 뒤, 9월 2일 최고인민회의 제1기 1차 회의를 소집하고, 9월 9일에 북한지역에서 김일성을 수상으로 하는 '**조선민주주의인민공화국**' 정권을 수립했다. UN은 1948년 12월 12일 파리에서 개최된 제3차 UN 총회에서 결의 195(Ⅲ) 「한국의 독립문제」를 채택함으로써 "대한민국 정부는 한국 국민의 정당한 선거를 통하여 수립된 유일한 합법정부임"이라고 선언하였다.

한국 헌법 제3조에서 "대한민국의 영토는 한반도와 부속도서로 한다."라고 정하고 있다. 헌법의 규정에 의할 때, 한국의 영토는 현재의 북한지역을 포함한 한반도 전역과 그 부속도서를 의미한다. 따라서 휴전선 이북의 북한지역도 한국의 영토이다. 이 영토 규정은 1948년 제헌헌법 이래 단 한 차례도 변함없이 현행 대한민국 헌법에 그대로 유지되고 있다. 이 헌법 제3조에 의하면 대한민국은 한반도에서 유일한 주권국가이며 합법적인 정부이다. 북한 정권은 한국의 영토 일부를 불법적·일시적으로 점령하고 있는 단체이기 때문에, 그에 의해 점령당하고 있는 지역은 법적으로 미 수복지역에 해당한다.

남북한은 1991년 「남북사이의 화해와 불가침 및 교류·협력에 관한 합의서」(이하 "남북기본합의서")를 체결하였는데, 이 합의서는 남북관계를 "나라와 나라 사의의 관계가 아닌 통일을 지향하는 과정에서 잠정적으로 형성되는 특수 관계"임을 전제로 하고 있다. 또한 제15조에서는 "남북한 특수 관계에 따라 남북한의 거래도 일반적인 외국과의 거래가 아닌 민족 내부 교류"로 규정하였고, 남북 교류협력 부속합의서도 "남과 북이 민족내부교류로서의 물자교류를 실현하며, 물자교류에 대하여 관세를 부과하지 않는다"고 규정하고 있다.

그러나 현실적으로 휴전선 이북의 북한지역은 북한정권이 점령하고 있어 한국의 통치권이 미칠 수 없으며, 북한 주민에게는 한국의 헌법과 법령의 효력이 미치지 못하기 때문에 북한 주민도 규범적으로는 한국의 국민으로서의 지위를 가지지만 분단으로 인해

〈일본의 주장〉
일본은 1492년에 건국되어 동남아와 동북아를 이어주는 중계무역을 하며 성장한 류큐왕국을 1879년 강제로 병합되어 오키나와현으로 편입시켰다. 이때 류큐왕국 인근의 무인도였던 센카쿠 열도 또한 오키나와현으로 편입시켰으며, 1971년 미국과 일본의 오키나와 반환협정에 따라 센카쿠 열도의 영유권이 일본에 반환되었다고 주장한다.

〈분쟁의 경과〉
이 지역의 영유권 분쟁은 청일전쟁과 태평양전쟁을 거치면서 종전 이후 영토문제가 명확하게 해결되지 않았기 때문에 중국과 일본 간에 충돌이 지속되고 있다. 댜오위다오와 인근해역은 1895년 청일전쟁 이후 일본 영토로 귀속되었다가, 1951년 9월 미 · 일 강화조약 체결 시 일본에서 미국으로 이양되었다. 당시에는 이 도서에 대한 영유권 주장은 제기되지 않았으나, 1968~1969년 유엔아시아극동경제위원회(ECAFE)의 아시아 연안지역 광물자원 공동개발조정위원회(CCOP)가 동중국해 일대의 해저조사를 실시하여 석유매장 가능성을 확인한 시점부터 중국-대만의 영유권 논쟁이 불붙기 시작했다. 댜오위다오 영유권 분쟁의 직접적 계기는 1970년 7월 17일, 대만정부가 자국의 중국석유공사와 미국의 퍼시픽걸프(미 GULF OIL사의 자회사)에 대한 댜오위다오를 완전히 포함하는 대만 동북해역의 석유 탐사와 시굴권을 허가한 것으로 볼 수 있다. 그러나 댜오위다오는 1971년 6월 미 · 일 간 오키나와 반환협정 서명과 1972년 5월 오키나와 실제 반환 시 일본령으로 편입된 이후 일본이 관할권을 행사하고 있다.
1972년 5월 이후 동 해역에서 당사국 간의 무력 충돌은 발생하지 않았으나, 영유권을 둘러싼 외교적 마찰과 민간차원의 항의는 중국, 대만, 홍콩 등지에서 지속되고 있다. 한편 중국은 1992년 2월 남사군도, 서사군도, 댜오위다오를 포함하는 영해법을 발표해 일본으로부터 거센 외교적 반발을 불러 일으켰다. 또한 중국은 1995년 5월, 해양조사선을 파견하여 동 해역의 자원 탐사를 실시했고, 1995년 6월에는 동 해역에 공군 전투기 2대를 접근시켜 일본 자위대 F-15기 2대가 발진하는 사건도 발생했다. 2010년 일본의 해상보안청 순시선과 중국 어선이 충돌한 사건이 발생했는데 중국은 희토류의 대 일본 수출금지라는 보복조치를 취하기도 했다. 일본은 2012년 9월, 내각회의에서 센카쿠 열도 3개 섬에 대해 국유화를 결정하여 예산집행을 결의하자, 중국은 2012년 12월, 유엔 대륙붕 한계위원회에 대륙붕 확장 요구에 대해 정식 신정을 제출하기도 했다.

〈분쟁의 전망〉
댜오위다오에 대해서는 일본이 실효적 지배를 통해 영유권을 행사하고 있으며, 중국은 동중국해 방공식별구역 선포 등을 통해 자국이 해상 및 공중 군사력이 일본을 추월했다는 자신감을 간접적으로 보여주고 있다. 또한 향후 댜오위다오에 대한 일본의 군사적 조치에도 물러서지 않고 정면 대응하겠다는 방침을 표시했다고 볼 수 있다. 미-일동맹을 중심으로 중국의 진출을 봉쇄하겠다는 미국의 전략에 대한 반발이라고 해석할 수도 있는 부분이다.

　　중국은 남중국해를 국익의 문제라고 생각한다. 이 해역을 지배함으로써 상업적 교역과 물류 공급을 보장받을 수 있기 때문이다. 중국으로 수입되는 물량의 80%가 이 해역을 통과하며 천연가스와 원유의 매장량, 그리고 어류 자원이 풍부하다. 중국은 이 해역에 일방적으로 경계선을 정하고 자신의 세력을 확장하기 위해 **스프래틀리군도** 근방에 인공 섬까지 건설하면서 현재의 사실을 기정사실로 고착화하려는 정책을 펴고 있다.

중국의 해상 분쟁은 다른 국가들에게까지 확장되고 있다. 파라셀제도를 두고는 베트남과, 스카버러 암초를 놓고는 필리핀과, 스프레틀리군도에 대해서는 말레이시아 및 인도네시아, 브루나이, 타이완과 대립하고 있다. 2016년 7월 12일 헤이그의 상설중재재판소(PCA)는 필리핀이 제소한 남중국해의 핵심 문제에 대해 중국의 주장이 근거 없다는 판결을 내렸다. 중국은 상당히 격분하여 이 결정에 불복하고 있다.

<표 5-5 : 남사군도·사사군도 영유권 분쟁>

중국은 남중국해 해역의 약 90%를 차지하고 있는 남해구단선(중국이 남중국해 주변을 따라 그은 선)을 기준으로 영유권을 주장한다. 이에 따라 인공섬을 건설하고 군사 경계를 펼치면서 배타적경제수역(EEZ)이 겹치는 필리핀, 베트남 등과 갈등을 일으켰다. 이에 필리핀은 2013년 1월 남중국해 영유권 갈등을 상설중재재판소에 제소했다. 반면 중국은 1953년에 확정한 남해구단선이 상설중재재판소 판결의 근거가 되는 1994년 UN 해양법협약보다 앞서므로 중재 대상이 될 수 없다고 주장하면서, 남중국해에서 대규모 군사훈련을 전개하는 등 무력시위를 펼쳤다. 하지만 2016년 상설중재재판소에서 중국의 남중국해 영유권 주장은 법적 근거가 없다는 판결을 내렸고, 중국은 이에 강력하게 반발하고 나섰다.

중국은 한반도 정세를 안정시키고 국면을 돌파토록 하는 중요한 조정자라고 생각한다. 중국은 한반도 전략에서 '3不 1無(전쟁, 혼란, 북한 붕괴 및 비핵화)'을 주장하고 있다. UN 결의에 의한 북한 경제제재의 성과도 중국의 태도가 결정적이라고 주장한다. 그러면서 중국은 한국에 대해 '3불(사드 추가배치, 한·미·일 군사동맹, 미국 MD참여)'을 요구하고 있다. 중국은 '중화민족의 위대한 부흥'을 위해 북한에 대한 영향력을 회복하고 한반도 문제에 적극적으로 개입하려고 할 것으로 전망된다.

한반도 문제에서 중국이 결코 방관자가 아님은 인정하되 대화와 문제 해결의 주도권은 한국이 분명하게 유지해야 할 것이다. 한국에 대해서도 지리적·경제적인 관계를 내세워 입장을 분명히 할 것을 요구하고 있다. 이에 대한 한국의 외교 전략적인 지혜가 필요하며, 미국과의 동맹관계에 유의하여 슬기롭게 대처해야 할 것이다.

<그림 5-4 : 6.25 전쟁 정전협정>

북한은 1974년부터 평화협정의 체결을 주장하였다. 북한은 한국이 정전협정의 서명에 참여하지 않았으므로 정전협정의 당사국으로 국제연합군 사령관인 미국과 평화협정을 체결해야 한다고 주장하였다. 반면 한국은 6.25 전쟁의 주된 교전 당사국으로서 실질적인 평화협정 당사자라는 주장으로 맞섬으로써 실질적인 진전이 없게 되었다.

고전적인 의미의 정전은 적대행위를 잠정적·일시적으로 정지시킬 뿐 결코 전쟁 자체를 종료시키는 법적 효력을 지니지 못한다. 따라서 정전기간이 약정된 경우에는 기간의 만료와 더불어, 정전기간이 약정되지 않은 경우에는 일정한 절차적 요건의 충족과 더불어 적대행위의 재개가 가능하였다. 이러한 개념에 기반하여 한반도 문제를 다루는 외국의 논문이나 기사에는 '법·기술적으로는 아직도 전쟁상태인(technically still at war)'이라는 표현을 쓰는 경우도 있으며, 국내 일각에서도 한반도의 국제법 상태와 관련하여 '전쟁 상태의 연장' 또는 '준전시 상태'라고 하는 경우도 있다.

한편 한반도 정전 당사자 간 국제법 관계는 '교전 행위의 영속적인 중지의 기초 위에서 평화관계의 회복을 지향하는 과도기적 또는 부동적인 상태에 놓여 있다'고 주장하는 경우도 있다. 제2차 세계대전 이후 등장한 국제법 이론에 의하면 '일반적 정전(general armistice)'은 장래를 향한 교전의사의 영속적인 포기로 해석할 수 있다고 본다. 당해 협정의 체결 이후 상당한 시간이 경과했다는 객관적인 사실과 정전협정 일부 당사자 간 외교관계의 수립 등과 같은 당사자의 실행 등을 고려해 볼 때, 최소한 부분적으로는 이

미 전쟁상태가 종료된 것으로 보아야 하는 것 아니냐는 의견을 피력하기도 한다. 즉 한반도에서 전쟁은 이미 종료되었지만 아직 평화는 수립되지 않은 '제3의 법적 상태'가 성립하고 있다고 할 수 있다.

현재의 정전협정은 66년 이상의 기간이 경과하였을 뿐만 아니라, 한반도 분단과 6.25전쟁의 원인인 냉전체제가 해체되었고, 당시 전쟁의 상대편 당사국이었던 국가와의 외교관계 수립 등으로 인해 전쟁 행위의 종식이라는 원초적 기능만 수행하고 있을 뿐이고 상당부분 실효성을 상실한 것이 사실이다. 정전협정은 체결 직후부터 협정의 핵심사항인 비무장지대의 무장과 군사적 충돌이 지속되었으며, 남북한은 모두 군비증강에 치중하였고, 1954년의 제네바 정치회의는 실패한 이후 현재까지 실현되지 못하고 있다. 또한 북한의 일방적인 조치로 인해 군사정전위원회와 중립국감독위원회가 사실상의 존재의의 및 기능을 수행하고 있지 못하다. 그럼에도 불구하고 정전협정은 한반도에서의 전면적 무력 충돌 재발 방지와 육상 경계선의 획정이라는 차원에서 '완전한 실패'라고 평가할 수는 없으며, 한반도의 소극적인 평화를 보장하는 최소한의 제도적 장치로서 여전히 작동하고 있다고 볼 수 있다.

2018년 4월 27일 **판문점 선언**에서 "한반도에서 비정상적인 현재의 정전상태를 종식시키고 확고한 평화체제를 수립하는 것은 더 이상 미룰 수 없는 역사적 과제"라고 언급하였다. 이는 문리적 해석상 현재 한반도의 상황이 비록 비정상이기는 하지만 기본적으로는 여전히 정전상태임을 명시적으로 규정하고 있다. 또한 "남과 북은 정전협정 체결 65년이 되는 올해에 종전을 선언하고 정전협정을 평화협정으로 전환하며 항구적이고 공고한 평화체제 구축을 위한 남·북·미 3자 또는 남·북·미·중 4자 회담 개최를 적극 추진"하기로 합의하였다.

평화협정이란, 분쟁 당사자 간 무력 분쟁을 종결하고 화해와 공존을 제도화하며, 향후 관련된 모든 당사자들이 평화를 보장하게 하도록 하는 법적·정치적 장치의 포괄적인 합의라고 정의할 수 있다. 역사적으로 1990년 냉전 구조의 해체 이후 동유럽과 중동, 아프리카 등 세계 각국에서 전개되었던 내전의 50%가 평화협정을 통해 종료되었다. 정전협정이 광범위한 정치적 문제들을 다룰 수 있다고 하더라도 이는 정전을 위한 군사적 합의의 기본 틀에서 가능한 평화의 상태 유지를 목적으로 하는 것이다. 반면에 평화협정은 적대관계와 폭력의 전면적인 종식, 절충이나 포기를 통한 분쟁 당사자 간의 상충된

이 무인도이며, 청나라의 지배 지역이 아님을 확인하고, 1895년 일본 영토로 정식 편입할 것을 내각에서 결정했다. 1968년 주변 해저 조사에서 석유자원 매장 가능성이 밝혀지면서 중국이 거세게 영유권을 주장하기 시작했다.

중국은 '일본이 영유한 것은 청일전쟁(1894~1895)에 의한 것'이라고 주장하며, '전쟁에 의해 할양된 영토는 원상 복귀되어야 한다'는 입장을 취하고 있다. 이에 대해 일본 정부는 "센카쿠 섬은 역사적으로 일관되게 일본의 영토인 난세이 제도의 일부를 구성하고 있으며, 1895년 청일전쟁 종결 후 체결된 시모노세키 조약에 근거해 일본이 청으로부터 할양받은 타이완 및 평후제도에는 포함되지 않는다"는 입장이다. 따라서 센카쿠 섬은 샌프란시스코 평화조약에 의해 중국에 귀속된 영토에 포함되지 않으며, 난세이 제도의 일부로서 미국에 이양되었다가 1971년 6월 17일 일본과 미국 간에 이루어진 '오키나와 반환협정'에 의해 일본에 반환된 지역에 포함된다고 주장한다.

<그림 5-3 : 중국·일본 간의 센카쿠 열도 분쟁>

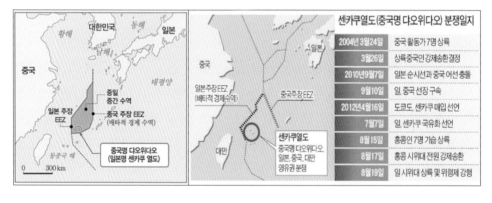

그러나 1992년에는 중국이 센카쿠 섬을 중국의 영토로 하는 해양법을 제정하였으며, 일본 정부는 이에 항의하였다. 이후 양국의 활동가들에 의한 시위가 벌어지고 홍콩과 타이완에서 반일운동이 일어났다. 2012년 일본 정부는 개인 소유주들이 중국을 상대로 일어날지도 모르는 도발적 행동을 막기 위해 열도의 일부를 사들였다. 중국은 이에 대해 일종의 국유화라고 비난하면서 2013년 자국의 영공을 열도까지 확장시켰다. 미국은 일본을 지지했고, 미일 방위협력지침은 열도를 포함한다고 선언했다.

일본은 '평화헌법 제9조'를 개정하여 전쟁이 가능한 국가로 되었다.[3] 이제 일본은 미국의 지원 없이도 자체 개발한 항공모함과 스텔스 전투기 등 막강한 해군력을 동원하여 동아시아 전역에서 태평양 진출을 시도하고 있는 중국과 맞서게 될 것이다. 일본의 군사대국화는 동아시아 국가들에게 과거 태평양전쟁 때의 뼈아픈 기억을 되살리게 된다.

일본이 **군사대국화**로 나아가게 된 배경에는 미국의 요구가 있었다. 미국은 냉전체제가 무너지고 국력이 약화되면서 막대한 군사비 분담을 일본에게 강력하게 요구했다. 이에 그치지 않고 미국은 일본이 적극적으로 전쟁에 참여할 수 있도록 '일본의 군사 강국화'를 지재했다. 2005년 일본은 UN 전체 예산의 19.4%를 담당했으며, 이는 미국 다음으로 많은 규모였다. 현재 일본은 미국에게 군사적으로 확실하게 도움을 줄 수 있는 유일한 나라로서 미국의 신뢰를 많이 받고 있다. 일본은 미국의 군사력 강화 압력을 명분으로 군사강국화를 어쩔 수 없이 추진하고 있는 것으로 대내외적으로 홍보하고 있다. 일본 내부에서도 1980년대 들어서 군사 강국화 주장이 나오기 시작했다.

1990년 일본은 페르시아만 전쟁(일명 걸프전쟁)[4]에서 130억의 전쟁비용을 지출했음에도 불구하고 '땀과 피를 흘리지 않은 얼굴 없는 국제공헌'이라는 국제적 비난을 받았다. 일본은 군사력이 없는 경제 대국이 얼마나 취약한 것인지 절감하게 된다. 냉전이 붕괴된 이후에도 동북아는 여전히 긴장상태에 놓이면서 일본은 군사력의 필요성을 심각하게 고민했다. 특히 13억 인구 대국인 중국이 급격하게 경제적·군사적 대국으로 성장하면서 "중국에 대비하지 않는 한, 일본의 미래는 없다"라는 위기감 속에서 강경 주장들이 대두했다. 이에 일본은 북한의 핵실험에 따른 위협과 일본인 납치사건을 대대적으로 부각시키면서 군사력 없는 일본 국가의 허구성을 인식시켰다.

또한 경제적으로 20년 가까이 장기적인 불황 늪에 허덕이면서 제2차 세계대전 이후 일본사회를 지탱해 온 '고도 경제성장'과 '평화 헌법'이라는 두 기둥이 완전히 와해되었다. 군사 강국화는 일본 미래의 목표를 상실한 대중들에게 새로운 국가, 강력한 국가의

---

3) 1946년 11월에 공포된 일본 헌법 제9조는 "일본 국민은 정의와 질서를 기초로 하는 국제 평화를 성실히 희구하고, 국권의 발동에 의거한 전쟁 및 무력에 의한 위협 또는 무력의 행사는 국제분쟁을 해결하는 수단으로서는 영구히 이를 포기한다. 이러한 목적을 성취하기 위하여 육해공군 및 그 이외의 어떠한 전력도 보유하지 않는다. 국가의 교전권 역시 인정치 않는다."라고 명시되었다.

4) 이라크의 쿠웨이트 침공 및 병합에 반대하여 미국의 주도로 34개 국가의 다국적 연합군이 수행한 전쟁으로 1990년 8월 2일부터 1991년 1월 17일까지 "사막의 보호작전(Desert Shield)", 1월 17일부터 2월 28일까지의 "사막의 폭풍작전(Desert Storm)"을 말한다.

하고 북한지역을 자유화시키는 것은 국제법적으로나 국내법적으로 적법하다고 본다. 북한의 불법적인 무력공격에 대응한 자위권 행사 등의 결과로서 북한 지역의 일부가 한국정부에 의해 자유화된 경우, 해당 지역이 원래부터 한국 영토로서 한국의 통치권이 자유화로 인해 비로소 회복된 것인지. 아니면 전쟁법상의 **점령지역**(Occupied territory)인지 쟁점이 될 수 있다.

그러나 한국의 국내법상 북한의 지위는 국가로 인정되지 않은 반국가단체에 불과하므로, '응전자유화 지역'은 남한지역과 동일하게 취급되어야 할 것이다. 그러나 국제사회에서는 북한의 법적 지위를 한국과는 별개의 국가로 인정될 수도 있다고 본다. 이때 '응전자유화 지역'은 국제사회에서 점령지역으로 취급될 가능성이 높을 것으로 예상할 수 있다는 주장도 있다.[12] 따라서 점령지역에서 한국 국내법을 적용하려면 점령지에서의 법령적용에 관한 국제법상의 원칙에 부합하게 적용해야 하며, 이에 어긋나면 국제사회의 비난에 직면하게 될 수도 있을 것이다.

국제법상 점령지역에서 적용되는 법령에 관하여 헤이그 제2협약 제43조에는 "정당한 권력이 사실상 점령군에게 이관되면 점령군은 절대적인 지장이 없는 한 점령지의 현행법을 존중해야 하며, 가능한 공공의 질서 및 안녕을 회복하고 확보하기 위하여 권한 내에 있는 모든 조치를 취하여야 한다."고 기본원칙을 규정하고 있다. 제네바 제4협약 제64조에서는 이를 한층 구체화하여 다음과 같이 규정하고 있다.

<표 5-9 : 제네바 제4협약 제64조>

〈점령국에 대한 규정〉
"피 점령국의 형벌법령은 그것이 점령국의 안전을 위협하거나 또는 본 협약의 적용을 방해한 때에 점령국이 이를 폐지 또는 정지시키는 경우를 제외하고는 계속하여 효력을 가진다. 점령지역의 법원은 전술한 바를 인정하면서 전기의 법령에서 규정하는 모든 범죄행위에 대하여 임무를 계속 수행하여야 한다. 그러나 점령국은 점령지역의 주민으로 하여금 자국이 본 협약에 의거한 제 의무를 이행하고 당해 지역의 질서있는 통치를 유지하며 점령국의 안전과 점령군 또는 점령행정기관 구성원 및 그의 재산과 안전과 그들이 사용하는 시설 및 통신선의 안전을 확보할 수 있도록 하기 위하여 절대 필요한 제 규정에 복종시킬 수 있다."

---

12) 헤이그 제2협약 제42조는 "사실상 적군의 권력 하에 놓여진 영토는 점령된 것으로 본다."라고 규정하고 있으므로, 북한지역이 사실상 한국군의 권력(군정)하에 확보된 경우에는 그 지역의 점령에 관한 국제법 원칙이 존중될 수 있다.

위 규정에 의하면, 점령국은 점령자의 안전을 위협하거나 주민의 이익에 관한 제네바 협약의 적용을 방해하는 비인도적 또는 차별적 법력의 경우에는 피점령국의 형벌법령을 폐지 또는 정시시킬 수 있다. 북한정권은 '비민주적·인권 탄압적 독재정부라는 독특한 성격을 지녔으며, 이에 따라 북한의 형법은 사회주의 1인 1당 독재체제를 유지하기 위한 목적으로 제정되었고, 그 내용 중 많은 부분에서 점령국의 안전에 위해가 되는 동시에 점령지 주민의 인권과 인도적 요구에 반한다.

따라서 응전자유화 지역에서 한국의 안전에 위해가 되고 북한 주민의 인권과 인도적 요구에 반하는 북한의 형사법령은 즉각 폐지 또는 정지되는 것이 타당하다. 그런 다음 협약에 의하여 부과되는 의무에 따라서 협약의 적용에 필요한 법령, 당해 지역의 질서 있는 통치를 유지하는데 필요한 법령, 한국의 군대 및 국민을 보호하기 위한 형벌법령 등은 즉각 공포하고 주민들에게 이를 주지시켜야 할 필요성이 있을 수 있다.

제네바 제4협약 제65조에서는 "점령국이 제정한 형벌규정은 주민들이 사용하는 언어로 공포하고 또 주민들에게 주지시킨 후에 발효하며 효력은 소급하지 않는다."고 규정하고 있다. 따라서 한국의 형사법령은 동 협약 제65조와 제70조의 형벌 불소급의 원칙에 따라 북한 주민들에게 공포하고 주지시킨 후에 효력이 발생한다고 볼 수 있다. 이처럼 북한의 형사법령이 폐지 또는 정지되는 경우, 한국은 비인도적 또는 차별적 법령의 적용을 명한 북한의 재판소도 폐지할 수 있다.

이러한 경우에는 제네바 제4협약 제66조에 규정된 "점령국이 공포한 형벌규정에 위반하는 행위가 있을 경우에는 점령국은 정당히 구성되고 비정치적인 점령국의 군사재판에 피의자들을 인도할 수 있다. 단 동 군사법원은 피점령국 내에서 개정되어야 한다. 상소법원은 될 수 있는 대로 피점령국 내에서 개정되어야 한다."라고 명시되어 있으므로, 응전자유화 지역에 군사법원을 설치해서 북한 지역에 공포한 한국 형사법령에 따라 재판할 수 있다.

러시아는 한반도 통일문제에 대해 미·중·일 만큼 직접적인 이해관계를 가지고 있지 않다. 그러다보니 한반도 통일을 분단이라는 부자연스러움을 해소하고 한민족이 평화 번영을 위해 원상회복을 실현하는 정당하고 바람직한 일로 받아들인다. 러시아는 이러한 입장을 "한반도통일은 러시아의 핵심 이익에 부합한다."고 표현하고 있다. 그러나 러시아도 중국과 마찬가지로 통일과정에 외국 군대가 개입하는 것을 반대하며, 주한미군이 두만강을 맞대고 러시아군과 대치할 가능성에 대해서 우려하고 있다.

제2절 한반의 특수성과 분쟁

1. 한반도 분쟁의 역사와 현실

제2차 세계대전의 종료와 함께 일본의 식민지로부터 벗어난 한반도는 냉전으로 인해 분단되었고 아직도 잠재적으로 긴박한 상황에 직면해 있다. 일본은 1910년 한국을 실질적으로 식민지화 하였으며, 1945년 그들이 패전할 때까지 한국에서 수많은 강탈을 일삼았다. 제2차 세계대전이 1945년 5월, 유럽전선에서 독일을 항복시킨 후 연합국의 중심국인 미국은 전쟁을 조기에 종결하고자 소련으로 하여금 아시아태평양전선에 참여할 것을 요청하였다.

미국이 1945년 8월 6일 일본 히로시마에 원자탄을 폭격하였고, 소련은 8월 8일 서둘러 대일전에 참전을 선언한다. 그리고 만주와 시베리아, 한반도의 북부지방으로 급속하게 진출하면서 항복한 일본의 무장해제에 나섰다. 미국은 소련의 **팽창주의**에 대응하여 그들의 진출을 차단하는 38선을 제안하였고, 소련이 이에 응함으로써 한반도는 남과 북으로 분단되었다.

38선은 일본군의 무장해제와 신생 한국정부의 체제정착을 위한 잠정적인 선으로 출발했으나, 한반도에 대한 5년간의 신탁통치 안이 거부되었고, UN 감시 하에 총선거를 북측이 거부함으로써 분단은 고착되어갔다. 1948년 5월, 선거가 가능한 남쪽만을 대상으로 총선거를 실시하여 1948년 8월 15일, 한반도에서 UN이 승인하는 유일 합법정부로써 '**대한민국(Republic of Korea, ROK)**'을 탄생시켰다.

이에 북한은 공산주의의 맹주였던 소련의 지원 하에 1948년 9월 9일 '**조선민주주의인민공화국(Democratic People's Republic of Korea, DPRK)**'을 출범시켰다. 한편, 1950년 북한

동 칙령 제2조에서 울도군의 관할 구역을 "울릉전도 및 죽도, 석도(독도)"로 명시했다.

한편 일본은 1905년 2월 시마네현 고시 제40호를 통하여 독도를 '**다케시마(竹島)**'로 명명하고 정식으로 영토 편입 조처를 취함으로써 원시적 권원을 확정적 권원으로 대체했다고 주장했다. 따라서 일본은 독도의 편입은 1905년에 완성된 것이며, 1901년에 합병된 한반도와는 무관한 별개의 사안이라고 주장했다. 당시 일본은 만주와 한반도에 대한 이권을 두고 러시아와 전쟁 중에 있었으며, 1904년 2월 일본은 대한제국에 '한일 의정서'체결을 강요하여 러일전쟁 수행을 위해 자국이 필요로 하는 한국 영토를 자유롭게 사용할 수 있도록 하였다. 일본의 독도 편입 역시 동해에서의 러 · 일 간의 해전을 앞둔 상황에서 독도의 군사적 가치를 고려한 것이라고 할 수 있다. 또한 일본은 1904년 8월, '제1차 한일협약'을 통해 한국 정부에 일본인 등 외국인 고문을 임명하도록 강요하는 등 1910년 한국을 강제병합하기 이전에도 이미 단계적인 침탈을 진행하는 과정에 있었다.

1906년 3월 28일, 울도(울릉도) 군수 심흥택은 울릉도를 방문한 일본 시마네현 관민 조사단으로부터 일본이 독도를 자국 영토에 편입했다는 소식을 듣고, 이를 강원도 관찰사에게 보고하였다. 이 보고서에 "본군 소속 독도"라는 문구가 있어 1900년 칙령 제41호에 명시된 바와 같이 독도가 울도군 소속이었음이 명확했다. 1906년 4월 29일, 강원도 관찰사 서리 춘천군수 이명래는 이를 국가 최고기관인 의정부에 보고했고, 5월 10일 의정부는 '지령 제3호'에서 독도가 일본 영토가 되었다는 주장을 부인하는 지령을 하달했다.

국제적으로는 1943년 12월에 발표된 카이로 선언에서 "일본은 폭력과 탐욕에 의해 탈취한 모든 지역으로부터 축출되어야 한다."고 하였고, 1945년 7월에 발표된 포츠담선언에서도 카이로 선언의 이행을 규정하였다. 연합국 최고사령관 총사령부는 1946년 1월 연합국 최고사령관 각서(SCAPIN) 제677호 및 1946년 6월 연합국 최고사령관 각서(SCAPIN) 제1033호를 통해 독도를 일본의 통치 행정범위에서 제외한 바 있다. 따라서 한국은 제2차 세계대전의 종전으로 주권을 회복함과 동시에 독도에 대한 영유권도 되찾았다. 이는 1951년의 샌프란시스코 강화조약에서도 재확인 되었다.[15]

---

15) 일본은 샌프란시스코 강화조약에서 독도가 명시되지 않았다는 이유로 독도가 일본 영토라고 주장하고 있다. 그러나 위 강화조약에는 "일본이 한국에 반환할 도서로 명시된 것은 제주도, 거문도, 울릉도 등 3개"에 불과하며, 나머지 모든 섬에 대해서는 명확히 기술한 바가 없다. 따라서 울릉도의 부속도서인 독도는 당연히 울릉도에 포함되어 한국에 반환해야 하는 섬이라고 보는 것이 합리적이다. 당시 이 문서에는 한반도의 섬 3167개와 함께 독도는 언급하지 않았다.

1948년 8월 15일 대한민국정부가 수립되면서 독도는 강원도 울진군 울릉읍 도동리 산 42-76번지로 행정구역이 정해졌다. 1952년 1월 18일 한국정부는 "인접 해양 주권에 관한 대통령 선언"을 발표하면서 독도를 평화선 안으로 포함하여 보호하도록 하였다. 일본 정부는 이에 항의하면서 독도에 대한 한국 정부의 영유권을 부정하는 외교문서를 보냈고, 이때부터 독도문제는 국제사회에서 분쟁지역으로 보이기 시작했다. 1953년 1월 12일 한국 정부는 평화선 안으로 출어한 외국 어선에 대한 나포를 지시하였고, 이후 일본 어선에 대한 총격과 나포가 잇따르게 되었다. 1953년 4월 독도 의용수비대가 결성되었으며, 1956년 12월부터 한국 경찰이 경비임무를 담당하고 있다.

일본정부는 한일관계가 정상화되기까지 총 328척의 배가 포격 당하여 44명의 사상자가 발생했으며, 3922명이 억류되었다고 주장했다. 일본 정부는 1954년 9월 25일 국제사법재판소에 영유권 분쟁의 최종 결정을 위임하자고 한국에 제안했다. 그러나 한국 정부는 독도는 명확히 한국의 영토이므로 이를 국제사법재판소에 위임하는 것은 적절치 못하다고 판단하여 10월 28일 일본의 제안을 거부했다.

1965년 한일 국교정상화와 동시에 한일어업협정을 체결하면서 독도의 영유권 문제 주장이 제기되어 이에 포함시키지 않았다. 1998년 한국과 일본이 체결한 어업협정에는 독도가 한일 배타적경제수역(EEZ) 안에 위치하게 되었고, 이에 대해 독도의 영유권이 침해 당했다며 헌법재판소에 헌법소원심판이 청구되었는데, 어업수역과 독도의 영유권 및 영해 문제는 서로 관련이 없다고 기각하였다. 일본은 2005년 2월 22일을 100년 전 독도를 일본 영토로 편입시키는 것을 고시했던 것을 기념하는 '다케시마의 날'을 정하고 이를 통과시켰다. 한국의 경상북도 의회는 2005년 6월 9일, 10월을 '독도의 달'로 정하는 조례를 가결시켰다. 또한 일본은 2008년 2월, 외무성에서 일본의 독도 영유권을 주장하는 책자를 발간하여 배포하였고, 중학교 교과서에도 관련 내용을 포함하는 등 외교적인 주장을 주기적으로 되풀이하고 있다.

독도는 한국의 영토로서 역사적, 지리적, 국제법적으로 명백한 사실이다. 이를 **국제사법재판소**(International Court of Justice, ICJ)[16]에 회부하여 판결을 받을 이유가 없다고 본다. 한국은 ICJ의 선택조항인 ICJ 규정 제36조 제2항을 수락하는 선언을 하지 않았으므

---

16) 1945년 국가 간 분쟁을 법적으로 해결하도록 하는 국제기관으로 창설되었다. 본부는 네덜란드 헤이그에 있으며, 15명의 재판관으로 구성되었다.

1980년대에 동해 근처에서 일어난 민간인 행방불명사건에 북한이 관여되었다는 주장이 제기 되었다. 일본정부는 행방불명자의 조사를 북한에 요구했으나, 북한은 이를 부인하고 정부 간 논의 대상이 아니라고 일축했다.

2002년 9월 일본의 고이즈미(小泉純一郎) 수상은 북한을 방문해 김정일 국방위원장과 최초의 **북일정상회담**을 가졌다. 일본은 남북 간 경제협력이 이루어지고 한반도의 해빙 무드가 조성되자 북한을 포함하는 동북아시아 시장의 중심적인 역할을 선점하고, 나아가 북한을 교두보로 하여 유럽으로 진출할 수 있는 대륙 통로를 마련하고자 북한에 접근하였다. 북일정상회담에서 고이즈미 일본 수상과 김정일 국방위원장은 북일 평양선언에 서명하고 조속히 국교를 정상화하는 것에 공감했으나, 북한의 '일본인 납치 문제 해결'과 '핵무기의 개발'이라는 문제에 봉착하여 더 이상 진전을 보지 못했다.

한국과 북한 간에는 군사적 교전까지도 갈 수 있는 긴장감이 주기적으로 나타났다. 이는 이 지역에서 대 재앙과 같은 대규모의 전쟁이나, 심지어는 핵전쟁까지도 일어날 수 있다는 우려를 갖게 한다. 공식적으로 한국과 북한이 바라고 있는 통일을 이루는 데에는 매우 복잡하고 험난한 과정이 필요할 것이다.

제2차 세계대전이 종전되면서 분단되었고, 냉전시대에 이데올로기의 극심한 대결장이 었던 독일의 통일과는 많은 차이점을 보이게 될 것이다. 통일 당시 독일은 동독에 비해 인구는 4배였지만, 한국의 인구는 북한의 2배에 불과하다. 한국의 경제력으로 북한의 경제를 발전시키기 위해서는 많은 경제적 후퇴를 감수해야 할 것이다.

북한 정권의 목표는 체제를 유지하는 것이다. 북한의 체제가 무너지지 않기 위해서는 외부의 경제적 지원이 필요하다. 그러나 북한은 핵무기의 개발에 대한 국제적인 제재를 몇 년째 감수하고 있다. 미국의 트럼프 대통령은 2017년 군사적 보복을 통해 이를 파괴할 것까지 검토했다.

동북아시아에 위치한 크지 않은 나라인 한반도를 둘러싸고 있는 강대국은 미국, 중국, 러시아, 일본 등 세계의 4대 강국들이다. 이들이 과연 한반도의 통일을 어떻게 바라보고 대응할 것인지도 매우 중요한 문제이다. 각 국가들은 자국의 국가이익을 바탕으로 전략적으로 인식하고 접근하는 것이 국제정치의 논리이기 때문이다. 미국은 **미국 우선주의**를 채택하고 있으며 한미동맹의 변화를 시도하고 있다. 전시작전권의 전환 추진을 기하여 동맹의 모습은 어떤 형태로든 진화하게 될 것이다. 그리고 미국의 입장에서 한반도는 부상하는 중국을 견제하고, 여전히 유럽과 아시아에 걸쳐 강대국인 러시아를 봉쇄할 수 있는 지정학적 중요성을 가지고 있다.

중국은 북한과 국경을 마주하고 있으며 전통적인 혈맹의 우호관계를 강조하면서 이념적 동질성과 경제적인 유착관계에서 북한을 경시하지 않을 것으로 예상된다. 동시에 한국과는 경제시장의 교역 면에서 매우 중요한 비중을 차지하면서 세계 최강의 미국과 동맹관계를 유지하는 것에 대해 가깝지만 가까이 하기에는 쉽지 않는 면이 있다고 본다. 특히 역사적으로 중국과 한국은 같은 문화권이었으며, 지리적으로 대륙세력과 해양세력이 연결되는 통로의 역할을 해왔기 때문이다.

일본은 한국과 중국의 침략하고 식민 지배했던 역사적인 가해국가이다. 그러나 제2차 세계대전이 끝난 지 70년 이상이 지났지만 명확한 과거사에 대한 반성과 피해 보상의 조치가 완결되지 않은 상태의 앙금이 남아있다. 경제적으로는 미국의 제2차 세계대전 패전국의 경제 부흥정책과 한국전쟁 및 베트남전쟁의 특수로 인해 70년대와 80년대의 경제대국으로 성장하였으나, 이후 약 20년간 극심한 경제침체를 겪고 2010년대 이후 회복국면에 접어들고 있다. 한국과는 위안부 문제, 독도에 대한 영유권 분쟁 등의 문제에 대해 수시로 외교적 감정적 쟁점화가 되고 있으며, 중국과도 역사문제와 남중국해의 영유권 문제가 분쟁이 불씨로 작용하게 될 것이다.

<표 5-8 : 동북아 4개 국가 간의 외교관계>

구분	미국	일본	중국	러시아
미국		21세기 국제협력을 위한 동맹(1996)	건설적 · 협력적 동반자관계 (2006)	전략적 동반자관계 (2002)
일본	21세기 국제협력을 위한 동맹(1996)		전략적 호혜관계 (1996)	창조적 동반자관계 (1998)
중국	건설적 · 협력적 동반자 관계 (2006)	전략적 호혜관계 (1996)		전략적 협력 동반자관계 (1996)
러시아	전략적 동반자관계 (2002)	창조적 동반자관계 (1998)	전략적 협력 동반자관계 (1996)	

으로 중국은 '중화사상(中華思想)'으로 한족을 높이 평가하여 역사의 중앙에 두었으며, 나머지 민족은 오랑캐라고 미천하게 대우해 왔다. 주변 국가들을 점령해 강제 합병을 하고 동화를 명목으로 한족을 대규모로 이주시키는 정책을 펼치기도 했다. 대표적인 곳으로 위구르 인들은 신장지역에서 위구르 제국을 세우고 고유문화를 발전시켜 왔으나, 청나라 때 강제로 중국에 합병되었다.

이후 42차례나 독립운동을 벌이고 있으며, 1944년 자치 국가로 독립했지만, 5년 만에 중국에 다시 편입되었고, 1955년에 중국의 한 자치구가 되었다. 위그루 족은 이슬람교를 믿는 유목민의 후손으로 한족과는 문화, 언어, 종교, 풍습이 전혀 다르며 외양도 아랍인과 비슷하다. 중국은 한족을 무리하게 신장 지역으로 집단 이주시키고 강제로 두 민족을 동화시키려는 정책으로 많은 불만을 사고 있다.

티베트는 17세기부터 불교의 최고 지도자인 달라이 라마가 정치적인 지도자 역할을 수행했으나 현재는 중국의 자치구이다. 티베트는 1720년 청나라의 침략 이후 청의 지배하에 놓이게 되었다. 19세기 말, 청나라의 국력이 쇠약해지자 당시 지도자였던 달라이 라마 13세가 티베트의 독립을 시도했다. 그러나 이때 서구 열강의 아시아 진출이 본격화되고 그 교두보가 된 티베트에는 인도를 식민지화 한 영국의 군대가 주둔했다.

1912년 청나라가 멸망하고 중화민국이 탄생하자 티베트는 다시 독립을 시도했다. 1913년 티베트와 영국, 중국의 대표가 모여 회담을 했으나 독립이 인정되지 않았고, 티베트와 영국은 심라협정을 맺고 영국령 인도와 티베트의 국경선을 결정했다. 이후 1950년 중국은 티베트 동부에 군대를 보내 조약 체결을 강요하여 1951년 양국은 '티베트 평화해방협정'을 체결했다. 이 협정에는 티베트의 자치권과 달라이 라마의 지위 보장, 신앙의 자유 등이 명시되었으나 사태는 조약의 내용대로 진전되지 않았다. 1959년 약 2만 명의 티베트인이 무장봉기를 일으켰으며, 달라이 라마는 10만 명에 가까운 티베트인을 이끌고 인도로 망명하여 1960년에 인도 북부의 다람살라에 망명정부를 수립했다.

그 후 중국은 1960년대 문화혁명으로 인해 티베트어의 사용제한과 한족의 티베트 자치구로의 이주 등을 본격적으로 추진하였다. 티베트의 문제는 중국의 소수민족 인권탄압의 상징적인 존재가 되었다. 중국으로서는 티베트의 완전한 자치구를 인정하면 신장 웨이우얼 자치구와 내몽고 자치구에서까지 문제가 확대되는 것을 막기 힘들다는 것을 잘 알고 있다.

중국이 동중국해 방공식별구역을 선포한 배경은 댜오위다오 분쟁에 기인한 것으로 판단되며, 이 구역에 진입하는 일본 측의 항공 전력에 대한 대응명분을 확보하기 위한 것으로 평가할 수 있다. 또한 중국은 대양진출과 EEZ협상에서의 유리한 위치 확보를 위한 경제적 이유, 시진핑 정권의 변화된 외교 전략에서 추진된 것이다. 댜오위다오에 대한 중국과 일본의 마찰은 역사적으로 매우 오랜 분쟁의 역사를 가지고 있다.

<그림 5-1 : 남중국해 영유권 분쟁>

<표 5-4 : 댜오위다오에 대한 중-일 간 분쟁>

〈분쟁의 개황〉
이 섬의 중국 명칭은 댜오위다오(釣魚島)이며, 일본명은 센카쿠 열도(尖角列島), 대만의 명칭은 댜오위타이(釣魚臺)이다. 섬의 위치는 일본 오키나와 서남쪽 약 400㎞, 중국 대륙의 동쪽으로 약 350㎞, 대만의 북동쪽으로 약 190㎞ 떨어진 동중국해상에 위치한 8개의 무인도이다. 이 섬은 댜오위다위(釣魚島), 베이샤오다오(北小島), 난샤오다오(南小島), 지우창다오(久場島), 띠쩡다오(大正島) 등 5개의 도서와 페이라이(飛瀨), 베이옌(北岩), 난옌(南岩) 등 3개의 암초로 구성되어 있고, 총 면적은 6.32㎢이다.
현재는 일본이 점유하고 있으나, 중국과 대만이 각각 영유권을 주장하고 있다. 댜오위다오 분쟁은 인근 해역의 석유매장 가능성과 배타적경제수역 및 대륙붕 경계선 미확정, 중동과 동북아를 잇는 해상교통로이자 전략 요충지 등의 쟁점을 지닌 성격을 가지고 있다.

〈중국의 주장〉
중국은 댜오위다오가 대만의 부속도서로서 1403년 명나라 영락제 시기의 문헌을 근거로 중국이 가장 먼저 발견했으며, '댜오위다오'로 명명하여 섬을 이용해 왔다고 주장한다. 이때부터 계속해서 중국이 관할권을 행사해 왔고, 여러 고지도에서도 댜오위다오를 중국의 영토로 표기하고 있다고 주장한다.

현실적인 제한을 받고 있다. 이런 점에서 한국 헌법 제3조는 현재의 한반도 상황과는 일치하지 않지만, 분단국가에서 어쩔 수 없이 발생하는 현상이라고 인식할 수 있다. 그럼에도 불구하고 한국 헌법 제3조에 따라 법적으로 판단할 때, 북한은 대남적화노선을 고수하면서 한국의 자유민주체제의 전복을 획책하는 반국가단체라고 할 수 있다. 다만 한국 정부가 헌법 제4조[6]에서 평화통일원칙에 근거한 정책을 추진하기 때문에 북한은 조국의 평화적 통일을 위한 대화와 협력의 대상이라는 사실상의 지위도 함께 가질 수 있다.

국제법적 관점에서 본 북한의 법적 지위는 일반적으로 **「국가의 권리와 의무에 관한 몬테비데오 협약」**의 규정에 의하여 해석한다.[7] 이에 의하면 국가는 일정한 영역과 주민, 그리고 이들 영역과 주민을 다스리는 배타적인 국가조직, 즉 국가권력(=통치력)을 가지고 있는 공동체라고 정의하고 있다. 요컨대 국가는 지구의 특정한 영역에서 고권적(固權的)통치 권력에 의해 지배를 받으면서 일정한 목적에 의해 질서가 형성된 사회공동체에 살고 있는 주민들에 의해 결합된 조직체라고 할 수 있다.

북한지역에는 약 2,500만의 주민이 거주하고 있고, 북한은 한반도의 약 절반인 휴전선 이북의 지역을 점거 중에 있다. 비록 북한 정권은 3대에 걸쳐 독재자로 군림하고 있고, 인권을 탄압하고 있는 정권이지만, 국제법상 정부로서 갖추어야 할 기본적인 형태는 구비하고 있기 때문에 북한지역에 현존하는 당국으로 인정할 여지가 없다 하기는 어렵다. 한편 UN은 1991년 9월 17일, 대한민국과 조선민주주의인민공화국이 동시에 UN의 회원국으로 가입을 승인하였다. 그러나 한국은 일관되게 북한을 국가로 승인하지 않고 있다는 점은 분명한 사실이다. 한국은 한반도에서 유일한 합법정부라는 제헌헌법 이래의 헌법정신을 견지하고 있으며, 이는 한반도에서 통일을 추진함에 있어 외세의 개입을 배제할 수 있는 중요한 논지가 될 것이다.

북한 주민도 당연히 대한민국의 국적을 가진다고 보아야 하며, 북한 주민은 국내법상 대한민국 국민으로서의 권리와 의무를 가진다고 볼 수 있다. 한국 정부는 탈북 북한 주민의 국내 적응 및 정착을 위해 필요한 보호와 지원을 하기 위해 「북한 이탈주민의 보호 및 정착지원에 관한 법률」[8]을 제정하여 시행하고 있다. 그러나 북한 주민이 한국이 아

---

6) 대한민국 헌법 제4조에는 "대한민국은 통일을 지향하며, 자유민주적 기본질서에 입각한 평화적 통일 정책을 수립하고 이를 추진한다."라고 규정하였다.

7) 협약 제1조는 국제법상 국가로 인정받기 위해서는 ① 항구적인 주민(permanent population), ② 일정한 영역(defined territory), ③ 정부(government), ④ 다른 국가들과 관계를 맺을 수 있는 외교능력(capacity to enter into relations with the other states)을 가져야 한다고 규정하고 있다.

닌 지역으로 탈북한 경우 국제사회는 북한 주민을 북한 국적으로 인정하는 경향이 강하다. 이로 인해 북한 인접국은 한국정부의 강제송환금지 호소에도 불구하고 탈북 주민에 대한 조치를 북한과의 협정에 따라 처리한 경우가 많았다.[9]

무력 충돌 시 북한지역이 수복됨에 따라 자발적이지 못한 방법과 절차에 의해 한국의 통치권 하에 들어오게 되는 북한 주민들은 당연히 별다른 조치 없이도 한국의 국민이 된다. 그러나 제3국이 북한 주민을 당연히 한국의 국민으로 판단하는 것은 아니며, 북한 국적을 한국의 국적과는 별개로 인정하려는 경향이 있다. 따라서 **수복지역**(Reclaimed Area) 에 거주하는 북한 주민이 관련법 및 특별조치법 등에 의해 한국 국민으로서 등록되기 이전에는 전쟁법상에 규정된 점령지 주민과 동등하게 대우하는 것이 필요하다.

3. 6.25 전쟁의 정전체제와 평화협정

현재의 한반도를 규율하는 법적인 토대는 1953년 7월 27일 6.25 한국전쟁을 종식시켰던 '**정전협정**(Armistice Agreement)'이다.[10] 이 협정은 여전히 법적으로 유효한 상태이고 '정전(停戰)'은 '종전(終戰)'이 아니기 때문에 한반도는 법률적으로는 전쟁의 지속상태에 있는 것이다. 이 협정으로 인해 남북은 적대행위는 일시적으로 정지되었지만 전쟁상태는 계속되는 국지적 휴전상태에 들어갔다. 남북한 사이에는 **비무장지대**(DMZ)와 **군사분계선**(MDL)이 설치되었고, 국제연합군과 공산군 장교로 **군사정전위원회**(MAC) 본부가 판문점에 설치되고 스위스·스웨덴·체코슬로바키아·폴란드 등 4개 국가로 구성된 **중립국감시위원회**(NNSC)가 운용되었다.

---

8) 북한이탈주민이란, 북한에 주소·직계가족·배우자·직장 등을 두고 있는 자로서 북한을 벗어난 후 외국의 국적을 취득하지 아니한 자로 정의하고 있으며, 정착지원시설에 의한 보호 등 인도주의적 입장에서 특별한 보로를 받게 된다.

9) 1999년 11월 북한을 탈출하여 중국을 경유, 러시아로 들어간 탈북자 7명이 러시아 국경수비대에 체포되었는데, UN 난민고등판무관사무소(UNHCR)가 난민으로 인정하였음에도 불구하고, 러시아는 중국으로 추방했고, 중국은 한국의 설득과 UNHCR의 호소에도 아랑곳하지 않고, 2000년 1월 12일 북한으로 강제송환한 사례가 있다.

10) 정식 명칭은 '국제연합군 총사령관(클라크)을 일방으로 하고 조선민주주의인민공화국 최고사령관(김일성) 및 중공인민지원군 사령원(펑더화이)을 다른 일방으로 하는 한국 군사정전에 관한 협정'이다. 영문, 한글, 한문으로 작성되었으며, 내용은 서언과 전문 5조 63항, 부록 11조 26항으로 이루어졌다.

3. 일본의 군사대국화와 주변국 분쟁

일본은 북방 영토에 대해 러시아와 분쟁을 겪고 있다. 일본의 북방영토란, 홋카이도 동쪽에 있는 하모마이제도 시코탄, 쿠나시리, 에토로프 네 개의 섬들을 가리킨다. 제2차 세계대전 말기인 1945년 8월 9일, 소련은 일본에 선전포고를 했고, 8월 18일부터 9월 5일에 걸쳐 이 네 섬을 점령했다.[1] 그 후 소련은 북방 영토를 자국령에 편입하고 1949년까지 이 섬들에 살고 있던 약 17,000여 명의 일본인들을 강제 퇴거 시켰다.

<그림 5-2 : 일본과 러시아의 북방영토 분쟁>

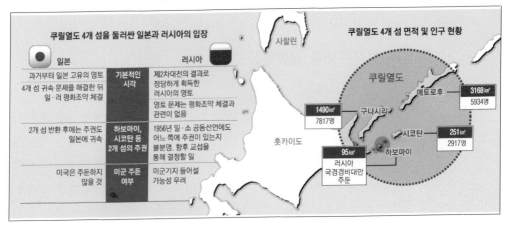

제2차 세계대전의 패전국인 일본은 1951년 연합국과 샌프란시스코 평화조약을 체결하고 국제사회에 복귀했다. 일본은 이 평화조약에서 쿠릴 열도와 남 사할린의 주권을 포기했다. 그러나 일본은 '러일 통상우호조약'과 '사할린 및 쿠릴 교환조약'을 근거로 샌프란시스코 평화조약에서 포기한 쿠릴 열도는 우르프와 그 북쪽의 섬들을 가리키는 것이라고 주장한다. 반면에 소련(러시아)은 쿠릴 열도가 북방 4도를 포함하는 섬들이라고 주장하고 있는데, 당시 소련은 샌프란시스코 평화 조약이 미국이 주도한 조약이라는 이유로

---

1) 8월 18일 소련의 제2극동군이 캄차카 반도에서 쿠릴 열도 최북단의 슈무슈 섬을 침공했으며, 이후 쿠릴 열도를 남하 하면서 8월 31일에 우루프 섬을 점령했다. 이와 별개로 러시아 제1극동군이 사할린 방면으로 침공하여 8월 28일부터 9월 5일까지 북방 4도를 점령한다. 당초 제1극동군은 홋카이도 북부 점령까지 의도하고 있었으나 미국의 반대로 단념했다.

조인에 참가하지 않았다. 이로 인해 일본과 소련은 양국 간의 평화 조약 체결을 위한 협상을 시도하였으나 무산되었고, 결국 1956년 국교를 회복하기 위한 '소일 공동선언'이 발표되었다.[2]

이후 일본은 북방영토의 반환을 요구하였다. 1956년 소일 공동선언이 맺어져 하보마이와 시코탄의 반환이 명기되었으나, 미소 간의 냉전이 진전되는 가운데 1960년 일본이 미일 안전보장조약을 체결하자 소련이 태도를 바꾸었다. 소련은 하보마이와 시코탄을 반환하는 것을 전제로 일본에서의 외국군 철수라는 조건을 일방적으로 통보해 왔다. 제2차 대전 후 미국과 밀접한 관계를 다져온 일본으로서는 수용하기에 불가능한 조건이었다. 1961년 흐루시초프 서기장은 '**북방 영토 문제**는 해결이 난 문제이다'라고 발언하기도 했으며, 이후 소련은 '해결 종료' '문제는 존재하지 않는다'라는 주장을 반복해왔다.

1991년 소련이 붕괴하고 러시아 연방이 성립되었다. 1993년 일본을 방문한 옐친 대통령은 일본의 호소카와 수상과 '도쿄 선언'을 발표하였는데, 여기에는 북방 4도의 이름을 명시하고 북방 영토 문제를 인정하며, 문제의 해결과 함께 평화조약을 체결할 것 등을 명시하였다. 1997년에는 '도쿄 선언'에 기초하여 2000년까지 평화조약을 체결하는 데 최선을 다한다는 '크라스노야르스크 합의'가 체결되었다. 2001년 러시아 푸틴 대통령이 일본 모리 수상과의 회담에서 평화조약 체결 후에 하보마이와 시코탄을 반환할 것을 약속한 1956년의 '미소 공동선언'이 유효함을 확인했다. 그러나 푸틴 대통령은 체첸 분쟁에서의 강경 자세로 국내에서 지지를 얻고 있으며 북방 영토의 문제 해결에 대해 매우 소극적이다. 북방 영토의 반환은 일본에 대한 양보 또는 경제(돈)원조에 영토를 바꾸었다는 비판으로 연결되는 것을 우려하고 있기 때문이다.

한편 일본은 중국과 센카쿠 섬을 둘러싸고 평행선의 줄다리기를 하고 있다. 센카쿠 섬의 일본명은 '**센카쿠(尖閣) 제도**'라고 하며, 중국명은 '**댜오위다오(釣魚島)**'라고 부른다. 이는 남중국해에 있는 크고 작은 섬과 암초로 이루어진 군도로, 옛날부터 그 존재가 알려져 있었지만 무인도인데다가 특별히 어느 나라에 귀속한다는 문서가 존재하지 않는다. 1885년 이후 일본 정부는 세 차례에 걸쳐 센카쿠 섬을 현지 조사했다. 그리고 이 섬

---

2) '소일 공동선언'에는 북방 4도 중 하보마이, 시코탄 두 섬을 평화조약 체결 후에 일본에 인도하기로 하였고, 쿠나시리와 에토로프섬에 대해서는 평화조약 체결을 위한 협상에서 계속 협의하기로 했다.

주장의 해소, 그리고 안정을 보장하는 새로운 질서의 수립이라는 미래지향적 · 법적 합의를 내포하게 된다.

전통적 의미의 평화협정은 적대행위, 폭력행위, 살상행위 등의 행했던 당사자 간 영속성 있는 타협과 화해, 그리고 상대 국가의 국민에 대한 용서를 달성하는 것을 목적으로 하고 있다. 그러나 현대적인 의미의 개념은 단지 '무력적 적대관계의 부재'나 '교전이 없는 상태'라는 평화의 현상 유지를 넘어 교전 당사자 간 상호 주권 평등의 인정으로 발전되고 있다. 이에 따라 근대 이후의 평화협정은 적대관계의 종료 이상의 것을 달성하고 '새로운 정치질서의 수립'을 시도하는 것이라고 할 수 있다.

한반도에서의 남북 정전체제를 평화체제로 전환하는 것에 대한 논의 역사를 짚어보면 다음과 같다. 1970년대 들어 국제적인 긴장완화(detente)분위기 속에서 1971년 남북적십자회담이 개최되고, 1972년에는 '7.4 공동성명'이 발표되면서 한국전쟁 이후 최초로 남북 간에 평화관련 합의가 성사되었다. 이후 북한은 남북 간에는 불가침선언을, 북미 간에는 평화협정의 체결을 모색하는 전략을 꾸준히 지속했다.

1991년 9월에는 남북한이 UN에 동시 가입하면서 북한은 유엔 간의 비정상적 관계는 더 이상 지속되어서는 안되며 이를 청산하기 위해 정전체제를 평화체제로 전환 및 유엔군 사령부 해체, 조미 평화협정의 체결, 주한미군의 철수 등을 이행할 것을 주장하였다. 1991년 12월, **남북기본합의서**에 따라 남북한 간 불가침 선언이 채택됨에 따라 이후 북한은 북미관계에 더욱 치중하여 정전협정을 평화협정으로 전환할 것을 지속적으로 제안하였다. 2007년 10월 4일, 제2차 남북정상회담에서 합의된 '**10.4 선언**(남북관계 발전과 평화번영을 위한 선언)'에서 정전체제 종식 및 종전 선언에 대해 언급하였다.[11] 한편 2018년 4월 27일 판문점에서 개최된 제3차 남북정상회담에서 '**판문점 선언**(한반도 평화와 번영, 통일을 위한 판문점 선언)'이 채택되었는데, 이는 양국 정상이 합의한 문서에서 처음으로 정전협정의 평화협정으로의 전환을 명문화한 것이다.

한반도에서의 평화협정은 전쟁상태의 종결 및 평화상태의 회복이라는 가장 근원적인 내용에서 출발해야 할 것이다. 한반도는 역사적으로 일본의 강제병합으로부터 독립, 타의에 의한 국토의 분단, 강대국의 이데올로기에 의한 민족 상쟁 등의 지난한 역사를 넘

---

11) 동 선언에서 "남과 북은 현 정전체제를 종식시키고 항구적인 평화체제를 구축해 나가야 한다는데 인식을 같이하고 직접 관련된 3자 또는 4자 정상들이 한반도 지역에서 만나 종전을 선언하는 문제를 추진하기 위해 협력해 나가기로" 합의하였다.

어 진정한 의미의 영구적 평화를 정착시켜야 하며 그러기 위해서 종국적으로는 통일을 지향해야 한다.

통일은 새로운 체제의 형성 과정이며, 남북관계의 변화에 따라 단계별 추진 과제와 과정이 상이할 수밖에 없을 것이다. 따라서 한반도에서의 평화협정을 체결함에 있어서는 평화협정의 전통적인 내용에 추가하여 한반도의 특수성을 고려한 통일과 동북아 및 세계 평화에 기여하는 등 미래 지향적인 내용이 추가되어야 할 것이다.

4. 응전자유화 지역의 문제

응전자유화(應戰自由化, Liberation)란, 적의 점령을 배제하고 자기 또는 동맹국의 영토를 회복하는 것에 대한 국제법상의 개념으로 '점령(占領)'에 대한 반대의 뜻이다. 이에 비해 수복(收復)은 일정 기간 동안 국내법의 적용이 제한되었던 지역의 적을 축출하고 국내법의 적용범위를 확대하는 것을 말한다. 군사용어상의 **자유화지역**(Freed Area, Reclaimed Area)란, "적에 의해 국내법의 적용범위가 제한되어 있던 지역으로부터 적을 축출하고 국내법의 적용범위를 확대하게 된 지역"이라고 정의하고 있다.

한국의 헌법 제3조는 "대한민국의 영토는 한반도와 그 부속도서로 한다."고 규정하고 있으며, 헌법 제5조 제1항에서는 "대한민국은 국제평화유지에 노력하며, 침략전쟁을 부인한다."라고 규정하고 있다. 또한 UN 헌장은 '자위권의 행사와 안보리 결의에 따른 무력 사용은 적법한 무력행사'로 보고 있다. 따라서 북한군의 선제공격에 대응한 자위권의 행사 또는 UN 안보리 결의를 통한 무력행사의 결과로서 한국군이 북한 지역에 진출하는 것은 한국 헌법과 UN 헌장에 위반하는 것이 아니다. 또한 「육전의 법 및 관습에 관한 **협약**(헤이그 제2협약)」 제40조는 "당사자 일방이 휴전협정의 중대한 위반을 할 때에는 타 당사자는 협정을 폐기할 권리를 가지며, 긴급한 경우에는 즉시 전투를 개시할 권리를 가진다."고 규정하고 있다.

따라서 북한이 정전협정을 위반하고 남침을 한 경우에는 곧바로 정전협정을 폐기하고 자위권을 행사하는 것을 정전협정의 위반이라고 할 수 없다. 그러므로 만약 북한이 먼저 정전협정을 위반하여 무력 남침을 감행할 경우, 한국은 자위권 등의 행사로써 이를 격퇴

전략으로 제시되었으며 국민들의 많은 지지를 얻어냈다.

　　한편 일본은 2015년 9월 19일 국제평화지원법을 제정했다. 아베 총리는 급변하는 아시아 태평양 지역 안보환경 속에서 "어떤 사태가 발생하더라도 국민의 생명을 지킬 수 있어야 한다." "일본이 적극적 평화주의를 통해 국제평화에 공헌하겠다."라는 주장을 펼쳤다. 이 법안의 통과로 일본은 자국이 직접 공격을 받지 않더라도 밀접한 타국이 공격받아 일본의 존립이 위태로워지는 때에 무력을 행사할 수 있게 되었다. 이른바 집단적 자위권의 행사이다. 이것은 '미국과의 대등한 동맹'을 실현하려는 아베 총리의 의도와 자위대를 활용해 군사적 부담을 완화하려는 미국의 의도가 얽혀서 빚어낸 결과이다.

4. 러시아의 꿈과 동아시아 지역주의 부활

　　러시아의 영토는 유럽과 아시아를 아우르고 있다. 러시아의 국장(1993년에 채택되어 2000년 12월 20일 공식 제정)에는 두 개의 머리를 가진 독수리가 동쪽과 서쪽을 바라보고 있다. 역사적으로 러시아는 서쪽인 유럽이 막히면 동쪽인 아시아로, 동쪽인 아시아가 막히면 서쪽인 유럽으로 진출하는 전략을 썼다.

　　제정러시아는 1856년 크림전쟁에서 유럽 열강에 패해 서남쪽으로의 진출이 어려워지자, 동쪽을 공략했다. 1860년 제정러시아는 청나라와 베이징 조약을 맺고 극동의 연해주인 프리모르스키 크라이와 사할린 섬을 차지했다. 이때 제정러시아는 연해주에 항구를 만들고 '**블라디보스토크**(동방을 지배하라는 뜻)'라고 명명했다. 블라디보스토크는 러시아의 유일한 부동항이 되었다. 이어서 알렉산드로 3세는 1891년 극동지역을 개발하고자 모스크바와 블라디보스토크를 연결하는 시베리아 횡단열차를 건설에 착수하여 1916년에 완공했고, 이것은 아시아와 유럽을 잇는 통로가 되었다.

　　러시아는 유럽과 아시아 대륙을 가로질러 세계최대 영토(한반도 77배)를 자랑하고 있으며, 동아시아 지역주의 네트워크에 얼마나 깊숙이 관여할 것인지는 매우 중요한 의미가 있다. 냉전기 소련은 미국의 태평양 군사력과 그 동맹세력을 잠재적 위협으로 보고 극동지방을 군사기지화 했다. 러시아는 영토의 2/3가 아시아에 속하지만, 유럽 쪽인 모스크바를 수도로 하고 기독교 문명권에 속한다. 러시아 내에서는 여전히 러시아의 문명

정체성과 관련하여 수세대 이어져온 논란이 계속되고 있다. 실상 러시아의 정치제도와 문화는 역사적으로 분명 유럽과 다르지만 그렇다고 해서 러시아가 곧 '아시아'국가라는 논리는 일반 러시아인들(특히 우랄 서쪽 러시아인) 사이 통용되기는 어렵다. 한편, 러시아가 유럽도 아시아도 아닌 독특한 정체성을 갖는다는 뜻에서 '유라시아' 학파가 오랜 전통을 갖고 있지만 애매한 개념이다. 그러다 2000년대 들어 '유로-태평양 세력(Euro-Pacific power)'이라는 신조어가 등장했는데 이는 러시아가 유럽과 아시아를 잇는 지정학적 중추로서 유라시아 내 불가결 행위자임을 뜻한다.

러시아의 정체성 논란은 동아시아 지역주의에 임하는 러시아 정부의 일관적인 정책결정 및 이행을 어렵게 하는 배경이 되어 왔다. 그러나 러시아는 한반도와 동북아는 물론, 동아시아와 태평양 지역에서 잃어버린 영향력을 복원해 옛 영광을 재현하고자 노력하고 있다. 2000년 블라디미르 푸틴 대통령 집권 이후 러시아는 좀 더 적극적으로 동방정책을 추구하고 있다. 그 목표는 첫째, 낙후된 시베리아와 극동지방을 개발하는 데 필요한 자본과 기술지원 획득하는 것과, 둘째, 역내 문제에 있어 미국이나 중국과 동등한 정치적 영향력, 혹은 적어도 균형자 역할을 확보하데 있다.

2008년 세계경제위기가 초래한 유가하락 및 러시아 경제 위기와 2011년 이후 그리스 등 유로존 국가들의 재정위기 등은 러시아정부를 매우 어렵게 했다. 푸틴 대통령은 2012년 9월, APEC 의장국으로서 블라디보스토크 정상회의를 계기로 좀 더 강화된 소위 '신동방정책'을 추진하게 되었다. 신동방정책이란 자원이 풍부한 동시베리아와 극동지역을 개발해 러시아의 경제발전과 아시아·태평양 지역으로 진출을 도모하는 것을 말한다. 극동지역 개발은 러시아 경제발전을 위해 매우 중요한 지역이다. 러시아 극동지역은 원유, 천연가스 등 에너지 자원의 20%만이 개발된 상태이다. 푸틴 대통령은 연방정부 내 '러시아극동지방개발부'(Министерство Российской Федераци и по развитию Дальнего Востока)를 신설하고 신임장관으로 극동지방 행정경력을 가진 빅토르 이샤예프를 임명했다.

러시아는 탈 냉전 이후 약 10여 년 동안 경제적인 침체를 겪으면서 어려움에 처했으나, 1999년 12월 31일 블라디미르 블라디미르비치 푸틴 대통령이 취임하면서 강한 러시아제국의 영광을 재현할 것을 주장하고 있다. 러시아는 한 손에 강력한 군사력과 다른 한 손에는 풍부한 자원을 들고 극동지역에서 존재감을 과시하려고 하고 있다.

제3절 한반도의 안보현상과 분쟁관리

1. 독도 영유권 분쟁

독도는 동해에 있는 섬으로 한국의 영토(경상북고 울릉군 울릉읍 도동리 산 42-76)인데, 일본의 영유권 주장으로 분쟁 중임을 주장하고 있다. 한국은 독도가 경상북도에 속한다고 주장하며, 일본은 시네마현(오키군 고카촌)에 속한다고 주장하고 있다. 독도의 영유권 분쟁은 한국정부가 1952년 1월 18일, '인접해양의 주권에 관한 대통령 선언(일명 평화선 선언)'을 발표하면서, 평화선 안에 독도를 포함시킨 것을 계기로 독도가 한·일 간의 분쟁거리로 등장하게 되었다.

<그림 5-5 : 한·일 간의 독도 영유권 분쟁>

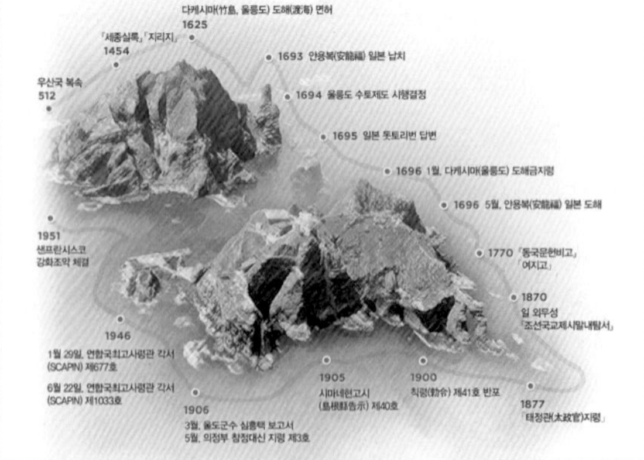

독도 관련 일본 도발 일지

1996년	문부과학성, 검정 중·고교 지도 5종에 독도를 자국령으로 표기
2005년	시마네현 의회, 2월 22일을 '다케시마의 날'로 정하는 조례 의결 방위백서에 '독도는 일본 땅' 주장 처음 포함
2008년	문부과학성, 중학교 사회교과서 학습지도 요령 해설서에 '독도 영유권' 명기
2009년	문부과학성, 고등학교 사회교과서 학습지도 요령 해설서에 '독도 영유권' 명기
2010년	외무성, '독도 영유권' 명기한 2010년도 외교청서 발표
2011년	자민당 의원, 울릉도 방문 무산 겐바 고이치로 외무상, "독도가 법적 근거 없이 (한국에) 점거·지배되고 있다" 망언
2012년	방위백서에 8년 연속 '독도는 일본 땅' 주장 포함 8월 이명박 전 대통령 독도 방문 관련 신각수 주일 한국대사 초치, 무토 마사토시 주한 일본대사 귀국 조치
2013년	독도 영유권 주장 동영상 인터넷 유포
2014년	독도 영유권 주장 홍보하는 정부 공식 홈페이지 개설 문부과학성, 중·고교 사회교과서 학습지도 요령 해설서에 '독도·센카쿠 일본 고유 영토' 명기

독도는 역사적 · 지리적 · 국제법적으로 한국의 영토이며, 한국이 **'실효적으로 지배**(effective occupation)'하고 있다. 독도에 대한 영유권 분쟁은 존재하지 않으며, 독도는 외교 교섭이

나 국제 사법적 해결의 대상이 될 수 없다고 본다. 독도는 역사적으로 울릉도로부터 87.4㎞의 거리에 위치하며 울릉도의 일부로 인식되었다. 이런 사실은 한국의 고문서를 통해 확인할 수 있는데,13) 1454년에 발간한『세종실록』'지리지'에는 "우산(독도)과 무릉(울릉도) 두 섬은 서로 멀리 떨어져 있지 않아 날씨가 맑으면 바라볼 수 있다."고 기록하고 있으며, 이 두 섬은 강원도 울진현에 속한다고 했다. 이 문서는 두 섬이 512년 신라가 복속한 우산국의 영토라고 기록하고 있어 독도에 대한 통치는 신라시대까지 거슬러 올라간다. 특히 1770년에 편찬된『동국문헌비고』'여지고'에서는 "울릉(울릉도)과 우산(독도)은 모두 우산국의 땅이며, 우산(독도)은 일본이 말하는 송도(松島)"하고 기술함으로써, 우산도가 독도이며 한국의 영토임을 더욱 명확히 하고 있다.

17세기 일본 돗토리번의 오야 및 무라카와 양가는 조선 영토인 울릉도에서 불법 어로 행위를 하다가 1693년 울릉도에서 안용복을 비롯한 조선인들과 만나게 되었다. 양가는 일본 정부인 에도 막부에 조선인들의 울릉도 도해 금지를 청원하였고, 막부가 쓰시마번에 조선 정부와의 교섭을 지시함에 따라 양국 간 교섭이 있었는데 이를 "울릉도 쟁계"라고 한다. 에도 막부는 1695년 12월 25일 '돗토리번 답변서'를 통해 "울릉도(죽도)와 독도(송도) 모두 돗토리번에 속하지 않는다"는 사실을 확인한 후 1696년 1월 28일 일본인들의 울릉도 방면 도해를 금지하도록 지시했다. 이로써 한·일 양국 간 분쟁은 마무리 되었고, '울릉도 쟁계' 과정에서 울릉도와 독도가 한국의 영토임이 확인되었다.

한·일 간 '울릉도 쟁계'를 통해 독도가 한국의 영토임이 확인 된 이래, 일본의 근대 메이지 정부에 이르기까지 일본 정부는 독도가 자국의 영토가 아니라는 인식을 가지고 있었다. 일본정부의 공식 문서인 1877년『태정관지령』에도 에도막부와 조선 정부 간 교섭(울릉도 쟁계) 결과, 울릉도와 독도가 일본 소속이 아님이 확인되었다고 판단하고, "죽도(울릉도)외 일도(독도)는 일본과 관계가 없다는 것을 명심할 것"을 내무성에 지시하였다.14)

1900년 대한제국은「칙령 제41호」에서 독도를 울도군(울릉도) 관할구역으로 명시했으며, 울도 군수가 독도를 관할하였다. 1900년 10월 27일 대한제국은 황제의 재가를 받아 울릉도를 울도로 개칭하고 도감을 군수로 승격한다는 내용을 칙령 제41호를 반포했다.

---

13) 세종실록 외에 독도에 관한 고문서는 1531년의『신증동국여지승람』, 1770년의『동국문헌비고』, 1803년의『만기요람』, 1908년의『증보문헌비고』등이 있다.

14) 이 문서에 첨부하였던 기죽도약도(磯竹島略圖)(기죽도는 울릉도의 옛 일본 명칭)에 죽도(울릉도)와 함께 송도(독도)가 그려져 있었다.

은 소련 스탈린의 사주를 받고, 중화인민공화국(People's Republic of China) 마오쩌뚱의 지원으로 불법 남침을 개시하였다. UN 안전보장이사회는 즉각 북한의 불법 침략을 규탄 하고 즉시 38선 이북으로 철수할 것을 촉구하였으나, 3일 만에 서울을 점령하였고 계속 남하하여 대한민국은 위기에 빠졌다. UN은 소련의 불참 하에 연합군의 지원을 결의하고 미국을 그 대표국가로 지정하여 한국전쟁을 지원하게 된다.

1950년 9월 15일 인천상륙작전을 감행하여 전세를 역전시킨 UN군은 새로운 결의를 통해 38선을 돌파하여 최초 참전의 목표였던 38선의 회복으로부터, 한반도의 민주적인 통일정부를 목표로 38선 이북으로 공격하게 되었다. 10월 중순경 전선이 거의 한국과 만주의 국경선에 이르게 되자 중화인민민주주의공화국의 군대가 의용군의 명분으로 참전하게 되어 국제전쟁의 성격을 띠게 되었다.

이후 38선을 두고 2년 이상의 공방전이 계속되었고, 휴전협정이 진행되어 1953년 7월 27일 UN군 사령관과 중국 지원군사령관, 그리고 북한군 대표를 서명인으로 하여 정전협정을 조인하게 되었다. 이후 수많은 분쟁이 비무장지대인 DMZ와 서해 수역, 심지어는 청와대의 공격, 해외에서의 테러, 민간 항공기의 테러 등 다양한 수단과 방법으로 발생하였다.

<표 5-6 : 한국과 주변국 간 상호 관계>

한 · 미	한 · 일	한 · 중	한 · 러
21세기 전략동맹	성숙한 동반자관계	전략적 협력 동반자 관계	전략적 협력 동반자 관계

1990년 냉전이 종료되고 한국은 해체된 구소련인 러시아 및 중국과 국교를 정상화하고 **북방정책**을 추진하였으며, 북한은 핵무기 개발과 장거리 미사일 개발을 표면화 하여 국제사회의 우려와 주목을 받았다. 한국은 6.25 전쟁 직후에 체결한 한미동맹에 의해 안보비용을 절감하는 대신, 수출 위주의 경제개발에 집중하여 1996년 선진국으로 가는 관문이라고 할 수 있는 **'경제개발협력기구(OECD)'**에 가입하여 국제사회에 다양하게 기여해 왔다. 2012년 6월 23일 부로 '20-50 클럽'에 도달하여, 국내총생산(GDP)이 2만 달러 이상이면서, 전체 국가의 인구가 5천만 명이 넘는 이른바 본격적인 선진국의 대열에 들어섰다고 발표했다.[5)]

한편 북한은 한국과 체제경쟁을 하면서 고르바초프의 페레스트로이카나 중국의 경제 개방과 같은 개혁정책을 거부하고 독자적인 공산주의 체제를 유지했다. 본질적으로는 스탈린주의에 머물면서 독제체제에 의한 **세습적 공산주의**라는 특이한 모델을 만들어 냈다. 1994년 김일성이 사망하고 그의 아들이 김정일에게 권력을 승계하였고, 다시 2010년 도에는 김정일의 아들 김정은에게 권력이 승계되었다. 북한은 식량 부족에 시달리며, 경제는 거의 파탄에 빠진 상태이지만 1993년부터 본격적으로 개발해 온 핵무기와 탄도미사일은 2017년 말을 기준으로 잠정적인 핵보유국으로 만들었다.

1998년 한국의 대통령으로 당선된 김대중은 '**햇볕정책(Sunshine Policy)**'이라는 대북화해 협력정책을 펼쳤다. 이후 남북은 분단 50여 년이 지난 2000년 6월 13~15일에 제1차 남북정상회담이 한국의 김대중 대통령과 북한의 김정일 국방위원장 간에 이루어졌다. 이후 2007년 10월 2~4일에는 한국의 노무현 대통령과 북한의 김정일 국방위원장 간에 제2차 남북정상회담이 개최되었다.

<표 5-7 : 남북정상회담 추진 현황>

구분	개최 일자	개최 장소	회담결과(산물)
2000년	2000.6.13.~15.	평양	6.15 남북공동선언
2007년	2007.10.2.~4.	평양	10.4 남북공동선언
2018년	2018.4.27.	판문점 (남측 자유의 집)	한반도 평화와 번영, 통일을 위한 판문점 선언
	2018.5.26.	판문점 북측 통일각	
	2018.9.18.~20.	평양	9월 평양공동선언 9.19남북군사합의서

한편 2018년에는 한국의 문재인 대통령과 북한의 김정은 국무위원장 간에 세 차례(4월 27일, 5월 26일, 9월 18~20일)의 정상회담이 열렸다. 2018년 4.27 남북정상회담을 발판으로 6월 12일에는 싱가포르에서 미국의 트럼프 대통령과 북한의 김정은 국무위원장 간의 **미북정상회담**이 성사되었다.

한반도 정세는 인접국가인 일본에도 큰 영향을 미치고 있다. 일본은 1970년대부터

---

5) 현재까지 20-50 클럽에 가입된 국가는 일본, 미국, 프랑스, 이탈리아, 독일, 영국, 그리고 대한민국 등이 이에 해당한다.

로 한국이 일본의 독도문제에 관한 ICJ 제소에 동의하지 않는다면, ICJ는 독도의 영유권에 관하여 재판을 할 수 있는 관할권이 성립될 수 없다.[17]

2. 영해와 해양관할권 분쟁

현재 국제사회의 해양에 관한 평시의 질서는 '바다의 헌법'이라 불리는 「**해양법에 관한 UN 협약**(UN Convention On The Law Of The Sea)」에 의해 규율되고 있다. 1958년 제1차 해양법회의에서 국제법위원회(ILC)가 준비한 초안에 기초하여 '영해 및 접속수역·공해·공해상의 어업 및 생물자원 보존·대륙붕에 관한 제네바협약'이 체결되었다. 1982년 총 320개의 조문과 9개의 부속서로 구성된 「해양법에 관한 UN 협약」이 채택되었으며, 1994년 11월 16일 「해양법협약」이 발효되었다. 한국은 1983년 3월 이 협약에 가입하였고, 1995년 12월 1일 국회 비준동의를 받아 1996년 2월 28일부터 협약이 발효되었다. 북한은 1982년 「해양법에 관한 UN 협약」에 서명하였으나, 해양법협약을 비준하지 않은 상태이다.

<표 5-10 : 「해양법에 관한 UN 협약」 주요내용>

- 영해 폭의 확정 : 영해의 폭을 최대 12해리로 명문화
- 통과통항제도 : 연안국 관할의 국제항행용해협에 대해 자유로운 통과통항제도 적용
- 배타적경제수역제도 : 연안국에게 주변 200해리 수역의 개발 및 관리에 대한 주권적 권리 및 배타적 관할권 부여
- 대륙붕 범위 확장 : 최대 350해리까지 대륙붕 외측한계 연장
- 심해저 제도 : 심해저에 보존된 광물자원을 인류 공동 유산으로 정의하고 국제기구 관리 하에 개발하도록 제도 마련
- 해양환경 보전 : 해양환경 오염방지 및 개선을 위한 국가의 노력 및 국가 간 협력
- 해양분쟁 해결제도 : 국제 해양법재판소의 신설 등

---

17) ICJ가 특정한 사항에 관해 재판할 수 있는 물적관할권은 분쟁 당사국이 임의적으로 합의하여 분쟁의 해결을 ICJ에 부탁하는 임의적관할권과, 구체적인 분쟁이 발생하기 전에 선택조항의 수락, 재판조약, 또는 재판조항 등에 의해 장래에 발생할 분쟁을 재판소에 부탁하기로 미리 합의한 경우인 강제적관할권에 의해 성립한다.

「해양법에 관한 UN 협약」제2조에 의하면, 연안국의 주권은 영해의 상공, 해저, 하층 토에 미친다. 다만 외국 선박은 연안국의 평화, 안전보장, 공공질서 등을 침해하지 않는 한 영해를 자유로이 항해할 수 있는 국제법상의 무해통항권이 인정된다. 「해양법에 관한 UN 협약」제3조는 "영해의 폭은 기선으로부터 12해리를 넘지 못한다."라고 규정하였다. 한국은 이 협약을 기초로 「영해 및 접속수역법」을 제정하였으며, 이에 따라 '한반도 및 그 부속도서의 기선으로부터 12해리 이내의 수역을 영해로 정하는 원칙을 선포'했고, 다만 대한해협의 영해는 일본과의 근접성으로 인해 3해리로 규정하였다.

한편, 연안국의 영해에 대한 권리가 국가의 주권이기는 하지만, 내수를 제외한 영해에 대해서는 외국 선박의 무해통항권(無害通航權, Right of innocent passage)[18]이라는 제한이 일반관습법상으로 부과되어있다. 영해에서는 해당국가의 배타적 권리가 있으나 공해와 접속하는 해상 교통의 통로이기도 하므로 공동이익을 위해 일정 부분 항행의 자유를 확보할 필요가 있어 무해통항권이 인정되고 있다.

그러나 다음의 경우와 같은 외국선박의 통항은 연안국의 평화와 공공질서 또는 안전을 해치는 경우로 보아 연안국은 UN 헌장 제51조의 요건에 따라 해당 선박에 대하여 자위권을 발동할 수 있으며, 상황에 따라 통과가 무해하지 아니한 선박을 축출하기 위해 합리적인 범위 내에서 무력을 행사할 수 있다.

<표 5-11 : 외국 선박에 대한 자위권 발동 요건>

- 연안국의 주권, 영토 보전 또는 정치적 독립에 반하거나, 또는 UN 헌장에 구현된 국제법의 원칙에 위반되는 그 밖의 방식에 의한 무력의 위협이나 무력의 행사
- 무기를 사용하는 훈련이나 연습
- 연안국의 국방이나 안전에 해가 되는 정보 수집을 목적으로 하는 행위
- 연안국의 국방이나 안전에 해로운 영향을 미칠 것을 목적으로 하는 선전행위
- 항공기의 선상 발진 및 착륙 또는 탑재
- 군사기기의 선상 발진 및 착륙 또는 탑재
- 연안국의 관세·재정·출입국관리 또는 위생에 관한 법령에 위반되는 물품이나 통화를 싣고 내리는 행위 또는 사람의 승선이나 하선
- 이 협약에 위배되는 고의적이고도 중대한 오염행위
- 어로활동

---

18) 무해통항권이란, 연안국의 평화, 공공질서 또는 안전을 해치지 아니하는 통항을 말하며, '무해'라고 함은 「해양법에 관한 UN 협약」과 무력 충돌법을 준수하는 것이며, '통항'이란 영해를 지나 항행하는 것으로 계속적이고 신속하여야 한다.

- 조사활동이나 측량활동의 수행
- 연안국의 통신체계 또는 그 밖의 설비 및 시설물에 대한 방해를 목적으로 하는 행위
- 통항과 직접 관련이 없는 그 밖의 활동

　영해는 아니더라도 해당 연안국국가 일정한 범위의 통치권을 행사할 수 있고, 연한국가에게 일정한 국제법상의 권리가 미치는 수역으로 접속수역과 배타적경제수역이 있다. **접속수역**(接續水域, Contiguous Zone)은 '한국의 영토와 영해에서 관세, 재정, 출입국 관리, 보건 및 위생에 관한 법규를 위반하는 행위를 방기 또는 제거하기 위해 기선으로부터 24해리 이내의 수역 중에 영해를 제외한 수역'을 말한다.[19] **배타적경제수역**(排他的經濟水域, Exclusive Economic Zone)은 「해양법에 관한 UN 협약」에 따라 정한 「배타적경제수역법」에 따라 200해리 이내의 수역에서 한국의 권리와 외국 또는 외국인의 권리와 의무가 인정되는 수역을 말한다. 다른 국가들에 관한 EEZ는 공해로서의 성격도 갖는다. 즉 모든 국가는 연안국이거나 내륙국이거나 관계없이 「해양법에 관한 UN 협약」의 관련 규정에 따를 것을 조건으로 배타적경제수역에서 항행, 상공 비행의 자유, 해저전선·관선 부설의 자유 및 선박, 항공기, 해저전선·관선의 운용 등과 같은 자유와 관련되는 자유를 향유한다.

<그림 5-6 : 한국·일본·중국 간의 배타적경제수역>

* 자료 : 외교통상부·국토해양부

---

19) 「영해 및 접속수역법」 제3조의 2, 제6조의 2 참조.

이와 같은 규정의 해석과 관련하여 EEZ에서 외국 해군의 군사 활동이 허용되는지, 허용된다면 어느 범위까지 허용되는 지의 문제가 논의되고 있다. 「해양법에 관한 UN 협약」 제58조 제1항에 의하면, EEZ에서 모든 국가의 군함은 항행의 자유를 갖는다. 그러나 무기의 발사, 군사훈련, 군함의 기동, 항공기의 발진 및 착함, 군사장비의 설치 등과 같이 성질상 명백히 군사적 활동에 속하는 행위를 할 수 있는지에 대해서는 긍정의 견해와 부정의 견해가 상반된다. 이에 대해서는 관련 당사국의 이해 관련성과 형평의 원칙 등에 의거 종합적으로 판단하는 수밖에 없다. 이처럼 EEZ는 공해의 성격과 약한 정도의 주권이 미치는 성격을 모두 지니고 있으므로 불필요한 분쟁을 피하기 위해서는 사전에 연안국과 잘 협의하는 것이 바람직하다.

대륙붕(大陸棚, continental shelf)은, 육지나 큰 섬 주변을 둘러싸고 있는 육지 가까운 곳으로 육지의 연장이며 깊이 200m까지인 바다를 말한다. 대륙붕에 대해서는 「해양법에 관한 UN 협약」 제6부에서 규정하고 있다. 협약 제77조에는 '연안국에게 대륙붕 탐사와 천연자원 개발에 관한 주권적 권리가 인정'된다고 규정하고 있다. 현재 대륙붕의 범위에 대해서는 '연안부의 외연, 즉 영해의 범위를 측정하는 영해기선으로부터 200해리의 거리에 이르는 해저 구역을 연안국의 관할 대륙붕으로 간주'한다. 연안국은 대륙붕을 탐사 및 개발하고 관선에 의한 오염을 방지하기 위한 합리적인 조치를 취할 권리를 갖는다. 「해양법에 관한 UN 협약」 제80조에 의하면 대륙붕 위의 인공섬은 섬의 지위를 갖지 못하여 그 자신의 영해 및 배타적경제수역, 대륙붕을 가질 수 없다.

<표 5-12 : 이어도 영유권 분쟁의 경과>

한국의 이어도(離於島, Ieodo)는 제주특별자치도 서귀포시 마라도 남서쪽으로 149km의 거리에 있는 수중암초로 '파랑도'라고도 불린다. 수심 4.6~약 60m 해저에 위치하고 있으며, 크기는 남북으로 1.8km, 동서로 1.4km의 타원형의 수중암초로 면적은 11만 3천 평이다. 한편 이 수중암초는 중국 서산다오 섬 동북방 287km, 일본 나가사키현 도리시마 서쪽으로 276km의 지점에 위치하고 있다. 한국은 1951년 국토규명사업의 일환으로 탐사를 실시했고, 1970년에는 이어도 해역을 제7광구로 지정한 「해저광물자원개발법」을 제정하였다. 1987년 해운항만청이 이어도 부표를 띄우고 국제적으로 공표하였다. 2003년에 이어도 해저 암반에 헬기장, 해양생물탐사장비 및 기상관측장비 등을 갖춘 높이 36m의 해양관측기기를 건설하여 실효적으로 지배하고 있다.
이는 배타적경제수역(EEZ)에서 시설물 건설이 가능하다고 규정한 「해양법에 관한 UN 협약」 제60조에 근거한 것이다. 이어도는 국제법상 섬이 아닌 수중암초이므로, 해양경계획정의 기점은 될 수 없다. 따라서 이어도는 자체적으로 영해를 가질 수 없다.[20] 이어도에 대한 한국의 입장은 한국과

중국의 중간선을 기준으로 한중 EEZ 경계를 판단할 경우, 한국측 EEZ 내에 이어도가 존재하므로 한국의 이어도 종합해양과학기지 설치는 국제법상 적법하다고 본다.

중국은 1900년대 이래 한중 EEZ 경계획정에 관하여 16차례나 교섭하였으나, 아직 합의된 바가 없으므로 한국인 일방적으로 이어도에 해양과학기지를 설치한 것을 불법이라고 주장하기도 한다. 중국은 2006년 12월, 이어도를 중국명칭인 쑤엔자오(蘇巖礁)로 공표했으며, 한국의 일방적인 행동에 반대한다고 주장하고 해양감시항공기와 순시선을 파견하기도 했다. 2008년에는 중국 국가해양국 산하 해양신식망 인터넷사이트에 이어도를 자국의 200해리 EEZ 내에 있는 영토라고 주장했다가 한국정부의 강력한 항의에 의해 인터넷 게재물을 삭제한 사례도 있었다. 중국은 2013년에 이어도 주변 배타적경제수역 상공에 중국 방공식별구역(CADIZ)을 선포하면서 논란을 일으키고 있다.

한국 정부의 입장은, 이어도는 동중국해 4.6m 수심에 잠겨있는 수중암초로서 UN 해양법협약상의 섬이 아니므로, 자체적인 영해나 EEZ를 갖지 않으며 영유권 분쟁의 대상도 아니며, 이어도 주변 수역은 한국측에 명백히 가까우므로 한국의 EEZ에 속한다고 주장하고 있다.

3. 영공과 방공식별구역(ADIZ) 분쟁

영공(領空, territorial air space)은 영토와 영해 위에 있는 수직 상공을 말한다. 국가의 영공은 영토뿐만 아니라 내수, 군도수역, 영해의 상부 공간까지 미치지만 영해 밖의 접속수역이나 배타적경제수역(EEZ) 등의 보충수역 상부 공간에는 미치지 않는다. 제1차 세계대전 중에 항공기의 발전이 시작되면서 자국 영토 상공에서 공중전이 벌어지는 것을 우려한 세계 각국들은 영역 상공에 대한 완전하고도 배타적인 주권을 주장함에 따라 영공의 개념이 국제법에 도입되었다.

1919년의 「항공규율을 위한 파리협약(Paris Convention for the Regulation of Aerial Navigation, 일명 파리협약)」과 1944년의 「국제민간항공협약(Convention on International Civil Aviation, 일명 시카고 협약)」에 의해 '모든 국가는 그 영역 상부공간에 대해 완전하고 배타적인 주권'을 갖고 있다고 규정하였다. 그러나 이것은 제2차 세계대전 후 영공의 상방 한계, 조약을 통한 영공 개방, 영공 침범과 관련된 국제 관습법상의 제한 등 새로운 제한이 대두되었다.

---

20) 「해양법에 관한 UN 협약」 제121조에 의하면 '밀물일 때에는 수면 위에 있으며, 자연적으로 형성된 육지의 경우에만 해양경계획정의 기준이 될 수 있다.' 독도의 경우에는 인간이 거주할 수 있고 독자적인 경제활동을 유지할 수 있으므로, 암석과는 달리 영해 이외에도 EEZ와 대륙붕을 가질 수 있다.

제2차 세계대전 이후에도 국가들은 영역 상공, 특히 우주공간 또는 외기권에 대한 주권을 막연히 인정하고 있었다. 그러나 영공에 대한 배타적 주권을 인정하고 영공의 상부 한계를 무제한적으로 인정한다면 지국의 자전과 공전을 생각할 때에 지구상의 모든 국가는 실효적인 지배권을 행사하지도 않는 우주공간에 대해 시시각각으로 다른 주권을 행사한다는 이상한 결론에 도달할 수 있다.

방공식별구역(Air Defence Identification Zone, ADIZ)이란, 군사 및 안보상의 목적으로 영공 외곽의 일정 지역 상공에 설정되며, 영공방위를 위하여 항적의 탐지 및 식별과 전술항공 통제임무를 수행하는 기준이 되는 공역(空域)을 의미한다. 즉 방공식별구역은 상공에 설치된 일종의 접속영공(contiguous air space)이라고 할 수 있으며, 이곳에 진입하는 모든 항공기는 연안국의 비행통제센터에 보고해야 한다. 방공식별구역이 설치된 이유는, 영공에 대한 관할권 행사만으로는 항공기의 영공 침입에 대비하기에 불충분하기 때문에 영공 외의 일정한 범위까지 그러한 관할권을 확대할 필요가 있기 때문이었다.

따라서 방공식별구역은 '영공'과는 별개의 개념으로 그 의미와 한계에 대한 국제법적 정의는 없는 상태이다. 즉 ADIZ 설정국의 동 구역에 대한 권할권 행사는 국제법상 인정받지 못하고 있으며, 타국에 강요할 수 없음을 말한다. 전 세계적으로 방공식별구역을 설정하여 운영하고 있는 나라는 미국, 일본, 영국, 프랑스, 캐나다, 스웨덴, 필리핀, 대만, 인도, 중국 등 28개 국가이다.

세계에서 가장 먼저 방공식별구역을 설정한 미국의 경우, 진주만 공습으로부터 6일이 경과한 1941년 12월 13일, 미국 의회와 대통령은 민간항공위원회(CAB)에 민간항공공역을 직접 조정하고 통제할 수 있도록 권한을 집중시켰다. 1950년 6월 25일 한국전쟁이 발발하자 1950년 9월 9일 대통령령 제10197호를 제정하여 미국의 국가안보가 위협을 받는 경우 항공 교통을 통제할 수 있는 권한을 위원회에 부여하였다. 이를 계기로 방공식별구역(ADIZ)는 조약이나 기타 성문의 국제법으로 인정된 것은 아니지만, 1950년 미국의 국내법으로 이러한 공역을 설정하고 이에 들어오는 항공기에게 그 비행계획의 제출과 위치보고를 요구한 이래 다수의 국가들이 이를 선언하게 되었다.

미국은 미 본토의 동서해안과 멕시코만 및 알래스카 지역에 광범위한 ADIZ를 설정하였다. 구체적인 내용으로는 미국 연안으로부터 약 600해리(직선거리 1시간 이상 2시간 이내의 비행거리)의 거리 내에 있는 공역을 ADIZ로 설정하였다. 이에 따라 비행기의 국적을 불문하고 모든 항공기는 미국에 들어오기 전에 적당한 항공시설에 대해서 위치보고와 자세한 비행계획을 제출하여야하고, 예정된 항로를 독단적으로 이탈하여 이 규칙을 위반하는 항공기에 대해서는 요격을 할 수 있을 뿐 아니라, 고의로 위반한 자에 대해서는 1만 달러의 벌금 또는 1년 이하의 금고에 처할 수 있다.

일본은 원래 미군이 일본의 방공, 항공관제를 실시하던 때 설정하였던 **일본방공식별구역**(JADIZ)을 기초로 하여, 1969년 9월 1일, 일본 방위청 훈령 제36호(방공식별권 비행요령에 관한 훈령)와 자위대법 84조를 근거로 일본방공식별구역(JADIZ)을 설정하였다. 일본 국토의 형태에 따라 전체적으로 긴 띠의 형태로서 내측 및 외측의 이중구조로 일본 열도를 중심으로 내측은 일본 열도 연안 약 100㎞ 이내로 하고, 외측은 400~600㎞로 하는 JADIZ를 설정하였다. 1972년에는 오끼나와 방면을 추가하여 JADIZ의 범위를 확대하였다.

이에 따라 이어도가 일본방공식별구역에 포함되었고, 이후 한국이 관할하고 있는 이어도에 한국 항공기가 진입 시 일본측에 통보해야 하는 결과가 발생하였다. 한국은 1980년부터 약 11차례의 외무협상과 군사적 협의를 시도했으나 일본측의 협상거부로 성과를 내지 못하였고, 이는 언제든지 분쟁으로 발전할 수 있는 소지를 안고 있다.

한국방공식별구역(KADIZ)은 태평양 방공체제의 일환으로 미 태평양 공군에서 1951년 3월 22일에 설정하였다.[21] 한국전쟁 중 중공군의 개입으로 적의 공습 위험이 증대되고, 특히 중공군이 MIG-15와 IL-28 제트 폭격기를 보유하게 됨에 따라 미 제5공군은 한국 방공망 강화를 위해 KADIZ를 설정하게 된 것이다. 한국방공식별구역(KADIZ)의 법적 근거는 「군용항공기 운용 등에 관한 법률」에 따라 2008년 7월 31일 공고된 '한국방공식별구역'고시이다.

---

21) KADIZ는 아국이 완전한 주권을 보유한 '영공'이 아니므로 타국의 항공기가 KADIZ에 진입한다 해도 동 항공기를 강제착륙 또는 무력사용 등의 조치를 취할 수 없다. 영공을 침범한 항공기에 대해서는 강제퇴거, 강제착륙, 무력사용 등의 필요한 조치가 가능하도록 규정되었다.

<그림 5-7 : 한국방공식별구역과 일본·중국 주장>

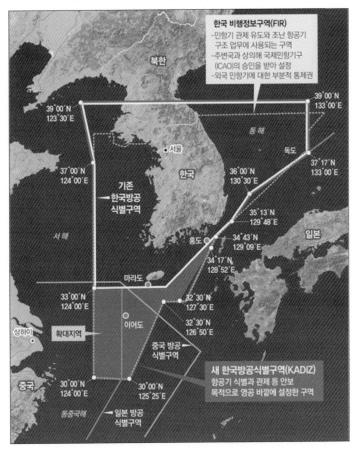

　KADIZ는 1951년 설정 당시 군사적 목적에만 치중하여 제주도 남쪽지역은 마라도 남방 6.5마일가지로 불충분하게 설정되어, 1982년 UN 해양법협약채택 및 1994년 협약 발효에 따른 영해의 12NM으로의 확대로 인해 마라도와 홍도가 한국의 영해(영공)에 속하지만, 일본방공식별구역(JADIZ)의 범위와 중첩되는 문제가 발생하게 되었다. 이후 1963년 5월, 국제민간항공기구(ICAO)가 전 세계 공역을 각각의 비행정보구역(FIR)으로 분할하였고, 한국은 당시 '대구 FIR'로 설정되었다.[22] 한국은 이어도가 KADIZ에 포함되지 않은 것

---

22) 대구 FIR은 2001년 인천공항의 개설과 함께 인천공항에 국토교통부 항공교통센터가 신축되면서 2002년 9월 '인천 FIR'로 변경되었다.

과 관련하여 KADIZ와 FIR을 일치·확장시키기 위해 1963년부터 미 공군을 통해 노력했으나, 일본은 1969년 그대로 JADIZ를 설정하여 '이어도가 JADIZ에 포함되어 한국이 관할하고 있는 이어도에 한국의 항공기가 진입 시 일본 측에 통보해야 하는 결과'가 발생하게 되었다.

KADIZ로 진입 및 이탈하려는 모든 민간 및 군용항공기는 KADIZ에 진입 및 이탈하기 24시간 전에 합참의장의 승인을 받아야 한다. 다만 민간항공기가 사전에 항공교통업무 기관에 비행계획서를 제출하고 항공로를 따라 비행하는 경우나 합참의장이 특별히 정하는 경우는 예외로 한다.

한국의 KADIZ와 일본의 JADIZ는 각각 일방적 조치에 의해 설정되어 각 구역에 대한 설정 기준이 불명확하다. 이러한 문제를 해결하기 위해 1995년 6월 「한·일 간 군용기 우발사고 방지 합의서한」을 교환하였다. 따라서 1995년 7월 1일부터 북위 37도 이남의 인접된 공해상공에서 군용기가 비행하는 경우에는 비행정보를 사전에 통보하여야 하고, 사전 통보된 상대국 군용기에 대해서는 식별을 위한 긴급발진을 지양해야 한다.

중국은 1997년 3월 14일 「중화인민공화국 국방법」, 1995년 10월 30일 「중화인민공화국 민용항공법」, 2001년 7월 27일 「중화인민공화국 비행기본 규정」에 의해 '**동해방공식별구역**'을 획정하여 선포했으며, 2013년 11월 23일 10시부로 시행한다고 공표했다.

중국은 2013년 11월 23일 10시부로 **동중국해 방공식별구역**을 선포하였다. 그 의도는 첫째, 댜오위다오를 국유화한 일본 정부에 대한 대일 댜오위다오 영유권 주장을 강화하고, 둘째, 미국과 일본의 군사력이 동중국해로 접근하는 것을 차단하며, 셋째, 중국이 주장하는 대륙붕을 근거로 한 EEZ 상공을 대부분 포함함으로써 해양권익 보호 등 국가이익을 확보하기 위한 명분과 근거를 축적하기 위한 조치로 판단할 수 있다.

한편 중국이 선포한 동중국해 방공식별구역은 제주도 서남방 쪽에서 한국방공식별구역(KADIZ)와 20×112㎞를 중첩되게 설정하였다. 한국 국방부는 2013년 12월 8일 한국방공식별구역(KADIZ)의 확대 조정안을 발표했다. 그 내용은 이어도 수역 상공과 한국의 영토인 마라도와 홍도 남방의 영공을 포함시켰다.

<표 5-13 : 중국 군용기의 KADIZ 무단 진입 사례>

2019년 2월 23일, 중국 정찰기로 추정되는 군용기가 KADIZ에 진입하여 비행하였다. 이어도 서남쪽 KADIZ에 진입한 중국 항공기는 이어도 동쪽으로 KADIZ를 빠져나갔다가 포항 앞바다 83km에서 다시 KADIZ에 진입했고, 울릉도와 독도 사이를 지나 울릉도 동북방 111km까지 북상한 뒤 선회하여 KADIZ를 이탈하였다. 중국 군용기는 무단으로 2시간 19분 동안 KADIZ내를 사전 통보와 허락 없이 비행하였다. KADIZ는 한국 공군이 영공의 방위를 위해 공해 상공에 일방적으로 설정한 선으로 영공이 아니기 때문에 외국 군용기의 무단 비행이 금지되지는 않는다. 그러나 이 구역에 진입하려는 항공기는 관할 군 당국에 사전에 통보를 해야 하는 것이 국제관례이다.

<표 5-14 : 동해상의 한·일 레이더 갈등 사례>

2018년 12월 20일, 일본 해상자위대 P-1 초계기가 한국 해군 광개토대왕함 150m 상공을 '위협비행'했다. 일본 정부는 한국 국방부를 향해 "광개토대왕함이 일본 자위대 초계기를 향해 STIR-180 레이더를 작동 후 조사(照射)했다"고 주장하면서 한·일 양측 간의 갈등이 촉발된 사건이다.
2019년 1월 18일에는 울산 동남방 수역에서 일본 해상자위대 P-1 초계기와 한국의 율곡 이이함과, 1월 22일에는 제주도 동남방 수역에서 일본 자위대 소속의 P-3 초계기가 한국 노적봉함에 대해, 1월 23일에는 이어도 서남방 수역에서 일본 해상자위대 대잠초계기인 P-3가 한국 해군의 대조영함에 대해 각각 저공 근접비행을 하며 위협하였다고 발표되었다.
한국의 주장은 레이더를 통한 추적행위는 없었다고 밝히고 있으며, 일본 해상자위대 초계기의 저공 위협비행을 문제 삼았다. 반면에 일본은 한국이 자국의 초계기에 대해 레이더를 겨냥했으며, 군사충돌을 추래할 수 있는 매우 위험한 행위를 했다고 비판했다.

참 고 문 헌

구동회 외, 『세계의 분쟁, 지도로 보는 지구촌의 분쟁과 갈등』, 도서출판 푸른길, 2011.

김열수, 『국제기구를 통한 분쟁관리』, 도서출판 오름, 2000.

김영욱, 『갈등 해소와 대체적 분쟁 해결』, 이화여대출판부, 2015.

마스다 다카유키, 『한눈에 보는 세계 분쟁지도』, 도서출판 해나무, 2018.

박동순, 『한국의 전투부대 파병정책』, 도서출판 선인, 2016.

엄태암, 『동북아 다자안보협력(한국의 선택)』, KIDA press, 2006.

육군군사연구소, 『세계의 분쟁 사례집·세계의 분쟁지역·세계분쟁동향』.

이순배 외 저, 『글로벌시대의 문제해결 방법』, ㈜ 교문사, 2014.

이승철 외, 『21세기 동북아 국제관계와 한국』, 나남출판사, 2007.

이왕휘 외, 『국제정치학 방법론의 다원성』, 서울대 국제문제연구소, 2015.

이정록 외, 『세계 분쟁지역의 이해』, 도서출판 푸른길, 2016.

정은숙, 『글로벌 거버넌스와 국제안보』, 도서출판 한울, 2012.

진창수 외, 『동북아 평화협력구상』, 도서출판 오름, 2014.

통일교육원, 『2018 통일교육지침서. 2018 북한이해. 2018 통일문제 이해』, 2018.

최동주 외 저, 『국제기구의 과거·현재·미래』, 도서출판 오름, 2013.

파스칼 모니파스, 『지정학, 지금 세계에 무슨 일이 벌어지고 있는가?』, 도서출판 가디언, 2019.

한규진, 『조약으로 보는 세계사 강의』, 제3의 공간, 2017.

Carl von Clausewitz 저, 김만수 역, 『전쟁론 제1, 2, 3권』, 도서출판 갈무리, 2013.

Graham Allison, 『예정된 전쟁』, 세종서적, 2018.

John Bayis 외 저, 하영선 역, 『세계정치론』, 을유문화사, 2019.

John G. Merrills 저, 김재원 역, 『국제분쟁의 해결방법』, 교육과학사, 1998.

Joshua S. Goldstein 외 저, 김연각 역, 『국제관계의 이해』, 도서출판 인간사랑, 2014.

Joseph S. Nye, Jr 저, 양준희·이종삼 역, 『국제분쟁의 이해』, 도서출판 한울, 2009.

Kenneth Waltz 저, 정성훈 역, 『인간, 국가, 전쟁』, 도서출판 아카넷, 2018.

Margaret P. Karns 외 저, 김계동 외 역, 『국제기구의 이해』, 명인문화사, 2012.

Paul F. Diehl 저, 권구순 외 역, 『국제평화활동 개론』, 현우사, 2013.

Peter Zeihan 저, 홍지수·정훈 역, 『21세기 미국의 패권과 지정학』, 도서출판 김앤김북스, 2018.

찾아보기

박 朴
동 東
순 淳

경남대학교 정치학 박사
前 국방부 군사편찬연구소 국제분쟁사부장
　숙명여자대학교/국민대학교 정치대학원 강의
現 한성대학교 국방과학대학원 겸임교수
저서 :『한국의 전투부대 파병정책』,『군사학 개론』(공저),『국군의 아프가니스탄 평화활동』
　　(공저),『내 인생 주인으로 살기』

구 具
형 炯
회 會

육군 3사관학교 및 경북대학교 정치외교학과 졸업(학사)
경남대학교 경영대학원 졸업(석사), 한성대학교 정책학 박사
前 육군대령, 한성대 국방과학대학원 안보전략학과 주임교수, 팍스코리아 책임연구원
現 한성대 국방과학대학원 원장, 한국행정개혁학회 국방분과 위원장, 팍스코리아 이사
저서 :「인성학 원론」(공저),「새 미래의 행정」(공저)